한국어 음성학 연구 방법론

이 저서는 2021년 대한민국 교육부와 한국학중앙연구원(한국학진흥사업단)을 통해
K학술확산연구소사업의 지원을 받아 수행된 연구임(AKS-2021-KDA-1250006)

한국어 음성학 연구 방법론

This Korean Edition was published by Jipmoondang in 2025, Seoul, Korea.

한국어 음성학 연구 방법론

김 현 지음

집문당

저자 **김현**

서울대학교 국어국문학과 교수

음운 현상과 제약에 반해 음운론 공부를 시작해서, 2003년 형태음운론의 기술 도구로써 우리말 활용의 변화를 서술하여 박사 학위를 받았다. 2004년부터 아주대학교에 있으면서 음성학의 연구 방법에도 관심을 갖게 되었는데, 그것이 연결 고리가 되어 2010년 서울대학교와 인연이 맺어졌다. 오늘도 음운론과 음성학을 애써 즐기며 훌륭한 선후배들 곁에서 분에 넘치는 하루를 살고 있다.

한국어 음성학 연구 방법론

2025년 4월 30일 1판 1쇄

저자 | 김현
발행인 | 임동규
발행처 | **(주)집문당**
등록 | 1971. 3. 23. 제2012-000069호
주소 | 03134 서울시 종로구 돈화문로 82, 5층
전화 | +82-1811-7567
이메일 | sale@jipmoon.com
홈페이지 | www.jipmoon.com

ISBN 978-89-303-1973-7 93710

가격 20,000원

(주)집문당 이순신돋움체B (저작권자 아산시, 무료글꼴)

머리말

논문 제목에 '음성'이라는 단어가 처음 들어간 2008년 즈음부터 음성학 공부를 했다고 하면 나의 음성학 나이는 아직 스물도 안 된다. 그 정도의 공부로 책을 쓰겠다는 만용을 부린 건 음성학 공부를 시작하던 그 시절의 나에게 도움을 주고 싶다는 마음에서였다. 음성학 개론서들을 읽은 뒤 한국어 음성학에 대해 조금 더 구체적인 안내를 받고 싶던 그때의 나를 위해 그리고 이제의 후배들을 위해 이 책은 시작되었다.

나는 음운론 공부를 해 왔고 지금도 하고 있다. 그런데 공시론적인 또는 통시론적인 관점에서 음운 현상에 대해 생각을 하고 이야기를 하다 보면 결국은 그 현상은 왜 일어나는가 하는 질문에 부딪히고는 한다. 일정한 문법 이론에 매이지 않을 팩트 그 자체가 해답의 길을 보여 주지는 않을까 하는 생각이 들었다. 그러면서 음성학 공부를 하게 되었지만, 음성학은 그 답을 바로 내 주지는 않았다. 섣불리 답을 구하려 덤비지 말고 그 답에 이르는 방법을 궁리해 보는 것이 중요하다고 말해 주었다. 덕분에 이제는 '왜 그럴까' 하는 질문에 곧 이어 '어떻게 하면 내가 궁금해하는 그걸 알 수 있을까' 하는 질문을 하고는 한다. 이 책이 '방법론'이라는 제목을 갖게 된 이유가 여기에 있다.

처음에는 연구사를 써 볼 생각도 있었다. 그러려면 먼저 주요 논저들을 빠짐없이 찾아 읽고, 그 속에 담긴 연구자들의 깊은 뜻을 제대로 짚어 내고, 정리된 내용을 일정한 관점에 따라 엮어 내야 했는데, 뭐 하나 제대로 할 자신이 없었다. 그렇게 한 발 빼듯 떠올린 것이 연구 방법을 소개하는 일이었다. 비슷한 방법을 쓴 다른 논저가 있을 테니 조금은 빠뜨려도 될 듯했고, 논의와 결론보다는 연구 방법을 주로 소개하는 것이니 이해에 대한 부담이 적을 듯했고, 방법들만 짜임새 있게 나열하면 엮는 것은 큰 문제가 없을 듯했다. 하지만 아니었다. 너무 어려웠다. 읽어도 읽어도 놀랍고 참신한 논저들은 계속 나왔고, 연구 방법들도 다채롭고 때로는 복잡해서 이해하기가 쉽지 않았고, 문장들을 늘어놓기는 했지만 주제를 지니고 있지 못하니 글이 흐름이란 걸 지니지 못하고 말았다.

그럼에도 불구하고 여기까지 오게 된 것은, 선행 연구들을 한 편 한 편 읽어 가면서 느꼈던 경험을 공유하고 싶어서이다. 어떻게 이런 방법을 생각해 냈을까, 고민스럽던 게 이렇게 하면 조금은 풀리겠구나, 이걸 조금 다른 각도에서 해 보면 어떨까, 이렇게 보니 또 다른 논제들도 발견하게 되는구나 하는.

나의 경험을 이 책이 전할 수만 있다면 음성학 공부를 시작하는 분들에게는 분명 도움이 될 것이다. 다만 여기에 소개되는 논저들 중 관심이 있는 것이 있으면 반드시 직접 찾아서 꼼꼼히 읽어 주시길 바란다. 너무 간략하게 소개한 것들이 많고 잘못 이해한 부분도 분명 있을 것이니, 이 책으로부터는 그런 연구가 있었다는 정도의 정보만을 얻어 가셨으면 좋겠다. 또한 음운론 공부를 하고 있는 분들에게도 도움이 되리라 생각된다. 음성학 공부를 함으로써 음운론을 조금 다른 각도에서 바라볼 수 있게 된 내 경험에 비추어 그러하다는 것이다. 음운론과 음성학이라는 것이 그렇게 다르거나 그렇게 먼 것은 아닌 것 같다. 그저 동일한 대상을 서로 다른 화법으로 진술한 것일는지 모른다.

이 책 그리고 연구자로서의 나는 많은 분들의 도움으로 이 자리에 서 있다. 그중 고마움을 드러낼 한 분의 실명을 언급하라면, 두 분이라면 부모님이겠지만 한 분이라면, 이병근 선생님 성함을 꺼내지 않을 수 없다. 선생님은 말소리를 연구한다는 것이 재미있는 일이라는 걸 보여 주셨고, 어리석고 성급한 아이에게 공부며 삶이며 하나하나 꼼꼼하고 다정하게 말씀해 주셨고, 스스로 공부할 수 있는 바탕을 마련해 주셨다. 연구자로서 내가 갖추고 있는 것 어느 것 하나 그분께서 오지 않은 것이 없다. 또한 책 말미의 참고 문헌에 성함이 적힌 모든 분들께도 감사드린다. 모두 나를 가르쳐 주시고 이 책을 쓸 수 있게 이끌어 주신 선생님들이시다. 허나 빠뜨린 논저들도 있고 제대로 읽지 못한 것들도 많을 것이기에 사죄의 인사를 아울러 드리지 않을 수 없다. 끝으로, 엇비슷한 방향을 바라보고 있는 후배 연구자들에게도 이 공부의 즐거움을 나눌 수 있게 해 주어 고맙다는 인사를 하고 싶다.

2025년 4월 20일

* 선행 연구의 저자가 한국인이라 여겨지는 경우 영문으로 되어 있는 이름을 한글로 바꾸었다. 독자가 읽기 쉽고 참고 문헌에서 찾기 쉽도록 하기 위한 것이니 양해해 주시리라 믿는다. 또한 선행 연구로부터 그림이나 표를 옮겨오면서 일부 변형을 가한 경우가 있지만 왜곡한 것은 없으니 이 또한 너그러운 용서를 바란다.

차 례

1

발음의 메커니즘

Mechanism
of
Speech Sounds

1. 발음의 메커니즘

1.1 음성의 물리적 속성

1.1.1 음파의 이해

인간은 자신의 의사를 표현하고 전달하는 주된 수단으로 소리를 택했다. 문자는 훨씬 나중에야 쓰기 시작했을 뿐이다. 호모 사피엔스가 동아프리카에서 20만 년 전쯤 나타나서 말을 하기 시작했다고 하면, 문자를 사용한 건 19만 년이 지나고 남은 만 년의 반쯤이 더 지난 이후의 일이다. 생각한 바를 어떤 도구의 도움도 없이 즉각적으로 송신할 수 있고 340m 가는 데 1초가 걸리기는 하지만 꽤나 멀리 있는 수신자에게도 쉽게 다다르게 할 수 있는 효율적인 신호, 바로 소리이다.

소리란 무엇일까? 소리를 국어사전에서 찾으면 보통 이렇게 나온다: 물체의 진동에 의하여 생긴 매질의 파동이 귀에 들리는 것. 물체가 진동하면 파동이 생기기는 하지만 모든 파동이 귀에 들리는 것은 아니다. 시계추는 일정하게 좌우로 흔들리지만 딸깍대는 기계음만 들릴 뿐 그 진동으로 인해 생성된 공기의 파동은 귀에 들리지 않는다. 진동의 횟수가 1초당 최저 20회에서 최고 20,000회 안에 들어야 인간의 귀에 들리는데, 시계추는 1초에 1회 왕복할 뿐이다.

진동은 왕복 운동이다. 어느 한 방향으로 계속 진행되는 것은 진동이 아니다. 한 방향으로 갔다가 순간적으로 멈추고 반대 방향으로 돌아와 출발점을 지나쳐 반대 방향 극단에서 다시 멈추고 처음 그 자리로 되돌아오기를 반복하는 것이 진동이다. 소리가 만들어지려면 우선 어떤 물체가 진동을 해야 하는데, 기타줄을 튕기는 것도 그러한 진동을 만드는 것이고, 두 성대 사이를 좁힌 상태에서 폐로부터 올라오는 공기로 성대를 떨게 하는 것도 진동을 만드는 것이다. 기타줄이나 성대와 같은 진동체가 진동하면 그 주변의 물질이 그 영향으로 진동을 하기 시작하고, 또 바로 근처의 물질이 그 영향으로 또 진동하고 진동하기를 거듭해서 파동이 진행하게 된다. 그 음파(sound wave)가 우리 귓속의 고막을 진동시켜 지각될 때 비로소 소리가 되는 것이다.

진동체의 영향을 받아 왕복 운동을 함으로써 파동을 진행하게 하는 물질을 매질이라고 한다. 오래 전에 나온 공상 과학 영화들을 보면 우주 공간에서 비행선들이 전투를 벌일 때, 무기를 쏘고 무언가가 터지면서 큰 폭발음이 들리고는 하는데, 다들 아는 바와 같이 그럴 수는 없다. 우주 공간에는 소리로 지각될 수 있는 진동을 전달할 만큼의 매질이 없기 때문이다. 근래의 영화들은 그러지 않는 경우를 많이 본다. 2014년 작 〈인터스텔라〉에는 만 박사가 인듀어런스 호를 탈취하기 위해 강제로 도킹을 시도하다 폭발하는 장면이 있는데, 처음에 폭발음이 짧게 들리고 이내 소리가 자취를 감춘다. 영화 감독이 실제로 우주에서의 폭발을 경험했을 리는 없을 테니 어디까지나 상상에 의한 것이겠는데, 그 짧은 폭발음은 만 박사가 있던 실내에 공기가 있어서 그 공기가 우주 공간으로 퍼지기 전에 잠깐 음파를 전달했던 것으로 여겨진다.

말은 보통 공기 중의 입자들이 매질의 역할을 하여 전해지지만, 물속에서도 소리는 들리고, 레일에 귀를 대면 아주 멀리서 오고 있는 기차의 소리도 들리며, 책상에 귀를 대고 똑똑 두드려도 소리는 들린다. 공기 중의 입자들뿐만 아니라 물과 금속 등의 물체를 이루는 입자들 모두 매질이 되어 진동할 수 있기 때문에 가능한 일이다. 물론 그 소리가 똑같이 들리는 것은 아니다. 물속에서 듣는 소리, 책상에 귀를 대고 듣는 소리는 일상적으로 듣는 소리와 다른데, 매질을 이루는 입자의 종류, 밀도, 배열 상태 등에 따라 진동이 전달되는 방식이 달라져 소리도 달라진다.

말하는 이의 뼈와 살도 매질이 될 수 있다. 마이크를 지나 스피커나 헤드폰을 통해 들리는 자신의 목소리가 조금 이상하게 들리는 경험을 해 보았을 것이다. 보통 때 내가 듣던 목소리와는 다르던데 어떤 게 진짜 내 목소리일까 하고 궁금해하던 기억이 난다. 어느 쪽인가 하면, 기계를 통한 내 목소리, 그것이 남들이 듣는 내 목소리이자 진정한 내 목소리에 가까울 것이다. 왜냐하면 그 소리는 입과 코를 통해 빠져나가 공기를 울리는 소리인 반면, 내가 듣는 내 목소리는 성대가 떨면서 머리의 뼈와 살들이 함께 진동을 하고 그것이 공기를 울리는 진동과 섞여서 내게만 들리는 소리이기 때문이다.

매질의 진동은 시계추처럼 일정한 주기를 지니고 있는 것이 있는가 하면, 그런 주기 없이 불규칙하게 마구 떨리는 것도 있다. 그 각각이 일으킨 파동을 주기파(periodic wave)와 비주기파(aperiodic wave)라고 한다. 각 파형의 예를 보이면 〈그림 1.1〉과 같다.

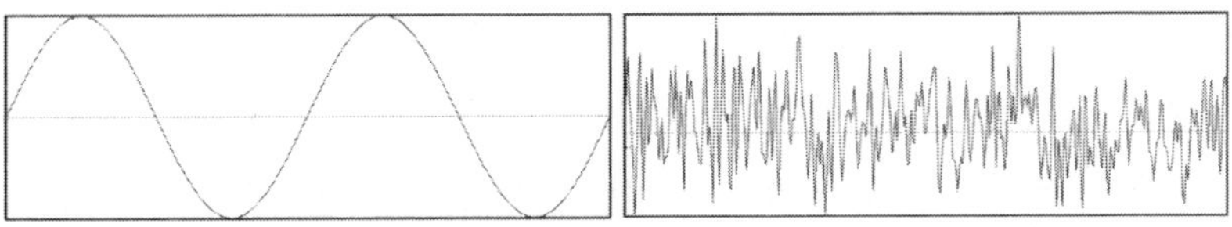

〈그림 1.1〉 주기파와 비주기파

두 그림 모두 0.008초라는 짧은 순간의 소리를 담은 것이다. 왼쪽의 그림은 그 시간 동안 동일한 파동이 두 번 반복됨을 쉽게 알 수 있는 반면, 오른쪽의 그림은 동일한 파동이 반복되는 일이 없는 모습이다. 전자는 소리굽쇠에서 나는 소리 또는 기계음으로 들을 수 있는 '뚜우~' 하는 소리이고, 후자는 라디오에서 방송이 잡히지 않는 주파수대에서 들을 수 있는 '치익~' 하는 소리이다.

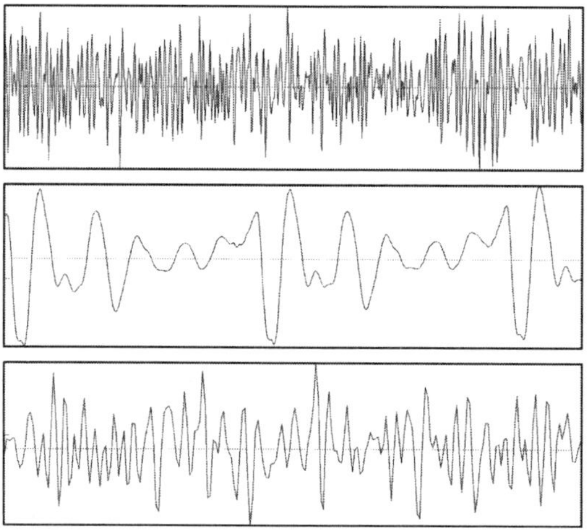

〈그림 1.2〉 '사'의 'ㅅ'(15ms), 'ㅏ'(15ms), 'ㅅ'(5ms)

사람의 말소리에도 주기파와 비주기파가 있다. 〈그림 1.2〉의 위 두 그림은 '사'라는 음절의 'ㅅ'과 'ㅏ' 부분의 파형으로서, 모두 0.015초 길이를 잘라 보인 것이다. 가운데 그림인 'ㅏ'는 거의 같은 파동이 이 시간 동안 두 번 정도 반복됨을 알 수 있다. 물론 자세히 보면 완전히 똑같은 파동이 반복되는 것은 아니다. 사람이 내는 소리가 기계로 만들어 내는 소리와 같을 수는 없으니 완벽하게 똑같은 파동이 반복되지는 않지만 이 정도면 주기파라고 할 수 있다. 반면 'ㅅ'은 그런 주기가 잘 보이지 않는다. 조금 더 짧은 시간을 잘라서 보면 나을까 싶지만, 맨 아래에 보인 0.005초 길이의 파형에서도 어떤 주기성은 찾아지지 않는, 'ㅅ'은 비주기파인 것이다.

음파는 흔히 위와 같은 그림으로 나타내고는 하는데, 실제의 음파에서는 매질이 그림처럼 위아래로 진동하지 않는다. 파동은 매질의 진동 방향과 파동의 진행 방향에 따라 횡파(transverse wave)와 종파(longitudinal wave)로 나뉜다. 횡파란 매질의 진동 방향과 파동의 진행 방향이 서로 수직을 이루는 파동을 말한다. 그 움직임을 그대로 그리면 앞선 그림들과 같은데, 파도가 바로 그러하다. 파도는 위아래로 움직임을 반복하면서 해안을 향해 진행된다. 반면 음파는 매질의 진동 방향과 파동의 진행 방향이 서로 평행한 종파이다. 〈그림 1.3〉에서 보듯이 스피커의 진동판이 앞뒤로 움직이면 그 바로 앞의 입자들은 밀려서 그 앞의 입자들과 촘촘하게 배열되었다가는 다시 제자리로 돌아와 반대 방향까지 갔다가 다시 앞으로 움직이는 진동을 이어간다. 그 앞의 입자들도 밀렸다가는 돌아오는 진동을 계속하면서 사람의 귀에까지 그 진동이 전해지는 것이다. 그림에서는 한 방향으로만 파동이 진행하는 것으로 보이지만, 실제로 소리는 세기의 차이는 있지만 구의 중심에서 표면 방향으로 나아가듯이 3차원의 공간 속에서 이곳저곳으로 진행한다.

〈그림 1.3〉 종파로서의 음파

앞선 그림들은 이러한 종파를 이해하기 쉽게 횡파처럼 나타낸 것일 뿐이다. 흔히들 이렇게 하는 것은 소리의 기본이 되는 속성인 주파수(frequency), 진폭(amplitude), 지속 시간(duration)이 잘 드러나기 때문이다.

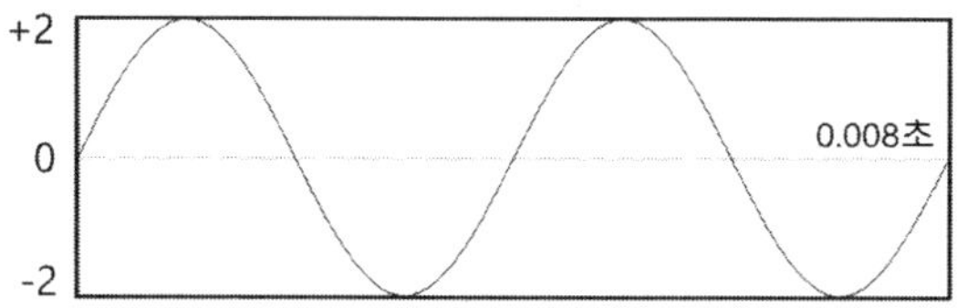

〈그림 1.4〉 250㎐의 파동

〈그림 1.4〉의 가로축은 시간을 뜻한다. 주기란 평정 상태에서 출발하여 양 극점을 지나 다시 평정 상태로 되돌아오기까지 걸리는 시간을 말하는데, 그림의 파동은 0.008초 동안 두 번 돌아왔으니 한 번 돌아오는데 걸리는 시간은 0.004초가 되고 이것이 이 파동의 주기가 된다. 주파수란 주기의 역수로서 1초 동안 일어나는 진동의 횟수를 말한다. 주기가 0.004초이면 주파수는 1÷0.004=250이 된다. 단위는 cps(cycle per second) 또는 ㎐를 사용한다.

그림의 세로축은 입자의 위치를 뜻한다고 볼 수 있는데,[1] 진동을 시작하기 전의 위치를 0이라고 하고, 한 방향으로 최대로 이동한 것이 +2, 반대 방향으로 최대한 이동한 것이 -2라고 한 것이다. 진폭이란 평정 상태에서 최대 변위까지의 거리를 말하므로 이 그림의 진폭은 2가 된다. 진폭은 소리의 세기로 드러난다.

소리의 세기를 나타내는 단위로 흔히 ㏈(decibel)을 사용하는데, 사

---

1) 일반적으로 세로축에 표시되는 것은 입자들의 위치가 아니라 입자들의 밀도 즉 압력이다.

실 이 개념은 꽤 복잡하다. 매질이 한 쪽으로 움직이면 그곳은 입자들이 촘촘해지고 압력이 높아지게 되는데, 소리의 세기란 바로 이 압력의 크기이다. 압력의 단위는 ㎩(pascal)인데 1㎩은 1㎡당 1N에 해당하는 압력이다. N(newton)은 힘의 단위로서 1㎏의 물체를 1초에 1m 움직이게 하는 힘을 뜻한다. ㏈은 절대적인 수치를 나타내는 단위가 아니라 다음과 같이 한 소리에 대한 다른 소리의 상대적인 압력을 나타내는 단위이다.

$$dB = 20 \times \log_{10} \frac{P_a}{P_b}$$

두 소리 a와 b가 있을 때, b에 비하여 a가 얼마나 큰 소리인지를 나타내는 단위가 ㏈인 것이다. 흔히 소리 크기의 단위로 알고 있는 ㏈은 음압 수준(sound pressure level, SPL)으로 ㏈SPL이라고 하는 것인데, 위의 식에서 분모 자리에 인간의 귀가 들을 수 있는 가장 작은 소리의 음압인 20μ㎩을 두고 계산된 것을 말한다.

〈그림 1.4〉와 같은 음파는 단 하나의 사인 곡선으로 나타내어지기 때문에 사인파(정현파, sine wave)라고 하는데, 복합파에 대응되는 의미로 단순파(simple wave)라고도 한다. 이런 소리는 기계를 이용하여 만들어낼 수는 있지만 자연 속에서 들을 수 있는 것은 아니다. 우리가 듣는 거의 모든 소리는 엄청나게 많은 수의 서로 다른 단순파들이 뒤섞여 실현되는 복합파이다. 복합파는 주기파일 수는 있어도 앞선 〈그림 1.2〉에서 본 'ㅏ'의 파형과 같이 울퉁불퉁 제멋대로인 파형을 보이는데, 이는 여러 단순파들이 함께 실현되면서 간섭을 일으켜 보강되기도 하고 상쇄되기도 하기 때문이다.

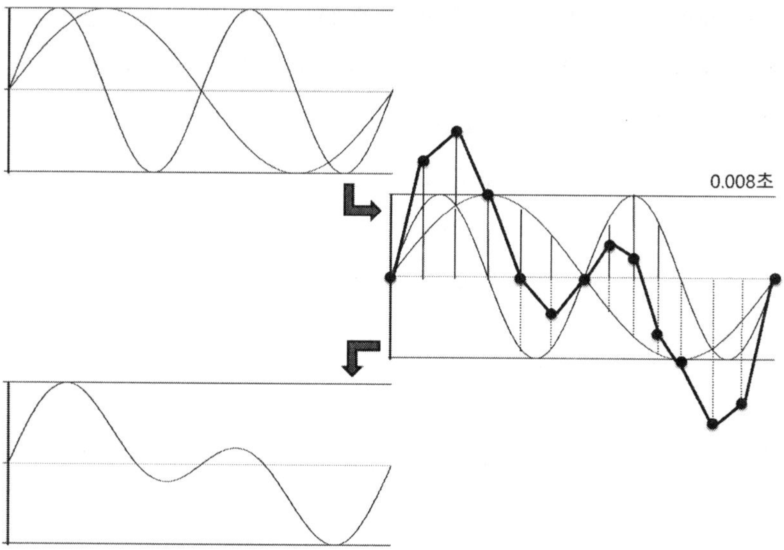

〈그림 1.5〉 복합파: 단순파의 결합

첫 번째 그림에는 진폭이 같은 두 개의 단순파가 들어 있다. 0.008초 동안 한 번 주기가 돌아오는 125㎐의 단순파와 두 번 주기가 돌아오는 250㎐의 단순파이다. 이 두 음파가 섞인 파형은 그림과 같이 두 개의 선으로 되어 있는 것이 아니다. 두 음파는 간섭을 일으키는데, 한 시점에서 두 음파가 지니는 음과 양의 세기가 더해져서 두 번째 그림의 진한 곡선이 만들어지는 것이다. 맨 아래의 그림은 기계를 이용하여 두 단순파로 이루어진 복합파를 실제로 만들어낸 것으로서 가운데 그림의 진한 곡선과 같은 형태를 보이고 있다.

125㎐의 단순파나 250㎐의 단순파나 '뚜~' 하는 소리인데, 125㎐는 12음계로 치면 대략 B2(123.5㎐)와 C3(130.8㎐) 사이 정도의 음높이이며, 그 두 배의 주파수인 250㎐는 그보다 한 옥타브 높은 B3(246.9㎐)와 C4(261.6㎐) 사이 정도의 음높이이다. 이 두 음파가 결합된 복합파

의 주파수는 그림에서 볼 수 있는 것과 같이 125㎐인데, 이를 기본 주파수(fundamental frequency, f0)라고 한다. 들으면 125㎐의 단순파와 같은 음높이이되 약간 풍성해진 느낌을 주는 '뚜~' 소리이다. 여러 단순파가 섞여 있을수록 기계음에서 벗어나 점점 자연음에 가까워진다.

기본 주파수란 이처럼 복합파에 포함된 것으로 분석된 단순파 주파수들의 최대 공약수인 주파수라 할 것인데, 사람의 귀는 그것으로 음의 높낮이를 판단한다. 자연음 속에는 아주 낮은 주파수대부터 높은 주파수대까지 수없이 많은 단순파가 섞여 있기 때문에 그들 중 가장 낮은 주파수가 기본 주파수가 된다. 그런데 때로는 실제로 존재하지도 않는 주파수를 듣기도 한다. 300㎐, 600㎐의 음파 둘이 섞인 복합파를 들으면 이 두 주파수의 최대 공약수인 기본 주파수 300㎐의 음높이를 듣는다. 그런데 이 둘에 450㎐의 음파까지 더해지면 세 주파수의 최대 공약수인 150㎐가 기본 주파수가 되고 우리는 그 높이의 소리를 듣게 된다. 이를 기저음 누락(missing fundamental) 효과라고 하며, 전화기에서도 이 원리가 활용된다. 인간이 들을 수 있는 주파수의 범위는 대략 20~20000㎐인 반면, 전화기는 에너지 효율을 위해 그중 대략 300~3400㎐의 음파만을 전달한다.[2] 남성 목소리의 높낮이 즉 기본 주파수는 보통 100㎐대이고 여성의 경우는 보통 200㎐대로서, 둘 모두 전화선을 지나는 주파수의 범위 밖이다. 그럼에도 우리는 상대방 목소리의 높낮이를 잘 듣는데, 누락되어 있는 기본 주파수를 최대 공약수로서 듣기 때문이다. 어떤 주파수의 단순파가 포함되어 있지 않음에도 상위 주파수들의 최대 공약수로서만 존재하는 그 주파수가 마치 있는 것처럼 들리는 것이다.

---

2) 전화 목소리가 조금 달리 들리는 것은 이렇게 일부 주파수대의 음파만이 전해지기 때문이다.

1.1.2 음성의 분석

앞서는 단순파들이 합해져 복합파가 되는 것을 보았지만, 그것은 복합파의 개념을 이해하기 위한 것이었을 뿐, 우리가 실제로 행하는 작업은 자연음 속에 어떠한 주파수와 진폭을 지닌 단순파들이 들어 있는지를 알아 내는 것이다. 프랑스의 수학자이자 물리학자인 푸리에(Jean-Baptiste Joseph Fourier, 1768~1830)가 찾아낸 푸리에 변환이 그 일을 해 낸다.[3]

〈그림 1.6〉 또한 매우 단순한 음파이기는 하지만 왼쪽과 같은 소리가 자연 속에서 들릴 때에 이 속에 오른쪽과 같은 사인파가 들어 있음을 계산해 내는 것이 바로 푸리에 변환인 것이다. 복잡해 보이는 왼쪽의 음파

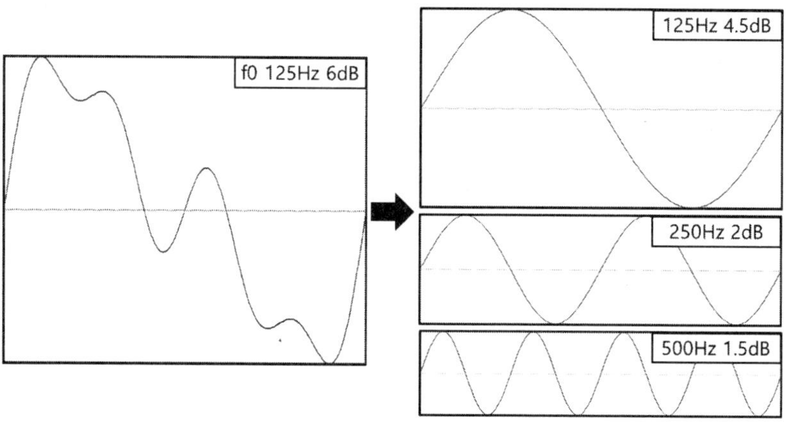

〈그림 1.6〉 푸리에 변환

3) 푸리에는 언어학과도 관련이 있다. 푸리에는 나폴레옹의 이집트 원정에 동행했었는데, 그때 로제타석(Rosetta Stone. '로제타'는 이 비석이 발견된 지역의 이름을 딴 것이지만 제대로 된 지명은 '로제타'가 아니라 '라시드(Rashid)'라고 한다)을 발견하고 탁본을 떠 왔다고 한다. 그리고 푸리에의 후원을 받던 샹폴리옹(Jean-François Champollion)이 그 탁본을 연구해서 이집트 신성 문자를 해독하게 된 것이다.

는 125㎐(4.5㏈)의 사인파, 250㎐(2㏈)의 사인파, 500㎐(1.5㏈)의 사인파 셋으로 이루어져 있는데, 이를 〈그림 1.7〉과 같이 단순하게 나타낼 수 있다. 가로축은 주파수이고 세로축은 진폭, 즉 강도이다. 이렇게 분석해 낸 것을 스펙트럼(spectrum)이라고 한다. 마치 햇빛이 프리즘을 통해 일곱 색으로 분석되는 것과 같다.

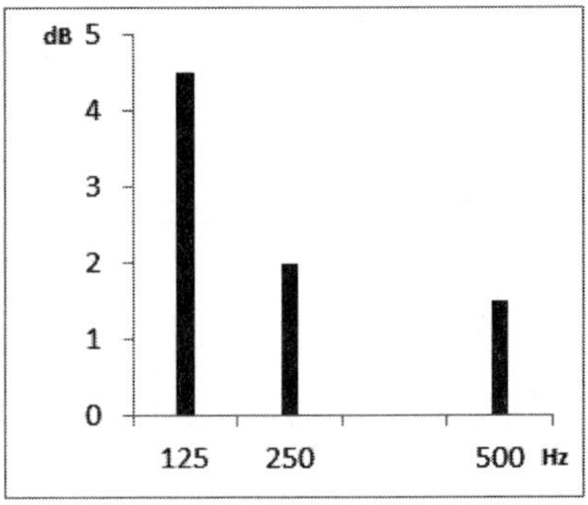

〈그림 1.7〉 스펙트럼

앞선 〈그림 1.6〉의 복합파는 인위적으로 만들어 낸 것이지만, 실제로 일정한 크기를 지닌 진동체가 어떤 주파수로 진동하게 되면 그것의 정수배가 되는 주파수의 수많은 음파들이 함께 만들어진다. 기본 주파수의 정수배로 생기는 이러한 음파들을 배음(고조파, harmonics)이라고 한다. 우리가 듣는 거의 모든 주기파들은 이러한 배음 구조를 지니고 있다. 음성의 경우, 진동하는 성대가 일정한 크기를 지니고 있고, 성대 진동으로 인해 만들어진 음파가 입밖으로 나오기까지 통과하는 인두강과 구강, 비강 등도 소리가 만들어지는 동안 일정한 크기를 유지하고 있어서 그로 인해 배음이 생긴다. 피아노는 안에 들어 있는 금속 줄이 일정한 길이를 지니고 있고, 관악기들은 그 관의 일정한 용적이 배음 구조를 만들어 내는 역할을 한다. 피아노 중간보다 한 옥타브 낮은 라 음(A3)의 음높이는 기본 주파수가 220㎐인데, 어떤 악기이든 그 음을 연주하면 220㎐와 그 정수 배인 440㎐, 660㎐, 880㎐ 등의 배음이 함께 나는 것이다.

그렇다면 악기들의 차이, 그 음색의 차이는 어디에서 오는 것일까. 모든 악기가 같은 음을 연주하였을 때 똑같은 배음들이 난다고 하면 도대체 소리의 차이는 무엇에 기인하는 것일까.

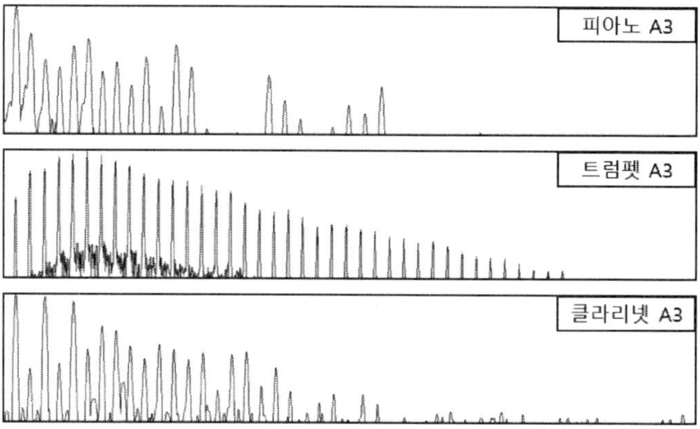

〈그림 1.8〉 피아노, 트럼펫, 클라리넷의 스펙트럼

〈그림 1.8〉의 세 스펙트럼은 위로부터 피아노, 트럼펫, 클라리넷으로 A3 음을 연주한 것이다. 가로축이 주파수이고 세로축이 진폭, 즉 강도이다. 가장 낮은 주파수, 즉 삐죽삐죽 솟은 것들 중 맨 왼쪽의 것이 220㎐이고 그 다음부터 그것의 두 배인 440㎐, 세 배인 660㎐ 등으로 기본 주파수의 정수배가 되는 음파들이다. 세 그림에서 삐죽한 것들의 간격이 일정한데 모두 220㎐ 간격인 것이다. 만일 기본 주파수와 배음들이 정확히 220㎐, 440㎐ 등의 주파수들이라면 각각은 면적을 지니지 않은 직선으로 표시되어야 할 것인데 그림에서는 면적을 지닌 이쑤시개 같은 모양이고 그 중간중간에 잡음도 섞여 있다. 이는 이 스펙트럼이 기계음

이 아니라 실제로 악기로 연주한 소리이기 때문인데, 악기도 그것을 연주하는 사람도 기계가 아니기 때문에 완전한 주기파를 낼 수는 없는 것이다.

음색의 차이는 스펙트럼의 모양과 관련이 있다. 기본 주파수가 같고 또 그로 인해 같은 간격으로 배음들이 늘어서 있기는 하지만, 세 악기의 소리는 배음들의 상대적인 강도가 서로 다르다. 피아노는 두 번째 이하로 조금씩 약해지다가 다시 조금 강해지다가 하고, 트럼펫은 강해지다가 천천히 약해지고, 클라리넷은 홀수 배의 것은 강하고 짝수 배의 것은 약하고 하는 식으로 나타난다. 바로 이러한 배음들의 상대적 강도의 차이가 악기의 음색 차이인데, 똑같은 A3 음이라고 해도 세 악기의 소리가 전혀 다른 것은 바로 배음의 구조가 이와 같이 다르기 때문이다. 이러한 방식으로 서로 다른 음색이 나는 것이니 필요한 주파수와 진폭의 단순파들을 적절히 섞으면 얼마든지 원하는 소리를 낼 수 있고 또 세상에 존재하지 않는 악기의 소리마저 낼 수가 있다. 20세기 후반 등장한 마법의 악기, 신시사이저가 바로 그것이었고, 이제는 각종 컴퓨터 프로그램들이 그 역할을 하고 있다.

악기의 음색 차이는 말소리의 어떤 차이에 대응될까. 사람마다 목소리가 다르고 같은 사람이라고 해도 어릴 때와 성인이 된 이후의 목소리가 다르다. 이는 후두나 성대의 기본적인 구조가 같다고 하더라도 저마다 그 모양이나 크기 등이 조금씩 다르기 때문이다. 그럼에도 이 사람의 '아'와 저 사람의 '아'를 같은 소리로 인식하고 한 사람의 '아'와 '이'를 다른 소리로 인식하는 것은, 바로 배음들의 상대적인 강도가 모음에 따라 서로 다르기 때문이다.

성대가 진동하면 기본 주파수와 함께 수많은 배음들이 생성되는데 이때의 배음은 주파수가 기본 주파수의 정수배로 커질수록 그 강도가

12㏈씩 낮아진다. 〈그림 1.9〉에서 맨 위 가운데에 있는 스펙트럼이 바로 그 성대 진동음을 보인 것이다. 이 음원이 후두 바로 위의 공간인 인두강과 혀가 있는 공간인 구강, 그리고 콧속의 공간인 비강을 거쳐 입밖으로 나오게 되는데, 음파가 지나는 이 공간을 소리가 지나는 길이라는 뜻에서 성도(vocal tract)라고 부른다.

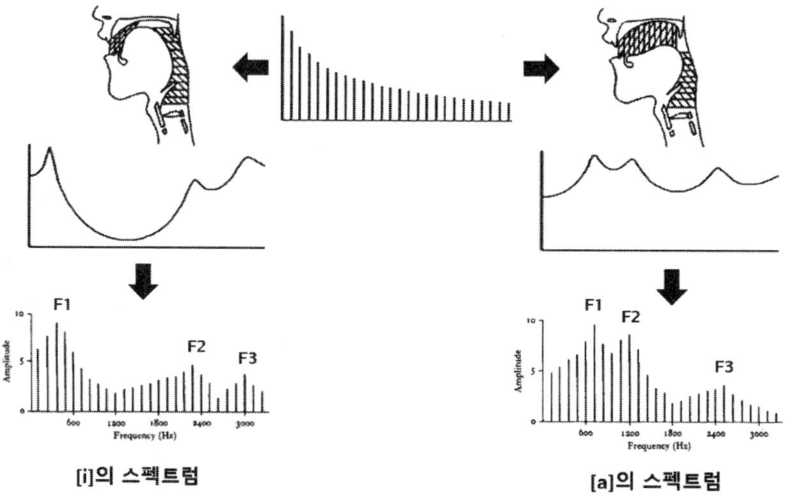

〈그림 1.9〉 음원과 필터(Fry 1979:77)

이 성도의 모양이 바로 필터의 역할을 하여 음성의 질을 결정한다. 〈그림 1.9〉 왼쪽의 성도 모양은 'ㅣ'를 발음할 때로서 인두강은 넓고 구강은 좁으며, 오른쪽의 것은 'ㅏ'를 발음할 때로서 인두강이 좁고 구강이 넓다. 성대 진동음이 지나는 이러한 성도가 필터의 역할, 즉 성도의 모양에 따라 특정 주파수대를 증폭시키거나 감쇄시키는 역할을 하여 주파수들의 상대적인 강도가 결정되는 것이다. 여기에 음파가 입밖으로 나와 방사되면서 고주파수대가 증폭되는 현상이 더해짐으로써[4] 맨 아

4) 성대에서 만들어진 음원은 배음당 12㏈씩 약해지지만, 입 밖으로 나올 때는 방사 특성

래와 같은 스펙트럼이 완성된다. 이처럼 음성의 기초 재료가 되는 음원이 있고 그것이 어떤 모양의 성도를 지나면서 어떤 음향적 속성을 지니게 되는가에 대한 설명을 음원-필터 이론(source-filter theory)이라고 하는데, 조음과 음향의 관계를 이해하는 데에 매우 유용하다 할 것이다.

그렇다면 음원이 없다면 어떨까? 엄밀히는 음원이 없다기보다는 〈그림 1.9〉처럼 배음들이 늘어선 성대 진동음이 없다고 하는 게 맞을 것이다. 성대 진동음이 없어도 모음의 차이는 구별될 수가 있다. 유리창에 입김을 불 때 '하~'라고 할 수도 있고 '호~'라고도 할 수 있음을 떠올려 보자. 어떻게 해도 성대는 진동하지 않지만 우리는 그속에서 'ㅏ'와 'ㅗ'의 차이를 분명히 알 수 있다. 이는 모음의 차이가 음원과는 무관하게 성도 즉, 필터의 모양에 의해 결정된다는 것을 말해 준다. 귓속말을 알아들을 수 있는 것도 마찬가지이다. 귓속말을 할 때에는 성대와 성대는 붙이고 거기에 붙은 한 쌍의 연골 사이를 살짝 열어서 그 사이로 공기가 올라오면서 나는 마찰음을 음원으로 사용하여 성대 진동음이 없지만 모음의 차이를 알아들을 수 있다.

〈그림 1.9〉의 스펙트럼은 개념도이기 때문에 이를 두고 정확한 수치를 말할 수는 없지만, 'ㅣ'의 경우 기본 주파수에서 가까운 저주파수대에서 정점이 나타나고 그 위로는 매우 약하다가 대략 2300㎐ 부근에서 정점이 있고 그 위로 세 번째의 정점이 형성되어 있다. 반면 'ㅏ'의 스펙트럼은 기본 주파수에서 조금 떨어진 800㎐ 부근에 첫 정점이, 그 바로 위에서 두 번째 정점이, 그리고 조금 더 위쪽에서 세 번째 정점이 형성되어 있다. 배음들 중 이렇게 도드라지게 강한 주파수대를 포먼트(formant)라 하며, 낮은 주파수부터 제1포먼트(F1), 제2포먼트(F2)와 같이 이름을

(radiation characteristic)에 의해 배음당 6㏈씩 강해지므로, 결과적으로 얻어지는 음향은 배음당 6㏈씩 약해진 상태가 된다.

붙인다. 각 모음의 포먼트는 사람마다 조금씩 차이를 보이기는 하지만 대체로 일정하다.

스펙트럼은 가로축이 주파수이고 세로축이 강도로서 어느 한 순간의 소리 또는 변하지 않고 계속 이어지는 소리를 분석적으로 보여 주는 데에는 효과적이지만, 우리의 말은 그런 소리가 아니다. 발음 기관을 끊임없이 움직이며 말을 하니 매 순간 변화하는 소리들을 담아내는 것은 스펙트럼만으로는 불가능하다. 스펙트로그램(spectrogram)이 필요한 것이다.

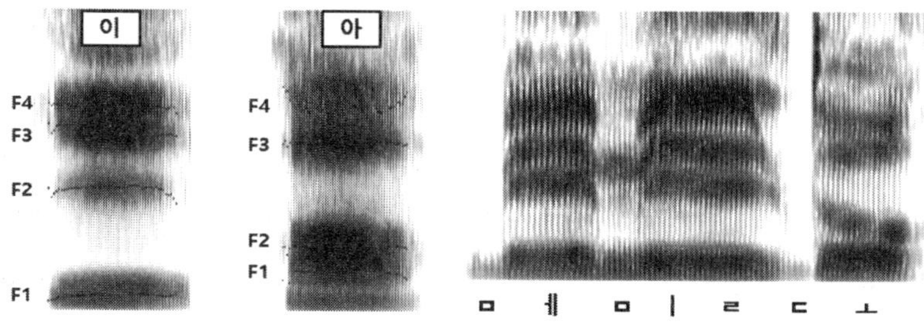

〈그림 1.10〉 '이', '아', '메밀도'의 스펙트로그램

스펙트로그램의 가로축은 시간이다. 세로축은 주파수이며 강도는 농도로 표시한다. 〈그림 1.10〉 왼쪽의 'ㅣ'와 'ㅏ'는 하나의 모음만을 발음하였기 때문에 시간의 흐름에 따른 변화가 없이 포먼트들이 대체로 평행선을 이루고 있다. 세로축은 0~5000㎐인데, 'ㅣ'의 포먼트는 F1 259㎐, F2 2021㎐, F3 2932㎐, F4 3339㎐로 측정되었고, 'ㅏ'의 포먼트는 F1 739㎐, F2 1148㎐, F3 2807㎐, F4 3330㎐로 측정되었다. 오른쪽은 '메밀도'라고 발음한 음성의 스펙트로그램인데, 하나의 분절음이라고 해도 'ㅔ'의 포먼트들이 앞부분과 뒷부분에서 아래쪽을 향하는 모습이라든가 'ㄹ'의 끝 부분, 'ㅗ'의 시작 부분에서 시간의 흐름에 따라 소리가 변하고 있음을 시각적으로 확인할 수 있게 해 준다.

1.2 발음의 과정

1.2.1 기동

발음은 크게 기동, 발성, 조음의 과정으로 이루어진다. 음파의 시작은 진동체의 움직임인데 음성을 낼 때 그 움직임은 기류를 이용해서 만든다. 이러한 기류를 발생시키는 일이 바로 기동(initiation)이다. 사람이 말을 하기 위해 이용하는 기류는 거의 다 폐에서 나오는 날숨(pulmonic egressive airstream)이다. 생존을 위해 공기를 들이마셨다가 내뱉을 때에 생기는 기류를 의사소통을 위해 알뜰히 쓰는 셈이다. 장난삼아 숨을 들이마시면서 말을 할 수는 있겠지만 그렇게 만들어지는 소리를 언어음으로 사용하는 일은 없다.

기류를 만드는 방법은 세 가지가 더 있다. 후두를 이용하여 날숨을 만들거나 들숨을 만들 수도 있고, 혀를 이용하여 들숨을 만들 수가 있는 것이다. 한국어에서는 이러한 기동이 언어음을 만들어 내지는 않는다.

후두를 이용한 날숨으로 내는 소리를 방출음(ejective)이라고 하는데, 소리를 내는 방법은 〈그림 1.11〉과 같다.

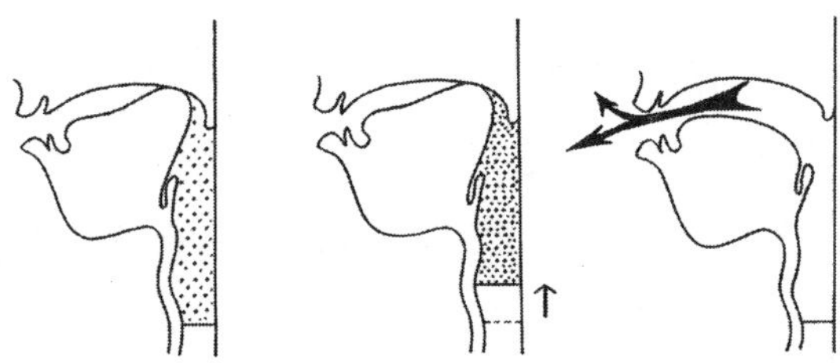

〈그림 1.11〉 방출음의 발음법(신지영 2000:48)

먼저 구강 내의 어딘가를 폐쇄시킨다. 〈그림 1.11〉에서는 혀의 뒷부분으로 입천장 뒷부분을 막은 것이다. 그리고 두 성대를 꼭 붙인 다음, 후두를 올린다. 그러면 폐쇄 부분과 성대 사이의 기압이 높아지는데, 이후 구강에서의 폐쇄를 개방하면 기압 차이에 의해 공기가 밖으로 빠져나간다. 이렇게 발음되는 소리는 [p'], [t'], [k']와 같이 [']를 덧붙인 기호를 쓴다. 간혹 한국어의 경음을 방출음이라고 하거나 경음을 표기하기 위해 같은 기호를 쓰기도 하지만 이는 피하는 것이 좋다. 한국어의 경음은 성문을 매우 좁힌 채 발음되지만 성문의 폐쇄와 후두의 상승을 반드시 요구하는 소리가 아니라, 폐로부터 올라오는 날숨을 이용해서 내는 소리이다. 이 책에서는 경음을 [pˀ]와 같이 표기하고자 한다.[5)]

후두를 이용해서 들숨을 만들기도 하는데 이렇게 해서 내는 소리를 내파음(implosive)이라고 한다.

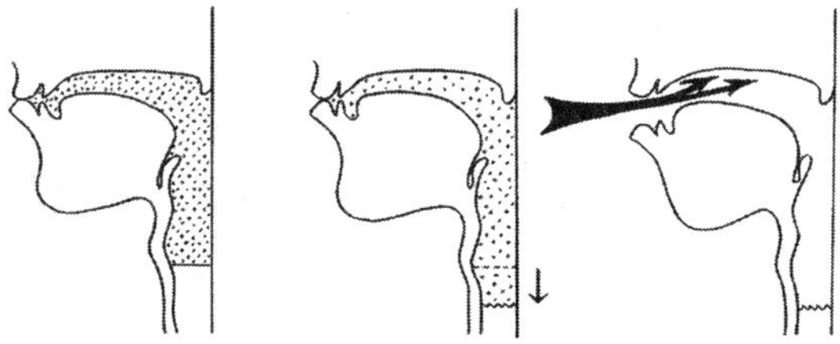

〈그림 1.12〉 내파음의 발음법(신지영 2000:51)

구강 내의 어딘가를 폐쇄하고 성대를 붙인 상태에서 후두를 내린다. 그러면 내부의 기압이 낮아지는데 이때 구강에서의 폐쇄를 개방하면 공기가 안쪽으로 들어오면서 소리가 발생한다. 방출음과는 후두의 움직임

5) [ʔ]는 성문 폐쇄음의 기호이며, 구별 표지인 [ˀ]는 성문화(glottalization) 즉, 성문이 완전히 또는 부분적으로 폐쇄됨을 뜻한다. 경음을 발음할 때 성문이 매우 좁다는 점을 드러낼 수 있는 기호라 여겨진다.

과 기류의 방향이 반대이면서 한 가지 더 다른 점이 있는데, 이들은 유성음이라는 점이다. [ɓ], [ɗ], [ɠ]와 같은 기호에서도 그것이 드러나는데, 성대를 붙여 내릴 때에 약간의 틈을 두고 그 사이로 기류가 올라오면서 성대가 진동하기 때문에 유성음이 되는 것이다. 과거에는 한국어의 음절말 불파음을 간혹 내파음이라고 하기도 하였으나, 위와 같은 발성을 뜻하는 용어 사용은 아니었다.

마지막의 기동은 혀에서 만들어낸 들숨인데, 이렇게 내는 소리를 흡착음(click)이라고 한다.

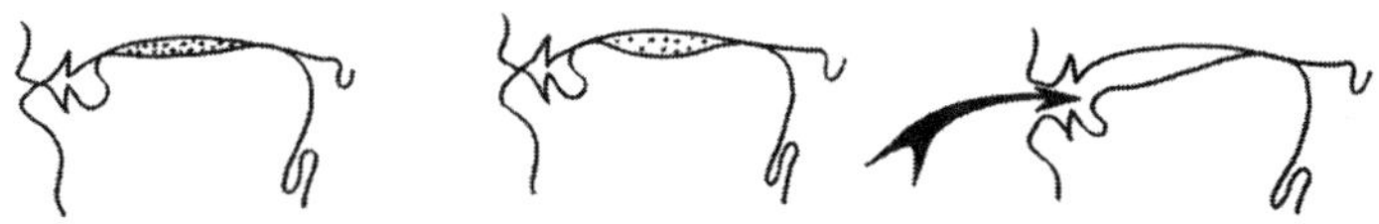

〈그림 1.13〉 흡착음의 발음법(신지영 2000:54)

먼저 혀끝을 윗잇몸에 붙이고, 혀의 뒷부분을 연구개에 붙여 두 부분에서 완전한 폐쇄가 이루어지게 한다. 그 다음에 혀의 중간 부분을 아래로 내리면 그 부분의 기압이 낮아지게 되고 그때 혀끝을 떼어 안쪽으로 들어오는 들숨이 만들어지면서 소리가 나는 것이다. 아프리카의 언어들에서 이런 소리를 언어음으로 사용하는 일이 많은데, 한국어에 그런 음성은 존재하지 않는다. 한국어에 존재하지 않는다고 해서 한국어 화자들이 이 소리를 못 내거나 안 내는 것은 아니다. 무척 어려운 동작을 설명한 것 같지만 사실 앞서와 같이 발음하면 바로 혀 차는 소리, 보통 '쯧쯧'이라고 적고는 하는 그 소리가 난다. '쯧쯧'이라고 적기는 하지만 거기에는 'ㅉ'도 없고 'ㅡ'나 'ㅅ'도 없다. 입안으로 공기가 쏙 들어오며 나는 잡음이 있을 뿐이다. 흔히 들을 수 있는 흡착음이 또 있는데, 그것은 위와 같은 동작을 하다가 개방을 혀끝에서 하는 것이 아니라 혀의 한 쪽 옆면에서 하는 것이다. 이 소리는 손으로 마치 목을 베는 듯한 행동을 하며 "너 죽었어."라고 말할 때 낼 만한 '킥' 같은 소리이다. 혀 옆면으로 공기가 들어가는 느낌이 난다면 그 소리가 맞다. 앞의 것을 치조 흡착음이라고 하고 뒤의 것을 치조 설측 흡착음이라고 하여 각각 [!], [ǁ]와 같이 적는다. 이런 자음을 의사소통 상황에서 사용한다고 해서 그것이 곧 언어음은 아니다. 이 소리 앞뒤에 모음이나 다른 자음들이 연결된 형태소가 있어야 비로소 언어음으로 사용된다고 하는 것이다.

1.2.2 발성

발음의 두 번째 과정은 발성(phonation)이다. 발성은 후두에서 기류를 소리로 만드는 과정이라 할 수 있다. 후두(larynx)는 폐를 드나드는 공기의 통로인 기도 끝에 달려 있는 일종의 마개이다. 그 가운데에는 성대가 들어 있어서, 이것이 기도를 막았다가 열었다가 하는 일을 한다. 숨을 쉴 때에는 문을 열어서 공기가 지날 수 있도록 하고, 음식물을 먹거나 할 때에는 이물질이 기도로 들어가지 못하도록 문을 막음으로써 우리의 생명을 유지하는 데에 중요한 역할을 한다. 후두 자체에도 덮개가 있는데 이를 보면 폐가 얼마나 소중한 기관인지를 알 수 있지만, 언어학자가 관심을 갖는 것은 후두의 그러한 주된 임무보다는 우연히 파생된 발성과 관련된 임무이다.

후두는 뼈 하나와 연골 몇 개, 그리고 그것들을 움직이게 해주는 근육들로 이루어져 있다. 위쪽에는 말발굽 모양의 뼈인 설골이 있는데, 위로는 머리뼈와 근육으로 연결되어 있고 아래로는 갑상연골을 붙들고 있다. 후두에서 가장 큰 연골은 앞쪽을 둥글게 막아 주는 방패 모양의 갑

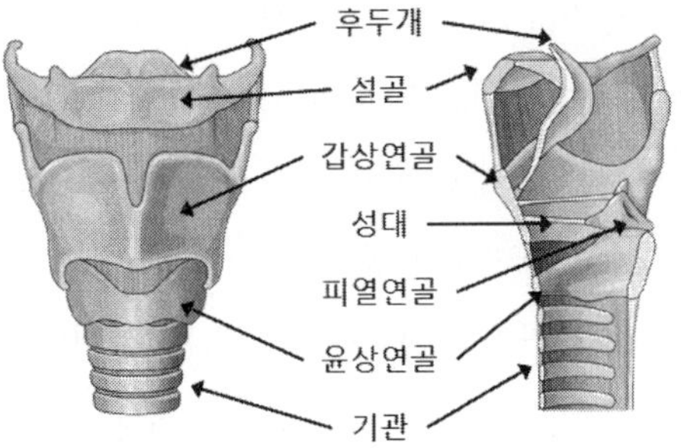

〈그림 1.14〉 후두

상연골이다. 앞쪽으로 꺾인 각도가 보통 남성은 90°, 여성은 120°여서, 밖에서 봤을 때 남성의 경우 후골(갑상연골의 뾰족한 부분)이 융기되어 있는 일이 많다. 그 안쪽에 성대의 한쪽 끝이 붙어 있는데, 그 돌출된 정도에 따라 성대의 길이와 크기가 달라진다. 굵고 큰 고무줄을 튕기는 것이 가늘고 작은 고무줄을 튕기는 것보다 낮은 소리를 내듯이, 후골이 튀어나와 있는 정도에 따라 목소리가 낮기도 하고 높기도 하다.

갑상연골의 아래에는 고리 모양의 윤상연골이 있다. 그 높이가 앞쪽은 낮고 뒤쪽은 높게 되어 있으며, 갑상연골의 아래쪽 양끝이 윤상연골에 붙어서 위아래로 회전하듯 약간씩 움직일 수가 있다. 윤상연골 뒷부분에는 삼각뿔처럼 생긴 피열연골 두 개가 얹어져 있고, 두 성대의 한쪽 끝이 바로 이 피열연골에 붙어 있다. 즉 성대의 앞쪽 끝은 갑상연골의 안쪽 면에, 뒤쪽 끝은 피열연골에 붙어 있는 것이다. 피열연골이 돌기도 하고 서로 붙기도 하면서 두 성대 사이의 문을 열고 닫는다. 물론 연골이 스스로 움직이는 것이 아니라 연골과 연골 사이에 붙어 있는 근육들이 수축하면서 움직이는 것이다.

끝으로 후두의 위쪽에는 주걱처럼 생긴 후두개가 있다. 후두의 덮개라는 뜻으로서 음식물이 내려올 때 후두를 막는 역할을 한다. 목에 손을 대고 침을 삼켜 보면 후두가 올라가는 것이 느껴지는데, 후두가 올라가면서 후두개가 후두를 덮게 된다. 물을 마시다가 간혹 사레가 들리는 일이 있는데, 이는 후두개가 채 닫히지 못해서 후두 쪽으로 들어온 물방울을 빼내기 위해서 나오는 반사 작용이다.

후두의 핵심 부품은 가장 안쪽에 자리 잡은 성대(vocal folds)라 할 수 있다. 성대는 내부에 가느다란 근육을 품고 있는 얇은 조직으로서 길이는 성인 남성은 약 17~23㎜, 성인 여성은 약 12.5~17㎜이며 갓 태어났을 때에는 3㎜ 정도밖에 되지 않는다고 한다. 목소리의 높낮이는 성대의 크기와 반비례, 성대의 긴장도와 비례 관계에 있는데, 성인 남성의 기본 주파수는 보통 125㎐ 정도이면서 70~200㎐ 사이의 소리를 내며 성인 여성의 기본 주파수는 보통 200㎐ 정도이면서 140~400㎐ 사이의 소리를 낸다고 한다.

갑상연골에 붙어 있는 앞쪽은 두 성대가 맞붙어 있고, 피열연골에 붙어 있는 뒤쪽은 서로 떨어져 있어서 두 성대 사이의 공간은 삼각형 모양을 띠게 된다. 이 공간을 소리가 지나는 문이라 하여 성문(glottis)이라고 부른다. 발성은 바로 이곳에서 이루어지는데, 성문을 넓히거나 좁히는 동작 그리고 성대를 이완시키거나 긴장시키는 동작이 발성에서 중요한 역할을 한다.

후두가 수행하는 무엇보다 중요한 임무는 성대를 진동시켜 유성음을 내는 것이라 할 수 있다. 우리가 말을 하면서 내는 언어음 중 가장 많은 소리가 바로 유성음이기 때문이다. 성대는 스스로의 힘으로 떠는 것이 아니라 폐에서 올라오는 날숨으로 떨게 되는데, 그 진동의 원리는 이러하다. 일단 성대는 이완된 채로 서로 맞붙어 성문이 닫혀 있는 상태를 유지한다. 폐로부터 올라오는 공기는 닫힌 성문에 막혀 쌓이다가 성문 아래의 기압이 성문 위의 기압보다 충분히 높아지면 공기가 성대 사이를 뚫고 올라오게 된다. 공기가 성문을 통과한 직후, 성문 아래의 기압이 갑자기 낮아지게 되어 성대는 빨려들듯이 다시 제자리로 돌아온다. 이 현상을 베르누이 효과(Bernoulli effect)라고 한다. 여기에 성대가 지니고 있는 탄성이 더해져서 성대는 진동을 한다. 성대가 진동하는 것을 직접 들여다 볼 수는 없지만 그 원리는 입술을 이용해 쉽게 경험해 볼 수 있다. 입을 붙이되 입술을 힘을 뺀 채로 살짝 다물고 바람을 내보내면 두 입술이 붙었다 떨어지기를 반복하여 부르르 하는 소리를 내며 떨리는 것이 바로 그것이다. 여기에는 두 가지의 조건이 갖추어져야 한다. 입을 벌리고 있는 상태에서는 아무리 바람을 내보내도 입술이 떨리지 않으니 다물고 있어야 떨린다. 또한 입술에 힘을 꽉 주고 있으면 공기가 빠져 나오지를 못하니 또한 떨릴 수가 없다. 성대도 이와 마찬가지여서 성문이 폐쇄되어 있으면서 성대가 이완된 상태여야 진동할 수가 있는 것이다.[6)]

두 성대가 맞닿아 성문이 폐쇄되어 있으면서 성대가 팽팽히 긴장된 상태라면 폐로부터의 기류가 이를 통과할 수가 없다. 앞서 설명한 방출음을 발음하기 위해 성문을 폐쇄한 것이 바로 이러한 상태이다. 성문의 이러한 폐쇄는 무거운 것을 들거나 하면서 강한 힘을 줄 때에 쉽게 경험할 수 있다. 기합을 주면서 숨을 멈추었을 때 입과 코는 열려 있지만 어딘가가 꽉 막혀서 숨을 쉴 수가 없는데, 그때 막힌 곳이 바로 성문인 것이다.

반면 숨을 쉴 때, 특히 숨을 깊이 들이마실 때 성문은 활짝 열린다. 우

---

6) 성대의 진동을 간접적으로 느껴 볼 수 있는 방법이 있다. 먼저 후골 부분의 양쪽에 엄지와 검지를 살짝 댄다. 그리고 유리를 닦기 위해 입김을 '하~' 하고 불어 보면 손끝에 아무런 떨림이 느껴지지 않지만, '아~' 하고 모음을 내 보면 손끝에 미세한 떨림이 느껴진다. 엄지와 검지를 대고 있는 곳이 갑상연골인데, 거기에 성대가 붙어 있기 때문에 그 진동이 밖으로까지 전해지는 것이다.

리 몸에 가능한 한 많은 산소를 공급하기 위한 동작이다. 성문이 열린 상태로는 진동이 일어나기 어려운데 앞서 입술 실험으로도 이를 확인할 수 있었다. 따라서 언어음에서도 성문을 개방한 상태에서 성대를 진동하는 유성음은 그리 많지 않다. 이런 발성을 기식 유성(breathy voice)이라고 하는데, 언어음은 아니지만 숨이 찬 상태에서 헉헉거리면서 말을 할 때 숨도 쉬어야 하고 말을 하기 위해 성대도 진동시켜야 하는 상황에서 나오는 소리가 바로 그런 소리이며, 힌디어의 [dʱ](예. 'Buddha'에서의 'dh') 등이 이에 해당한다.

성문의 넓이는 한국어의 평음, 경음, 격음을 구별하는 데에 중요한 역할을 한다. 성문이 넓으면 페로부터의 공기가 그만큼 많이 올라올 수밖에 없는데, 구강에서 폐쇄나 협착이 있다면 그로 인해 구강 내에서의 기압은 높아지고 그렇게 쌓인 공기가 이후 개방 국면에서 입 밖으로 나오게 된다. 그러한 날숨을 기식(aspiration)이라고 하는데, 성문이 가장 넓어서 기식이 많은 자음이 격음이며 매우 좁아서 기식이 거의 없는 자음이 경음이다. 평음은 성문이 어느 정도 열려 있어서 기식도 어느 정도 있는 자음이다.7)

세 부류의 자음을 발음할 때 성문의 넓이가 구체적으로 어느 정도인지를 알고자 하는 실험들이 있었는데, 비록 한 명의 피험자를 대상으로 한 결과이기 때문에 일반화할 수는 없지만 MRI를 통해 측정한 바에 따르면 평음인 'ㄷ, ㅈ', 경음인 'ㄸ, ㅉ', 격음인 'ㅌ, ㅊ'이 각각 3.6~3.7㎜, 1.1~1.7㎜, 7.7~8.4㎜였다고 한다(김현순·Maeda·Honda 2011). 이처럼 고가의 기계를 쓰지 않는 한 성문의 넓이를 직접 관찰하기는 어렵기

7) 기식의 양은 얇은 화장지를 입 앞에 들고 세 자음을 초성에 둔 음절을 발음해 보면 차이를 알 수 있다. '빠'와 '바'와 '파'를 발음해 보면 '빠'는 화장지가 거의 펄럭이지 않지만, '바'에서는 조금, '파'에서는 아주 많이 펄럭이는 것을 볼 수 있다.

때문에 녹음된 음성을 분석하여 기식이 나오는 시간을 측정함으로써 성문의 상대적인 넓이를 추정하고는 한다. 성문이 넓을수록 닫는 데에 시간이 더 걸리기에 기식이 오래 나온다고 여기는 것이다.

성문의 넓이와 함께 발성에서 중요한 작용을 하는 것이 바로 성대의 긴장이다. 성대가 긴장하면 성문으로 기류가 지나도 성대가 진동하지 않으며, 성대가 진동할 만한 상태에서 성대를 늘여서 긴장시키면 진동이 빨라져서 높은 음을 내게 된다. 성대는 여러 방법으로 긴장시킬 수 있는데, 성대 내부에 있는 성대근이 수축하면서 긴장하기도 하고, 갑상연골이 윤상연골과의 연결 부위를 축으로 하여 아래쪽으로 약간의 회전 운동을 하거나 갑상연골이 위로 끌어올려져서 그 안에 붙어 있는 성대가 길어지며 긴장하기도 한다. 한국어의 격음과 경음은 성대가 긴장된 상태에서 발음되는데, 이는 뒤따르는 모음에까지 영향을 주어 모음을 높은 음조로 소리 나게 한다. 어두의 평음도 무성음이라는 점에서는 경음이나 격음과 같지만 후행 모음이 그들에 비해 낮은 음조로 실현되어 성대가 그보다는 덜 긴장된 상태임을 짐작할 수 있다.

1.2.3 조음

발음의 세 번째 과정은 조음(articulation)으로서 후두에서 만들어진 음원이 성도를 지나면서 구체적인 음성으로 만들어지는 단계이다. 성도의 길이 즉 후두에서부터 입술까지의 길이는 두개골의 크기에 따라 다르기 마련인데, 평균적으로 남성은 17㎝, 여성은 14㎝ 정도이며, 원순모음을 발음하기 위해 입술을 내밀 경우 성도는 1~2㎝ 정도 더 길어진다고 한다.

성도는 ㄱ자 모양으로 꺾여 있는데, 후두 위에서 목젖 부근까지의 공간을 인두강(pharyngeal cavity), 목젖부터 입까지의 공간을 구강(oral cavity)이라고 한다. 아래턱과 혀의 움직임으로 인두강과 구강의 체적이 변하게 되는데, 그로 인해 소리가 달라진다. 우리는 앞서 후두에서 발성된 기본적인 소리가 성도를 지나면서 구체화되는 현상을 음원과 필터의 개념으로 이해한 바 있다.

구강의 위에는 목젖부터 콧구멍까지의 공간인 비강(nasal cavity)이 있다. 인두강을 지나온 음파는 구강으로 전해질 수도 있지만 비강으로도 전해질 수 있는데, 비강을 지나 콧구멍으로 기류가 빠져 나오는 음성을 비음이라고 한다. 언어음으로서는 구강 내의 어딘가를 막고 비강으로만 기류가 빠져 나가는 비자음이 많이 쓰이지만, 구강과 비강이 모두 열린 상태에서 양쪽으로 기류가 빠져 나가는 비모음이 쓰이는 언어도 있다. 프랑스어의 [ɑ̃fɑ̃](enfant, 어린이)나 한국어의 여러 방언에서 많이 들을 수 있는 [ʧipʰɛ̃ĩ](지팡이) 등에서 비모음이 발음된다. 비강으로의 통로를 열고 닫는 밸브의 역할은 목젖이 하는데, 그것이 스스로 움직이는 것은 아니고 그 바로 앞쪽에 범선의 돛처럼 펼쳐져 있는 연한 입천장 부분인 구개범이라는 것이 있고 거기에서 위쪽으로 붙어 있는 구개거근이 수축하고 이완되면서 밸브를 닫고 여는 것이다.8)

구강에는 근육성 조직이자 가장 바쁜 조음 기관인 혀가 들어 있다. 많

---

8) 구개범의 움직임을 느껴 보기 위해서는 이렇게 하면 좋다. 먼저 허밍을 해 본다. 입을 닫고 있음에도 계속 소리가 난다는 것은 어딘가로 기류가 빠져 나오고 있음을 뜻한다. 코를 막으면 바로 소리가 멈추니 기류가 지나는 곳이 비강임을 알 수 있다. 양 입술을 닫아 구강을 막고 비강을 열어 내는 소리는 바로 'ㅁ'[m]이다. 다음으로는 '읍'이라고 발음하고 그대로 멈춘다. 그 어떤 소리도 없고 숨도 쉴 수 없는 상태이다. 입술이 굳게 닫혀 구강은 막혀 있고 손으로 코를 막지 않았음에도 비강이 막혀 있는데, 바로 구개거근이 수축해서 비강으로 통하는 밸브가 닫혀 있는 상태이다. 이제 '읍'이라고 하고 그 상태에서 그대로 허밍을 시작해 보자. 한 번만 하면 제대로 못 느낄 수 있으므로 '읍'과 허밍을 여러 번 반복해 보는 것이 좋다. 입안 깊숙한 곳에서 어딘가 붙었던 것이 뚝뚝 떨어지는 느낌을 받는다면 밸브가 닫혀 있다가 열리는 순간을 느낀 것이다.

은 관용구나 속담에서 '혀'라는 단어가 말한다는 뜻과 관련하여 쓰이고 있음을 우리는 안다. 그만큼 혀는 중요한 조음 기관이다. 구강 내에는 여러 조음점들이 있고 거기에 혀가 닿거나 가까이 감으로써 많은 음성들이 만들어진다. 혀는 앞에서부터 설첨(혀끝, tongue tip), 설단(혓날, tongue blade), 전설, 중설, 후설, 설근(혀뿌리, tongue root)으로 나누어 부른다. 설첨은 혀의 맨끝인 뾰족한 부분을 말하며, 설단은 혀끝에서 약 1~1.5㎝ 정도에 이르는 혀의 윗부분을 가리킨다. 그 뒤쪽 부분은 묶어 혓몸(tongue body)이라고도 하는데, 잠자코 입을 다물고 있을 때에 입천장 앞쪽의 울퉁불퉁하고 딱딱한 부분인 경구개와 맞닿은 부분이 전설, 그 뒤의 연한 입천장인 연구개와 맞닿은 부분이 후설이며 그 중간을 중설이라고 한다. 설근은 인두강의 뒤쪽 벽인 인두벽과 마주하고 있는 부위이다.

국제음성기호(International Phonetics Alphabet, IPA)에 나와 있는 음성들을 중심으로 하여 조음 기관을 확인해 보자. 먼저, 입술은 구강 내의 조음 기관 중 혀의 움직임과는 무관한 유일한 조음 기관이다. 즉 입술에 혀를 대거나 해서 발음하는 자음은 없는 것이다. 입술을 이용한 소리로 대표적인 것이 양순음과 순치음인데, 양순음(bilabial)이란 윗입술과 아랫입술을 마주 댔다가 떼기도 하고 둘 사이에 좁은 틈으로 난기류를 만들어 내 보면서 내는 소리를 말한다. 한국어의 'ㅂ, ㅃ, ㅍ; ㅁ'이 양순 폐쇄음 [p/b, pˀ, pʰ]과 양순 비음 [m]에 해당된다. 또한 '두부'의 'ㅂ'을 발음할 때 양입술의 폐쇄가 완벽하게 이루어지지 않고 그 사이로 기류가 새어 나온다면 그것은 유성 양순 마찰음 [β]를 발음한 것이며, '휘다'의 'ㅎ'을 발음할 때에 양입술 사이로 약한 휘파람 같은 소리가 난다면 그것은 무성 양순 마찰음 [ɸ]를 발음한 것이다. 한국어에는 없지만 윗입술과 아랫니를 맞대고 발음하는 [f, v; ɱ]과 같은 자음은 순치음

(labio-dental)이라고 한다. [ɱ]은 'emphasis'와 같은 단어에서 순치음 앞에 있는 [m]을 발음할 때에 미리 윗입술과 아랫니를 마주 대고 소리 내는 비음이다.

입안의 조음점들은 모두 혀가 맞닿는 부위들이다. 가장 바깥에 있는 윗니는 설첨이 닿는 곳이다. 혀를 윗니와 아랫니 사이에 붙이고 윗니와 설첨 사이의 좁은 틈으로 난기류를 내 보내는 [θ, ð]를 치간음(interdental)이라고 한다. 물론 윗니와 설첨을 맞대고 발음하는 폐쇄음도 있는데 여기에는 구별 기호를 써서 [t̪, d̪]와 같이 표시한다. 윗니보다 더 많이 쓰이는 조음점은 그 바로 뒤쪽에 있는 윗잇몸이다. 여기를 설단으로 막거나 약간의 틈을 주어 내는 소리를 치조음(치경음, alveolar)이라고 하는데, 한국어의 'ㄷ[t/d], ㄸ[tˀ], ㅌ[tʰ]; ㄴ[n]'과 'ㅅ[s], ㅆ[sˀ]', 그리고 탄설음과 설측음으로 발음되는 'ㄹ[ɾ/l]'이 이에 해당된다. 한국어의 치조음은 설단이 윗잇몸에 닿을 때에 설첨이 앞니에 함께 닿는 것이 보통이다.

윗잇몸의 뒤쪽에는 울퉁불퉁한 빨래판 같은 부분이 있는데 이 딱딱한 입천장을 경구개라고 한다. 윗잇몸과 경구개 사이에 두 부위를 더 나누어서 앞쪽 부위에서 나는 소리를 경구개와 윗잇몸 사이이지만 윗잇몸에 속한다는 뜻으로 경구개-치조음(palato-alveolar) 또는 후치조음(postalveolar)이라고 하고 뒤쪽 부위에서 나는 소리를 치조-경구개음(alveo-palatal) 또는 전경구개음(prepalatal)이라고 한다. 한국어의 'ㅈ, ㅉ, ㅊ'이 후치조음 [ʧ/ʤ, ʧˀ, ʧʰ]에 해당되는데 설단과 전설의 앞부분이 치조와 후치조에 넓게 접촉된다. '시'나 '샤, 셔, 쇼, 슈' 등을 발음할 때의 'ㅅ'이 후치조 마찰음 [ʃ]로 발음되는데, 같은 소리를 두고 전경구개 마찰음 [ɕ]라고 하는 경우도 있다. 혀끝을 말아 올려서 후치조에 닿거나 가까이 보내 발음하는 자음은 따로 권설음(retroflex)이라고 한다.

경구개음(palatal)은 경구개와 혀의 앞부분인 전설이 닿거나 가까워져서 발음되는 음성인데, 자음 중에는 폐쇄음 [c, ɟ], 마찰음 [ç, ʝ], 비음 [ɲ], 설측음 [ʎ]이 경구개음이며 활음 [j]도 경구개음이다. 한국어에서 무성 경구개 마찰음은 '힘'의 'ㅎ', 경구개 비음은 '안녕'의 'ㄴ', 경구개 설측음은 '일류'의 'ㄹ'에서 들을 수 있다.

경구개의 뒤쪽에 있는 연한 입천장을 연구개(soft palate)라 부르는데 앞서 구개범(velum)이라고 했던 부위와 같은 곳이다. 연구개음(velar)은 이곳과 혀의 뒷부분인 후설로 내는 소리인데, 한국어의 'ㄱ, ㄲ, ㅋ; ㅇ'이 연구개 폐쇄음과 연구개 비음 [k/g, kˀ, kʰ; ŋ]에 해당된다. 연구개 마찰음 [x, ɣ]도 한국어에서 들을 수 있는데, '흙'에서 'ㅡ'의 개구도가 충분히 작을 경우 'ㅎ'이 무성 연구개 마찰음으로 실현되는 일이 많고, '그거'의 두 번째 'ㄱ'이 모음 사이에서 약화될 때 유성 연구개 마찰음으로 발음되다가 끝내 탈락해서 '그어~거:'로 실현되고는 한다.[9]

연구개 뒤쪽으로도 목젖과 후설로 발음하는 구개수음(uvular), 혀뿌리와 인두벽으로 발음하는 인두음(pharyngeal), 후두개와 인두벽으로 발음하는 후두개음(epi-glottal)이 더 있지만, 그런 자음들은 한국어에 쓰이지 않는다. 마지막으로 'ㅎ[h]'이 포함된 성문음(glottal)이 있다.

---

9) 치조부터 연구개에 이르는 조음점들의 위치를 느껴보기 위한 방법이 있다. '스, 시, 히, 흐'의 자음들만을 발음해 보자. 마치 귓속말을 할 때처럼 발음하면 뒤의 'ㅡ'나 'ㅣ'를 발음하지 않을 수 있다. '스'라고 발음하다가 그 상태 그대로 숨을 강하게 들이마셔 보고, '시'라고 발음하다가 그 상태 그대로 숨을 강하게 들이마셔 보자. 입천장에서 침이 마르는 부분이 '스'는 앞쪽, '시'는 뒤쪽임을 알 수 있다. '시'보다 '히'가 더 뒤이고, 그보다 '흐'가 더 뒤인데, 차례대로 치조음 [s], 후치조음 [ʃ], 경구개음 [ç], 연구개음 [x]가 발음되는 자리들이다.

CONSONANTS (PULMONIC) ©️ 2020 IPA

	Bilabial	Labiodental	Dental	Alveolar	Postalveolar	Retroflex	Palatal	Velar	Uvular	Pharyngeal	Glottal
Plosive	p b			t d		ʈ ɖ	c ɟ	k ɡ	q ɢ		ʔ
Nasal	m	ɱ		n		ɳ	ɲ	ŋ	ɴ		
Trill	ʙ			r					ʀ		
Tap or Flap		ⱱ		ɾ		ɽ					
Fricative	ɸ β	f v	θ ð	s z	ʃ ʒ	ʂ ʐ	ç ʝ	x ɣ	χ ʁ	ħ ʕ	h ɦ
Lateral fricative				ɬ ɮ							
Approximant		ʋ		ɹ		ɻ	j	ɰ			
Lateral approximant				l		ɭ	ʎ	ʟ			

Symbols to the right in a cell are voiced, to the left are voiceless. Shaded areas denote articulations judged impossible.

〈표 1.1〉 IPA 자음

〈표 1.1〉은 IPA 중 폐로부터 나오는 기류를 이용하여 소리 내는 자음들이다. 가로로는 앞서 설명한 조음 위치가, 세로로는 조음 방법이 나열되어 있다. 위로부터 파열음(plosive), 비음(nasal), 전동음(trill), 탄설음(tap, flap), 마찰음(fricative), 설측 마찰음(lateral fricative), 근접음(approximant), 설측 근접음(lateral approximant)이다.

1.3 한국어의 음성

1.3.1 분절음

음성은 시간을 타고 흐른다. 소리는 진동의 전파이고 매질에서 매질로 진동이 전해질 때에는 시간이 걸릴 수밖에 없다. 음성을 분절한다는 것은 그러한 시간의 축을 따라 말소리를 끊어 나눈다는 뜻으로, 이렇게 나누어진 소리를 분절음(segment)이라고 한다. '나무'라는 음성을 시간 축에서 '나'와 '무'로 나눈다면 그것도 분절음이라 할 수 있는데, 보통은 발음 기관의 움직임 없이 음성 고유의 성질이 유지되면서 더 이상 나누어지지 않는 데까지 나눈 'ㄴ, ㅏ, ㅁ, ㅜ'를 분절음이라고 한다.

분절음을 크게 둘로 분류하라면 누구라도 자음과 모음을 떠올릴 것이다. 두 부류의 정의는 연구자마다 조금씩 다르겠지만, 대체로 공통되는 내용이 있다. 성도의 어딘가가 좁아지거나 막혀서 폐에서 올라오는 기류가 방해를 받는 소리를 자음이라고 하고 그러지 않는 소리를 모음이라고 하는 것이다. 이러한 정의는 더 이상 어찌하기 어려운 것이기는 하지만 많은 정의가 그러하듯 완벽하다고 하기는 어려운데, 그 까닭은 정도성의 개념이 포함되어 있다는 점이다. 성도가 좁아진다는 것의 정도, 기류가 방해를 받는다는 것의 정도가 열려 있는 것이다. 앞서 살핀 바와 같이 'ㅏ'와 'ㅣ'를 발음할 때 인두강이 좁아지거나 구강이 좁아진다고 했는데, 이것도 자음의 정의에서 말하는 만큼의 좁아짐이라고 할 수 있는가. 만일 아니라면 어느 정도까지 좁아져야 자음이라고 할 것인가. 기류가 방해를 받는다는 것도 마찬가지이다. 성도 어딘가 좁은 부분이 있으면 당연히 기류는 방해를 받을 수밖에 없는데, 이 경우 방해의 정도를 측정할 만한 방법조차 묘연하다.

그러다 보니 분절음들을 분류하다 보면, 자음 같기도 하고 모음 같기도 한 소리들이 있을 수밖에 없다. IPA에서 자음으로 분류하고 있는 근접음이 그것이다. 대표적인 근접음이 바로 활음(glide)인데, 반자음(semiconsonant)이나 반모음(semivowel)이라는 용어가 함께 쓰이는 것을 보면 자음과 모음의 중간적 존재라는 생각은 공통적이되 어느 언어에서는 자음에 가까운 것으로 또 다른 언어에서는 모음에 가까운 것으로 여기고 있는 것이라 짐작할 수 있다. 한국어에서는 보통 반모음이라고 부르는 것을 보아 모음에 가까운 것으로 여기는 듯하지만, 영어의 경우 'a pink', 'an ink, an ear', 'a wink, a year'에서 부정관사의 교체를 보면 'wink, year'의 어두 활음인 [w, j]가 자음과 같이 받아들여지고 있음을 알 수 있다. 이렇게 언어에 따라서 다르게 받아들여진다고 해도 동일한 음성임에는 틀림이 없는데, 그렇다면 활음은 발음하는 동안 기류가 방해를 받는 것인가 아닌가, 자음인가, 모음인가, 아니면 자음도 모음도 아닌 제3의 부류인가.

흔히 유음(liquid)이라 부르는 음성 중 [ɹ]과 [l]도 근접음이다. [ɹ]은 영어의 'right' 등에서와 같이 'r'로 표기되는 소리인데, 혀가 입천장에 가까이 가기는 하되 닿지는 않는 음성이며, 기류의 방해도 어느 정도인지 알 길이 없는 소리이다. [l]은 설측 근접음이다.[10] [ɹ]이 혀의 가운데 부분이 입천장과 근접한 상태라면 [l]은 혀의 옆부분이 입천장과 근접한 상태이다. 설측 근접음은 혀의 앞쪽은 폐쇄되어 있지만 옆면이 열려 있어서 그쪽으로 기류가 빠져 나가는 소리인데, 이때에는 기류가 방해를 받는다고 할 수 있는가.

자음과 모음 못지않게 어려운 것이 공명음(sonorant)과 장애음(obstruent)의 분류이다. Chomsky and Halle(1968:302)에서는 공명음을, 자연스럽게 저절로 성대가 진동할 수 있는 성도 상태에서 나는 소리라고 정의하고 있다. 그러한 성도 상태에서 발음되는 것이 아니라면 장애음이다. 이 정의를 접한 사람은 아마도 누구나 궁금하게 여길 것이다. 자연스럽게 저절로 성대가 진동할 수 있는 상태란 과연 어떤 상태를 말하는 것인가. [z, v]와 같은 유성 장애음들은 그런 상태가 아님에도 성대를 진동시키고 있다는 것인데, 추측건대 그런 장애음은 성문 위쪽의 기압이 성문 아래쪽의 기압에 비해 충분히 낮지 않기 때문에 성대의 진동이 자연스레 따르지 않는 것이라 여겨진다. Kent and Read(2002:182)에

10) 〈표 1.1〉에서 보듯 설측음에는 공명음인 설측 근접음도 있지만 혀의 옆면에서 난기류가 형성되는 설측 마찰음도 있다. 한국어에는 설측 마찰음이 없기 때문에 설측음이라고 하면 설측 근접음을 가리키는 것으로 이해된다.

서는 모든 음향 에너지가 성대 진동에 말미암는 소리를 공명음이라고 하였는데, 이는 언어학의 오래된 개념인 악음(musical sound)이나 향음(resonant)의 개념(Sievers 1881:40~41, Pike 1943:143~144)과도 맞아들어가는 정의라 여겨진다.

공명음에는 모음과 활음이 속하며 자음 중에서는 비음과 유음이 이에 속한다. 이들은 모두 유성음이지만 특별한 경우 무성음으로 실현될 수도 있다. 대표적인 것은 귓속말을 할 때이다. 귓속말은 성대가 맞닿아 성문이 막혀 있고 피열연골 사이로 기류가 빠져 나오는 소리이기 때문에 성대가 진동하지 않는다. 또한 기식이 많은 자음에 접해 있는 모음 특히 고모음도 무성음으로 실현되는 일이 있는데, 이 경우는 성문이 넓게 열려 있어서 성대가 진동하지 못하는 상태라 할 수 있다. 귓속말에서의 모음을 비롯한 이러한 무성 모음들을 성대 진동음이라 할 수 없음은 당연하지만 그렇다고 해서 이들을 장애음이라고 하지는 않는다. 자연스러운 언어음이라고 하기 어렵다는 점에서도 그러하지만 후두 위쪽의 성도만 보아서는 성대가 자연스레 진동할 만한 상태에서 나는 소리라는 점에서도 그렇게 생각할 만하다.

장애음을 발음하기 위해 기류를 방해하는 방법은 크게 두 가지인데, 하나는 조음점을 막아 기류를 완전히 차단하는 것이고 다른 하나는 조음점을 좁혀서 그 좁은 틈으로 기류를 내보내는 것이다. 앞선 방법으로 발음하는 자음을 폐쇄음(stop), 뒤의 것을 마찰음(fricative)이라고 한다.11) 한국어의 폐쇄음에는 'ㅂ, ㅃ, ㅍ; ㄷ, ㄸ, ㅌ; ㄱ, ㄲ, ㅋ'의 아홉

11) 비자음도 구강에서 폐쇄가 있기 때문에 장애음의 폐쇄음을 구강 폐쇄음(oral stop), 비자음을 비강 폐쇄음(nasal stop)으로 나누어 부르기도 한다. 파열음(plosive)은 그중 구강 폐쇄음만을 가리킨다. 여기서는 파열보다는 폐쇄의 조음을 중시하여 폐쇄음을 구강 폐쇄음을 가리키는 용어로 사용하며 거기에 비자음은 포함하지 않고자 한다.

자음이 있고, 마찰음에는 'ㅅ, ㅆ; ㅎ'의 셋이 있다. 폐쇄음은 초성에서 막혔던 부분이 개방되면서 바로 모음으로 이어지는데, 'ㅈ, ㅉ, ㅊ'은 폐쇄 이후 좁은 틈을 만들어 마찰을 일으키다가 모음으로 이어진다. 폐쇄에 뒤이어 마찰이 이루어진다는 점에서 폐찰음이라고 부르기도 하지만 흔히 파찰음(affricate)이라고 한다.

평음, 경음, 격음의 중요한 차이는 후두의 상태에서 비롯된다. 앞서 설명한 바와 같이 경음은 성대가 긴장되고 성문이 매우 좁은 상태, 격음은 성대가 긴장되고 성문이 매우 넓은 상태, 평음은 성대가 긴장되지 않고 성문이 조금 열린 상태에서 발음된다. 이러한 차이는 자음에서 모음으로 옮아갈 때에 음성으로 실현되기 때문에 초성으로 발음될 때만 드러날 뿐 종성에서는 그러지 못한다. 음운론적으로는 경음과 격음이 종성에서 평음으로 변동을 겪는 현상으로 기술된다.

폐쇄음이라고 해도 조음 기관의 폐쇄가 언제나 완전한 것만은 아니다. 경음과 격음은 폐쇄 구간이 길기 때문에 그런 일이 없지만, 평음 특히 모음 사이의 평음은 폐쇄 구간이 짧아서 목표했던 폐쇄가 이루어지지 않는 경우가 있는 것이다. '두부'의 'ㅂ'이 유성 양순 마찰음 [β]로 실현되는 것은 물론이거니와 '그거'의 제2음절 초성 'ㄱ'은 유성 연구개 마찰음 [ɣ]로 실현되거나 탈락까지 이어지기도 한다. 둘에 비해 정도가 덜하기는 하지만 'ㄷ'도 폐쇄가 불완전할 때가 있으며, 'ㅈ'의 경우 폐쇄 없이 마찰음으로 실현되는 일도 많다(홍은영 2021, 전진호 2022). 불완전한 폐쇄는 종성에서 일어나기도 하는데, '접시', '먹습니다'와 같이 마찰음 앞에서 그러하다(홍은영 2019). 후행하는 'ㅆ'과 조음 위치가 같은 'ㄷ'이 선행하여 연쇄를 이룰 때에는 'ㄷ'의 폐쇄가 전혀 이루어지지 않는다.[12] 예를 들어 '듣습니다'의 표준 발음은 [듣씀니다]로 되어 있지만 실제로는 [드씁니다]로만 실현된다.

한국어의 비음에는 'ㅁ, ㄴ, ㅇ'의 세 자음이 음소로서 존재한다. 때로 비모음이 들리기도 하는데, 경구개 비음 [ɲ]과 연구개 비음 [ŋ] 즉 [+high]인 비음이 모음 사이에서 탈락하면서 선후행 모음이 비모음으로 실현되는 것이다. 예를 들어 '아니'가 [ãĩ]로, '지팡이'가 [ʧipʰɛ̃ĩ]로 실현되는 것인데 비음성이 사라진 [ai], [ʧipʰɛi]로 실현되는 일도 많다.

한국어 초성의 'ㅁ, ㄴ'이 지닌 특징 중의 하나는 비음성이 약하다는 점이다. 이 현상은 '물', '늑대'에서와 같이 어두에서 고모음에 선행할 때 뚜렷하게 드러나는데, 예컨대 '누나'는 타언어 화자에게 [duna]로 지각될 만큼 두 'ㄴ'의 음성적 차이가 크다. 외국인 한국어 학습자를 대상으로 한 지각 실험에서는 어두 'ㅁ, ㄴ'의 16%, 30%가 'ㅂ, ㄷ'으로 지각된다고 보고하기도 하였다(윤은경·이호영 2014).

유음은 음소적으로는 'ㄹ' 하나이지만 음성적으로는 성격이 매우 다른 두 소리로 실현된다. 그 하나는 '알라'의 두 'ㄹ'과 같이 종성 또는 'ㄹ' 뒤의 초성에서 실현되거나 '알려'의 초성 'ㄹ'과 같이 'ㄹ'에 후행하며 [i, j]에 선행할 때 실현되는 설측 근접음이다. 전자는 설단이 치조를 막고 혀의 옆면이 개방된 치조 설측 근접음 [l]이며 후자는 전설이 경구개를 막고 혀의 옆면이 개방된 경구개 설측 근접음 [ʎ]이다. 종성의 'ㄹ'은 '알까'에서와 같이 연구개음 앞에서 연구개 설측 근접음인 [ʟ]로 실현되기도 하는데, [ʎ]과 마찬가지로 후행음의 조음 위치와 같은 위치에서 실현된 것으로, 연구개에서 폐쇄가 일어나지 않기도 한다.

모음 간 초성의 'ㄹ'은 탄설음(tap, flap) [ɾ]으로 실현된다. tap은 설첨이 윗니나 윗잇몸 쪽으로 올라가 닿았다가 바로 내려오면서 내는 소

12) 'ㅅ' 앞의 'ㄴ'도 폐쇄가 이루어지지 않는 일이 있다고 한다(정인섭 1973:39).

리인 반면 flap은 설첨이 구부러져 올라갔다가 윗잇몸 뒤쪽을 때리며 내려오면서 내는 소리로 구분할 수 있는데(Ladefoged and Johnson 2011:175~176), 이러한 구분에 따르면 한국어의 초성 'ㄹ'은 tap이라 할 만하다. 탄설음은 매우 짧은 순간이지만 구강을 완전히 폐쇄시킨다는 점에서 근접음과는 매우 다른 음성이다. 전술한 바와 같이 근접음은 자음과 모음의 중간 정도에 해당될 만한 데에 반하여 탄설음은 영어의 경우 'pity', 'ladder'와 같은 단어의 모음 간 장애음 [t, d]가 약화되어 실현되기도 하는 등 완전한 자음으로 받아들여지고 있다. 모음 사이의 평폐쇄음과 마찬가지로 탄설음도 폐쇄가 완전하게 이루어지지 않는 경우가 있는데, 폐쇄 구간이 짧으니만큼 폐쇄가 온전하지 않은 경우가 더 많다고 할 수 있다.

한국어의 모음은 지역에 따라 큰 차이를 보여 왔지만 이제는 표준 발음이 널리 보급되어 그 차이가 점차 좁혀져 가고 있다. 방언 모음 체계의 변화를 개관한 곽충구(2003)에 따르면 시간과 공간을 꿰뚫어 모음 체계는 적게는 여섯 개에서 많게는 열두 개의 모음을 포함하고 있다. 여섯 모음뿐이라는 것은 'ㅟ, ㅚ' 없이 'ㅔ'와 'ㅐ', 'ㅡ'와 'ㅓ'가 구별되지 않는 모음 체계를 말하며, 열두 개의 모음을 지닌 것은 20세기 초 제주 방언의 모음 체계로서 'ㅣ, ㅟ, ㅡ, ㅜ, ㅔ, ㅚ, ㅓ, ㅗ, ᆜ, ㅐ, ㅏ, ㆍ'로 이루어졌다고 한다. 그러나 우리에게 가장 친숙한 것은 〈표 1.2〉와 같이 열 개의 모음으로 이루어진 체계인데, 보통은 이들 중 어떤 것을 발음하지 못하기도 하고 어떤 것들을 구별하지 못하기도 한다.

모음은 보통 세 가지 속성의 조합으로 특징지어진다. 첫째는 입을 벌리는 정도, 개구도이다. 입을 가장 작게 열고 발음하는 모음을 폐모음, 크게 열고 발음하는 모음을 개모음이라고 하며, 그 사이에 반폐모음, 반개모음을 추가할 수 있다. 〈표 1.2〉의 고모음, 저모음과 같은 용어는 혓

	전설		후설	
	평순	원순	평순	원순
고모음	ㅣ	ㅟ	ㅡ	ㅜ
중모음	ㅔ	ㅚ	ㅓ	ㅗ
저모음	ㅐ		ㅏ	

〈표 1.2〉 한국어의 10모음 체계

몸의 위치를 뜻하는 것인데, 혀가 아래턱에 붙어 있고 입을 벌려 턱을 내리면 혀도 함께 내려가기 때문에 폐모음은 혀의 처지에서 보면 고모음이 되고, 개모음은 저모음이 된다. 반폐모음은 중고모음, 반개모음은 중저모음이 된다.

둘째는 모음을 발음할 때 혀의 최고점이 혀의 앞부분인가 뒷부분인가 하는 점이다. 혀의 앞부분이 최고점인 모음을 전설 모음, 혀의 뒷부분이 최고점인 모음을 후설 모음이라고 한다. 그런데 실제로 모음을 발음할 때 혀의 모습을 촬영하면 그 최고점의 전후는 그렇게 큰 차이를 보이지 않는다. 두 부류의 차이는 성도의 전체적인 모양에서 잘 드러난다. 전설 모음을 발음할 때에는 혀가 전체적으로 앞쪽으로 이동해서 인두강이 넓고 후설 모음을 발음할 때에는 그와는 반대여서 인두강이 상대적으로 좁다는 점이 확연하게 다른 것이다.[13)]

셋째는 입술의 모양이다. 원순 모음은 입술을 동그랗게 만들어 내는 모음이며 비원순 또는 평순 모음은 그렇게 하지 않는 모음이다. 원순 모음을 발음할 때는 입술을 입안 쪽으로 오므리며 입술을 동그랗게 할 수도 있지만, 대체로는 입술을 앞으로 내밀면서 동그랗게 만들기 때문에 성도가 그만큼 길어지는 효과를 가져온다.

---

13) Chomsky and Halle(1968:305)에서는 후설 모음이 지닌 [+back]을 혓몸을 중립 위치로부터 움츠려 발음하는 것으로 정의하고 있다.

〈표 1.2〉는 음소로서의 모음이 이루고 있는 체계를 보여 줄 뿐 실제의 음성이 그러하다는 것은 아니다. 먼저 개구도에 있어서, ‘ㅐ’와 ‘ㅏ’는 모음 체계상 같은 저모음이지만 실제의 발음에서는 ‘ㅐ’보다 ‘ㅏ’의 개구도가 더 큰 것이 보통이다. 또한 ‘ㅓ’와 ‘ㅗ’는 체계상으로는 원순성만 차이 나는데, 실제로는 개구도도 달라서 ‘ㅓ’에서 입술을 동그랗게 내민다고 ‘ㅗ’가 되는 것도 아니고 그 반대의 일도 일어나지 않는다. 전후설성에 있어서는 ‘ㅡ’, ‘ㅏ’ 그리고 장음의 ‘ㅓ:’ 등은 후설보다는 중설에 가깝다고 할 수 있어서, 실제로는 전설 대 비전설이라고 해야 할지 모르나 대립 관계를 선명하게 하기 위해 전설 대 후설이라 보아도 무방하다. 원순성에 있어서는, 평순 모음일지라도 ‘ㅓ’나 ‘ㅏ’의 경우는 입술의 모양이 평평한 것이 아니라 대체로 동그란 모양을 띠게 된다.[14] 물론 입술을 내밀어 발음하지 않는다는 점에서 여느 원순 모음과는 다르다. 원순 대 평순을 원순 대 비원순이라고도 하는 데에는 이러한 이유가 있다.

음성적 실현에 못지 않게 모음 체계가 중요한 것은 언어 현상을 반영하고 있기 때문이다. 예를 들어 ‘ㅓ’와 ‘ㅔ’, ‘ㅏ’와 ‘ㅐ’가 각각 전설 대 후설의 대립 관계에 있다는 것은 ‘먹이다’와 ‘막히다’가 움라우트 현상을 겪어 각각 ‘메기다’와 ‘매키다’가 될 뿐, ‘ㅓ’가 ‘ㅐ’가 된다거나 ‘ㅏ’가 ‘ㅔ’가 되지는 않는다는 점에서 확인할 수 있다. ‘ㅔ’는 다시 ‘ㅣ’로 변화를 겪기도 하였는데 이 변화를 ‘ㅐ’는 겪지 않아서 ‘메기다(먹이다)’는 ‘미기다’가 되지만 ‘매키다(막히다)’는 ‘미키다’가 되지 않는다. 이는 이 변화가 일어날 당시 ‘ㅔ’와 ‘ㅐ’가 구별되었고 각각이 ‘ㅓ’와 ‘ㅏ’의

14) 입술의 모양은 평순(spread), 중립(neutral), 원순(round)으로 나눌 수 있는데, 폐모음과 반폐모음의 비원순 모음은 평순이고, 반개모음과 개모음의 비원순 모음은 중립이라고 한다(Laver 1994:278).

대립짝임을 의미한다.

음소로서의 한국어 활음은 전설 평순의 /j/와 후설 원순의 /w/ 둘이 있는 것으로 기술되는 것이 일반적이다. 상향 이중 모음의 활음은 모음에 바로 앞서서 실현되는데 /j/는 [i]의 성도 상태, /w/는 [u]나 [o]의 성도 상태에서 시작하되 그대로 지속됨이 없이 이어지는 모음을 발음하기 위한 성도 상태로 미끄러지듯 움직이면서 내는 소리라 할 수 있다. 물론 [i]나 [u, o]의 안정 구간이 다소 있을 수는 있지만 활음의 본질은 주변음으로의 과도음이라는 데에 있다.

음성으로서의 활음은 [j], [w] 이외에 [ɥ]와 [ɰ]가 더 있다. [ɥ]는 고모음 ‘ㅟ’에 대응되는 전설 원순 활음으로서 [j]에 원순성이 추가된 것이다. ‘ㅟ’는 단모음이 아니라 이중 모음으로도 실현되는데 어문 규정에서는 이중 모음으로의 실현도 표준 발음으로 인정하고 있다. 이중 모음으로 실현되는 ‘ㅟ’는 음소적으로 /wi/로 분석되지만 음성적으로는 [ɥi]이다. 이는 전설 원순 활음과 전설 평순 고모음의 연쇄로서, 움직이는 발음 기관은 원순에서 평순으로의 입술의 움직임뿐이다. [ɥ]는 이중 모음 ‘ㅟ’에서뿐만 아니라 ‘뀌-어’, ‘사귀-어’, ‘되-아’, ‘말류-아’와 같은 활용형에서도 [kˀɥəː], [saɡɥə], [tɥaː], [malʎɥa]와 같이 실현된다. 또한 ‘유, 요’와 같이 /j/가 원순 모음 앞에서 실현될 때에도 원순성을 지닌 [ɥ]로 실현된다. [ɰ]는 고모음 ‘ㅡ’에 대응되는 후설 평순 활음인데, ‘그어(←긋-어)’에서 ‘ㅡ’가 약하게 발음된 [kɰəː]에서 찾아볼 수 있다. ‘ㅢ’가 상향 이중 모음으로 실현될 때의 활음도 [ɰ]이다.

1.3.2 초분절음

악보의 음표는 오선지에서의 위치로 소리의 높낮이를, 그 모양으로 길이를 나타내며, 'forte', 'piano' 등의 셈여림표로 세기를 나타낸다. 이들 세 가지 속성은 하나의 악기로 한 음을 연주하였을 때 동시에 실현되며, 당연히 시간축을 따라 분절될 수가 없다. 언어에서는 이 세 속성이 분절음과 함께 실현되는데, 비유적으로 세 속성이 분절음 위에 얹혀 있다고 하여 초분절음(suprasegment) 또는 초분절음적 자질(suprasegmental feature)이라고 부른다.[15] 예를 들어 높은 'ㅏ', 긴 'ㅏ', 강한 'ㅏ' 또는 높고 긴 'ㅏ', 짧고 약한 'ㅏ'에서 '높음', '긺', '강함' 등과 같은 속성은 'ㅏ'와 동시에 실현되기 때문에 시간축에서 분절될 수가 없다는 것이다.

높낮이는 성대가 진동하는 기본 주파수를 지각하는 것이기 때문에 성대 진동음을 음원으로 하는 공명음만이 높낮이를 지닐 수가 있다. 언어음으로 이용되는 것은 거의 모음의 높낮이이지만, 비음이나 유음과 같은 공명 자음도 높낮이를 지닐 수 있다. 대표적인 예가 바로 허밍인데 모음 없이 비음만으로 멜로디를 낼 수가 있으며, 성조 방언에서 단어 내에서 가장 음이 높은 시점이 비음이나 유음이 되기도 한다.

문장 혹은 발화를 단위로 하여 실현되는 높낮이를 억양이라고 한다. 억양 속에는 세기나 길이도 포함되어 있지만 그중 가장 두드러진 것은 높낮이라고 할 수 있다. 문장의 중간중간에도 끝을 올린다든가 하는 억양이 있기도 하지만 중요한 역할을 하는 것은 서법과 관련하여 문장 끝에서 실현되는 억양이다. 평서문은 끝을 내리고 명령문은 올리지도 내

15) 두 용어는 사실 매우 큰 차이를 안고 있다. '초분절음'은 발음 단위를 뜻하는 것이고 '초분절음적 자질'은 발음 단위가 지니고 있는 속성을 뜻하기 때문이다.

리지도 않는다. 의문문은 대체로 올리지만 모든 의문문이 똑같은 것은 아니다.

A: 지금 누가 왔어?
B: 응. 누가 왔어.
A: 누가 왔어?
B: 기범이가 왔어.

세 개의 '누가 왔어' 중 첫 번째와 세 번째가 의문문이다. 첫 번째 '누가 왔어'는 문을 여닫는 소리를 듣고 누군가 왔는지의 여부를 묻는 판정의문문이다. 이때의 '누가'는 '누군가'를 뜻하는 부정칭 대명사 '누구'의 곡용형이다. 대답하는 '누가 왔어'의 '누가' 또한 마찬가지로서 누군가 왔음을 알리는 것인데, 맨 끝의 평서문 '기범이가 왔어'와 같은 문말 억양으로 발음된다. 두 번째 의문문 '누가 왔어'의 '누가'는 미지칭 대명사의 곡용형으로서 온 것이 누구인지를 묻는 설명의문문이다. 판정의문문은 문말이 갑작스레 많이 올라가지만 설명의문문은 천천히 조금 올라가는 것이 일반적이다. 설명의문문이라고 해도 화가 나서 다그치듯 물을 때에는 끝이 거의 안 올라가기도 한다.

높낮이와 길이는 단어의 의미를 구별하는 기능을 하기도 한다. 한국어는 낭림산맥, 태백산맥, 소백산맥을 기준으로 크게 서부방언권과 동부방언권으로 나눌 수가 있는데, 예외적인 지역도 있지만 서부에서는 길이가 동부에서는 높낮이가 그러한 기능을 지니고 있다. 이제는 음장으로 단어를 구별할 수 있는 화자가 거의 없다고 하지만 아직 그 기능이 완전히 사라졌다고 할 수는 없다. 단어에 놓이는 높낮이는 성조 또는 고저 악센트라고 한다. 다음의 예는 경북 북부에서 '자란다'라고 하는 분절음 연쇄에 얹히는 성조의 차이를 보여 준다(임석규 2003:45~46). H

는 고조, L은 저조, R은 상승조, F는 하강조이다.

자란다 LHH “잘한다.”
자란다 HHL “길이를 재는 자라고 한다.”
자란다 HLL “잠을 자라고 한다.”
자란다 RHL “저 아이라고 한다.”
자란다 L:HH “잘~ 한다(잘 못한다는 뜻).”
자란다 FLL “실을 자으라고 한다.”

높낮이나 길이, 세기는 지금까지 살핀 바와 같이 문장이든 단어이든 특정한 의미를 전달하기 위해 의도적으로 사용되기도 하지만, 어떤 조건이 되면 뜻하지 않게 실현되기도 한다. 물론 의도되지 않은 것이라고 해도 언어 사용자의 언어 지식에 포함되어 있는 것이라 해야 할 것이다. 앞서 성대의 긴장과 관련하여 설명한 바와 같이 평음에 후행하는 모음은 낮게, 경음이나 격음에 후행하는 모음은 높게 실현되는 것이 그 예이다. 길이 또한 그러한데 VCV 연쇄에서 자음이 평음이면 그 선행 모음이 길게 실현되지만, 경음이나 격음에 선행 모음은 짧게 실현된다.

1.4 음성의 연구

음성학은 흔히 조음 음성학(articulatory phonetics, 생리 음성학 physiological phonetics), 음향 음성학(acoustic phonetics), 청취 음성학(auditory phonetics)의 하위 분야로 나뉜다고 한다. 각각은 화자의 조음 동작, 음성의 물리적 속성, 청자의 지각이 연구 대상이 된다.

조음 음성학이라 할 때의 ‘조음’은 광의의 개념으로서 발성도 포함하고 있는 개념으로 크게 보아 발음이라고 해도 좋을 것이다. 조음 음성학 연구에서는 사람이 발음하는 모습을 관찰해야 하는데, 문제는 입술을 제외한 발음 기관들이 모두 밖에서 보이지 않는다는 점이다. 따라서 초기의 연구자들은 자신이 직접 발음해 보면서 느낄 수 있는 한도 내에서 내성 관찰을 할 수 있었을 뿐이다. 과학 기술의 발달로 인해 이제는 여러 방식의 관찰이 가능하기는 하지만 비용이 많이 드는 실험이 많기 때문에 많은 피험자에게서 표본을 구해 믿을 만한 통계를 내기는 쉽지 않다. 이 책에서는 조음 음성학 연구를 크게 후두를 관찰하는 방법과 성도를 관찰하는 방법 그리고 공기역학적 방법으로 나누어 소개하고자 한다.

음향 음성학은 화자를 떠나 공기 중에 퍼지는 음파의 주파수, 진폭, 지속 시간 등을 관찰 대상으로 삼는다. 컴퓨터 프로그램이 발달한 덕에 지금은 누구라도 쉽게 시도해 볼 수 있으며, 조음 음성학 연구에 비해 훨씬 더 많은 피험자에게 자료를 얻을 수 있기 때문에 가장 많은 연구 성과를 내고 있다. 주의해야 할 점은 조음 동작과 음향 사이의 인과 관계이다. 음향을 통해 조음을 추정하는 일이 많기 때문이다.

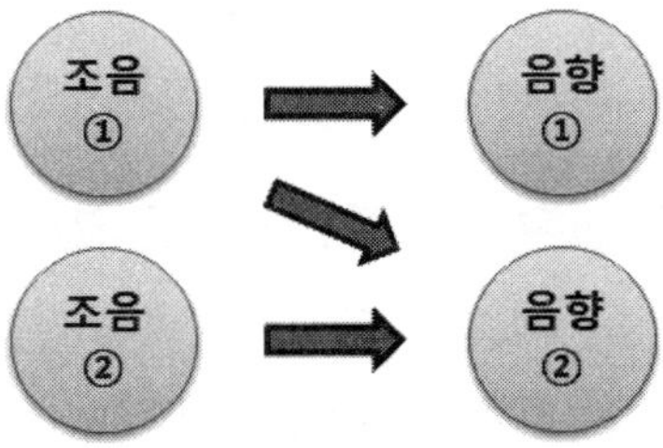

〈그림 1.15〉 조음과 음향

음향①을 얻었을 때에 그것이 조음①만의 결과라 한다 해도 조음①의 결과가 음향①만이 아니라 음향②도 있다면, 음향①과 ②를 모두 관찰하여야 조음①을 제대로 추정할 수 있다. 음향②처럼 그것에 관여하는 조음이 둘 이상이라면 그러한 음향 효과가 어떤 연원을 지니는지 알기가 매우 어렵다. 이 책에서 다루는 음향적 속성은 크게 길이와 스펙트럼, 높낮이, 세기이다. 자음과 모음의 길이, 공명음의 포먼트 구조와 소음의 스펙트럼, 억양과 성조, 강도 등이 논의될 것이다.

청취 음성학은 의학이나 생리학적인 분야라기보다는 음성 지각(speech perception)에 관한 분야라 해야 할 것이다. 어떻게 발음하는가 하는 문제만큼 어떻게 듣는가 하는 문제도 중요한 것이다. 이 책에서는 자극과 반응의 여러 방식들을 소개하고 한국어를 대상으로 한 음성 지각 실험들을 소개하고자 한다.

음성학 연구의 두드러진 특징 중의 하나는 관찰 결과를 수치화하고 통계를 적극적으로 이용한다는 점이다. 과학 실험이 그러하듯 개별적인 사실들로부터 귀납에 의하여 유의미한 결론을 도출하기 위해서는 가능한 한 많은 표본을 수집해 관찰해야 하는데, 그 많은 수치들을 효과적으로 이해하기 위해 통계적 방법을 쓰는 것이다.

통계는 주로 수치들의 차이가 유의미한 것인가 무의미한 것인가를 검정하는 데에 이용되는데, 때로는 의외의 결과를 내어 언어적 해석을 곤란하게 하기도 한다. 어떤 연구에서는 피험자에게 '각, 갂, 갘'과 같이 받침에 평음, 경음, 격음이 적힌 단어를 읽게 한 후, 종성의 폐쇄 길이를 측정하여 세 집단의 차이를 통계적으로 검정하였는데, 셋의 차이가 모두 유의미하다는 결과를 얻었다고 한다. 세 음절이 모두 음소적으로 /각/임에도, 동일한 환경의 동일한 음소를 화자들이 일관되게 다르게 발음하였다는 셈이다. 어떤 차이가 통계적으로 유의미하다고 해서 그것이 언어적으로 유의미함을 뜻하는 것은 아닐 수도 있음을 염두에 두어야 할 대목이 아닌가 싶다.

2

발성과 조음

Phonation
and
Articulation

2. 발성과 조음

2.1 후두 관찰

2.1.1 내시경 검사

후두는 성문 폐쇄음이나 성문 마찰음이 조음되는 곳이기도 하지만, 주로는 다른 많은 음성들의 발성을 책임지는 기관이다. 성대의 긴장 여부나 성문의 넓이가 만들어 내는 음성의 차이가 주된 관심을 받아 왔는데, 한국어 연구에서는 특히나 평음, 경음, 격음의 발성이 연구의 대상이 되어 왔다. 후두의 상태를 카메라로 직접 관찰할 수 있는 방법은 내시경(fiberscope)을 콧구멍을 통해 집어넣어 영상을 찍는 것인데, 이를 통해 성문의 넓이를 관찰할 수 있다.[1)]

일찍이 Kagaya(1971)이나 Hirose, Lee and Ushijima(1973)에서는 한국어 평음, 경음, 격음을 발음할 때의 성문을 내시경으로 관찰한 바 있다. 〈그림 2.1〉은 Hirose et al.(1973)의 것인데, 가로축은 프레임 단위의 시간축으로 1프레임은 16.6㎳이다. 가로축의 0은 'ㅂ, ㅃ, ㅍ'을 발음하기 위해 닫혀 있던 양순이 개방되는 시점이다. 세로축은 성문의 너비인데 숫자만 있을 뿐 단위가 표시되어 있지 않다. 이것이 바로 내시경

1) 실제로 측정하는 것은 대부분 성문의 너비이지만 이를 통해 넓이를 비교하는 것이다.

을 통한 관찰의 단점이라고 할 수 있는데, 광학 카메라로 보는 것이기 때문에 절대적인 길이를 측정할 수가 없고 상대적인 길이만을 알 수 있을 뿐이다.

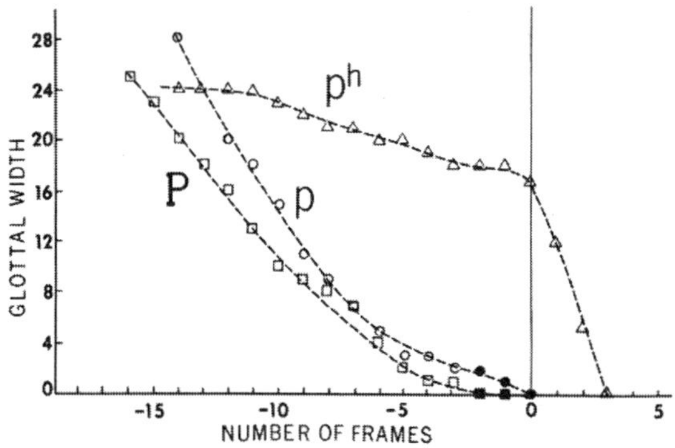

〈그림 2.1〉 성문의 너비(Hirose et al. 1973:198)

그림을 보면 'ㅍ(p^h)'을 발음할 때의 성문이 가장 넓고 그 다음은 'ㅂ(p)'인데 그것과 'ㅃ(P)'은 큰 차이가 나지 않음을 알 수 있다. 단독으로 발화된 무의미어의 어두 자음이라고 하는데, 평음과 경음의 성문 넓이 차이가 이처럼 작다는 점, 평음도 경음처럼 양순 개방 이후 바로 성문이 닫히면서 성대가 진동한다는 점이 다소 의외이지만 이 당시의 연구들에서 평음과 경음의 기식 구간이 비슷하게 측정되기도 하였던 것을 감안하여 해석해야 할지 모르겠다. 이러한 점은 Kagaya(1971)에서도 별반 다르지 않아서 세 부류의 차이가 뚜렷하게 드러난다고 하기 어렵다.

Kagaya(1974)에서는 어두와 비어두에서의 폐쇄음뿐만 아니라 마찰음과 파찰음도 관찰하였는데, 그 결과가 이후 한국어 연구에서 많이 인용되기도 하였다. 세로축은 역시 상대적인 수치이며 가로축의 1프레임은 20㎳이다.

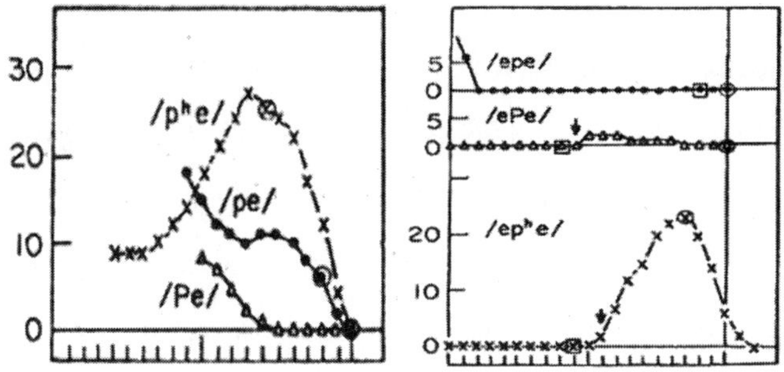

〈그림 2.2〉 성문의 너비: 어두와 비어두(Kagaya 1974:164~165)

〈그림 2.2〉의 왼쪽은 위로부터 단독으로 발음된 어두 '페(p^he), 베(pe), 뻬(Pe)'이고 오른쪽은 비어두의 경우로 위로부터 '에베(epe), 에뻬(ePe), 에페(ep^he)'이다. ○는 양순이 개방되는 시점이고, 오른쪽 그림에만 있는 □는 양순이 폐쇄되는 시점이다. '페'는 양순이 개방될 때쯤 성문이 가장 넓은 상태이고 '베'는 그보다 좁고 '뻬'는 거의 닫혀 있음을 알 수 있어 앞선 〈그림 2.1〉과는 달리 평음과 경음의 차이가 잘 드러난다. 모음 사이에서는 격음의 성문 개방이 매우 큰 반면 무기음이라 할 수 있는 평음과 경음은 거의 열리지 않는 정도이다.

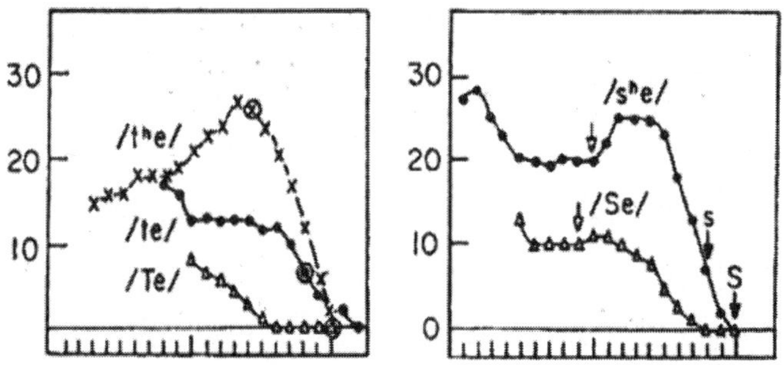

〈그림 2.3〉 성문의 너비: 폐쇄음과 마찰음(Kagaya 1974:164~165)

〈그림 2.3〉에서는 같은 조음 위치의 폐쇄음과 마찰음 즉, '테(t^he), 데(te), 떼(Te)'와 '세(s^he), 쎄(Se)'의 비교가 가능하다. 그 비교를 통하여 한국어의 'ㅅ'이 평음인지 격음인지를 판단하고자 할 수가 있는데, 그럴 때에는 주의를 기울여야 하는 부분이 있다. 언뜻 보기에는 'ㅅ'의 곡선이 'ㅌ'과 유사하고, 'ㅆ'이 'ㄷ'과 유사하다고 할 수 있는데 그렇게 볼 수만은 없는 측면이 있다. 왼쪽 그림에는 '테, 데, 떼'의 치조 개방 시점이 표시되어 있는데, 폐쇄가 개방된다는 것은 그 전에는 폐쇄, 즉 기류 방해가 이루어지고 있음을 뜻한다. 오른쪽 그림의 경우 하얀 화살표(⇩)는 치조 마찰의 시작 시점을, 검은 화살표(↓)는 치조 마찰의 끝 시점을 나타내고 있다. 기류 방해의 측면에서 보면 왼쪽의 폐쇄 개방 시점(○)은 오른쪽의 마찰 종료 시점(↓)과 비견될 것이라 할 수 있는데, 그 시점에서 'ㅅ'의 성문 너비는 'ㅌ'보다 'ㄷ'에 가깝다고 할 것이다. 기식의 정도와 직접적인 상관 관계에 있는 것은 구강의 폐쇄가 개방될 때의 성문 개방의 정도라는 점(김진우 1970:109)도 고려한다면 'ㅅ'은 'ㄷ'에 가깝다고 할 만하다.[2]

김현기·이은영·홍기환(2002)에서도 내시경을 이용하였는데, 성문의 너비와 상하의 길이를 함께 측정하였다. 척도가 역시 임의의 것이기는 하지만, 성문의 면적을 추정할 수 있다는 점에서 매우 흥미롭다. 논문에 제시된 수치를 그림으로 나타내면 〈그림 2.4〉와 같다.

가로축은 성문 상하의 길이이며 세로축은 좌우의 길이이다. 왼쪽 어두의 그림을 보면 대략 평음이 중앙 부분에, 경음과 격음은 각각 좌하단과 우상단에 자리하고 있어 각각의 성문 넓이를 잘 드러내고 있다. 그런데 이 연구에 따르면 어두 'ㅅ'이 격음과 가까워 보인다. 성문이 대략 삼

2) MRI를 이용한 실험에서는 'ㅅ'이 'ㅌ, ㅊ'보다는 'ㄷ, ㅈ'과 비슷한 성문 너비를 보인다고 한 바 있다(〈그림 2.7〉 참조).

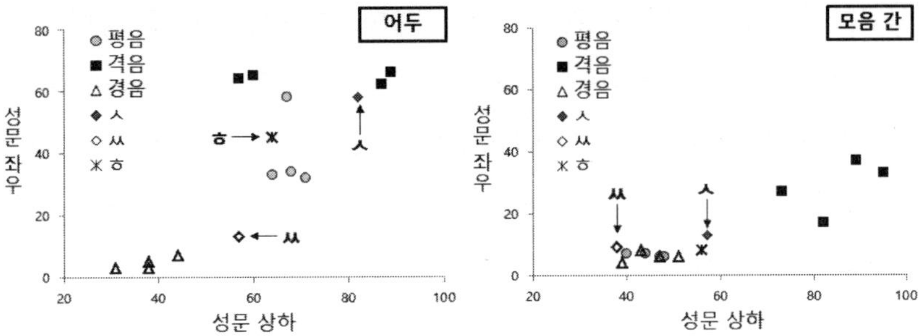

〈그림 2.4〉 어두와 모음 간 장애음의 성문 넓이(김현기 외 2002)

각형이라고 할 때 위의 수치로 면적을 구해 보면, 평음 평균은 1324 정도이고 격음 평균은 2353 정도인데, 'ㅅ'은 2378이니 격음에 가깝다고 해야 할 것이다. 'ㅆ'은 경음에 가깝기는 하지만, 면적으로 볼 때, 경음 평균은 84 정도임에 반해 'ㅆ'은 370 정도이다. 그런데 여기서도 고려되어야 할 것은 측정의 시점이다. 이 논문에서는 어두의 경우 폐쇄음과 파찰음은 개방 시점에서 측정하였고, 마찰음은 마찰의 시작 시점에서 측정하였다고 한다.[3)] 앞선 〈그림 2.3〉으로 보면 왼쪽 그림의 ○와 오른쪽 그림의 ⇣ 시점인 셈이니 격음과 'ㅅ'의 성문 넓이가 비슷하게 측정될 만한 것이다.

한편 어두와 모음 간의 격음을 보면 앞선 〈그림 2.2〉에서는 그 차이가 잘 드러나지 않았으나 〈그림 2.4〉에서는 그것이 잘 드러나 모음 간 격음의 성문이 어두에 비해 상대적으로 좁음을 알 수 있다. 한편 'ㅎ'의 경우도 측정되었는데 어두에서 성문의 면적은 평음 평균과 비슷한 1440 정도이다.

음절말 장애음을 발음할 때의 성문 상태는 후행음이 겪는 경음화와

3) 모음 간의 경우는 폐쇄와 마찰의 시작 시점에서 측정하였다고 한다.

관련하여 관심의 대상이 된다. 종성의 불파음이 성문 폐쇄를 동반하고 그것이 후행음에 영향을 주어 경음화가 일어난다고 여겨지기도 하기 때문이다. Sawashima and Park(1979), Sawashima, Park, Honda and Hirose(1980), 박혜숙(1982)에서는 음절말 불파음을 발음할 때의 성문 너비를 관찰하였다.

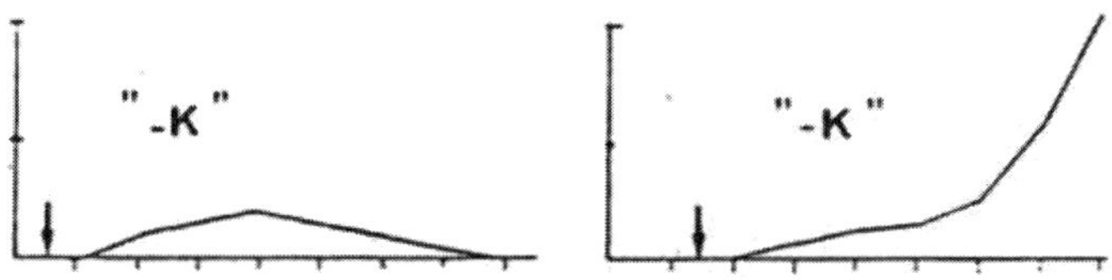

〈그림 2.5〉 성문의 너비: 어말 불파음(Sawashima and Park 1979:85)

〈그림 2.5〉는 두 명의 피험자가 어말 'ㄱ'을 발음할 때의 성문 너비를 보인 것이다. 화살표는 연구개에서 폐쇄가 일어난 시점을 가리킨다. 왼쪽의 피험자는 발음을 마친 이후에 다음에 다른 성대 진동음을 내려는 듯 성문을 다시 닫는 반면 오른쪽의 피험자는 발음 이후 호흡을 위해 성문을 여는 듯한 모습이다. 선행하는 모음의 성대 진동을 위해 닫아 두었던 성문이 어말 불파음의 폐쇄와 함께 열린다는 점을 알 수 있다.

〈그림 2.6〉은 불파음 'ㅂ' 뒤에 각각 'ㄲ, ㅋ, ㅆ'이 이어질 때의 성문 너비이다. 종성에 놓인 불파음을 발음할 때의 성문 너비는 모두 후행하는 자음의 성문 너비를 따르는 것으로 보인다. 즉 후행음이 성문을 거의 열지 않는 경음이면 불파음도 성문을 거의 열지 않고, 후행음이 성문을 많이 열어야 하는 격음이면 그것에 맞추어 불파음의 폐쇄 구간 중에 성문을 여는 것이다. 후행음이 'ㅆ'인 경우 경음이기는 하지만 치조에서의 난기류 형성을 위해 성문을 열어야 하므로 그것에 맞추어 선행하는 불

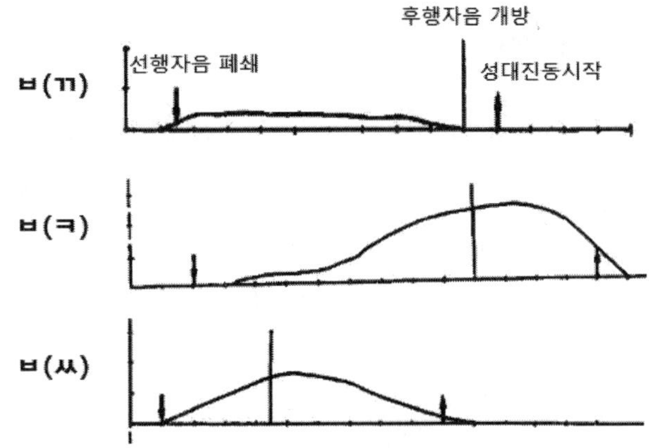

〈그림 2.6〉 성문의 너비: 자음 앞 불파음(Sawashima et al. 1980:131~138)

파음을 발음할 때에도 성문을 넓힌다고 할 수 있다. 이러한 점들을 고려할 때, 장애음 뒤의 경음화는 적어도 종성 불파음을 발음할 때 성문을 좁히는 것에 의해 발생하는 현상은 아니라 할 수 있다.

김현기·Niimi·Hirose(1993), 전선아·Beckman·Niimi·Tiede (1997), 전선아·Beckman·이혁준(1998)에서는 격음이나 마찰음 뒤에서 모음이 무성음화되었을 때 성문이 넓어지는 현상을 내시경으로 관찰하였다. 전선아 외(1998)에서는 이전의 내시경 실험보다 정교해진 방법으로 관찰이 이루어졌다. 이 논문에서는 성문 상하 길이도 측정하였을 뿐 아니라 화면의 픽셀 수를 세어 면적도 측정하였다. 또한 내시경 끝의 카메라와 후두와의 거리가 일정치 않아 화면의 크기 또한 일정하지 않다는 점을 보완하기 위하여 후두개의 양끝 사이의 거리를 측정하여 기준으로 삼기도 하였다.

2.1.2 자기 공명 영상

김현순·Honda·Maeda(2005), 김현순·Maeda·Honda(2010), 김현순· Maeda·Honda(2011)에서는 자기 공명 영상(magnetic resonance imaging, MRI)을 이용하여 성문의 너비를 관찰하였다. MRI는 내시경과는 달리 절대적인 측정값을 얻을 수 있다는 장점이 있다.

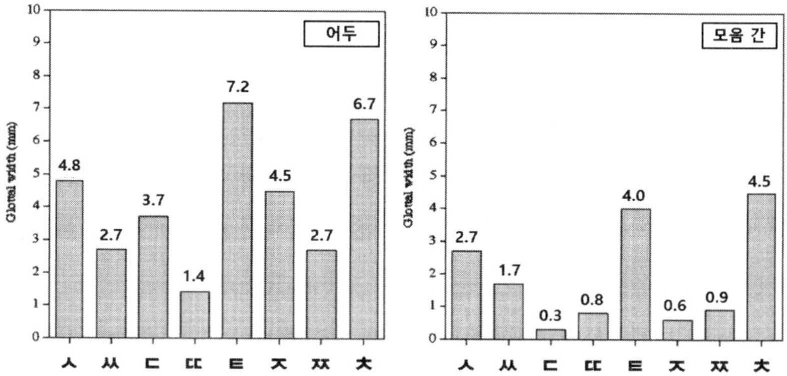

〈그림 2.7〉 성문의 너비(김현순 외 2011:631)

〈그림 2.7〉은 여성 피험자 1인의 성문 너비를 나타낸 것으로, 왼쪽은 어두, 오른쪽은 모음 간의 값이다.[4] 많은 피험자로부터 수치를 얻어 통계를 낸 것이 아니기 때문에 그래프의 값들을 일반화하는 것은 조심해야 하지만, 설정성 자음들의 조음 방법 및 발성 유형에 따른 차이를 비교해 볼 수는 있다. 어두에서 마찰음과 파찰음이 높은 값을 보이는 것은 난기류를 만들기 위한 기류를 확보하기 위함이라고 볼 수 있다. 'ㅅ'은 격음인 'ㅌ, ㅊ'보다는 평음인 'ㄷ, ㅈ'에 가깝다고 할 수 있는데, 'ㄷ'보

4) 기류가 방해를 받는 폐쇄나 마찰 구간 동안 측정한 값을 평균 낸 것이다.

다 성문이 넓은 것은 마찰을 위한 것으로 볼 수 있으며, 모음 간에서는 유성음으로 실현되지 않아 'ㄷ'만큼 성문이 좁지는 않다.

2.1.3 근전도 검사

근전도 검사(electromyography)란 외부에서 가느다란 전극을 삽입하여 근육에 닿게 한 상태에서 근육이 수축할 때 발생하는 전기적 신호를 분석하는 방법이다. 음성의 경우, 이를 통해 성대의 긴장이나 성문의 넓이에 어떤 근육의 수축과 이완이 관여하는지를 직접 관찰할 수 있다. 후두를 이루면서 발성에 관여하는 세 개의 연골인 갑상연골, 윤상연골, 피열연골은 스스로 움직이는 것이 아니라, 거기에 붙어 있는 근육이 수축하거나 이완됨에 따라 움직인다. 한 쪽 끝이 갑상연골에, 다른 쪽 끝이 피열연골에 붙어 있는 성대 또한 이러한 움직임의 영향을 받는다.

근육의 이름은 해당 근육의 양끝이 붙어 있는 연골의 이름을 따른다.

<table>
<tr><th>부착 부위</th><th>명칭</th><th>관련 기능</th></tr>
<tr><td>윤상연골 - 갑상연골</td><td>윤상갑상근(cricothyroid muscle)</td><td rowspan="3">성대 긴장</td></tr>
<tr><td rowspan="2">갑상연골 - 피열연골</td><td>갑상피열근(thyroarytenoid muscle)</td></tr>
<tr><td>성대근(vocalis muscle)</td></tr>
<tr><td rowspan="2">윤상연골 - 피열연골</td><td>외측윤상피열근(lateral cricoarytenoid muscle)</td><td rowspan="3">성문 넓이</td></tr>
<tr><td>후윤상피열근(posterior cricoarytenoid muscle)</td></tr>
<tr><td>피열연골 - 피열연골</td><td>피열간근(interarytenoid muscle)</td></tr>
</table>

〈표 2.1〉 후두의 근육들

성대의 긴장에 관여하는 근육은 윤상갑상근, 갑상피열근, 성대근의 셋이다. 윤상연골과 연결되어 있는 갑상연골은 〈그림 2.8〉에서 보듯이 윤상갑상근이 수축하면 원운동을 하며 앞으로 숙여지는데, 그러면서 그 안쪽에 붙어 있는 성대가 잡아당겨지고 긴장하게 된다.[5] 갑상피열근은 성대의 내부에 있는데, 수축하면 성대가 두툼하게 이완된다. 갑상피열근의 옆에는 성대근이 나란히 붙어 있는데, 성대근이 수축하면 성대의 앞쪽은 긴장되고 뒤쪽은 이완되어 결과적으로는 f0가 미세하게 높아진다고 한다.

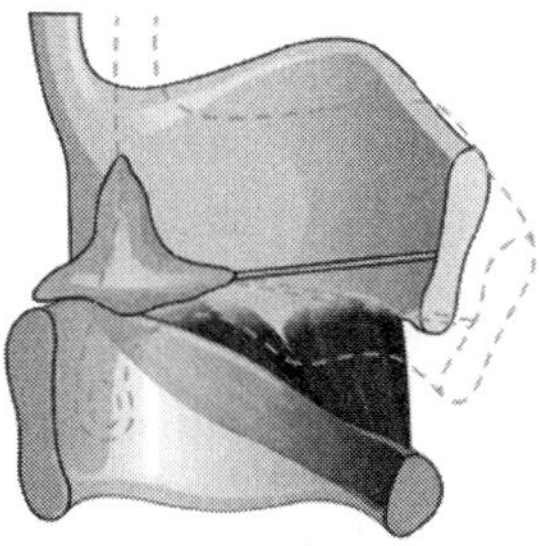

〈그림 2.8〉 윤상갑상근의 수축

성문의 넓이를 조절하는 근육은 외측윤상피열근, 후윤상피열근, 피열간근의 세 가지이다. 성대가 연결된 두 개의 피열연골이 몸 안쪽 방향으로 회전하는 것을 내전(adduction), 몸 바깥쪽 방향으로 회전하는 것을 외전(abduction)이라고 한다. 내전하면 두 성대가 가까워져 성문이 좁아지고, 외전하면 두 성대가 멀어져 성문이 넓어진다. 피열간근은 두 피열연골에 붙어 있는데, 가로 방향의 횡피열근(transverse interarytenoid muscle)과 X자 모양의 사피열근(oblique interarytenoid muscle)으로 구성된다. 이 근육이 수축하면 두 피열연골이 가까워지고 성문이 좁아

---

5) 후두에 속한 근육이라고 할 수는 없지만 턱뼈와 설골 사이에는 설골상근(stylohyoid muscle)이라는 근육이 있다. 이 근육이 수축하면 설골과 연결된 갑상연골이 당겨져 위쪽으로 원운동을 하게 되고 성대가 긴장하게 된다.

진다. 외측윤상피열근의 수축도 성문을 좁히는 데 기여한다. 오른쪽을 예로 들면, 외측윤상피열근은 피열연골의 뒤쪽과 윤상연골의 오른쪽에 각각 붙어 있어, 수축하면 피열연골이 왼쪽(안쪽)으로 회전한다(내전). 후윤상피열근은 외전에 관여하는 유일한 근육이다. 오른쪽을 예로 들면, 피열연골의 뒤쪽과 윤상연골의 왼쪽에 각각 붙어 있어, 수축하면 피열연골이 오른쪽(바깥쪽) 방향으로 회전한다(외전).

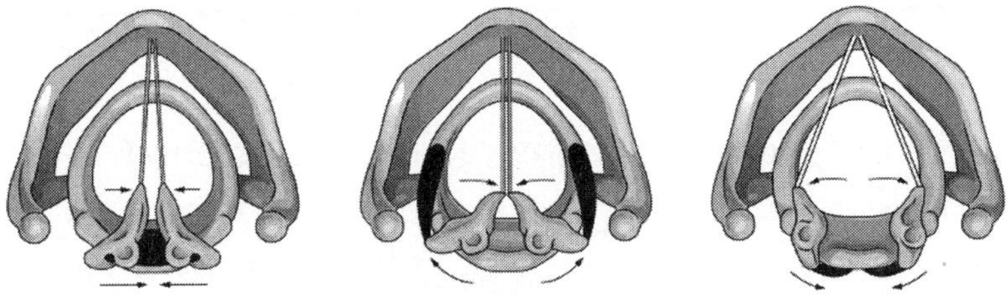

〈그림 2.9〉 피열간근, 외측윤상피열근, 후윤상피열근의 수축

한국어를 대상으로 하여 근전도를 측정한 연구에는 Hirose, Lee and Ushijima(1973), Hirose, Park, Yoshioka, Sawashima and Umeda (1981), 박혜숙(1982), Hirose, Park and Sawashima(1983), 홍기환·전동석·김미정·정길양·김영기(1991) 등이 있는데, 모두 장애음의 발성 유형에 관한 것들이다. Hirose et al.(1973)에서는 윤상갑상근, 성대근, 외측윤상피열근, 피열간근을, Hirose et al.(1981)과 Hirose et al.(1983)에서는 성대근을, 홍기환 외(1991)에서는 후윤상피열근과 성대근을 관찰하였다.

성대의 긴장에 관여하고 있는 윤상갑상근과 성대근의 활동은 〈그림 2.10〉과 같이 관찰되었다.

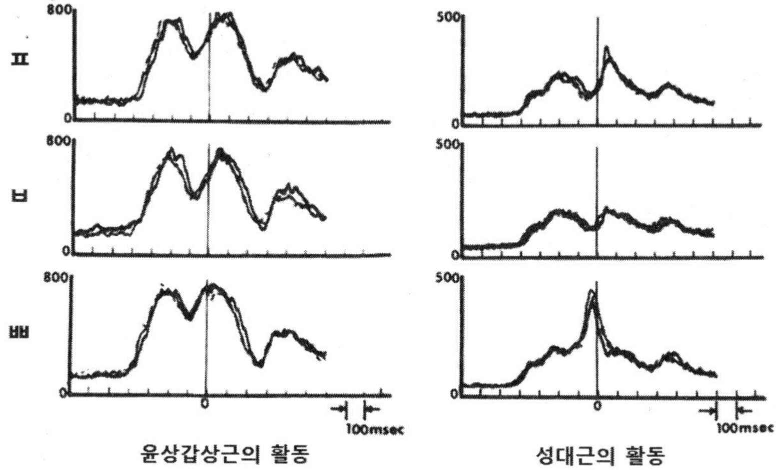

〈그림 2.10〉 근육의 활동: 성대의 긴장(Hirose et al. 1973:194)

가로축은 시간, 세로축은 전류(단위는 μV)이고, 가로축에 0으로 표시된 것은 양순의 폐쇄가 개방된 시점이며, 세로축의 전류는 근육이 수축 활동을 할 때에 높은 수치를 보이게 된다. 흥미로운 것은 성대를 긴장시킨다는 윤상갑상근의 활동이 평음과 경음, 격음에서 큰 차이를 보이지 않는다는 점이다. 물론 봉우리 사이의 골짜기가 경음은 높고 격음이 평음보다 약간 높아 보이기는 하지만 그것이 얼마나 유의미한 것인지 알 수는 없다. 이 그림만 보아서는 윤상갑상근은 경음과 격음에 후행하는 모음의 f0가 평음에 비해 높다는 점과는 관련이 없고 성대 진동을 막는 정도의 역할만을 한다고 볼 수 있다.[6] 반면 성대근은 개방을 전후하여 경음과 격음을 발음할 때 평음과는 달리 수축함을 볼 수 있는데, 이 근육의 활동이 후행 모음의 f0를 높이는 역할을 하는 것으로 이해할 수 있다.

---

6) 평음에 후행하는 모음의 f0는 비음과 비슷한 정도이다(〈그림 3.70〉 참조). 윤상갑상근의 활동과 작용에 대해서 보다 많은 연구가 축적될 필요가 있어 보인다.

성대의 넓이에 관여하고 있는 외측윤상피열근과 피열간근, 그리고 후윤상피열근의 활동은 〈그림 2.11〉과 같이 관찰되었다.

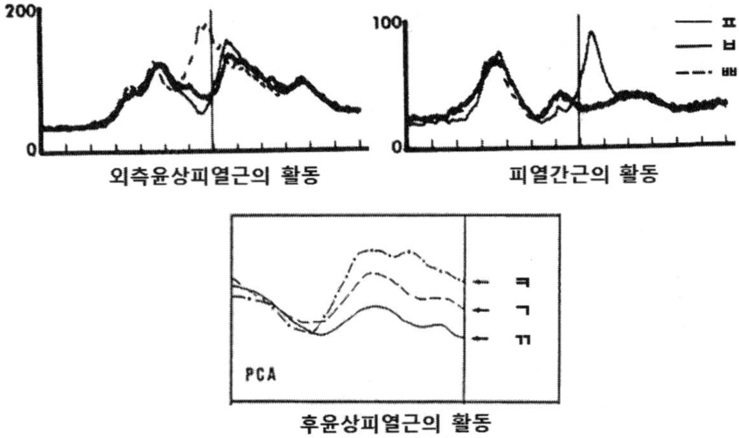

〈그림 2.11〉 근육의 활동: 성문의 넓이(Hirose et al. 1973:197, 홍기환 외 1991:1012)

위 왼쪽의 그림을 보면, 점선으로 표시된 'ㅃ'의 양순 폐쇄 구간에서 외측윤상피열근이 수축됨을 알 수 있는데, 이는 피열연골이 내전하여 성문이 좁아짐을 뜻한다. 피열간근은 'ㅍ'의 양순 개방 직후 수축됨을 보이는데, 크게 열려 있던 성문을 후행 모음의 성대 진동을 위해 좁혔음을 알 수 있다. 아래의 그림은 외전에 관여하는 후윤상피열근의 활동인데, 격음에서 가장 많이 수축되어 성문이 가장 넓음을 보여 준다.

한편 전선아·Beckman·Niimi·Tiede(1997)에서는 자음 뒤에서 고모음이 무성음화되는 현상을 근전도를 통하여 확인하고자 하였다. 모음의 무성화에 대한 다른 연구들(김현기·Niimi·Hirose 1993, 김현기 1994, 신지영 2001)과는 다르게 조음음성학적인 측정이 시도된 것인데, 범주적이라 할 만한 차이가 나타나지는 않는다고 하였다.

2.1.4 방사선 촬영

일찍이 김진우(1970)에서는 방사선 동영상 촬영(cineradiography)을 통하여 성문의 너비를 측정한 바가 있다. 그중 'ㄱ, ㄲ, ㅋ'만을 가져오면 〈그림 2.12〉와 같다.

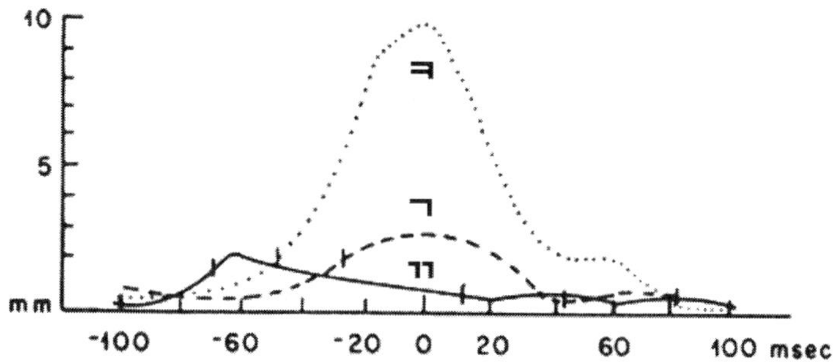

〈그림 2.12〉 성문의 너비(김진우 1970:110)

세로축의 단위가 ㎜로서, 격음이 10㎜ 정도이고 평음이 3㎜ 정도, 경음이 1㎜ 정도라고 할 수 있을 텐데, 앞선 MRI의 결과(〈그림 2.7〉 참고)에서 크게 벗어나지는 않아 보인다. 가로축은 시간인데, 0이라 된 시점은 구강 폐쇄의 개방 시점이다.

2.1.5 성문 파형 검사

성문 파형 검사란 성문이 열리고 닫히는 양상을 관찰하는 방법이다. Abberton(1972), 김대원(1987)에서는 전기 성문 파형 검사(electroglottography, laryngography)를 통해 평음, 경음, 격음 직후 모음을 발음할 때 성문의 개폐 양상을 관찰하였다. 이 검사는 피험자의 성문 양쪽에 해당되는 목 외부에 센서를 하나씩 붙인 다음 발음을 시키면서 전기의 흐름 즉, 두 성대가 닿고 떨어지면서 전기가 흐르고 멈추는 것을 감지할 수 있다. 성대가 진동할 때 성문은 보통 천천히 열렸다가 급격히 닫히는데, 〈그림 2.13〉의 위쪽이 성문이 닫힌 국면을 아래쪽이 성문이 열린 국면을 뜻하게 된다.

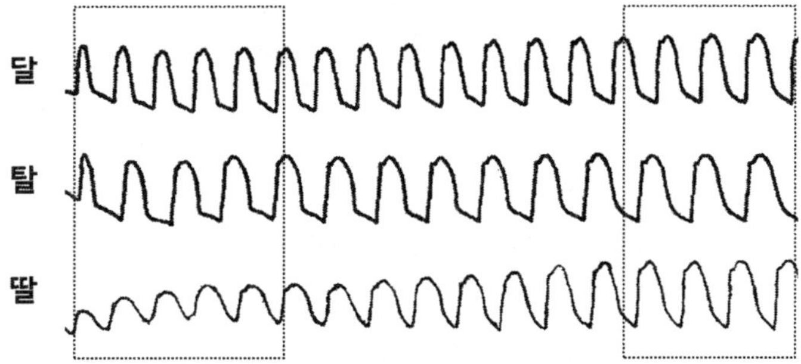

〈그림 2.13〉 성문의 개폐(Abberton 1972:76)

수치가 제시되어 있지 않아 그림으로 짐작할 따름인데, 〈그림 2.13〉의 뒷부분은 자음의 영향에서 벗어나 셋의 차이가 거의 없어 보이지만, 앞부분 즉 자음 직후의 부분은 차이가 느껴진다. 우선 'ㄸ'이 두드러지는데, 위쪽(성문 폐쇄)이 길고 아래쪽(성문 개방)이 짧다는 것을 알 수 있다. 'ㄷ'과 'ㅌ'은 뚜렷하게 구분되지는 않지만 'ㅌ'에서 성문 개방 국면이 강하고 상대적으로 오래 지속되는 것으로 보인다.

김현순·Maeda·Honda·Crevier-Buchman(2018, 2022)에서는 외부광 성문 파형 검사(external photoglottography, ePGG)를 통하여 성문의 개폐 양상을 관찰하였다. 이 방법은 목의 외부에 발광체와 감광체를 부착한 후, 성문 위쪽의 발광체에서 적외선을 방출하면 성문 아래쪽의 감광체가 이를 감지하여 성문을 통과하는 빛의 양을 측정하는 것이다.7)

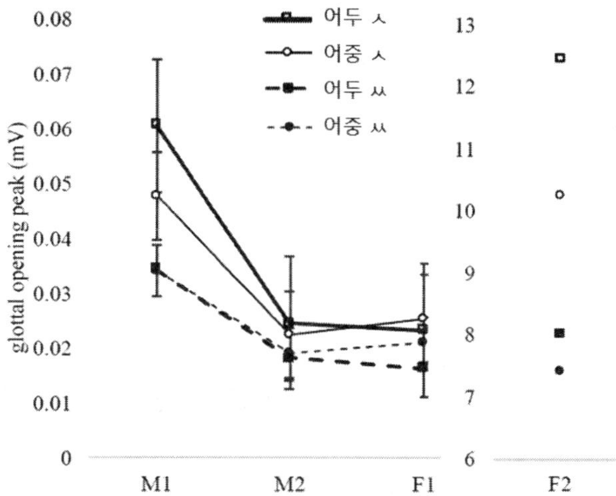

〈그림 2.14〉 성문의 넓이(김현순 외 2022:18)

〈그림 2.14〉는 어두와 어중에서 'ㅅ, ㅆ'을 발음할 때 성문 개방의 정도 즉, 성문을 지나는 빛의 양을 나타낸 것이다. 네 명의 피험자 중 세 명은 발광체를 두 개 부착하였고 한 명(F2)은 한 개만 부착하였기에 측정값이 다르다. 피험자마다 정도의 차이는 있지만 'ㅅ'을 발음할 때의 성문이 'ㅆ'보다 넓음을 알 수 있다.

7) 일찍이 김대원(1987)에서 사진-전기 성문도(photo-electric glottograph)라고 하여 비슷한 방법으로 성문의 개폐를 관찰한 바가 있다.

2.2 성도 관찰(1) 모음

2.2.1 방사선 촬영

후두에서 입술에 이르는 성도의 전체적인 모습은 비록 2차원적이기는 하여도 정중 시상면(midsagittal plane)을 보아야 알 수 있으며, 일찍이 방사선 촬영이 그 방법으로 떠올랐다. Skaličková(1955)에서는 방사선으로 촬영한 체코어와 한국어 모음의 모사도를 비교하여 보이고 있다. 한국어 모음을 가르친다는 교육적 목적을 함께 지니고 있던 논문이었기에 그림만을 보여 줄 뿐 측정은 이루어지지 않았다.

김영송(1959)에는 실험의 방법이 자세하게 소개되어 있다. 혀는 조직이 연하여 방사선 촬영에서 그 경계선이 뚜렷이 보이지 않기 때문에 주석으로 된 목걸이를 혀의 중앙에 올려 두고 촬영하였다고 하는데, 현우종(1985, 1992)에서도 같은 방법을 사용하였다. 또한 입천장의 경우는 미리 제작해 둔 석고 구개의 선을 참작하여 모사도를 그렸다고 한다. 모음을 단독으로 발음하는 것이 아니라 모음으로 시작하는 단어를 발음하였는데, 모음을 발음하는 순간에 촬영을 해야 했기 때문에 피험자와 촬영자의 호흡을 맞추는 것이 중요했다고도 한다.

김영송(1959)에서 측정한 많은 수치들을 보인 것은 김영송(1975)에서이다. 입술의 특정한 점들 즉, 혀의 최고점, 좁힘점, 후두개의 끝점 등의 절대적인 위치를 표시하기 위해 좌표를 이용하였는데, X축은 윗앞니 끝과 경추 위를 연결한 선으로 삼았고, Y축은 윗앞니 끝에서 X축에 직교하는 선으로 삼았다. 이호영(1996)에서는 김영송(1975)의 좁힘점 측정값을 토대로 하여 좁힘점의 위치와 간극을 기준으로 〈표 2.2〉와 같이 모음을 분류한 바 있다.

위치 / 간극	경구개	연구개	인두
매우 좁음	ㅣ (ㅟ)	ㅡ ㅜ	ㅏ
좁음	ㅔ (ㅚ)		ㅓ
넓음	ㅐ		ㅗ

〈표 2.2〉 좁힘점의 위치와 간극에 따른 모음 분류(이호영 1996:64)[8]

한문희(1979)에서는 관찰하고자 하는 모음을 어두와 비어두에 둔 짤막한 문장을 발음하면서 방사선 동영상 촬영을 하였다. 흥미로운 점은 설골에서 뻗은 직선상에서 혀와 입천장이 가장 가까운 곳을 특정하여 각도와 거리를 측정하였다는 점이다. 〈그림 2.15〉의 오른쪽 그림은 왼쪽 그림과 같이 측정된 수치인 각도를 가로축에, 거리를 세로축에 둔 것이다.

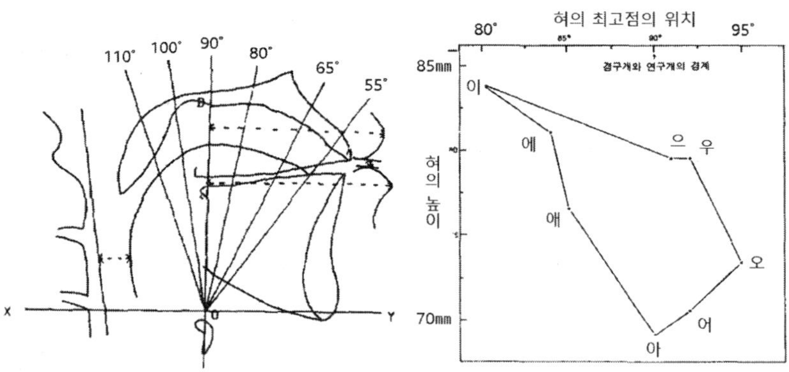

〈그림 2.15〉 방사선 촬영에 의한 모음도(한문희 1979:217, 222)

8) 원래의 표에는 '매우 좁음, 좁음, 넓음' 대신 '폐모음, 반폐모음, 개모음'이라고 되어 있다. 풀이하자면, 'ㅣ'를 발음할 때의 성도는 경구개가 가장 좁으며 그 간극이 매우 작다는 것이고, 'ㅗ'를 발음할 때의 성도는 인두가 가장 좁지만 다른 모음들의 좁힘점에 비해 그 간극이 큰 편이라는 것이다.

컴퓨터 단층 촬영(computed tomography, CT)을 통하여 성도를 관찰한 연구도 있다. 이 방법은 두 점 사이의 거리를 정밀하게 측정할 수 있는데, 이승진·최홍식(2018)에서는 제주 방언의 모음 'ㆍ, ㅡ, ㅣ, ㅗ'를 발음할 때 중앙 시상면 상에서 성도의 세로 및 가로 길이, 입술과 턱의 개방 정도 등을 측정한 바 있다.

2.2.2 자기 공명 영상

방사선 촬영과는 달리 MRI는 인체에 무해하면서도 연한 조직까지 선명하게 볼 수 있으며 다양한 각도에서 단면을 촬영할 수가 있어서 성도를 입체적으로 관찰할 수 있다는 장점이 있다. 조철우(1997)에서는 성도의 단면을 촬영하는 방법으로 〈그림 2.16〉의 세 가지를 제시하고, 한국어 모음을 발음할 때의 성도의 단면적을 측정하였다.

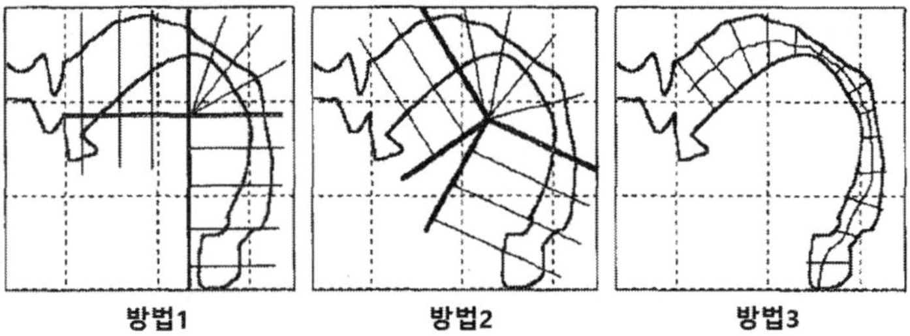

〈그림 2.16〉 성도의 단면 촬영 방법(조철우 1997:47)

〈그림 2.17〉은 세 가지 단층 촬영을 통해 'ㅏ'와 'ㅔ'를 발음할 때의 성도 단면적을 보인 것이다. 단면을 자르는 방법에 따라 단면적에 조금씩 차이가 나기는 하지만 'ㅏ'는 성문에서 가까운 인두강이 좁고 구강이 넓은 반면 'ㅔ'는 그 반대임을 잘 보여 준다.

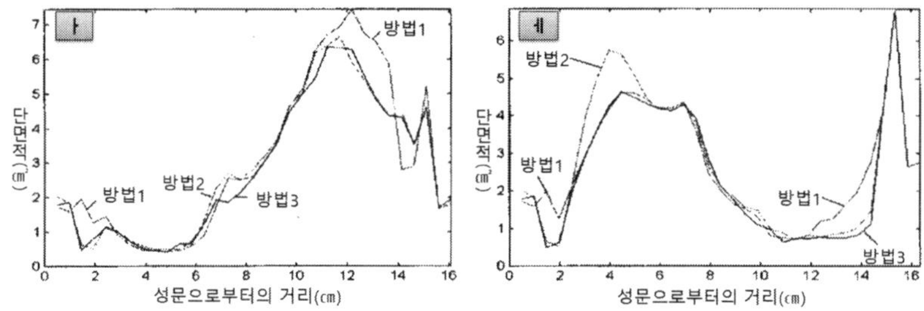

〈그림 2.17〉성도의 단면적(조철우 1997:49)

양병곤(1998ㄴ)에서는 〈그림 2.16〉의 방법1과 유사하게 단면을 촬영하여 한국어 모음을 발음할 때의 성도의 단면적을 측정하였다.[9] 그중 'ㅏ'와 'ㅔ' 두 모음의 수치를 그래프로 나타내면 〈그림 2.18〉과 같다.

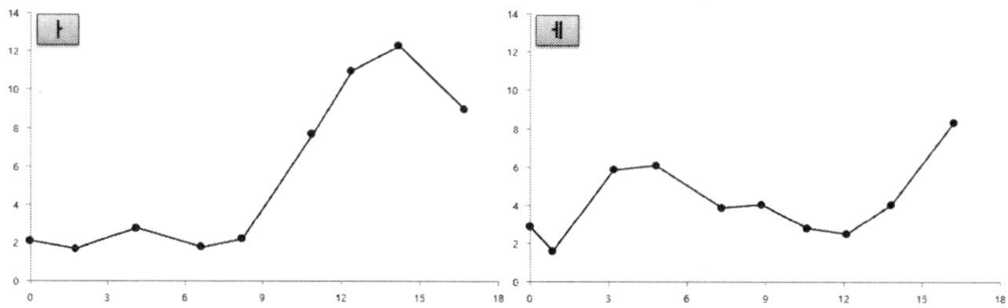

〈그림 2.18〉 성도의 단면적(양병곤 1998ㄴ)

앞선 〈그림 2.17〉과 비슷하면서도 조금은 다른데, 이렇게 측정된 모형으로부터 포먼트를 추정하여 음성을 합성한 후 어떤 모음으로 들리는지를 물었더니 거의 그 모음 그대로 응답하였다고 한다.

성철재·박종원·김귀룡(2005)에서는 MRI 영상의 픽셀 정보만으로 단면적과 체적을 계산하였는데, 그 결과물이 앞선 두 연구와 꽤 다르다.

---

9) 양병곤(1998ㄱ)에서는 방사선 촬영을 통해 러시아어에서 측정된 성도 각 부분의 단면적으로 조금씩 좁히고 넓혀서 어떻게 들리는지를 논하기도 하였다.

'ㅏ'와 'ㅔ'만을 가져오면 〈그림 2.19〉와 같다.

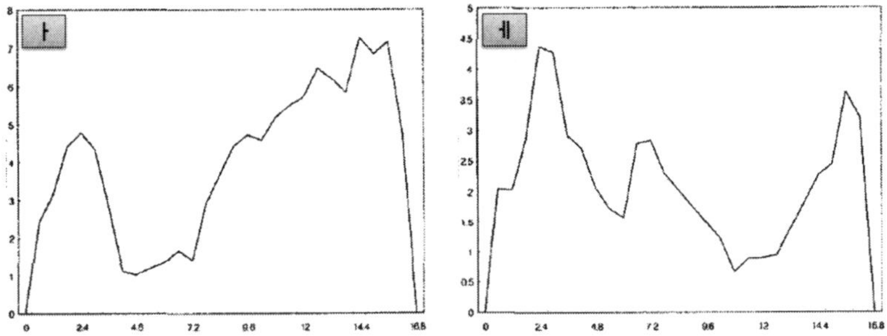

〈그림 2.19〉 성도의 단면적(성철재 외 2005:114)

2.2.3 초음파 촬영

윤관희(2006, 2008), 권수현(2020)에서는 초음파 영상(ultrasound imaging)으로 성도의 상태를 관찰하였다. 초음파 변환기를 피험자의 턱 밑에 대고 혀끝부터 후설까지의 정중 시상면을 촬영하는 방법인데, 초음파 변환기의 위치가 달라지면 측정된 수치가 달라지기 때문에 이를 고정해 두기 위해 〈그림 2.20〉과 같은 장치가 요구된다.

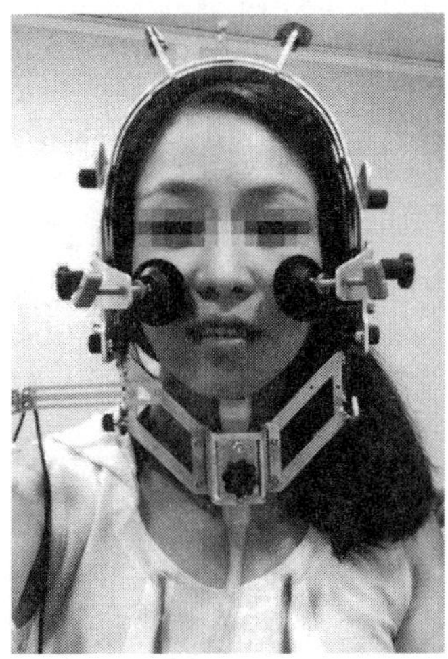

〈그림 2.20〉 초음파 촬영 모습
(권수현 2020:399)

윤관희(2006)에서는 전설 부분과 후설 부분의 지점을 정하여 각각에서 입천장까지의 거리를 구하고 이들의 비율을 전후설성으로 삼아 논의하였다. 윤관희(2008)에서는 혀의 모양을 그림으로 보이는 한편 통계적으로 차이의 유의미성을 검증할 때에는 특정한 두 지점의 좌표를 비교하였다.

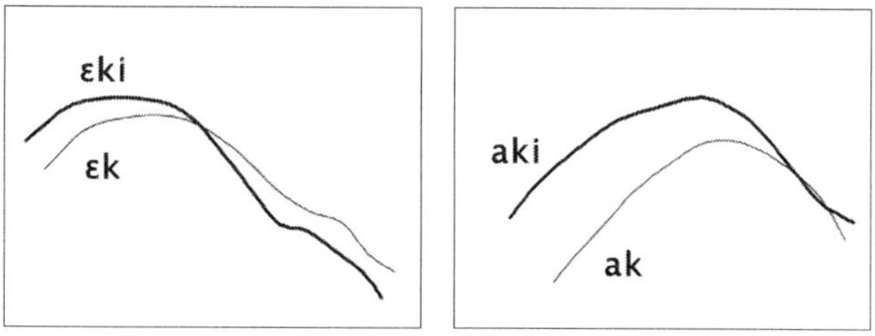

〈그림 2.21〉 혀의 모양(윤관희 2008:130, 133)

〈그림 2.21〉은 왼쪽을 구강의 입술 쪽으로 하여 혀의 중앙 시상면을 보여 주는 것으로서, '액'과 '애기'의 'ㅐ', '악'과 '아기'의 'ㅏ'를 발음할 때의 혀의 모양을 비교하고 있다. 전설 모음인 'ㅐ'는 'ㅣ'가 후행하더라도 그 영향을 거의 받지 않지만 후설 모음인 'ㅏ'는 'ㅣ' 앞에서 동시 조음되어 전설이 매우 상승하게 됨을 알 수 있다. 한국어의 움라우트는 통시적으로 하향 이중 모음의 단모음화와도 관련이 있겠지만, 이러한 동시 조음 또한 무관하지는 않을 것이다.

권수현(2020, 2024)에서는 초음파로 혀의 움직임을 촬영하고 동영상 카메라로 입술의 옆모습을 함께 촬영하였다. 광류 분석(optical flow analysis)을 통해 CwV와 CV 연쇄에서 혀와 입술이 움직이는 정도를 비교하였는데, /w/의 조음은 혀의 움직임보다는 입술의 움직임이 중요하다고 하였다.

2.2.4 일반 카메라 촬영

일반 카메라로는 입술의 상태나 동작을 촬영할 수 있다. 이극로(1947), 김영송(1975), 현우종(1985, 1992)에서는 모음을 발음할 때의 입술 정면과 측면을 촬영하였다. 김영송(1975)에서는 자신의 입술 사진으로부터 〈표 2.3〉과 같이 다양한 값들을 측정하였다.

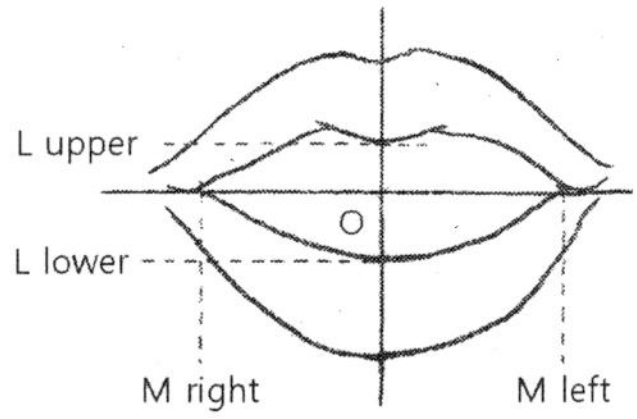

(㎜)		이	에	애	위	외	으	어	아	우	오
세로 벌림	위(O↔Lu)	0	0	1.0	0	0.5	0	5.7	6.0	0	3.5
	아래(O↔Ll)	6.0	7.5	11.8	0.9	4.9	3.1	5.2	12.0	2.1	5.2
	합	6.0	7.5	13.5	0.9	5.2	3.1	10.9	18.0	2.1	8.7
가로벌림(Mr↔Ml)		54.7	52.0	52.0	15.6	21.5	36.3	45.0	48.5	18.0	27.7

〈표 2.3〉 정면의 여러 측정값들(김영송 1975:57)

권수현(2020), 김현(2021ㄴ)에서는 입술의 옆모습을 동영상으로 촬영하였다. 김현(2021ㄴ)에서는 피험자가 헤드폰으로 음성을 듣고 따라하면서 입술을 얼마나 내미는지를 살폈는데, 〈그림 2.22〉와 같이 헤드폰의 정수리 부분에 1.5㎝의 표시(A)를 두고 촬영한 후 동영상의 정지 화면에서 입술의 돌출 정도를 그 표시의 길이와 대비하여 측정하였다.

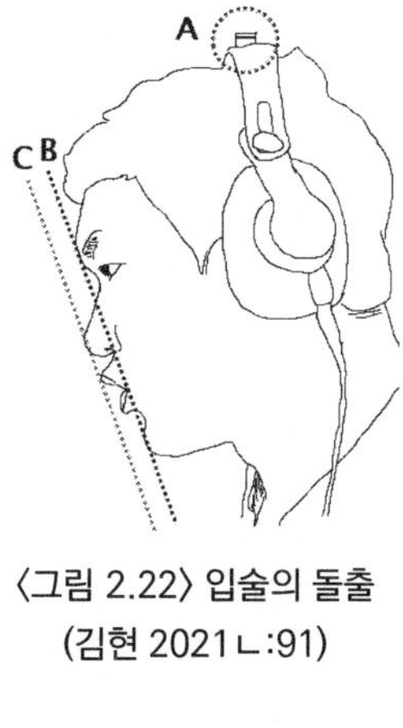

〈그림 2.22〉 입술의 돌출
(김현 2021ㄴ:91)

녹화된 프레임들 중 입술이 가장 많이 돌출된 것을 선정하여, 이마의 튀어나온 부분과 턱의 튀어나온 부분을 직선(B)으로 연결하고 그것과 평행한 직선(C)이 입술 끝에 닿는 지점을 찾아 두 직선 사이의 거리를 측정하였다.

2.3 성도 관찰(2) 자음

2.3.1 구개도법

구개도법(palatography)이란 혀를 이용한 자음의 정확한 조음점과 조음체를 알기 위해 그 접촉면을 직접 관찰하는 방법이다. 초기에는 색소를 입천장 또는 혀에 바르고 자음을 발음한 후 거울을 이용하여 입천장에 색소가 묻거나 떨어져 나간 부분을 보기도 하고, 색소가 묻어 있는 혀를 관찰하기도 하였다. 이 방법은 혀가 입천장에 닿아 조음되는 음성, 특히 치조음, 후치조음, 경구개음의 관찰에 유용하며, 혀와 무관한 양순음이나 접촉면이 더 뒤쪽인 연구개음의 관찰은 용이하지 않다.[10)]

일찍이 김선기(1937/1971)에서 몇몇 모음과 자음의 구개도를 제시한 바 있다.[11)] 이후 김진우(1965)에서는 'ㄷ, ㄸ, ㅌ'의 구개도를 통해 평음에 비해 경음과 격음의 접촉면이 넓음을 보였으며, 김현순(1997)에

10) 백운일(2001)에는 연구개음에 대한 언급이 있다. 그의 구개도에서 볼 수 있는 것은 전연구개(pre-velar)까지인데, 'ㄲ, ㅋ'은 그 부위에서 접촉이 있는 반면 'ㄱ'은 그 부위에서 접촉이 없다고 하였다. 이를 통해 경음과 격음의 접촉면이 평음보다 넓거나 앞쪽임을 짐작할 수 있다. 전자기 조음도법에 의한 실험에서도 비슷한 결과를 보인다(〈그림 2.30〉 참조).

11) 백운일(2000)에서는 모음의 구개도를 분석하여 몇 가지 길이를 측정하였는데, 후설모음인 'ㅏ, ㅓ, ㅗ, ㅜ'는 접촉이 거의 또는 전혀 없어서 측정값을 내지 못했다고 하였다.

서는 모음 사이에서 발음한 'ㄷ, ㅅ, ㅈ'의 구개도로부터 세 자음의 조음체와 조음점이 〈표 2.4〉와 같다고 하였다.

	피험자(남1)	피험자(남2)	피험자(여1)	피험자(여2)
ㄷ	설첨↔치/치조	설단↔치/치조	설단↔치/치조	설단↔치/치조
ㅅ	설단↔치조	설단↔치조	설단↔치조	설단↔치조
ㅈ	설단↔치조	전설↔치/치조	설단↔치조	설단↔(치)/치조

〈표 2.4〉 'ㄷ, ㅅ, ㅈ'의 조음(김현순 1997:189)

이극로(1947), 정인섭(1973)에서는 발음한 이후 입천장을 거울로 비춰 보는 것이 아니라, 인공 구개를 입천장에 부착하고 발음한 후 떼어 접촉면을 확인하는 방법을 사용하였다. 정인섭(1973)에서는 경음과 격음의 접촉면이 평음에 비해 전면과 측면 모두 넓다고 하였다. 또한 'ㅅ' 앞에서 'ㄴ'의 치조 폐쇄가 온전하게 일어나지 않으며 모음 사이에서 'ㅇ'의 연구개 폐쇄가 어말의 'ㅇ'과는 달리 잘 일어나지 않는다고 하였다. 전자는 'ㄷㅆ' 연쇄에서 'ㄷ'의 폐쇄가 일어나지 않는 현상과 관련되어 보이고, 후자는 연구개 비음 및 경구개 비음에 의한 비모음화 및 비음 탈락 현상과[12] 관련되어 보인다.

구개도법은 발음이 모두 끝난 후에야 확인할 수 있기 때문에 최대 접촉면을 볼 수 있을 뿐, 시간의 흐름에 따라서 접촉면이 어떻게 달라지는지는 알 수 없다. 과학 기술의 발달과 함께 등장한 전자동태구개도법(electropalatography, EPG)은 인공 구개에 전극을 부착하여 컴퓨터에 연결함으로써 시간의 흐름에 따른 접촉면의 변화를 관찰할 수 있다. 인

12) 모음 간 비자음의 조음을 위해 비강을 개방한 상태에서 경구개 또는 연구개의 폐쇄가 이루어지지 않아 일어난 현상이라는 것이다(전진호 2022).

공 구개에 붙어 있는 수십 개 전극 중 혀가 닿는 부분에 통하는 전류 신호를 단위 시간마다 받아 기록하는 것이다. 피험자마다 인공 구개를 제작해야 한다는 점, 얇기는 하지만 인공 구개를 끼고 있는 상태에서,13) 그리고 전선이 입밖으로 연결된 상태에서 발음해야 한다는 불편함이 단점이라 하겠지만 혀를 이용한 자음의 조음 위치를 확인하는 데에 이것보다 직접적인 방법은 없을 것이다.

이현복(1980)에서는 여러 자음과 몇몇 모음의 구개도를 제시하면서 최대 접촉 상태뿐만 아니라 폐쇄가 시작되거나 개방이 시작되는 모습에도 관심을 보였다. 발성 유형에 따른 차이, 경구개 환경에서의 실현, 탄설음과 설측음 등을 관찰하였는데, 강세를 받지 않는 음절에서의 탄설음은 접촉이 불완전하여 '무마찰 지속음(frictionless continuant)' 또는 근접음으로 실현된다는 기술이 눈에 띈다. 梅田博之(1980)은 경구개 환경에 초점을 둔 것인데, '나, 냐; 라, 랴; 사, 샤'에서는 [j]에 앞설 때 양측의 접촉면이 넓으면서 뒤쪽으로 후퇴함을, '아나, 아니, 이나; 아라, 아리, 이라; 아사, 아시, 이사; 아자, 아지, 이자; 아다, 아디, 이다'에서는 'ㅣ'에 선후행할 때에는 양측의 접촉면이 넓지만 접촉면이 뒤쪽으로 후퇴하는 것은 'ㅣ'에 선행할 때뿐이라고 하였다. 전자동태구개도로 엄밀하게 구분할 수는 없겠지만, 양측의 접촉면은 모음 'ㅣ'를 발음할 때의 조음 상태인 것으로 보아 그것은 조음점을 치조로 유지하고 있는 부차적 경구개화인 반면 접촉면을 뒤쪽으로 옮겼다는 것은 조음점을 후치조로 이동시킨 본질적 경구개화라 할 수 있어 보인다(Ladefoged 1982:210, Keating 1993:6). 김대원(1987)에서는 모음 간 평음, 경음, 격음의 접

13) 김대원(1987:165)에서는 발음에 익숙해지기 위해 하룻밤, 적어도 두 시간은 인공 구개를 착용하였다고 하고, 신지영(1997:55)에서는 며칠이 걸렸으며 그렇게 한 이후에도 착용할 때마다 만족스러운 발음을 하기 위해 어느 정도의 연습이 필요했다고 한다.

촉 면적과 접촉 시간을 비교하였다.

한국어와 다른 언어를 비교한 연구도 있다. 박희태(1987)에서는 한국어의 'ㄷ, ㅅ, ㅈ'이 일본어보다 다소 뒤쪽에서 접촉이 이루어지며, 양 언어 모두 어두에 비해 모음 간에서 접촉면이 좁다는 점을 보고하였다. Tsuzuki(1992)에서는 한국어와 일본어의 'ㄹ'과 'ㄴ'을 비교하고 있으며, 안수웅(2001, 2002, 2006)에서는 한국어 'ㄹ'의 발음을 관찰하면서 영어와 비교하고 있다.

전자동태구개도법은 피험자가 매우 적은 것이 보통이고,[14] 대체로 그 결과물인 그림을 보고 해석을 내리는 일이 많았다. 예를 들어 〈그림 2.23〉을 두고 세 자음의 차이에 대해서 논하여 온 것이다.

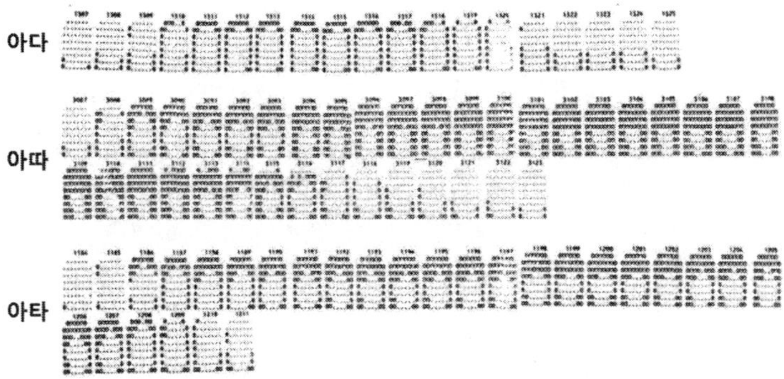

〈그림 2.23〉 'ㄷ, ㄸ, ㅌ'의 전자동태구개도(신지영 1998:58)

〈그림 2.23〉은 세 자음의 폐쇄의 위치나 면적, 지속 시간 등을 알려주지만, 그러한 정보는 어디까지나 이 세 표본만의 것이다. 비록 피험자

14) 김지영·우승탁·김미진·오다희·김수진·하지완(2021)에서는 비교적 많은 5명의 피험자를 대상으로 어두와 모음 간의 'ㅅ, ㅆ'을 관찰하였다. 그 결과 'ㅅ'보다 'ㅆ'의 협착 너비가 더 좁으며 'ㅜ, ㅏ'보다 'ㅣ' 앞에서 접촉면이 넓다는 등의 결과를 얻었다.

가 한두 명에 그칠지라도 여러 환경에서 여러 차례 반복하여 발음한 표본이 있다면 이를 통계 처리하여 평균적 수치를 제시할 수 있어야 하는데, 그러기 위해서는 〈그림 2.23〉과 같은 결과로부터 의미 있는 수치를 뽑아내야 할 필요가 있다.

이러한 수치화를 시도한 연구들이 있다. 백운일(1995)에서는 전자동태구개도를 이용하여 자음과 모음 사이에서 일어나는 동시 조음 현상의 조음 기제를 밝히고자 하였다. 어떤 분절음이 중립적인 환경과 동시 조음이 일어날 환경에서 발음될 때의 구개도를 서로 비교하였는데, 그림을 단순 비교하는 것에서 나아가, 비교의 기준이 될 여러 측정 대상들을 선정하여 다양한 측정값을 비교하였다는 점이 이전의 연구와는 다른 점이라 할 수 있다.

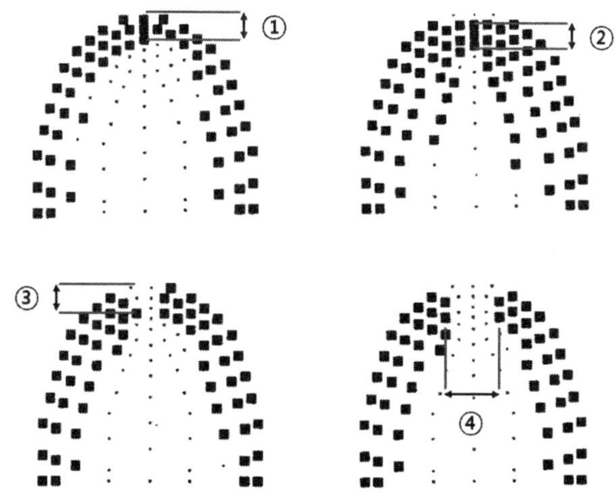

〈그림 2.24〉 장애음의 접촉면 측정(백운일 1995:59~61)

①은 폐쇄음과 파찰음의 중앙선의 맨 앞 행에서 맨 뒤 접촉점까지의 거리이고, ②는 폐쇄음과 파찰음에서 중앙선의 맨 앞 접촉점부터 맨 뒤

접촉점까지의 거리이다. ③은 마찰음에서 맨 앞 행으로부터 좌우가 가장 좁은 행까지의 거리이다. ④는 마찰음에서 가장 좁은 틈의 너비이다. 이러한 방법을 이용하여 백운일(1997, 1998, 2001, 2010)에서는 평음, 경음, 격음의 비교에, 백운일(2003)에서는 'ㅈ'과 'ㄷ, ㅅ'의 비교에 초점을 둔 관찰이 이루어졌다.15)

신지영(1997, 1998)에서는 측정된 수치를 이용하여 〈그림 2.25〉와 같은 '혀 옆모습 그림(tongue profile figure)'을 제시한 바 있다.

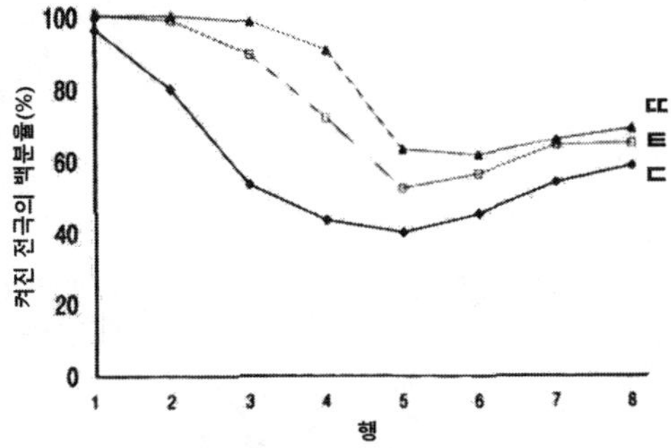

〈그림 2.25〉 혀 옆모습 그림(신지영 1998:59)

이는 최대 접촉 시점에서의 접촉 양상을 보인 것으로서 가로축의 1~8은 입천장의 앞쪽인 제1행부터 맨 뒤의 제8행을 뜻하며, 세로축은 최대 접촉 시점에서 각 행의 전극들 중 접촉이 일어난 전극의 비율을 평균 낸 것이다. 이 경우 각 점은 45개의 표본을 평균 낸 것이라고 한다. 이 그림에서 왼쪽을 혀끝이라고 보면 최대 접촉 시점에서의 혀 옆모습과 같은 인상을 주는데, 'ㄷ'은 혀끝이 올라가 폐쇄가 일어나는 반면 'ㄸ, ㅌ'은 그와 더불어 그 뒷부분까지도 상승하여 폐쇄가 일어나 접촉

15) 'ㄷ'은 치-치조와 설첨-설단이 접촉하는 반면 'ㅅ'은 약간 뒤쪽인 후치조와 설단-전설이 접촉하며 'ㅈ'은 'ㅅ'과 같은 자리에서 폐쇄가 일어나고 마찰로 이어진다고 하였다.

면이 더 넓다고 할 수 있는 것이다.

신지영(1997)에서는 이처럼 최대 접촉 시점에서의 혀의 상태를 보여 주는 것에서 더 나아가 시간의 흐름에 따라 혀의 접촉이 어떻게 변하는지도 보여 주고자 하였다. 〈그림 2.26〉 중 첫 번째 것은 8개 행의 전극들을 치조, 후치조, 경구개, 연구개의 네 부분으로 나눈 것이다.

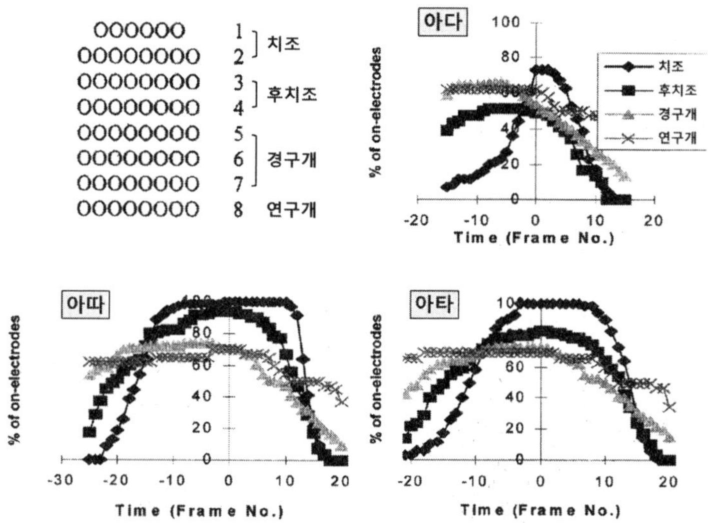

〈그림 2.26〉 'ㄷ, ㄸ, ㅌ'의 접촉 비교(신지영 1997:75~76)

나머지 세 그래프는 'ㅏ'와 'ㅏ' 사이에서 'ㄷ, ㄸ, ㅌ'을 발음할 때, 입천장의 네 부분이 얼마나 폐쇄되는지를 시간의 흐름에 따라 보인 것이다. 가로축은 시간축인데 가운데의 0은 최대 접촉 시점을 가리키며 1프레임은 5.26㎳이다. '아다'의 경우 최대 접촉 시점에서 치조의 폐쇄가 80%에 약간 못 미치고 나머지 지점들도 60%를 밑도는 데 반하여 '아따'는 모든 지점에서 60% 이상이 접촉하고 특히 후치조의 폐쇄가 '아다'에 비하여 두드러짐을 알 수 있다. 이 역시 자음들 사이의 차이를 통계적으로 검증하기는 어렵지만, 접촉 부위마다 접촉면이 어떻게 달라지는지를 보여 준다는 점은 높이 평가될 만하다.

조태홍·Keating(2001)에서는 운율 단위가 자음에 미치는 영향을 관찰하였는데, 분포의 비대칭성을 뜻하는 왜도(skewness)의 개념을 도입하여 폐쇄와 개방에 걸리는 상대적인 시간 차이를 비교하기도 하였다. 왜도가 양수이면 오른쪽으로, 음수이면 왼쪽으로 긴 꼬리를 형성하는데, 접촉의 경우 양수이면 급하게 폐쇄하고 천천히 개방함을 뜻하고 음수이면 천천히 폐쇄하고 급하게 개방함을 뜻한다.

〈그림 2.27〉은 'ㄸ'을 여러 운율 단위의 첫 음절에서 발음한 것으로서, 가로축은 시간이고 세로축은 접촉률이다. 일단 접촉률의 측면에서나 접촉 시간의 측면에서의 차이가 확연히 드러나 큰 운율 단위에서 접

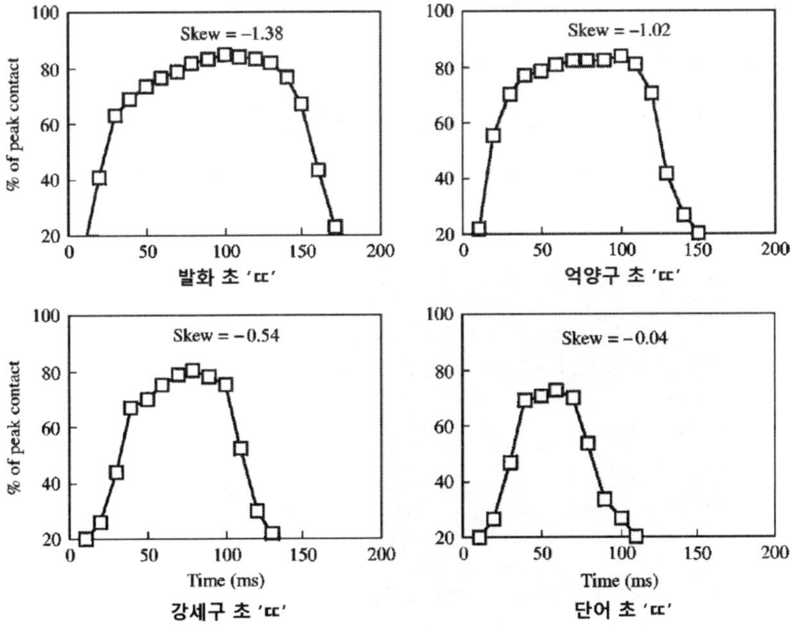

〈그림 2.27〉 운율 단위와 접촉면(조태홍·Keating 2001:170)

측면도 넓고 접촉 시간도 깊을 알 수 있다. 왜도는 모두 음수로서 천천히 폐쇄하고 급하게 개방한다고 할 것이지만, 그 정도에 차이가 있어서 큰 운율 단위의 첫 음절일수록 왜도가 낮은 값을 보여 상대적으로 더 천천히 폐쇄가 일어난다고 할 수 있다.

2.3.2 전자기 조음도법

전자동태구개도는 피험자마다 인공 구개를 만들어야 하며, 인공 구개 때문에 발음이 자연스럽지 않을 수도 있다. 무엇보다 혀가 입천장에 닿지 않을 때 어떤 동작을 취하는지에 대해서는 정보를 얻을 수가 없다. 전자기 조음도법(electromagnetic articulography, EMA)은 이러한 문제를 해소할 수 있는 방법으로, 외부에 고정된 송신기들이 각각 다른 주파수의 전자기장을 만들고, 발음 기관 곳곳에 부착된 센서들에 전류를 유도하여 송신기와 센서 간 거리를 측정하는 방식이다. 센서들을 정중 시상면에 부착한다는 점에서 전자기 정중 시상 조음도법(electromagnetic midsagittal articulography, EMMA)이라고도 한다.

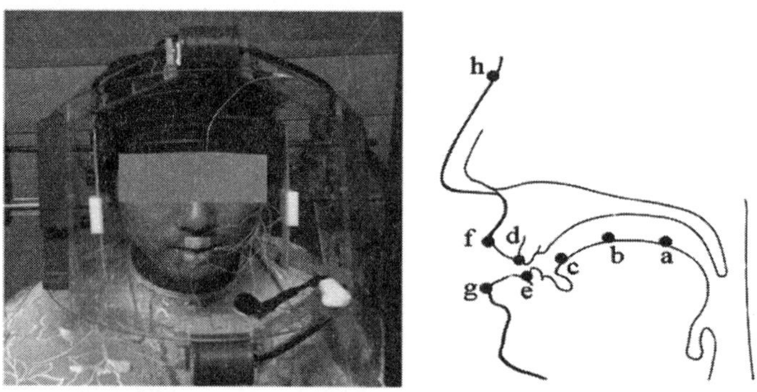

〈그림 2.28〉 전자기 조음도법(조태홍·손민정·김사향 2016:135)

〈그림 2.28〉에서 보듯이, 입안의 센서에 연결된 전선이 외부로 나와 있어 발음에 지장을 줄 가능성이 있다는 점은 전자동태구개도법과 유사하다. 오른쪽 그림에서는 혀에 센서(a, b, c)가 세 개 부착되어 있으나, 필요에 따라서 더 많은 센서를 부착하기도 한다.

〈그림 2.29〉는 조음체와 조음점이 협착을 이루는 모습을 개념도로 나타낸 것으로, 각 항목이 측정의 대상이 된다. 가로는 시간의 측면을, 세로는 공간의 측면을 나타낸다고 볼 수 있다.

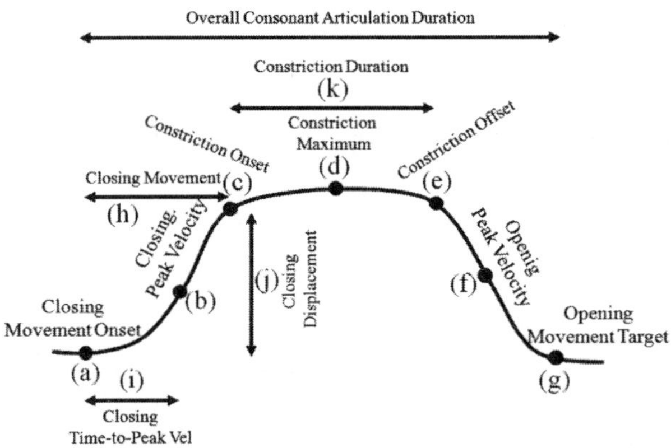

〈그림 2.29〉 전자기 조음도법의 개념도(손민정 2013ㄴ:379)

(a)는 폐쇄를 위해 조음체의 움직임이 시작되는 시점이고, (c)는 폐쇄가 이루어진 시점이다. (a)에서 (c)까지의 과정을 폐쇄 동작(h)이라고 하며, 공간적으로 두 지점 사이의 거리는 폐쇄 전위(j)라고 한다. (a)에서 (c)로 움직이는 동안 조음체가 가장 빠른 시점이 최대 속도(b)이며, (a)에서 (b)까지의 시간(i)을 측정하기도 한다. 폐쇄가 열리기 시작하는 시점은 (e)이며 (c)에서 (e)까지의 시간을 협착 지속 시간(k)이라고 한다. 이 시간 동안 조음체와 조음점은 더 가까워질 수도 있는데, 최대 협착

(d)은 그 두 요소 간 최소 거리를 의미한다.

손민정·조태홍(2010)에서는 양 입술과 설배에 부착된 센서를 이용하여 'ㅃ, ㅍ'을 발음할 때에 'ㅂ'에 비해 두 입술이 더 가깝고 혓몸이 더 높다는 점을 관찰하였다.16) 손민정·김사향·조태홍(2012)에서는 모음 사이 'ㅂ, ㅃ, ㅍ'을, 손민정·김사향·조태홍(2011)에서는 모음 사이 'ㄷ, ㄸ, ㅌ, ㄴ'을 대상으로 하였다. 모음 간 'ㄹ'을 관찰한 손민정(2015ㄱㄴ)에서는 한국어의 탄설음이 미국 영어의 탄설음과는 달리 혀가 뒤로 이동하면서 치조에 닿는 경향이 있다고 하였다.

Brunner, Fuchs, Perrier and Kim(2003), Brunner, Fuchs and Perrier(2011)에서는 모음 사이에서 'ㄱ, ㄲ, ㅋ'의 발음을 관찰하였는데, 설배가 연구개에 닿은 이후에도 〈그림 2.30〉과 같이 움직인다고 보고하였다.

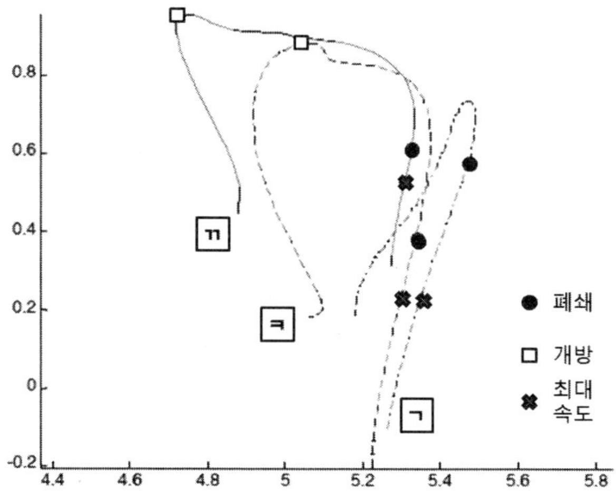

〈그림 2.30〉 'ㄱ, ㄲ, ㅋ'의 접촉(Brunner et al. 2003:24)

16) 설골상근이 수축하면 설골 및 갑상연골과 함께 혓몸도 상승하는데, 이는 설골상근이 경음과 격음의 발음에 관여한다는 증거로 볼 수 있다.

이는 'ㅏ'와 'ㅏ' 사이에서 연구개음을 발음할 때 설배의 센서가 이동하는 모습을 나타낸 것이다. ●에서 폐쇄가 이루어진 후 □에서 개방이 이루어질 때까지 움직임이 있음을 보여 준다. 'ㄱ'은 개방 시점이 특정되지 않을 정도로 모음 사이에서 폐쇄가 매우 짧게 지속되는 반면, 'ㄲ, ㅋ'은 폐쇄가 오래 지속되며 설배가 몇 ㎜ 정도 입천장에 눌리는 것으로 나타났다.[17)]

발화 조건에 따른 조음 차이 또한 관찰의 대상이 되었다. 손민정(2018ㄱㄴ)에서는 어두와 어중의 'ㅂ'이 발화 속도에 따라 어떻게 조음되는지를 살폈으며, 김사향·조태홍(2014), 조태홍·손민정·김사향(2016)에서는 운율 단위를 고려하여 억양구 경계와 내부의 초종성 'ㅁ'과 'ㅂ, ㅃ, ㅍ'의 조음 차이를 분석하였다. 송지연·김사향·조태홍(2023)에서는 연구개음을 대상으로 성별에 따른 어두 평음과 격음의 구별 문제를 연구하였다.

전자기 조음도법은 자음 연쇄의 발음을 관찰하는 데에도 활용되었다. 손민정·Kochetov·Pouplier(2007), Kochetov and Pouplier(2008), 손민정(2008, 2011ㄱㄴ, 2013ㄱ, 2019, 2020)은 조음위치동화와 관련하여 자음 연쇄를 관찰하였는데, 두 자음의 조음 동작 시간, 협착 지속 시간, 폐쇄 동작 시작에서 폐쇄 완료까지 걸리는 시간, 최대 협착 정도 등을 측정하였다. 윤석연(2010), 손민정(2013ㄴ)은 각각 'ㄺ'과 'ㄼ'의 자음군단순화를 연구하였다.

〈그림 2.31〉은 'ㅂㄱ, ㄱㅂ' 연쇄에서 양순과 연구개의 폐쇄 및 개방을 보여 준다. 'ㅂㄱ' 연쇄의 'ㅂ'이 정상적으로 발음된 왼쪽 위의 그림과 조음이 축소되어 발음된 오른쪽 위의 그림을 보면 둘 모두 연구개의

17) 자음의 접촉면은 [a_a, a_i, u_a, u_i, u_u] 환경에서는 전진하며, [a_u, i_a, i_i, i_u] 환경에서는 후진하는 경향이 있는데, 이는 모음 간 전이와 관련이 있는 것으로 보인다.

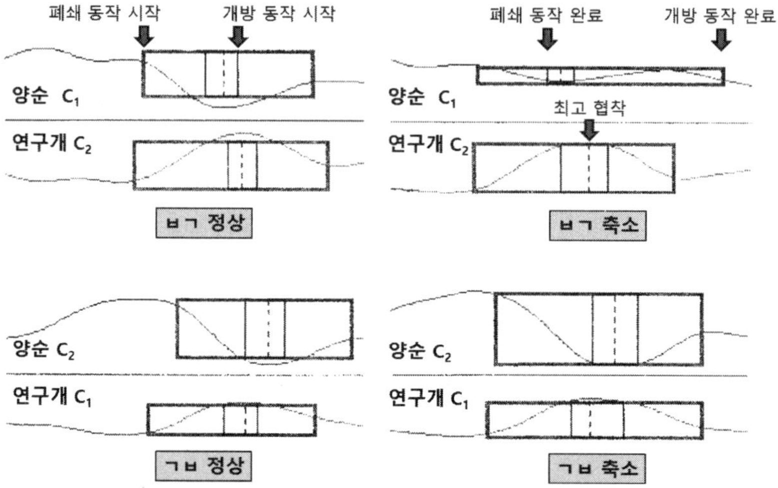

〈그림 2.31〉 자음 연쇄의 접촉(손민정 2008:107)

폐쇄를 위해 동작이 시작되는 시점이 양순 동작의 시작보다 앞섬을 알 수 있다.[18] 즉 선행 자음인 양순음의 폐쇄가 시작되기 직전에 혓몸이 먼저 연구개를 향하기 시작한다는 것이다. 이러한 양상은 'ㄱㅂ' 연쇄에서는 보이지 않지만, 정상적으로 발음된 'ㄱㅂ' 연쇄의 경우 양순의 움직임도 매우 빨리 시작된다는 점은 확인할 수 있다. 조음체가 서로 다른 두 자음의 연쇄에서 볼 수 있는 흥미로운 현상이 아닐 수 없다.

문법적인 조건이 자음 연쇄 및 자음-모음 연쇄에서의 조음 동작에 끼치는 영향이 연구되기도 하였다(조태홍 2001). '어휘화된' 합성어(예. 백발(白髮))와 동일한 분절음 연쇄를 지니되 '어휘화되지 않은' 합성어(예. 백발(白足))에서 'ㄱ'과 'ㅂ'을 발음할 때의 두 조음점의 최대 접촉

18) 조음 축소(gestural reduction)란 시간적·공간적으로 목표한 조음에 도달하지 못하는 현상을 의미하는데, 이 경우 'ㅂ'의 폐쇄가 지나치게 짧게 이루어지거나 완전한 폐쇄가 이루어지지 않음을 가리킨다. 'ㅂㄱ 축소'에서 양순 폐쇄를 나타내는 사각형이 납작한 것은 공간적 조음 축소를 의미한다.

시점 사이의 시간을 측정하였고, 형태소 내부와 경계에서의 자음-모음 연쇄(예. 나비 vs 납-이)에서 'ㅂ'의 최대 접촉점에서 'ㅣ'가 끝나는 지점까지의 시간을 측정하였다. 그 결과 '어휘화된' 합성어와 형태소 내부에서 측정된 값의 표준 편차가 적었는데, 이는 보다 안정적으로 조음이 이루어지기 때문이라고 하였다. 한편 전자동태구개도법을 이용하여 형태소 내부와 경계에서의 치조음과 'ㅣ'의 연쇄를 같은 방식으로 관찰하여 동일한 결론을 얻기도 하였다.

전자기 조음도법은 주로 자음 조음을 관찰하는 데 사용되었지만 조태홍·윤여민·김사향(2010, 2014)에서는 모음을 연구하는 데에 이를 활용하였다. 'ㅣ'에 후행하는 'ㅏ' 및 'ㅏ'에 후행하는 'ㅣ'의 조음이 관찰 대상이었는데, 전자의 경우, $[\sim$어머니$]_{ip}[$마침$\sim]_{ip}$, $[\sim$어머니#마늘$]_{ip}$, $[\sim$어머님$]_{ip}[$아침$\sim]_{ip}$, $[\sim$어머님#아들$]_{ip}$과 같이 두 음절 사이에 놓인 경계의 성격이나, 개재된 자음 'ㅁ'의 기저 음절 내 위치 등이 고려되었다. 큰 운율 단위 사이에서 동시 조음의 정도가 약하다는 결론을 얻었다.

2.3.3 방사선 촬영

방사선 촬영을 통해 자음의 발음을 관찰한 연구는 그리 많지 않다. 원경식(1971)에서 모사도 몇 장을 볼 수 있으나 면밀한 관찰이 이루어졌다고 보기는 어렵다. 폐쇄음에 비해 마찰음은 발음하는 데 시간이 더 걸리기 때문에 촬영하기에 더 좋은 면이 있다. 김영송(1991)에는 여러 모음 앞에서 'ㅅ'과 'ㅎ'을 발음하는 사진의 모사도가 실려 있는데, 그중 흥미로운 것이 있다.

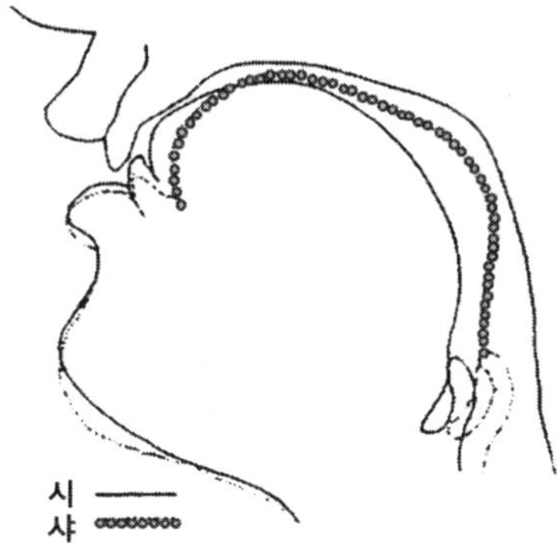

〈그림 2.32〉 '시'와 '샤'의 방사선 사진(김영송 1991:30)

'시'와 '샤'의 'ㅅ'은 흔히 후치조음 [ʃ]로 실현된다고 기술되지만 〈그림 2.32〉에서는 조음 위치가 약간 달라 보인다. '샤'의 'ㅅ'이 '시'의 'ㅅ'보다 더 뒤쪽에서 마찰이 있는 것으로 보이는데, 만일 그러하다면 그것은 아마도 후치조음 [ʃ]와 전경구개음 [ɕ]의 차이일 가능성이 있어 보인다. 그런데 두 'ㅅ'의 차이는 그들에 직접 후행하는 모음과 활음에 의한 차이라기보다는 활음 뒤의 모음이 'ㅏ'인 것과 관련이 있지 않을까 싶다. 후설 모음인 'ㅏ'는 혀를 움츠려 인두강을 좁힌 상태에서 발음하는 모음인데, 그림을 보면 그쪽을 이미 좁힌 채로 'ㅅ'을 발음함이 보인다. 혀를 뒤로 움츠리다 보니 혓몸이 전체적으로 뒤쪽으로 쏠리게 되고 상대적으로 더 뒤쪽에서 마찰이 일어나는 것으로 여겨진다.

2.3.4 자기 공명 영상

김현순·Honda·Maeda(2005), 김현순·Maeda·Honda(2010, 2011)에서는 MRI를 이용하여 어두와 모음 간의 평음, 경음, 격음을 발음할 때 시상면을 촬영하고 양 입술 사이의 거리, 설첨이나 설단과 입천장과의 거리 및 후두의 높이, 혀와 인두벽 사이의 거리 등을 측정하였다. 김현순 외(2005)에서는 모음 간 'ㄷ, ㄸ, ㅌ; ㅈ, ㅉ, ㅊ'이 대상이었는데, 김현순 외(2010)에서는 어두와 모음 간에서 양순음과 연구개음도 대상에 포함시켰고, 김현순 외(2011)에서는 어두와 모음 간의 'ㅅ, ㅆ'이 대상이었다.

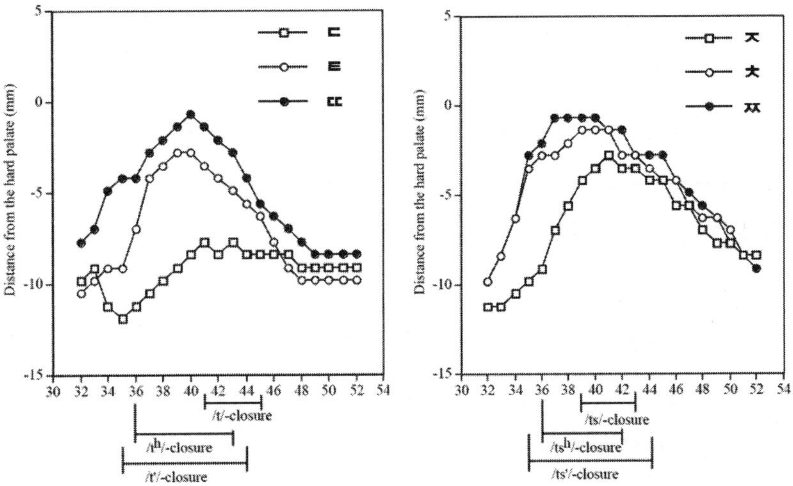

〈그림 2.33〉 모음 간 'ㄷ, ㄸ, ㅌ; ㅈ, ㅉ, ㅊ'의 조음(김현순 외 2005:10)

〈그림 2.33〉은 모음 간의 'ㄷ, ㄸ, ㅌ; ㅈ, ㅉ, ㅊ'을 발음할 때 설단과 경구개 사이의 거리를 보인 것이다. 세로축의 0은 설단과 경구개가 닿았다는 것인데, 설단이 자연스럽게 접촉할 수 있는 조음점은 경구개보다 앞쪽인 치조이기 때문에 혀를 뒤쪽으로 당기지 않는 한 설단과 경구개 사이의 거리가 0이 되기는 힘들다. 왼쪽 그림은 위로부터 'ㄸ, ㅌ, ㄷ'인데 셋 모두 폐쇄가 이루어짐에도 평음과 경음, 격음의 수치가 다른 것은 폐쇄 위치가 조금 다르기 때문이다. 'ㄷ'은 설첨(apical)에서 폐쇄가 이루어지고 'ㄸ, ㅌ'은 그보다 약간 뒤쪽인 설첨-설단(apico-laminal)에

서 폐쇄가 이루어지기 때문에 그만큼 경구개와의 거리가 가까워진 것이라고 해석된다. 오른쪽 그림의 'ㅈ, ㅉ, ㅊ'의 수치가 전체적으로 큰 것은 이들이 'ㄸ, ㅌ'보다도 뒤쪽인 설단(laminal)에서 폐쇄가 이루어졌기 때문이라고 하였다.

이 밖의 관찰 결과를 살피면 'ㅅ'과 'ㅆ'의 경우 'ㅆ'의 협착이 'ㅅ'에 비해 더 좁고 조금 앞쪽에서 이루어진다고 하고, 이렇게 협착의 전후 위치에 따라 인두강의 넓이가 달라져서 협착의 위치가 앞쪽이면 혓몸이 그만큼 앞쪽으로 가기 때문에 인두강이 조금 넓어진다고 한다.[19] 또한 'ㅆ'을 제외한 다른 장애음들은 경음과 격음을 발음할 때 갑상연골의 뾰족한 부분인 후골이 높아지는데[20] 이로 인하여 성대가 늘어나 긴장 상태가 되고 후행 모음의 f0가 높아지는 효과가 있다고 하였다.

이윤정·Goldstein·Narayana(2015)에서는 탄설음과 설측음을 관찰하였는데, 탄설음을 발음할 때 설첨이 적게 움직이며 설측음과는 달리 설배의 상승이 없는 것으로 보아, 탄설음은 설측음에서 조음이 축소된 것이 아니라 서로 다른 범주의 발음인 것으로 보인다고 하였다.

19) 앞서 〈그림 2.32〉에서 살핀 '시'와 '샤'의 차이도 이와 관련된다.

20) 김현순 외(2005:11), 김현순 외(2010:99)에서는 폐쇄음과 파찰음을 관찰하였는데 경음, 격음을 발음할 때 평음보다 후골이 1~3㎜ 정도 높아진다고 하였다. 혓몸과 설골과 갑상연골은 함께 상하 운동을 하는데, 앞서 손민정·조태홍(2010)에서 경음과 격음을 발음할 때의 혓몸이 평음에 비해 높다고 한 것도 이와 관련된 것으로 보인다. 후골에 손을 대고 '비'와 '미'를 발음할 때와 '피'와 '삐'를 발음할 때를 비교해 보면 후자의 경우에 갑상연골이 상대적으로 더 상승함을 느낄 수 있다.

2.3.5 초음파 촬영

자음의 조음을 관찰하는 경우에도 초음파가 사용된 바 있다. 윤석연(2010), 윤관희(2023), 황영(2024)에서는 자음군 단순화를 관찰하였고, 성제현(2014, 2019)에서는 음성적·음소적 구개음화를 관찰한 바 있다. 황영·Charles·Lulich(2019)에서는 3차원 초음파를 사용하여 여러 모음에 후행하는 설측음 'ㄹ'을 관찰하였는데, 설단-후치조음, 설첨-치음, 권설음, 설단-치조음으로 실현되는 등 피험자들 간의 차이가 컸다고 한다.

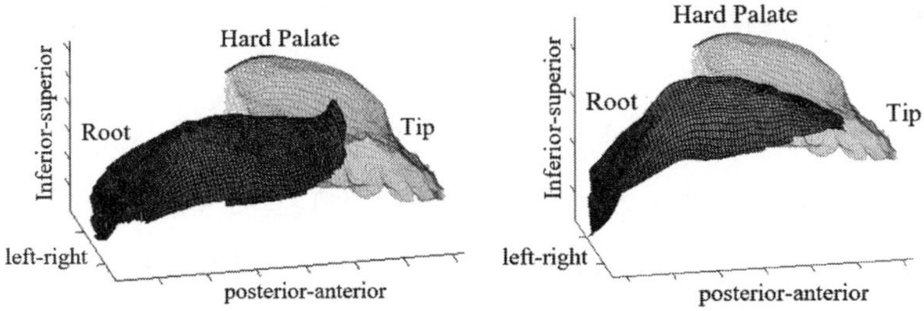

〈그림 2.34〉 설측음의 3차원 초음파 촬영(황영 외 2019:24)

회색으로 된 부분은 입천장이고 검은색으로 된 부분이 혀의 모습이다. 왼쪽 그림은 한 피험자가 보인 권설음의 모습이며, 오른쪽 그림은 선행 모음이 'ㅣ'일 때 설단-치조음으로 발음된 모습이다.

2.3.6 근전도 검사

앞서 후두 근육들에 흐르는 전류를 측정하였는데, 'ㅂ, ㅃ, ㅍ'의 관찰을 위하여 구륜근(orbicularis oris muscle)에 전극을 연결하여 근육의 활동량을 측정한 연구가 있다. 구륜근은 입술 둘레에 있는 근육으로서 입술을 다물거나 내미는 기능을 한다. 김진우(1965)에서는 'ㅃ, ㅍ'을 발음할 때 근육의 활동량이 'ㅂ'에 비해 많으며 후행 모음이 원순 모음일 때에도 활동량이 많다고 하였다. 반면 Hirose, Lee and Ushijima (1973)에서는 어두에서는 세 자음이 비슷하지만 모음 사이에서는 'ㅂ'을 발음할 때의 활동량이 적다고 하였다. 김대원(1992)도 모음 간에서 같은 결론을 얻었는데, 이는 모음 간 'ㅂ'의 폐쇄 기간이 짧다는 데에 기인한 것이라 할 수 있다.

2.4 공기역학

초기의 연구에서 사용되고는 하였던 파동 기록기(kymograph)는 음파를 비롯하여 기압의 변화를 기록하는 것인데, 입에 마스크를 쓰고 발음을 하면 그 진동이 마스크에 연결된 관을 따라 전달되어 바늘 같은 것이 떨고 그것이 회전하는 원통에 기록을 남기는 방식이다. 입뿐만 아니라 코에도 마스크를 씌워 코에서 나오는 음향 에너지를 기록하기도 하였고, 목 외부에 연결하여 후두의 진동을 기록하기도 하였다. 이극로(1947), 정인섭(1959), 최석규(1961) 등의 연구들에서 이용되었다.[21)]

〈그림 2.35〉는 '토'를 발음할 때의 파동 기록인데 위의 M은 입에 연결되어 기압을 기록한 것이고 아래의 L은 목 외부에 연결된 것으로 후두의 진동을 기록한 것이다. 'ㅌ'의 개방 이후 구강 밖으로 강한 기류가 나오는 것이 기록되어 있고 'ㅗ'에서는 M과 L 모두 미세한 기압 및 진동의 변동이 기록되어 있는데, 자음의 기식과 모음의 성대 진동이 반영된

21) 김현기(1989)에서는 후두의 진동, 비강으로 나오는 진동, 구강으로 나오는 진동, 구강으로 나오는 기압을 함께 측정한 바 있다.

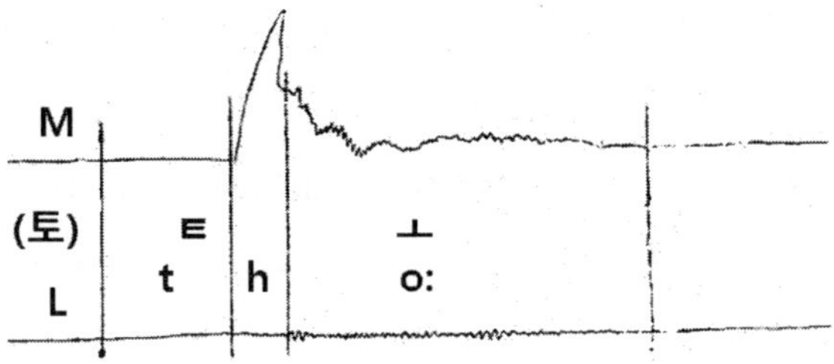

〈그림 2.35〉 '토'의 파동 기록(정인섭 1959/1973:122)

것으로 보인다.

이처럼 음성을 공기역학적으로 연구할 때 주로 관찰되는 것은 기류의 양과 발음 기관에서의 기압이다. 기류의 양을 측정하는 방법 중에는 그것이 최대에 이른 순간의 값을 측정한 최대 기류율(maximun flow rate)이라는 것이 있는데 단위는 초당 리터(ℓ/s)와 같은 시간당 부피를 사용한다. 발음 기관에서의 기압으로는 보통 성문 위 공간에서의 기압인 성문상압(supraglottal pressure)과 성문 아래 공간에서의 기압인 성문하압(subglottal pressure)을 측정한다. 성문상압은 다시 구강내압(oral pressure)과 인두강내압(pharyngeal pressure)으로 나뉜다. 보통 구강내압을 많이 측정하는데, 빨대 같은 것을 물고 양순음을 발음하게 하여 측정하는 경우가 많다.

기류량과 성문상압에 대한 주된 관심은 폐쇄음의 발성 유형에 따른 차이에 놓여 있었다. 김진우(1965)에서는 수치가 제시되지는 않았지만 평음이 경음이나 격음에 비해 기류량이 적다고 하였는데, 이후 Hardcastle(1973), Dart(1987), 홍기환·김윤희·김현기(1994), 조태홍·전선아·Ladefoged(2000, 2002), 이현정·Jongman(2012) 등에서는 파열 시의 기류의 양이 대체로 격음 〉 평음 〉 경음의 순서라 하고 있다. 반면 최성희·최철희(2014)에서는 격음과 평음의 차이가 통계적으로 유의미하지 않다고 하였다. 성문상압의 경우, 김진우(1965)에서는 평음의 성문상압이 경음, 격음의 3/5 정도라고 한 바 있는데, Lee and Smith (1972), Dart(1987), 홍기환 외(1994), 조태홍 외(2000, 2002), 이현정·Jongman(2012)에서도 모두 평음이 낮은 반면 경음과 격음의 차이는 유의미하지 않다고 하였고, 표화영·심현섭·박헌이·최재영·최성희·안성복·최홍식(1999)에서는 경음보다 격음의 기압이 더 높다고 하였다.

표화영·이주환·최성희·심현섭·최홍식(1999), 최재남·남도현·최홍식(2005)에서는 마찰음과 파찰음의 기류도 측정되었는데, 'ㅅ'의 기류량이 'ㅆ'보다 많고 파찰음의 경우 격음 〉 평음 〉 경음의 순서로서 폐쇄음과 다를 바가 없다고 하였다. 김현순·Maeda·Honda·Hans(2010)에서는 'ㅅ'과 'ㅆ'을 비교하였는데, 기류량을 분모로 두고 기압을 분자로 하여 계산한 기류 저항(airflow resistance)도 제시되어 있다.

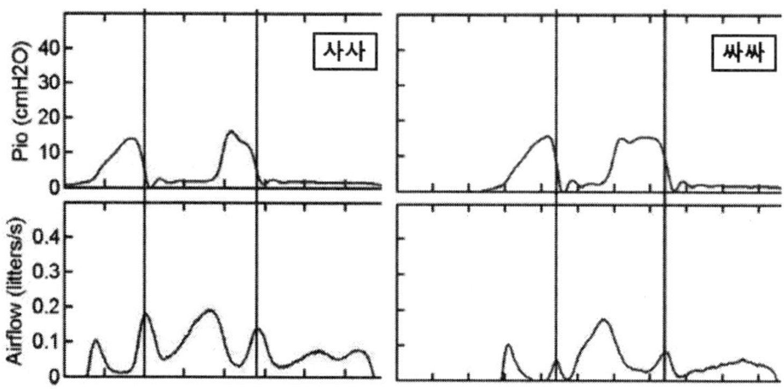

〈그림 2.36〉 '사사'와 '싸싸'에서의 기압과 기류(김현순 외 2010:154)

〈그림 2.36〉의 좌측은 '사사'이고 우측은 '싸싸'이며 두 세로줄은 마찰음의 치조 마찰이 끝나는 시점을 표시한 것이다. 위의 그림은 성문상압이며 아래의 그림은 기류량이다. 성문상압은 어두와 비어두에서 모두

'ㅆ'이 조금 높은 정도이며, 기류량은 어두와 비어두에서 모두 'ㅅ'이 많음을 알 수 있다. 기류 저항을 계산할 때에는 그림의 두 시점에서 측정한 값의 비율을 구한 것이 아니라 성문상압과 기류량이 각각 최고인 시점에서 측정한 값에서 구하였다고 한다.

성문하압은 성문의 아랫부분에 외부로부터 바늘을 삽입하여 직접 측정하는 방법이 있기는 하지만 보통은 그렇게 하지 않고 다른 수치들을 이용하여 그 값을 추정해 낸다고 한다. Lee and Smith(1972)에서는 격음이 높고 평음과 경음은 차이가 없다고 하였고 Dart(1987)에서도 평음과 경음이 차이를 보이지 않았지만 최성희·최철희(2014)에서는 최고 성문하압과 평균 성문하압 모두 격음과 경음이 차이를 보이지 않고 그들에 비해 평음이 낮다고 하였다. 격음은 성문이 열려 있고 경음은 성문이 거의 닫혀 있는데 성문상압과 성문하압이 둘 모두 높다면 성문의 넓이와 기압의 상관 관계는 낮다고 할 것이다.

자음 연쇄에서의 조음 축소 문제와 관련하여 구강내압과 인두강내압이 따로 측정되기도 하였다. Silverman and Jun(1994)에서는 모음 간 'ㅂㄱ, ㄱㅂ' 연쇄를 발음할 때의 성문상압을 측정하였는데, 코를 통해 관을 넣어 연구개 뒤쪽의 인두강내압도 측정하였다는 점이 특징적이다. 두 자음 연쇄의 차이가 두 기압을 통해서 〈그림 2.37〉과 같이 드러난다.

맨 위는 기류, 두 번째가 구강내압, 맨 아래가 인두강내압이다. 왼쪽의 'ㅂㄱ' 연쇄에서는 A 시점에서 구강내압과 인두강내압이 동시에 증가하는데 이는 양순이 폐쇄되어 구강과 인두강이 똑같이 영향을 받기 때문이다. B 시점에서는 구강내압만이 감소하는데, 이는 연구개가 폐쇄된 상태에서 양순이 개방되었기 때문이다. 연구개가 언제 폐쇄되었는지는 알 수 없지만 이 시점에서는 닫혀 있어서 그 뒤쪽인 인두강에서는 높은 기압이 유지되지만 그 앞쪽인 구강은 양순의 개방과 함께 기압이 낮

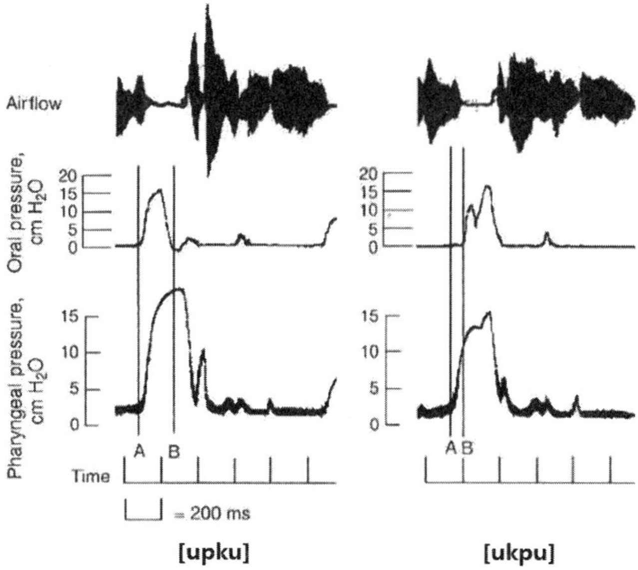

〈그림 2.37〉 구강내압과 인두강내압(Silverman and Jun 1994:212)

아진 것이다. 오른쪽의 'ㄱㅂ' 연쇄에서는 인두강내압이 약간 먼저 상승하는데, 이는 연구개가 먼저 폐쇄되었기 때문이다. 양순이 폐쇄된 B 시점에서야 구강내압도 상승한다.

또한 이 연구에서는 자음 연쇄에 선후행하는 모음에 차이를 두기도 하였다. 자음 연쇄가 'ㅣ'와 'ㅜ' 사이에 있을 때와 'ㅜ'와 'ㅣ' 사이에 있을 때 기압 변화의 차이가 있는데, 'ㅣ'에서 'ㅜ'로 옮아갈 때에는 혓몸이 펼쳐져 있다가 움츠러드는 탓에 구강내압이 낮아지는 반면 'ㅜ'에서 'ㅣ'로 옮아갈 때에는 그 반대의 현상이 일어나는 것이다. 전종호(1995)에서는 'ㅣ'와 'ㅜ' 사이에서 'ㅂㄱ'이 발음될 때의 구강내압의 변화를 근거로 하여 두 자음의 폐쇄 중복을 분류하기도 하였다.

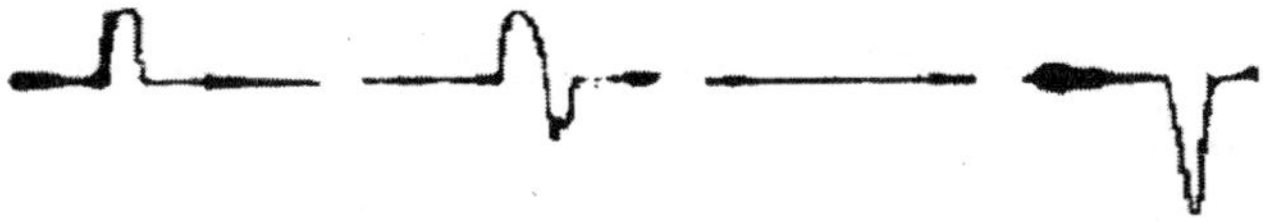

〈그림 2.38〉 [ipku] 연쇄에서의 구강내압 변화(전종호 1997:326)

①은 양순이 폐쇄되어 구강내압이 상승한 이후 'ㅜ'로 진행함에 따른 기압의 하강이 나타나지 않는데 이는 이미 양순이 개방된 상태이기 때문이라고 보았다. 즉 'ㅂ'과 'ㄱ'의 폐쇄가 약간 중복되었거나 중복되지 않은 상태라고 하였다. ②는 기압의 하강이 보이는데, 이 하강은 양순과 연구개가 모두 폐쇄되어 있는 상태에서 혀가 움츠러들면서 양순과 연구개 사이의 공간의 기압이 낮아진 것이다. 두 자음의 폐쇄가 매우 중복된 것으로 해석되었다. ③은 양순에서 폐쇄가 일어나지 않아서 구강내압이 오르지 않은 상태에서 연구개가 폐쇄된 것이다. 구강내압의 측정 지점이 연구개보다 앞이기 때문에 연구개의 폐쇄가 구강내압에 영향을 주지 못한다. ④는 연구개 폐쇄 이후에 양순이 폐쇄되고 혀가 움츠러들어 구강내압이 낮아진 것으로서 지나치게 조음이 중복된 상태라고 보았다. 14명의 피험자로부터 얻은 자료에서 ①이 52회, ②가 108회, ③이 156회, ④가 13회였다고 하였다(전종호 1995:94).

구강뿐 아니라 비강을 통하여 나오는 기류 또한 측정의 대상이다. 김수정(2000)에서는 몇몇 음운 현상의 적용 영역을 운율 단위와 관련지어 설명하면서 비강 기류의 측정값을 이용한 바 있다. 〈그림 2.39〉는 비강 마스크와 구강 마스크를 착용한 상태에서 '그 밥을 누가 먹었니?'라는 문장을 발음한 것이다.

각 그림의 맨 위는 음파, 두 번째 줄은 비강 기류, 세 번째 줄은 구강 기류를 나타낸다. 위의 그림은 '밥을'과 '누가' 사이에 순행적 유음화가

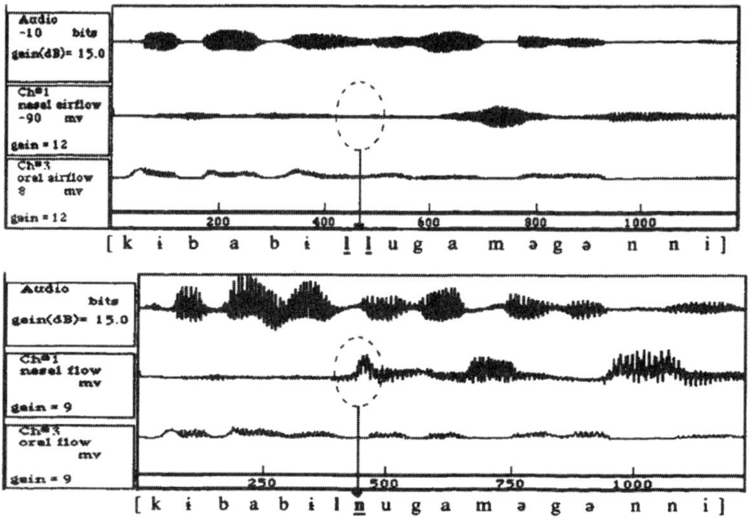

〈그림 2.39〉 비강 기류와 구강 기류(김수정 2000:52)

일어났고 아래의 그림은 일어나지 않았는데, 그것을 확인시켜 주는 것이 '누' 부분 즉, 동그라미 친 부분의 비강 기류의 유무라는 것이다. 즉 위에서는 유음화가 일어나 비강 기류가 없는 반면 아래에서는 'ㄴ'이 그대로 실현되어 비강 기류가 있다는 것이다.[22]

비강 기류의 측정은 한국어 비음 자체의 특성을 직접적으로 드러내 주기도 한다. 한국어의 어두 비음은 비음성이 약하게 실현되는 일이 많아 탈비음화(denasalization)라는 용어로 서술되고는 한다. 이 현상은 일찍이 小倉進平(1923), Umeda(1957), 이병근(1968, 1969) 등에서 논의된 바가 있으며, 이병근(1980)에서 어두 고모음 앞에서 수의적으로 일어나는 현상이며 성조 방언권을 제외한 대부분의 방언권에서 일어나는 듯하다고 정리된 바 있다.[23] 小倉進平(1923/2009:333)에 따르면

22) 다만 두 화자는 '먹었니'의 'ㄴㄴ' 부분에서도 비강 기류에 차이가 있어 보이니 주의할 필요가 있다.

1712년에 간행된 ≪倭漢三才圖會≫에서 '물'이 '不留(ブル, buru)'로, '먹'이 '保久(ボク, boku)'로 표기되었다고 하는데, 이를 통해 한국어의 탈비음화가 매우 오래된 현상임을 알 수 있다.

비강 기류를 통해 탈비음화를 연구한 이상도·김수정(2007)에서는 비음에 후행하는 모음을 발음하는 중에 비강 기류가 흐르는 시간의 비율을 구하였는데, 모음 사이에 비음이 있을 때에는 비음에 후행하는 모음의 92.69%에 이르도록 비강으로 기류가 흘러나오지만, 어두에 비음이 있을 때에는 비강 기류가 후행 모음의 40.94% 동안 나오는 데 그친다고 하였다. 김수정·김희섭(2008)에서는 단어에서 발화에 이르는 운율 단위와의 관련성도 살폈는데, 큰 단위의 첫 비음일 때에 비강 기류가 나오는 시간이 더 짧다고 하였다. 김영신(2011)에서는 코 외부에 센서를 부착하여 비강의 진동도 함께 측정한 바 있다.

---

23) Yoshida(2008)에서는 중앙어 화자 3명과 동남 방언 화자 2명이 여러 운율 단위의 첫 음으로 발음한 비음의 음향적 속성이 비교되어 있는데, 탈비음화가 중앙어 화자에게 더 강하다고 하였다.

3

음향적 속성

Acoustic Characteristics

3. 음향적 속성

3.1 길이

3.1.1 자음의 길이

3.1.1.1 기식의 길이

1 측정 방법

장애음을 발음할 때에는 구강 내의 어딘가를 폐쇄 또는 협착하기 때문에 성대를 자연스레 진동시킬 만큼의 낮은 성문상압이 유지되기 어렵다. 그 시간 동안 성문은 조금 열려 있거나 활짝 열려 있을 수도 있고, 거의 닫혀 있거나 완전히 닫혀 있을 수도 있다. 성문이 열린 상태에서 자음을 발음할 경우 이어지는 모음을 발음하기 위해서는 열어 두었던 성문을 닫아 성대 진동을 시작하여야 하는데, 이렇게 자음의 폐쇄가 개방되고 성대가 진동을 시작하기까지의 시간을 성대 진동 시작 시간(voice onset time, VOT)이라고 한다.[1] 성대 진동 시차 또는 지연(voicing lag)이라 불리기도 한 VOT는 원래 폐쇄음에 한정하여 쓰이는

---

1) 유성 장애음은 그 정의상 기류 방해 구간 중에 성대가 진동하는 소리이기 때문에, VOT는 음의 값을 지니게 된다.

용어였지만, 마찰음과 파찰음의 경우에도 기류의 방해 즉, 마찰 또는 폐쇄와 마찰이 끝난 후 성대가 진동하기까지의 시간을 뜻하는 용어로 쓰이기도 한다.

VOT는 성대가 진동하기까지의 시간을 뜻하지만, 그 사이에 기식이 나오기 때문에 기식 구간이라고 여겨도 무방하다. 그 기류의 양은 공기역학적 관찰을 통해 확인할 수 있을 뿐, 음향 분석으로는 알 수가 없다. 다만 기식 구간이 길고 짧음을 알 수 있을 뿐인데, 그 구간이 길다는 것은 자음을 발음할 때 성문을 넓게 벌리고 있었음을 뜻하는 것으로 이해된다.

VOT를 측정하는 것은 비교적 쉬운 작업이지만 스펙트로그램을 앞에 두고 막상 일을 시작해 보면 기식이 어디부터 어디까지라고 해야 할지 정하기 어려울 때가 있다. VOT의 끝이자 모음이 시작하는 시점은 성대 진동이 시작되는 시점 즉 파형에서 주기파가 시작되는 시점, 광역 스펙트로그램의 세로선이 나타나기 시작하는 시점, 포먼트들, 특히 F2가 명확히 드러나기 시작하는 시점 등에 기반하여 정할 수 있다. 사실 이 어느 것도 뚜렷한 분절을 보여 주지는 않기 때문에 판단이 어려워질 경우가 있지만, 어떤 기준을 정하든 모든 자료들에 일관되게 적용해야 한다. 이러한 점은 다른 한편으로 서로 다른 연구에서 얻어진 수치들을 단순히 비교해서는 안 됨을 말해 준다.

VOT의 시작점은 폐쇄음의 개방 소음이 나는 순간이라고 할 수 있다. 개방은 파열(burst) 또는 순간음(transient)과 그 이후의 매우 짧은 마찰(friction)로 이루어진다(Stevens 1993:371). 예를 들어 초성의 'ㅂ'은 양순이 완전히 폐쇄되어 있다가 열리는데, 꽉 막힌 상태에서 활짝 열린 상태로 바로 바뀌는 것이 아니라 짧지만 시간을 두고 열리는 것이다. 양입술이 떨어지는 동안 공기가 좁은 틈을 뚫고 나와 약간의 난기류를 일으킨 것이 짧은 마찰인 것이다. 박한상(2002ㄱ)에서는 어두와 모음 간 치조 폐쇄음의 마찰 길이를 측정(평균 6~9㎳)하기도 하였는데, VOT는 이 구간도 포함하는 개념이며, 이를 포함하여 기식이라고 여기고 있다.

개방 소음은 때로 둘 이상 나타나기도 한다. 연구개음에서 종종 그러한데, 연구개음은 후설과 연구개의 접촉면이 넓기 때문에 그것이 떨어지면서 소음이 두 차례 이상 발생하기도 하는 것이다.

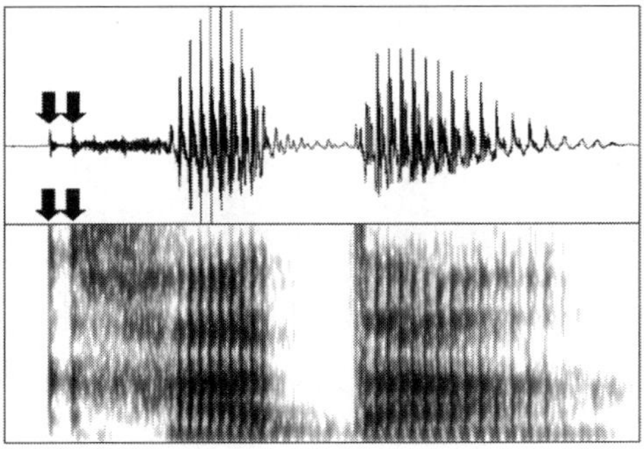

〈그림 3.1〉 연구개음의 이중 개방

〈그림 3.1〉은 '카다'의 파형과 스펙트로그램을 보인 것인데, 화살표로 표시한 것이 개방 소음이다. 첫 번째 개방부터 측정하자면 VOT의 개념에 충실한 것이겠지만 기식 구간을 알고자 한다면 조태홍·Ladefoged(1999)에서와 같이 두 번째 개방부터 측정하는 것이 맞을 수도 있다. 그림은 첫 번째 개방 소음이 강하게 난 것이지만, 때로는 그것이 약하게 나기도 하는데, 그렇다 하더라도 첫 개방부터 측정하고자 정하였다면 일관되게 나아가야 할 것이다. 결과를 보고할 때 측정 방법을 구체적으로 기술해야 함은 물론이다.

VOT의 시작점을 정하기가 더욱 어려운 것은 마찰음과 파찰음의 경우인데, 이는 마찰 구간과 기식 구간의 경계를 찾기가 쉽지 않기 때문이다. 치조나 후치조의 마찰은 특정한 조음점을 좁히고 그 사이에서 난 기류가 일어나는 국부 마찰(local friction)이고, 기식은 모음으로 이행하면서 점점 넓어지는 공간을 기류가 지나면서 나는 강부 마찰(cavity friction)이다.[2] 국부 마찰 특히 치찰음(sibilant)은 조음점이 어디냐에 따라서 마찰 소음이 집중되는 주파수대가 정해져 있는 반면, 강부 마찰은 넓은 주파수대에서 소음이 발생하며, 후행 모음의 포먼트 대역에서 다소 강한 소음이 난다. 이렇게 보면 그 둘이 분명하게 나뉠 것 같지만 실제로는 그렇지 않은 경우도 많다.

마찰음 뒤에 중모음이나 저모음이 연결될 때에는 〈그림 3.2〉와 같이 마찰 구간과 기식 구간이 비교적 잘 구분된다. 파형에서 소음 에너지가 약한 부분이면서 스펙트로그램에서 후행 모음과 같은 주파수대에서 약한 에너지가 실현된 부분이 바로 기식 구간인 것이다. 그렇다고 하여도 폐쇄음처럼 분명하게 드러나는 시작점을 정할 수는 없는 것이기 때문에

2) 국부 마찰과 강부 마찰의 구분은 Pike(1943:71)에 상술되어 있는바, 일반적으로 전자는 성대 진동이 있을 때 귀에 들리는 반면 후자는 들리지 않는다고 하였다. 그러면서 강부 마찰이란 열려 있는 관을 지나는 기류에 의해 만들어진 공간 전체의 무성 공명이라고 하였다. 논란이 되는 것은 [h]가 어느 마찰에 속하느냐 하는 점이다. 앞선 정의에 따르면 무성의 [h]는 강부 마찰이고 유성의 [ɦ]는 국부 마찰이 된다(Pike 1943:140). 한국어의 경우 김진우(1970:111)에서 'ㅎ'의 난기류가 성문이 아닌 후행 모음의 좁힘점에서 만들어진다고 하였고, 이기문(1972/1977:28)에서는 이를 인용하며 훈민정음해례에서 'ㅎ'이 'ㆆ'에 비해 소리가 얕다고 한 것이 이를 간파한 것이라 하였다. 허웅(1985:27~28)에서는 '하루, 허리, 홀로'의 [h]는 강부 마찰(스침소리) 같다고 한 바 있다. 김영송(1991:48)에서는 'ㅔ, ㅐ'는 성도에서 마찰이 일어날 만큼의 좁힘이 없고 나머지 모음들은 그러한 좁힘점이 있는데, 'ㅔ, ㅐ'에 앞서는 'ㅎ'의 마찰은 성문에서 일어나고 구강이 그 약한 스침을 울려 주는 구실을 한다고 하였다. 김영송(1993:59)에서는 'ㅎ'이 후행 모음의 좁힘점에서 강부 마찰(스침)로 조음되며 성문 마찰이 일어나는 것은 매우 드물다고 하였다. 나아가 [h]는 성문 마찰음을 위한 기호로 두고, 강부 마찰음(후행 모음의 무성음 [V̥]과 같음)을 위한 기호로 [H]를 제안하기도 하였다. 한편 Laufer(1991)에서는 성도에서 협착이 없다면 성문이 열려 있다고 해도 성도에서 가장 좁은 곳은 성문이라는 점, 히브리어나 아랍어, 핀란드어의 내시경 관찰에서 [h]를 발음할 때 성문이 좁아진다는 점을 들어 [h]를 성문 마찰음이라고 한 바 있다.

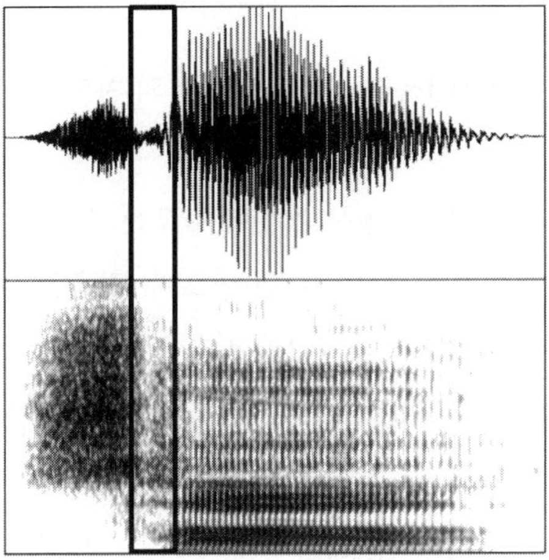

〈그림 3.2〉 '사'의 기식 구간

자신만의 기준을 밝힐 필요가 있다. 예를 들어 이경희·이봉원(1999)에서는 마찰 에너지의 중심 부분과 유사한 대역에 소음 에너지가 넓게 분포(3000㎐ 이상)하는 부분을 마찰 구간으로 삼는 한편 스펙트로그램이 불분명할 경우 파형과 스펙트로그램을 정렬하여 참조하였다고 한다. 이고운(2017ㄱ)에서는 더욱 신중하게 접근하였는데, 스펙트로그램 상에서 고주파수대가 사라지고 저주파수대가 나오는 곳을 정한 후 그 20㎳ 앞과 20㎳ 뒤의 무게 중심을 측정하고, 10㎳씩 잘라 소음의 무게 중심을 측정하여 그것이 급격히 떨어지는 곳을 기식의 시작으로 삼았다고 하였다. 마찰과는 달리 기식은 고주파수대에 집중되는 것이 아니라 넓은 주파수대에 두루 퍼져 있어서 소음의 무게 중심이 낮다는 점에 착안한 것이다. 윤규철(2009)에서는 프라트 스크립트를 이용하여 마찰 구간과 기식 구간의 경계를 정하는 방법을 제안하기도 하였다.

② **발성 유형**

기식의 길이는 어두에서 평음, 경음, 격음의 차이를 드러내는 매우 중요한 속성이다. 폐쇄 구간 동안 성문을 넓힌 격음은 성문을 닫기까지의 시간이 많이 걸리느니만큼 많은 기식이 나오는 반면, 성문을 거의 닫은 상태로 발음되는 경음은 기식이 거의 없으며, 평음은 경음보다는 꽤 많지만 격음보다는 적은 편이다. 〈그림 3.3〉은 '달, 딸, 탈'의 스펙트로그램인데, 평음, 경음, 격음의 기식 구간의 차이를 보여 준다.

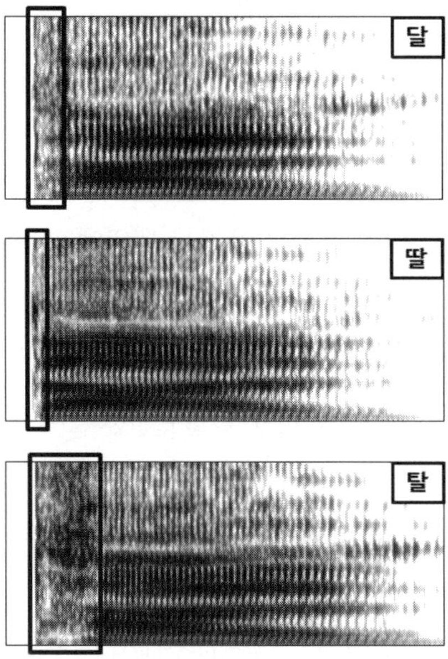

〈그림 3.3〉 '달, 딸, 탈'의 기식 구간

평음, 경음, 격음의 VOT는 Lisker and Abramson(1964), 김진우(1965, 1970), Han and Weitzman(1970), Hardcastle(1973), 표진이(1975) 이래로 수많은 연구들에서 측정되었다. 연구마다 그 값이 조금씩 차이 나기는 하지만 격음 〉 평음 〉 경음의 순서는 거의 일정하다. 〈표

3.1〉은 중앙어 화자 75명이 '다다, 따다, 타다, 가다, 까다, 카다'를 단독으로 3회씩 발음한 것과 '이것은 __가 아니고 __입니다'이라는 틀문장에서 4회씩 발음한 어두 폐쇄음의 VOT를 평균 낸 것이다. 나이가 어릴수록 평음과 격음의 차이가 줄어드는 경향이 있기는 하지만, 격음 〉 평음 〉 경음의 순서는 일정하여 보인다.[3)]

(ms)	남성					여성					계
생년	'50	'60	'70	'80	'90	'50	'60	'70	'80	'90	
평음	46	57	52	67	63	64	65	71	79	74	63.80
경음	19	17	15	17	17	15	15	13	12	15	15.50
격음	89	94	82	77	78	87	84	84	90	75	84.00

〈표 3.1〉 어두 폐쇄음의 VOT(변희경 2016:30)

마찰음과 파찰음은 앞서 서술한 바와 같이 VOT의 시작점을 특정하기가 어렵다. 그래서인지 이를 측정한 연구는 폐쇄음에 비해 적다.[4)] 어

3) 발성 유형에 따른 차이만큼 분명하지는 않지만 조음 위치에 따라서도 VOT는 차이를 보인다. 18개 언어의 VOT를 측정한 조태홍·Ladefoged(1999)에서는 한 언어의 예외를 제외하고는 조음 위치가 가장 뒤쪽인 연구개음 또는 구개수음의 VOT가 가장 길며, 양순음과 치조음에는 차이가 없다고 하였다. 조음 위치 뒤쪽 공간의 부피, 조음 위치 앞쪽 공간의 부피, 조음체의 속도, 접촉면의 넓이 등이 VOT의 차이에 관여하는 것으로 보았다. 한국어의 경우, 연구개음의 VOT가 가장 길고 양순음과 치조음의 차이는 없다는 연구(Hardcastle 1973, 배재연·신지영·고도흥 1999, 조태홍·전선아·Ladefoged 2000, 최한숙 2002, 한경임 2010, 2014, 2021ㄴ, 김미령 2014, 박선영·성철재 2022 등)가 있는가 하면, 평음은 그러하되 경음과 격음의 경우 연구개음 〉 치조음 〉 양순음의 순서라는 연구(이숙향 1998)도 있으며, 발성 유형에 관계 없이 연구개음 〉 치조음 〉 양순음의 순서라는 연구(한경임 2011), 연구개음 〉 양순음 〉 치조음의 순서라는 연구(조용형 2005, 한경임 2020)도 있다. 윤규철(2020)에서는 연구개음과 양순음이 같고 치조음이 이들보다 짧다고 하였다. Silva(2006ㄱ)에서는 조음 위치에 따른 VOT의 차이가 없다고 보고하기도 하였다.

4) 파찰음의 VOT를 측정하여 수치로 제시한 박한상(2002ㄱ)과 이고운(2017ㄱ)에서는 'ㅈ, ㅉ, ㅊ'의 평균 VOT가 각각 21ms, 2ms, 44ms와 32ms, 0ms, 37ms로 측정된 바가 있다.

두 'ㅅ'과 'ㅆ'의 VOT를 측정한 연구들 중 수치가 제시된 것들의 평균값과 피험자 수를 제시하면 〈표 3.2〉와 같다. 'ㅅ'의 기식이 'ㅆ'보다 분명하게 깂을 알 수 있지만, 후술할 바와 같이 후행 모음이 고모음일 때에는 그 차이가 매우 작아진다.

(ms)	①	②	③	④	⑤	⑥	⑦	⑧	⑨	⑩
ㅅ	88.5	90.44	77	45	37.8	48.4	59.78	53.8	27.68	39
ㅆ	23	14.6	21	8	6.4	15.05	10.04	11.4	10.56	0
피험자	2명	5명	4명	3명	20명	5명	5명	5명	2명	20명

〈표 3.2〉 'ㅅ'과 'ㅆ'의 VOT[5)]

기식의 길이는 후행 모음의 길이와 어느 정도의 상관성을 지니는바, 기식이 긴 격음은 평음이나 경음에 비해 후행 모음이 짧은 편이다. 김공온(1974), 배재연·신지영·고도흥(1999), 박한상(2005)에서는 평음, 경음, 격음에 후행하는 모음의 길이가 VOT의 역순인 경음 〉 평음 〉 격음의 순서라고 하였다. 비어두의 경우는 평음의 기식이 짧아져 후행 모음의 길이가 평음 〉 경음 〉 격음의 순서라고 하였고, 박한상(2005)에서는 기식과 후행 모음 길이의 합이 세 발성 유형에서 유의미한 차이를 보이지 않는다고까지 하였다. 평음의 후행 모음이 경음의 후행 모음보다 길다고 한 연구(구희산 1998, 강경심 2000, 오재혁 2021)도 있으니, 평음과 경음에 비해 격음 뒤의 모음이 짧다는 점만이 분명한 듯하다.

마찰음에 후행하는 모음의 길이는 강경심(2000)에서 측정된 바 있다. 그 결과는 '치조 마찰+기식'의 길이가 'ㅅ'은 138㎳, 'ㅆ'은 161㎳인데

5) ① 문승재(1997), ② 안현기(1999ㄴ), ③ 강경심(2000), ④ 박한상(2002ㄱ), ⑤ 윤규철(2002), ⑥ 이경희(2002), ⑦ 장혜진·신지영(2006ㄱ), ⑧ Chang(2008), ⑨ 김현순·Maeda·Honda· Hans(2010), ⑩ 이고운(2017ㄱ).

후행 모음은 각각 97㎳, 146㎳로서 역의 관계가 성립하지 않아 보인다. 그러나 기식의 길이만 보면 'ㅅ'과 'ㅆ'이 각각 77㎳, 21㎳로서 이것과 후행 모음의 길이는 역의 관계에 있다고 할 수 있는데 이를 보면 폐쇄음이든 마찰음이든 기류 방해의 길이를 제외한 기식의 길이만이 후행 모음의 길이와 관련되었을 가능성이 엿보인다.

기식 구간과 후행 모음의 상관 관계에 착안하여 김한중(2023)에서는 음절 전체의 길이에서 VOT가 차지하는 비율(r_VOT)을 비교하기도 하였다. 발화의 속도에 따라 VOT의 절댓값은 달라질 수도 있지만 후행 모음과의 비율은 비교적 항상성을 유지할 수 있으리라는 추측도 해 볼 수 있는 것이다.[6] 2003년의 중년층과 청년층, 2022년의 중년층과 청년층이 발음한 평음과 격음의 VOT를 측정하여 통계적 차이를 검정한 결과는 〈표 3.3〉과 같았다.

평음과 격음의 VOT는 후술할 바와 같이 청년층 특히 여성에게서 그 차이가 좁혀지고 있다고 하는데, 〈표 3.3〉을 보면 2022년의 여성 중년층이라 할 만한 2003년의 여성 청년층에서 이미 그러함을 알 수 있다. 당시 청년층이던 2022년 남성 중년층, 그리고 그보다 어린 2022년 남성 청년층은 평음과 격음의 VOT 절댓값이 차이를 보이지만, 상댓값으로 보면 평음과 격음의 차이가 없음을 알 수 있다.[7] 이는 남성이 변화 중에 있음을 시사한다고 할 수 있다.

6) 발화 속도가 빠를 경우 평음과 격음의 VOT는 짧아진다고 한다(오은진 2009).

7) 김지은(2015)에서는 매우 흥미로운 관찰이 이루어졌다. Silva(2006ㄱ)의 피험자와 같은 출생연도의 사람들을 10년 후에 피험자로 삼은 것인데, 이전 연구 결과에 비해 평음과 격음의 VOT 차이는 더 크고 f0 차이는 더 작았다고 하면서, 청년층에서 평음과 격음의 VOT 차이가 작다는 것이 변화가 아닐 가능성을 점친 것이다. 그러나 김한중(2023)의 연구 결과는 그것이 변화일 가능성이 높음을 보여 준다고 할 수 있다.

2003년		남성 중년층	남성 청년층
	VOT	평음 < 격음	평음 < 격음
	r_VOT	평음 < 격음	평음 < 격음
		여성 중년층	여성 청년층
	VOT	평음 < 격음	평음 = 격음
	r_VOT	평음 < 격음	평음 = 격음
2022년		남성 중년층	남성 청년층
	VOT	평음 < 격음	평음 < 격음
	r_VOT	평음 = 격음	평음 = 격음
		여성 중년층	여성 청년층
	VOT	평음 = 격음	평음 = 격음
	r_VOT	평음 = 격음	평음 = 경음

〈표 3.3〉 VOT의 절댓값과 상댓값(김한중 2023)

③ 실현 환경

VOT는 분절음의 실현 환경에 따라 값이 달라질 수 있다. 경음은 어두와 비어두에서 비슷한 VOT 값을 보이는 반면, 평음은 비어두 즉 공명음 뒤에서 VOT가 매우 짧은 무기음으로 실현된다. 평음은 폐쇄 구간 동안 성대가 진동하는 유성 무기음으로 실현되기도 한다.[8] 그런데 비어두에서 VOT가 짧아지는 것은 비단 'ㅂ, ㄷ, ㄱ, ㅈ'에만 해당되는 일은 아니다. 평마찰음인 'ㅅ'과 격음도 비어두에서는 어두에 비해 짧은 VOT 값을 보이는 것이다. 〈표 3.4〉는 'ㅅ'과 'ㅌ'의 측정 값을 보인 것이다. ①, ②는 그래프만 제시되어 있는데, 그것으로부터 대강의 값을

8) 전선아(1993)에서는 평장애음이 유성음으로 실현되는 현상이 억양구 내에서만 일어난다고 하였으나 전선아(1995)에서는 억양구 경계를 사이에 두고 선행 억양구 말의 평장애음이 후행하는 억양구의 첫 자음으로 실현될 때에도 유성음으로 실현된다고 하였다. 예를 들어 '김밥 얼었니?'라는 문장을 두 개의 억양구로 발화할 때 둘째 억양구의 첫 자음이 된 'ㅂ'이 억양구 중간에 있을 때와 비슷하게 실현된다는 것이다.

얻은 것이다. ① 중에서는 후행 모음이 비고모음인 경우만을 취하였으며, ②와 ④는 후행 모음이 'ㅏ', ③은 'ㅏ, ㅓ, ㅗ'이다.

(ms)	①		②		③		④	
	어두	비어두	어두	비어두	어두	비어두	어두	비어두
ㅅ	41.25	23	-	-	37.4	14.8	-	-
ㅌ	-	-	88.3	54.3	91.9	63.4	57.2	36.5
피험자	6명		3명		5명		10명	

〈표 3.4〉 어두와 비어두에서의 'ㅅ, ㅌ'의 VOT[9)]

이를 보면 평마찰음과 격음도 비어두에서의 VOT가 어두에 비해 짧음을 알 수 있는데, 평폐쇄음과 평파찰음에 비해 그 차이는 덜하지만 비어두에서 대략 20~30㎳ 짧다고 할 수 있다. 비어두라고 하는 조건은 그 앞에 음절이 있다는 것이고 곧 모음이 있다는 것인데, 긴 성대 진동이 있은 후에 성문을 크게 확장하는 것이 상대적으로 번거로운 탓에 VOT가 짧아질 수 있어 보인다.[10)]

단어 이상의 단위에서도 VOT는 어두/비어두의 경우와 크게 다르지 않은 양상을 보인다. Silva(1992)에서는 통사 구조에 기반한 단위로서 소구(minor phrase)의 맨 앞(① 예. '그게 밥이라고 해.'), 음운론적 단어(phonological word)의 맨 앞(② 예. '철수가 바다 바라봤어.'), 단어 내부(③ 예. '그 사람이 우리 아버지야.')에서 실현된 VOT를 〈표 3.5〉와 같이 보고하였다. 평음뿐 아니라 격음도 VOT에 차이가 있음을 알 수 있다.

---

9) ① 이경희·이봉원(1999), ② 배재연·신지영·고도흥(1999), ③ 김현(2011), ④ 손형숙·안미애(2011).

10) 〈그림 2.4〉와 〈그림 2.7〉에는 어두와 모음 간 마찰음과 격음의 성문 넓이가 비교되어 있다.

(ms)	①	②	③
ㅂ	68	34	9
ㅍ	85	78	47
ㅃ	10	12	12

〈표 3.5〉 문법 단위와 VOT(Silva 1992:153)

전통적인 문법에서는 ①이나 ② 모두 어두라고 할 것이지만 같은 어두라고 하더라도 어떤 운율 단위의 맨 앞에 있느냐에 따라서도 VOT가 차이를 보이는 것이다. 〈그림 3.4〉는 조태홍·Keating(2001)에서 발화(utterence), 억양구(intonational phrase), 강세구(accentual phrase), 단어(word)의 첫머리에 'ㄷ'과 'ㅌ'이 놓인 문장들을 읽게 하여 VOT를 측정한 결과이다.

발화 초(Ui): 이곳은 바닷가. [**단**비가 여기서 내린다]$_{U}$.
억양구 초(IPi): 이곳은 바닷가, [**단**비가 내리는 곳이다]$_{IP}$.
강세구 초(APi): 이들은 모두가 [**단**비를]$_{AP}$ 좋아한다.
어두(Wi) 이들은 [바닷가 (**단**비를)$_{W}$]$_{AP}$ 좋아한다.

발화 초(Ui): 이곳은 바닷가. [**타**잔이 이곳을 좋아한다]$_{U}$.
억양구 초(IPi): 이곳은 바닷가, [**타**잔의 고향이다]$_{IP}$.
강세구 초(APi): 이들은 모두가 [**타**잔을]$_{AP}$ 좋아한다.
어두(Wi): 이들은 [바닷가 (**타**잔을)$_{W}$]$_{AP}$ 좋아한다.

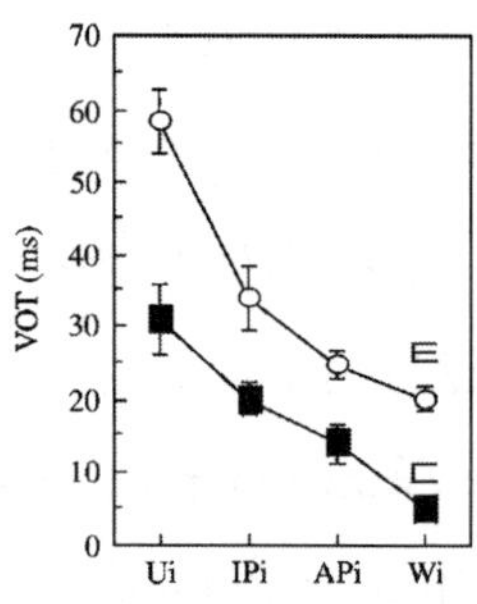

〈그림 3.4〉 운율 단위와 VOT(조태홍·Keating 2001:173, 188)

발화 초로부터 어두에 이르기까지 운율 단위가 작아질수록 VOT 값도 작아짐을 알 수 있다. 운율 단위가 클수록 앞선 음절의 유성음을 발음하기 위한 상태의 영향을 덜 받는다고 할 수 있다. 조태홍·전선아(1999)에서는 경음까지 포함하여 'ㅂ, ㅃ, ㅍ'을 억양구, 강세구, 단어의 첫머리에 두고 VOT와 함께 최대 호기율도 측정하였다. 억양구 초(IPi)는 '(배/빼/패)는 이거요', 강세구 초(APi)는 '이것은 (배/빼/패)요', 어두(Wi)는 '이것은 내 (배/빼/패)요'를 녹음한 것이다.

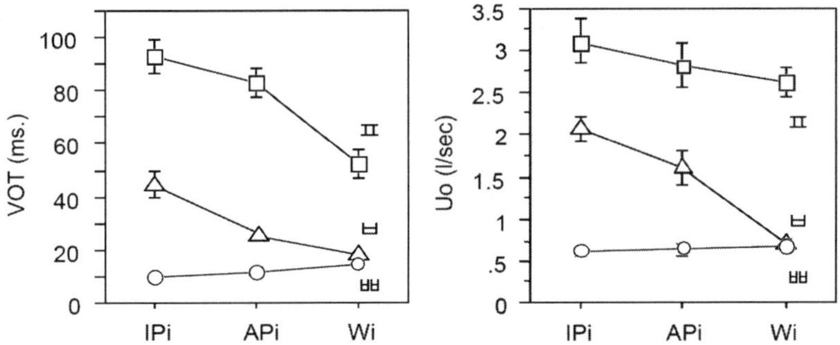

〈그림 3.5〉 운율 단위와 VOT·호기율(조태홍·전선아 1999:64~65)

평음과 격음의 VOT와 호기율이 운율 단위의 크기에 비례하는 값을 보이고 있다. 흥미로운 것은 경음인데 미세한 차이이기는 하지만 운율 단위의 크기와 반비례하는 양상을 띠고 있다. 이 논문에서는 영역 초 강화(domain-initial strengthening)를 위한 속성의 증강(enhancement)을 계열적인 것과 통합적인 것으로 나누었는데, 격음은 성문을 넓히는 계열적 증강을 하고, 경음은 성문을 좁히는 계열적 증강을 하는 반면, 평음은 두 속성에 대해 무표적인 통합적 증강을 한다고 하였다.[11] 단어에 초점이 놓이는 경우에 격음과 평음의 VOT는 길어지고 경음의 VOT는 비슷하거나 조금 줄어든다는 연구 결과(서민경 2002, 윤홍옥 2013)도 같은 맥락에서 이해할 수 있다.

11) 계열적 증강이란 계열 관계에 있는 분절음들과의 구별을 강화하는 것이고, 통합적 증강이란 통합 관계에 있는 선후행 분절음들과의 구별을 강화하는 것이다.

VOT는 자음의 발성 유형과 관련하여 주된 관심을 받았고 조음 위치와의 관련성도 관심을 받아 왔기에, 후행하는 모음은 대체로 하나로 통일해 연구되어 왔다. 그런 탓에 후행 모음에 따라 선행 자음의 VOT가 어떤 차이를 보이는지에 대한 연구는 그리 많지 않다. 신지영(1997)에서는 모음 간 'ㄸ'과 'ㅌ'의 VOT가 후행 모음 'ㅣ, ㅡ, ㅏ' 중 'ㅣ' 앞에서 가장 길고 그 다음 'ㅡ, ㅏ'의 순서라고 한 바 있다. 오은진(2011)에서는 어두 양순음과 연구개음의 VOT가 후행 모음 'ㅣ, ㅏ' 중 'ㅣ' 앞에서 다소 긴 양상을 보였다. 한경임(2010)에서는 'ㅣ, ㅜ'에 앞서는 평음의 VOT가 'ㅓ, ㅏ' 앞에서보다 길다고 하였고, 손일권(2012)에서는 'ㅣ, ㅜ, ㅏ'에 앞서는 격음의 VOT를 측정하였는데, 'ㅣ'와 'ㅜ'의 차이는 일관되지 않은 것 같으나 그들과 'ㅏ'는 차이가 어느 정도 있는 것으로 보인다.

(ms)	ㅣ		ㅜ		ㅓ		ㅏ
ㅂ							
ㄷ	41	=	42	〉	30	=	32
ㄱ							

(ms)	ㅣ		ㅜ		ㅏ
ㅍ	88	=	92	〉	78
ㅌ	90	〈	102	〉	94
ㅋ	123	〉	107	=	106

〈표 3.6〉 후행 모음과 VOT(한경임 2010, 손일권 2012)

후행 모음의 고저 대립과 관련하여서는 후행 모음이 고모음일 때와 중모음·저모음일 때 마찰음의 마찰 구간과 기식의 길이가 매우 다른 양상을 보인다는 점(이경희·이봉원 1999, 이경희 2002, 왕무흔 2022 등)이 흥미롭다. 〈표 3.7〉은 서울 화자와 부산 화자가 발음한 어두 'ㅅ'과 'ㅆ'의 마찰 구간과 기식 구간을 비교한 것이다.

(ms)	후행 모음	마찰		기식	
		ㅅ	ㅆ	ㅅ	ㅆ
서울	고모음	196.6	161.13	19.8	8.2
	비고모음	133.65	143.25	48.4	15.05
부산	고모음	134.33	139.86	3.4	1.33
	비고모음	74.55	113.15	37.7	5.95

〈표 3.7〉 어두 마찰음의 VOT와 후행 모음(이경희 2002:227)

고모음 앞에서 마찰 구간은 더 길고 기식 구간은 더 짧다고 할 것인데, 그 길이의 차이가 'ㅆ'보다 'ㅅ'에서 두드러짐을 알 수 있다. 폐쇄음의 경우 고모음에 앞설 때 VOT가 더 길었는데, 마찰음은 그 반대의 양상이다.

성조 조건에 따른 VOT 차이를 살핀 조민하(2004)에서는 고조로 실현된 어두 평음의 VOT가 저조로 실현된 경우에 비해 짧았다고 한다. 또한 발화 형식에 따른 VOT 차이를 살핀 김지은(2017)에서는 무의미어를 넣은 틀문장을 읽게 하였을 때에는 평음과 격음의 VOT가 차이가 있었지만 정보 전달 혹은 정서 표현의 문단을 읽게 하였을 때에는 둘의 VOT 차이가 없었다고 한다.

4 언어 사용자

화자의 방언 배경에 따라 VOT가 다를 수도 있는데, 서울과 다른 지역을 비교하는 연구들에서는 서울 화자의 경우 평음과 격음의 VOT 차이가 뚜렷하지 않다는 결과를 내기도 하였다.[12] 한편 연변 화자들의 평음 VOT는 서울 화자에 비해 짧다는 점이 매우 특징적이다(오미라·양휘

12) 조태홍·전선아·Ladefoged(2002), 최한숙(2002), 조민하·신지영(2003), 이정현·오미라(2010), 한경임(2014), 김미령(2017) 등이 그러하다.

2013, Ito 2017).[13] 경상 방언에 대해서는 'ㅅ'과 'ㅆ'의 구별에 대한 연구가 이루어진 바 있다(이경희 2002, Holliday 2012, 왕무흔 2022 등).

화자의 성별과 연령에 따라 여성과 청년층에서 평음과 격음의 VOT가 중복을 보인다는 연구가 많다.[14]

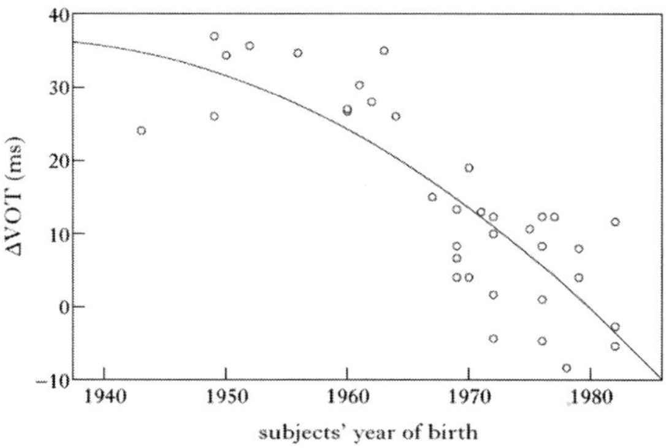

〈그림 3.6〉 연령에 따른 평음과 격음의 VOT 차이(Silva 2006ㄴ:293)

〈그림 3.6〉은 1943~1982년생 남녀 36명이 발화한 평음과 격음의 VOT 차이를 보인 것인데, 연령이 적을수록 둘의 차이가 작아짐 (R^2=0.686)을 보여 준다. 〈그림 3.7〉은 국립국어원의 코퍼스 자료 (1932~1984년생 남녀 120명)를 대상으로 한 것인데, 남성은 격음의 VOT가 연령에 따라 크게 줄고 있으며, 여성은 높은 연령층도 평음과 격음의 VOT 차이가 크지 않음을 보여 준다.

---

13) 평음과 경음은 VOT의 차이가 작을 뿐 아니라 f0의 차이도, 특히 젊은 여성층에서, 매우 작다고 한다.

14) 김선희(1999), Silva(2002, 2006ㄱㄴ), Silva, Choi and Kim(2004), 김미령(2008, 2014), 오은진(2011), 장혜진(2013ㄱ), 강윤정·한성우(2013), 강윤정(2014), 김원보·변길자(2014), 한경임(2014, 2020, 2021ㄴ), 유현지·김향희(2015), 변희경(2016), 김진우(2021), 김한중(2023) 등이 그러하다. 오은진·Ikemaru·김보람(2018)과 같이 성별 차이가 없다는 연구도 있다.

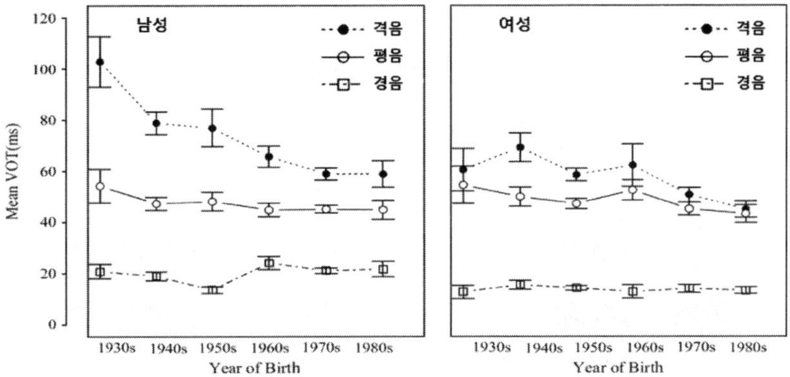

〈그림 3.7〉 성별과 연령에 따른 평음과 격음의 VOT(강윤정 2014:80)

3.1.1.2 기류 방해의 길이

1 폐쇄음

기류가 원기둥 모양의 관을 지난다고 해도 공기 입자들이 직진만 하는 것은 아니기 때문에 기류는 어느 정도 방해를 받는다. 모음을 발음할 때의 성도와 같이 표면이 울퉁불퉁하거나 어느 부분이 조금 좁거나 해도 기류는 방해를 받는다. 그러나 여기서 말하는 기류의 방해란, 성도가 막혀 기류가 전혀 진행하지 못하거나, 매우 좁아져 난기류가 형성되는 정도의 방해를 뜻한다. 폐쇄음과 마찰음, 파찰음은 물론이거니와 비자음도 구강에서는 기류가 방해를 받는다.

음향적으로 쉽게 측정할 수 있는 것은 비어두에서의 폐쇄 및 마찰의 길이이다. 그 길이는 경음이 가장 길고, 그 다음이 격음이고 평음이 가장 짧아, 세 부류의 차이를 잘 드러내 보여 준다.[15) 특히나 평음과 경음

15) 폐쇄음의 조음 위치에 따른 차이에 대해서 양순음의 폐쇄 구간이 가장 길고, 치조음, 연구개음의 순서라고 하지만(윤영도 2022), 표화영·심현섭·박헌이·최재영·최성희·안

은 비어두에서 둘 모두 무기음으로 실현되기 때문에, 기식으로는 구별될 수가 없는바 기류 방해의 길이가 이 둘을 구별할 수 있는 중요한 단서가 된다.

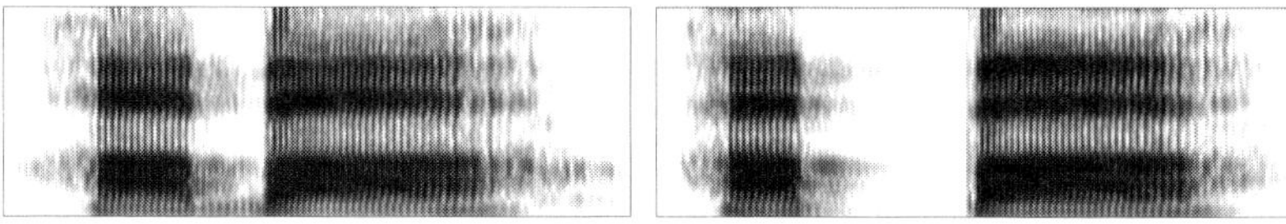

〈그림 3.8〉 '아바'와 '아빠'의 스펙트로그램

두 'ㅏ' 사이에는 'ㅂ'과 'ㅃ'을 발음하기 위해 양순을 폐쇄하고 있는 구간이 있다. 폐쇄 구간이면 공기가 흐르지 않아 아무런 소리도 나지 않아야 할 것 같지만, 두 그림을 보면 그렇지 않음을 알 수 있다. 왼쪽의 '아바'는 짧은 폐쇄 구간 동안 거의 내내 음향 에너지가 기록되어 있으며, 오른쪽의 '아빠' 역시 폐쇄가 시작되고 얼마 동안은 음향 에너지가 감지되다가 뒤쪽은 묵음으로 채워져 있다. 이는 양입술이 닫힌다고 해서 구강 내의 기류가 곧바로 멈추는 것은 아니기 때문이다. 공기가 흘러나가는 맨 끝부분이 닫힌다고 해도, 폐로부터 올라오는 공기는 일정 정도 계속 올라오고, 그런 기류가 바로 폐쇄 구간의 약한 음향 에너지를 남겨 두는 것이다. 다만 '아바'에는 특별한 부분이 있다. 폐쇄 구간의 스펙트로그램 최하단에서 두 모음 사이를 연결하고 있는 띠가 바로 그것이다. 이는 양순 폐쇄 동안에도 기류가 성문을 통과하며 성대 진동음을 낸 것으로 유성띠(voice bar)라고 부르는 것이다. 양순음은 폐쇄가 성

성복·최홍식(1999)에서는 그런 순서이기는 해도 차이가 통계적으로 유의미하지는 않다고 하였다. 이숙향(1998)에서는 경음과 격음의 경우 폐쇄 길이가 양순음 〉 치조음 = 연구개음의 순서라고 하였다.

도의 맨 끝에서 이루어진다는 점에서 기류가 밀고 올라올 여유가 상대적으로 많기 때문에 이렇게 유성띠가 잘 드러나지만, 〈그림 3.8〉에서와 같이 완전한 띠는 그리 많이 볼 수 있는 것이 아니다.[16)]

모음 간 'ㅂ'과 'ㅃ'은 기식의 길이가 매우 짧다는 점에서는 공통적이지만 폐쇄 및 선행 모음의 길이는 서로 차이를 보인다. 즉 폐쇄 구간은 'ㅂ'에 비해 'ㅃ'이 더 길지만, 선행 모음은 'ㅂ'이 'ㅃ'보다 긴 것이다.[17)] 이처럼 경음과 격음에 선행하는 모음이 평음에 비해 짧다는 점은 많은 연구에서 밝혀진 바이다.[18)] 〈표 3.8〉은 개음절 두 개로 이루어진 무의미어에서 폐쇄 구간, 기식 구간, 모음의 길이를 측정한 것이다.

(ms)	제1음절			제2음절			계	
	C_1	VOT_1	V_1	C_2	VOT_2	V_2	V_1+C_2	전체
바바	58.6	52.1	87.6	53.5	12	119	141	383
바파	57.3	48.1	58.6	108.2	51.6	93.1	167	416.9
바빠	60.8	46.2	55.9	135.9	9.4	120.2	192	428.3

〈표 3.8〉 폐쇄 구간, 기식 구간, 모음의 길이(윤일승 2010:84)

C_2가 모음 간 폐쇄음의 폐쇄 구간인데, 경음이 가장 길고 그 다음이 격음이며 평음이 가장 짧음을 보여 준다. V_1은 그에 선행하는 모음으로 평음에 앞서는 모음이 경음, 격음의 것에 비해 길다. 이 둘을 더한 것이

16) 기류 방해 구간에 이러한 성대 진동음이 있는 것이 바로 유성 장애음이다. 한국어의 평장애음이 유성음 사이에서 이러한 유성음으로 실현되는 것만은 아니라는 점에 대해서는 김대원(1987, 1999), 신지영(2000ㄴ) 등을 참고할 수 있다.

17) 허웅(1965:175~183)에서는 'ㅆ'을 포함하여 경음은 유성음 사이에서 앞선 유성음을 짧게 하고 스스로는 꽤 길어진다고 서술한 바 있다.

18) 김공온(1974), 이종근(1987), 지민제·이용주·김응배·김창주(1990), 지민제(1993), 김대원(2002), 윤일승(2009, 2010), 변희경(2017) 등이 그러하다. 김현순·Jongman(1996)에서는 모음 간 폐쇄음과 마찰음인 'ㅌ'과 'ㅅ'의 선행 모음 길이를 비교하기도 하였는데, 'ㅅ' 앞의 모음이 더 길다고 하였다.

V_1+C_2인데, 폐쇄 길이의 순서와 같기는 하지만, 평음과 경음, 격음의 차이가 꽤나 좁아졌다. V_2는 격음 뒤에서 짧고 평음과 경음 뒤에서는 긴데, 이는 전술하였듯이 VOT와 관련된 것이다.

폐쇄 구간은 장애음이 모음 뒤에 있을 때뿐만 아니라 공명 자음 뒤에 있을 때에도 측정되었다. 〈표 3.9〉는 '아바, 알빠, 안파' 등의 무의미어에서 양순음의 폐쇄 길이를 비교한 것인데, 경음 〉 격음 〉 평음의 순서는 그대로이되 선행 음절의 구조가 복잡하면 폐쇄 구간이 짧음을 알 수 있다.

(ms)	V__V	VL__V	VN__V
평음	61	57	43
경음	150	114	104
격음	128	95	84

〈표 3.9〉 공명음 뒤에서의 폐쇄 길이(이상직 2007:278)

기류 방해의 길이와 상관 관계에 있는 것은 선행 음절의 모음이 아니라 해당 장애음에 바로 앞서는 분절음의 길이인 것으로 보인다. 황연신(2002)에서는 평음, 경음, 격음 앞에서 실현된 비음의 길이를 측정하였는데, 평음 앞에서는 171~179㎳인 반면 경음과 격음 앞에서는 그보다 짧은 127~130㎳라고 하였다. 강현숙·김태경(2020)에서는 유음도 포함하여 '안다, 알다'와 '안따, 알따'에서의 'ㄴ, ㄹ'의 길이를 측정하였는데 평음에 선행하는 공명 자음이 경음에 선행하는 것보다 길며, 공명 자음에 앞서는 모음의 길이는 통계적으로 유의미한 차이를 보이지 않는다고 하였다. 이경희·이봉원(1999)에서는 'ㅅ'에 선행하는 비음이 'ㅆ'에 선행하는 비음보다 길지만, 비음에 앞서는 모음의 길이는 역시 차이를 보이지 않는다고 하였다.

폐쇄 구간은 측정한 절댓값을 상호 비교할 수도 있지만 선행 요소에 대한 상댓값을 산출하여 비교할 수도 있는바, 발화 속도에 따라 길이의 절댓값이 달라질 수 있다는 점에서도 유용하며 그 차이를 더욱 분명하게 드러낼 수 있다는 점에서도 유용하다(지민제·이용주·김응배·김창주 1990, 박한상 2007ㄴ, 윤일승 2009 등). 지민제 외(1990)에서는 선행 모음과 폐쇄 구간 중 선행 모음이 차지하는 비율을 구하였는데 평음 55%, 경음 25%, 격음 26%라고 하였다.

한편 모음 간 폐쇄 구간은 '아빠'와 '압빠' 또는 '아파'와 '압파'처럼 모음 간 경음 또는 격음이 홀로 있는 연쇄와 그 자음 앞에 동일 조음 위치의 폐쇄음이 더 있는 연쇄 사이의 차이를 밝히기 위해 측정되기도 하였다. 이들 두 부류의 연쇄와 관련하여 배주채(1989:98, 1992:188)에서는 그들이 음소적으로 다르지 않으며 중복장애음규칙 즉, 중복자음감축과 중복자음화라는 규칙으로 기술될 수 있다고 하였고, 이혁화(2013:51)에서는 동일한 연속체를 서로 다른 분절음 연쇄로 인식한 것이라 하였다. 허웅(1985:280)에서는 '학교→하꾜'와 같은 현상을 축약의 일종인 '된소리 되기'라고 기술한 바 있다.

두 연쇄는 실제의 발음에 있어서 차이를 보이지 않는다.[19] 오미라·Johnson(1997)에서는 모음 간 평음, 경음, 격음 및 관련 자음 연쇄들의 길이를 측정하였다. 〈그림 3.9〉는 경음과 관련된 것인데, 선행 모음의 길이, 선행 자음의 길이, 평음 및 경음의 폐쇄 길이, 기식의 길이가 드러나 있다.

선행 모음의 길이는 평음에 앞서는 '사분이' 류에서 가장 길고 나머지들은 차이가 없으며 '사뿐이' 류와 '삽뿐이' 류의 폐쇄 길이와 선행 모음의 길이에는 차이가 없다고 하였다. 〈그림 3.9〉를 보면 '사뿐이'와 '삽뿐

19) 이는 한영희(1976), 양순임(2005), 박시균·김지영(2016)의 지각 실험에서도 드러난다.

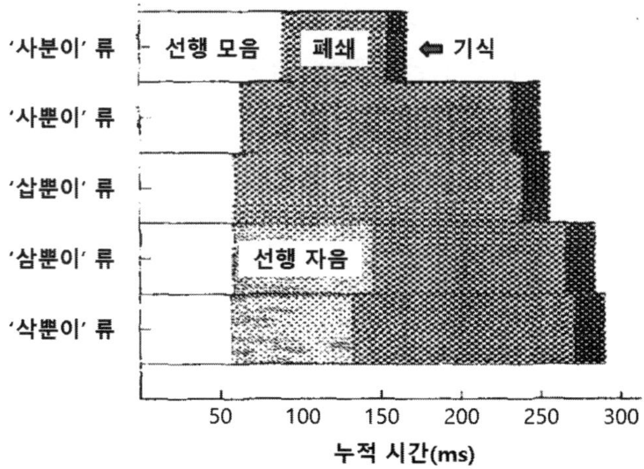

〈그림 3.9〉 모음 간 경음 관련 길이들(오미라·Johnson 1997:87)

이'가 거의 동일한 양상을 보이고 있고, 그들의 폐쇄 길이가 '삼뿐이, 삭뿐이'에서의 자음 연쇄의 길이에 조금 못 미치는 정도임을 알 수 있는데, 이는 모음 간 경음과 격음이 양음절적 성격을 지닌다는 주장(김정우 1997, 최성원·전종호 1998)에 힘을 보탠다고 할 수 있다.

이 밖에도 유의미어와 무의미어에서 '아빠 : 압빠' 류의 폐쇄 구간을 측정한 김유범·오재혁(2013)에서는 두 부류의 폐쇄 길이에 통계적으로 유의미한 차이는 없다고 하였다. 김태경(2014)에서는 선행 모음의 길이도 측정하였는데, 유의미어는 통계적으로 두 길이 모두 유의미한 차이가 없고, 무의미어는 두 길이 모두 차이를 보인다고 하였다. 박한상(2007ㄴ)에서는 '바빠 : 밥빠', '바파 : 밥파', '바짜 : 받짜', '바차 : 받차', '바싸 : 밧싸' 등에서 선행 음절 '바'의 길이, 폐쇄의 길이, 마찰과 기식의 길이, 후행 모음의 길이를 모두 구하고 그들 사이의 비율을 비교하였는데, 폐쇄음, 파찰음, 마찰음에서 모두 차이를 보이지 않았다고 하였다.

지금까지 논의한 폐쇄의 길이는 자음 앞에 다른 분절음이 있는 비어두 초성이기에 그 측정에 어려움이 없었지만, 자음이 어두에 있을 때에는 그에 앞서는 음향 에너지가 없기 때문에 폐쇄의 시작점을 음향적으로 특정할 수가 없다. 조음적으로는 앞서 다룬 전자동태구개도법에서와 같이 어두에서의 폐쇄 길이를 측정할 수 있는데, 피험자의 수가 적어 그 연구 결과에만 기대기는 어렵다.

많은 음향 실험에서는 틀문장을 이용하여 원하는 운율 단위의 첫 자리에 목표가 되는 분절음을 넣고 그것을 어두라고 여기고 있다. Silva (1992)에서는 구 초, 어두, 어중을 다음과 같은 틀문장을 이용하여 구분하였다: '그게 밥이라고 해', '그 아줌마가 사과 팔고 있어', '그 사람이 우리 아빠야'. 한정임(1996)에서는 '사과 __ 주세요'라는 틀문장 속에서 '다, 따; 아다, 아따'를 녹음하여 전자를 어두, 후자를 비어두라고 하였다. 이숙향(1998)의 틀문장은 "이것은 __이에요"였다. 이들은 해당 단어를 억양구나 강세구 첫머리에 발음하여 평음이 유성음화되지도 않으며 그때에 그 자음 본연의 폐쇄가 실현됨을 전제로 한 것인데, 그렇게 녹음한 음성이 모두 무성음으로 실현되었는지, 그리고 그에 앞서는 묵음 구간이 온전히 폐쇄음의 조음을 위한 것이었는지 확신할 수는 없어 보인다.

음향 분석을 하면서 발화 초의 폐쇄 구간 길이를 측정하는 것은 보통의 발음으로는 불가능하다. 피험자가 폐쇄에 앞서 무언가 소리를 내다가 폐쇄를 시작하여야 그것이 가능한데, 그러한 발음이 자연스러운 발음이라고 할 수는 없을 것이다. 김성수(1991)에서는 평음과 경음 앞에 'ㅅ'을 덧붙여 'ㅅ가지다, ㅅ까지다'와 같이 발음하여 어두 폐쇄 구간을 구하였다. 파형으로 폐쇄의 시작을 알아야 했기 때문에 강한 소음이 필요했고 그런 까닭에 치조 마찰음을 발음하게 한 것으로 보인다. 김현(2014)에서는 입을 조금 벌린 상태에서 약하게 호흡하여 호기가 윗니에 부딪혀 소음이 나게끔 내쉬다가 어두 폐쇄음을 발음하게 하여 〈그림 3.10〉과 같이 어두 폐쇄 구간을 측정하였는데, 어두이면서 발화 초라고 할 만하다. 맨앞의 소음이 내쉬는 숨이고 그러다가 '다다'를 발음한 것으로서 첫 번째 묵음 구간이 어두 폐쇄 구간, 두 번째 묵음 구간이 모음간 폐쇄 구간이 된다.

〈그림 3.10〉 어두와 비어두의 폐쇄 구간(김현 2014:186)

음향음성학적 연구의 측정값을 전자동태구개도를 이용한 측정값과 비교하면 〈표 3.10〉과 같다.

(ms)	음향 분석								전자동태구개도			
	①		②		③	④	⑤		⑥		⑦	
	어두	모음간	어두	모음간	어두	어두	어두	모음간	어두	모음간	어두	모음간
ㄷ	66	48	53	54	43	56	73	69	89	62	63	43
ㅌ	85	84	-	-	57	-	89	125	113	85	87	67
ㄸ	104	123	78	142	60	108	98	151	148	121	100	80
피험자	5명		2명		9명	1명	1명		1명		1명	

〈표 3.10〉 어두와 비어두의 폐쇄 길이 비교[20]

20) ① Silva(1992), ② 한정임(1996), ③ 이숙향(1998), ④ 김성수(1991), ⑤ 김현(2014), ⑥ 박희태(1987), ⑦ 백운일(1995). Silva(1992)는 구 초와 어중의 'ㅂ'이며, 이숙향(1998)에는 그래프만 제시되어 있다.

어두 평음의 폐쇄 길이가 모음 간에 비해 길다는 점은 ②를 제외하고 공통된다. ②, ③의 수치가 다른 연구들에 비해 낮은 것은 발화 초에서 발음한 것이 아니라, 발화 속 강세구 초에서 발음한 것이기 때문이라 여겨진다. 'ㅌ, ㄸ'의 경우 전자동태구개도에 의한 측정에서는 어두에 비해 모음 간에서 폐쇄 구간이 짧은 것으로 측정된 반면 ②, ⑤에서는 모음 간에서 오히려 길게 측정되었다. 긴장음인 'ㅆ'의 경우 기류 방해 구간인 마찰의 길이가 어두보다 모음 간에서 더 길다는 점(〈그림 3.12〉 참조)을 고려한다면 경음과 격음의 폐쇄 길이도 모음 간에서 더 길지 않을까 싶다.

자연스럽고 빠른 발화에서는 폐쇄 구간이 짧아질 수밖에 없을 것인데, 단어 읽기와 전화 대화에서 모음 간 폐쇄 길이를 측정하여 비교한 〈그림 3.11〉을 보면, 평음, 경음, 격음 모두 전화 대화에서 모음 간 폐쇄 길이가 통계적으로 유의미하게 짧다.

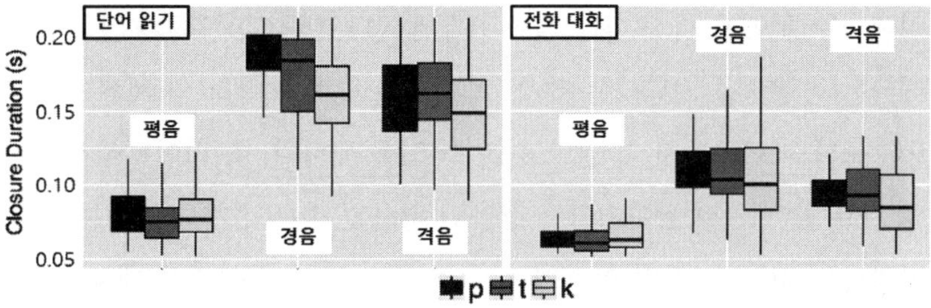

〈그림 3.11〉 발화 양식과 모음 간 폐쇄 길이(성제현·김진형 2019:657)

② 마찰음·파찰음

폐쇄음의 기류 방해 구간인 폐쇄의 길이뿐만 아니라 마찰음의 기류 방해 구간인 마찰의 길이도 여러 연구에서 측정되었다. 〈그림 3.12〉는 조태홍·전선아·Ladefoged(2002)에서 서울 화자와 제주 화자의 유의미어 속 어두와 모음 간 'ㅅ'과 'ㅆ'의 마찰 길이를 비교한 것이다.

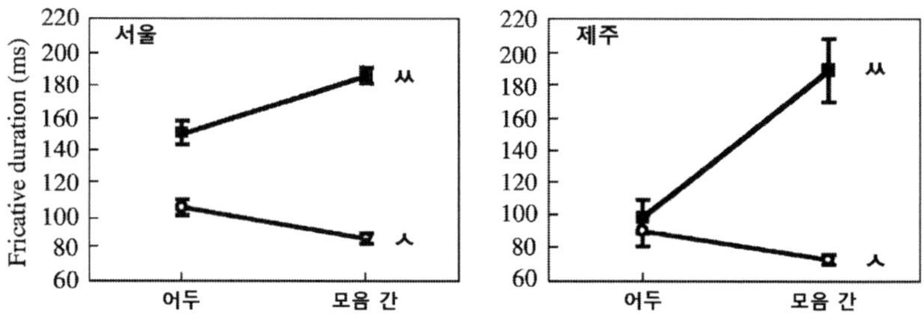

〈그림 3.12〉 어두와 모음 간 'ㅅ, ㅆ'의 마찰 길이(조태홍 외 2002:215)

'ㅆ'의 마찰 구간이 'ㅅ'에 비해 길다는 점과 함께 둘의 차이가 어두에 비해 비어두에서 더 크다는 점이 특징적이다. 마찰과 폐쇄가 기류의 방해라는 공통점을 지닌다는 점을 고려할 때 앞선 'ㅌ, ㄸ'의 폐쇄 구간도 어두보다 비어두에서 더 길다고 볼 수 있을 듯하다. 즉 비어두에서 평음의 기류 방해는 더 짧아지고 긴장음인 경음과 격음의 기류 방해는 더 길어진다는 것이다. 한편 어두에서 'ㅅ'과 'ㅆ'의 마찰 구간은 대체로 'ㅆ'이 더 길게 측정되지만 제주의 경우 둘이 엇비슷하게 측정되었다는 점이 흥미로운데, 어두에서는 마찰의 길이보다는 그에 뒤따르는 기식의 길이가 'ㅅ'과 'ㅆ'을 구별하는 주된 속성임을 시사한다고 할 수 있다.

'ㅅ, ㅆ'은 후행 모음에 따라 마찰 길이에 차이를 보이기도 한다. 〈그림 3.13〉은 이경희·이봉원(1999)에 제시된 그래프로부터 어두와 모음

간 마찰 길이만의 수치를 추정하여 다시 그래프로 나타낸 것이다.

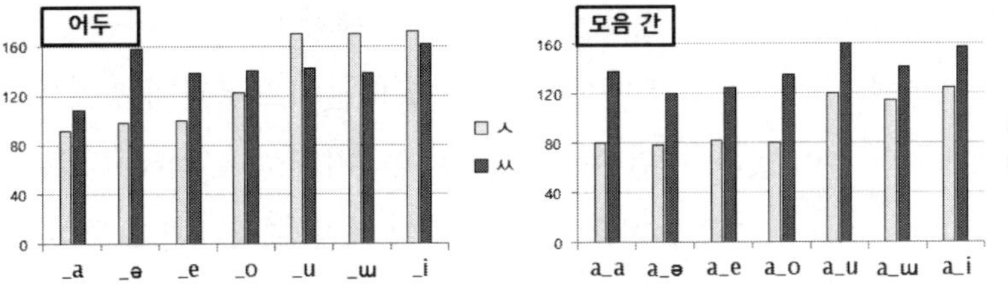

〈그림 3.13〉 어두와 모음 간 'ㅅ, ㅆ'의 마찰 길이(이경희·이봉원 1999)

'ㅅ'의 마찰은 'ㅆ'의 마찰보다 짧은 것이 일반적인데, 어두의 경우 고모음 'ㅣ, ㅡ, ㅜ' 앞에서는 'ㅅ'의 마찰 구간이 'ㅆ'보다 오히려 길게 측정되었고, 비어두에서는 다른 모음에 앞설 때에 비하여 고모음 앞에서 마찰 길이의 차이가 적음을 알 수 있다. 이경희(2002), 왕무흔(2022)의 관찰 결과도 이와 같다.[21] 김정원(1995)에서는 'ㅅ, ㅆ'의 마찰과 기식을 구분하지 않고 그 전체 길이를 측정하였는데, 고모음인 'ㅣ, ㅡ' 앞에서는 길고, 'ㅏ, ㅓ' 앞에서는 짧은 것이 모음 고유의 지속 시간과 반비례 관계에 있다고 하였다.

파찰음의 폐쇄 길이와 마찰 길이가 측정된 연구들(김현기 1989, 신지영 1998, 박한상 2002ㄱ, 2005, 2007ㄴ, 이고운 2017ㄱ, 한경임 2021ㄱ)에 따르면 마찰음에 비해 파찰음의 마찰 길이가 짧고, 발성 유형에 따른 경향은 폐쇄 길이가 'ㅉ 〉 ㅊ 〉 ㅈ'의 순서이고 마찰 길이가 'ㅊ = ㅈ 〉 ㅉ'의 순서라 할 수 있다.

---

21) 왕무흔(2022)에서는 마찰 구간의 상대적인 길이 두 가지를 구하기도 하였는데, 하나는 어두와 비어두 마찰음에 모두 해당되는 것으로 마찰과 기식의 합에 대한 마찰 길이의 비율이고, 다른 하나는 비어두 마찰음에만 해당되는 것으로 선행 음절과 마찰, 기식의 합에 대한 마찰 길이의 비율이다.

3 공명 자음

공명 자음에는 기식이 뒤따르지 않으므로 기류 방해의 길이가 곧 자음의 길이라 할 수 있다. 비음은 구강으로 기류가 빠져 나오지 못하는 탓에 모음에 비해 에너지가 매우 약한데, 그 덕분에 모음과의 경계를 찾는 데에 어려움이 없다. 다만 어두 비음은 에너지가 더욱 약해서 발화에 따라서는 스펙트로그램에 겨우 F1 정도만이 짧게 드러나기도 한다. 유음 중 설측음은 열려 있는 혀의 옆부분을 통하여 기류가 빠져 나온다는 점에서 모음과 매우 흡사한 포먼트 구조를 지니고, 모음으로의 포먼트 전이가 존재하여 그 경계를 찾기가 어려운 경우가 많다. 탄설음은 모음 사이에서 매우 짧은 폐쇄로 실현되는데, 많은 경우 폐쇄가 온전하게 이루어지지 않지만 선후행 모음과의 경계가 비교적 분명하게 드러난다.

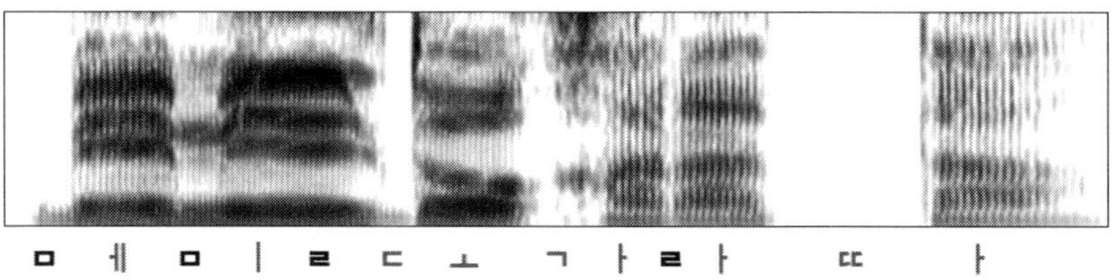

〈그림 3.14〉 '메밀도 갈았다'의 스펙트로그램

〈그림 3.14〉에는 두 'ㅁ'이 있는데 첫 'ㅁ'은 어두의 것으로서 음향 에너지가 매우 약한 반면 모음 간 'ㅁ'은 음향 에너지도 강하고 길이도 약간 길다(위의 경우는 43㎳와 50㎳). 어두, 모음 간, 어말에서의 비음 길이를 측정한 연구들에 따르면 어말은 다른 두 위치에 비해 길지만, 어두와 모음 간의 경우는 같거나 후자에서 더 길게 측정되기도 하였다(〈표 3.11〉 참조).

〈그림 3.14〉의 두 번째 'ㄹ'인 탄설음은 짧은 폐쇄에 이은 약한 파열

(ms)	어두	모음간	어말
김수정·김희섭(2008)	52	74	89
안미진(2013)	54	55	96~121

〈표 3.11〉 비음의 길이

로 이루어진다. 성은경(2003, 2007)에서는 유의미어를 녹음하였는데 폐쇄의 길이는 평균 20ms이며, 95%는 유성음으로 실현되고, 42%에서 파열 소음이 실현되었다고 한다.

어말 설측음의 길이는 안미연(2017)에서 측정되었는데, 평균 94~104ms로서 선행 모음이나 유의미어·무의미어에 따른 차이는 없었다고 한다. 강현숙·김태경(2020)에서는 'ㄷ, ㄸ' 앞 설측음의 길이를 간접적으로 알 수 있는데, 'ㄷ' 앞에서는 104.14ms, 'ㄸ' 앞에서는 75.73ms로 보인다. 모음 간 설측음의 경우, 김태경(2013)에서 측정한 평균은 발화 초 144ms, 발화 중간 124ms였다.[22)]

모음 간 단일 비음과 중첩 비음의 길이를 측정한 연구는 꽤 많다.[23)] 대체로 중첩 비음의 길이는 단일 비음의 두 배를 넘는 것으로 측정되었으며, 그에 선행하는 모음은 모음 간 평음과 경음 및 격음의 경우에서와 마찬가지로 단일 비음의 선행 모음이 더 길게 측정되었다. 김현·배윤정(2017)에서는 선행하는 개음절 길이와 비음 길이의 합에서 차지하는 비음의 비율을 비교하였다.

녹음 단어는 문장에 포함된 '다나, 탔나' 등의 유의미어로 선행하는 음절의 초성은 'ㄷ, ㄸ, ㅌ, ㄴ'이고 음절 구조는 CV_1NV_2였는데, V_1의

22) 지각 실험에서는 모음 간 설측음의 길이가 79ms일 때에는 100% 'ㄹㄹ'로 지각하였으며, 40ms일 때에는 57%가 'ㄹㄹ'로 지각하였다고 한다.

23) 최성원·전종호(1998), 성철재(2000), 황연신(2002), 양순임(2011), 김태경(2013), 김현·배윤정(2017), 오은해(2017) 등이 그러하다.

길이보다 CV_1의 길이가 상대 표준 편차(=표준 편차÷평균)가 더 작다는 점에서 V_1N보다는 CV_1N의 길이를 비율의 분모로 삼고 N을 분자로 하여 상대적 길이를 산출하였다. 그 평균은 'ㄴ' 31.7%, 'ㄴㄴ' 58.9%였으며 도수 분포는 〈그림 3.15〉와 같았다.[24)]

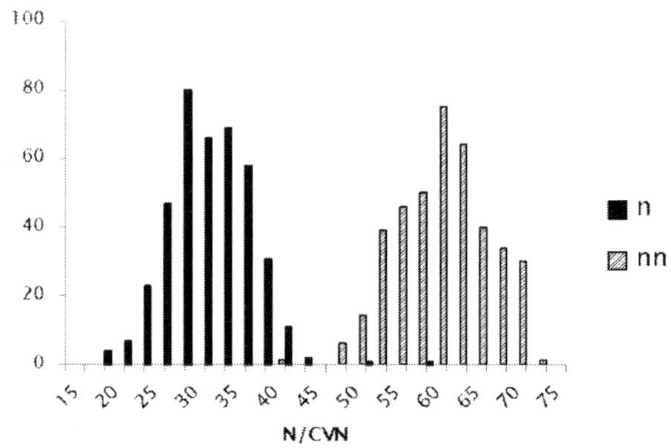

〈그림 3.15〉 모음 간 단일비음과 중첩비음(김현·배윤정 2017:10)

3.1.2 모음의 길이

3.1.2.1 단모음

1 내재적 길이

모음의 길이는 발화 속도를 비롯하여 여러 조건에 따라 차이를 보인다. 모든 조건을 동일하게 하였을 때, 모음들 각각이 지니는 내재적인 길이를 연구한 여러 논문에 따르면, 고모음이 중모음이나 저모음보다

24) 이 비율은 지각 실험에서도 확인되는데, 비음의 절대적인 길이(60~140ms 범위에서)와 상관 없이 그 비율이 40~43%인 곳에서 'ㄴ'과 'ㄴㄴ'의 판단이 갈린다.

대체로 짧다는 결론에 이르렀다(양동휘 1978, 지민제 1993, 구희산 1998, 김무식 1998, 오재혁 2021 등). 모음의 내재적 길이는 목표 단어를 선정할 때에 참고 사항 중의 하나가 될 수 있다. 예를 들어 모음 간 폐쇄 구간과 선행 모음의 길이를 측정할 때, 어떤 단어는 선행 모음이 고모음이고 어떤 단어는 저모음이라면 그로 인한 차이가 측정 결과를 오염시킬 수 있으므로 주의가 필요하다.

모음의 길이는 운율 단위의 영향을 받을 수 있다. 발화나 억양구처럼 큰 운율 단위의 마지막 음절 모음이 길다는 점은 많은 연구에서 밝혀졌다. 〈그림 3.16〉은 '그 광주댁 마음씨가 너무 좋아'라는 문장의 스펙트로그램 일부를 나타낸 것이다.

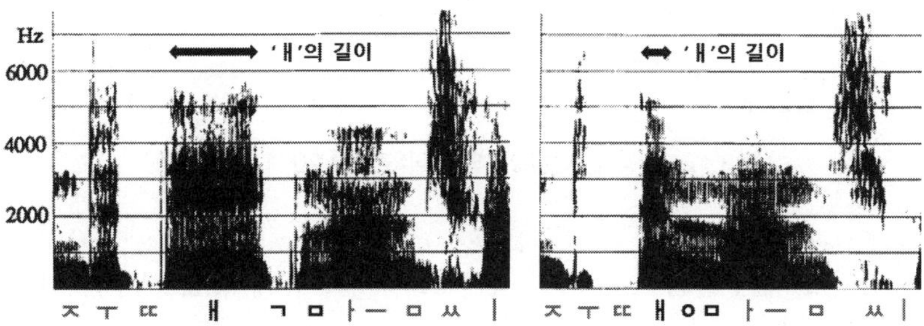

〈그림 3.16〉 운율 단위와 모음의 길이(전선아 1993:147)

왼쪽은 '그 광주댁'과 '마음씨가 너무 좋아'가 각각 억양구를 이루고 있어서 앞선 억양구 마지막 음절 모음인 '댁'의 'ㅐ'가 길게 실현된 것이고, 오른쪽은 전체가 하나의 억양구를 이루고 있어서 그러한 장음이 실현되지 않은 것이다. 또한 왼쪽에서는 '댁'의 'ㄱ'이 비음화를 겪지 않았고 오른쪽은 비음화를 겪어 '댕'으로 실현되었다. '댁'의 'ㄱ'에서부터 다음 'ㅁ'까지의 길이나 '댕'의 'ㅇ'에서부터 다음 'ㅁ'까지의 길이는 엇

비슷해 보이는 반면, 그에 선행하는 모음 'ㅐ'의 길이에는 큰 차이가 있음을 알 수 있다.[25]

음절 구조도 모음의 길이에 영향을 준다. 초성과 종성이 모두 없을 때 모음은 가장 길고, 둘 모두 있을 때 가장 짧으며, CV와 VC가 그 중간 정도이다. 오재혁(2016, 2017, 2021)에서는 서울 코퍼스를 대상으로 하여 발화의 속도, 운율 위치, 음절 구조, 선후행 자음의 조음 위치와 조음 방법에 따른 모음의 길이를 측정하였다.[26] 그중 운율 위치와 음절 구조에 따른 모음 길이의 평균은 〈표 3.12〉와 같다.

(ms)	초		중		말
발화	66.3	=	65.8	〈	86.0
어절	62.0	〈	65.6	〈	80.7

(ms)	V		CV		VC		CVC
음절 구조	82.6	〉	64.6	=	68.5	〉	54.0

〈표 3.12〉 환경에 따른 모음의 길이(오재혁 2021:323~325)

위의 표에서 발화 초와 발화 중은 그 차이가 통계적으로 무의미하며, 나머지의 차이는 표에서 보이는 대로 유의미하여 단위의 뒤쪽일수록 모음이 길다. 아래의 표는 음절 구조에 따른 모음의 길이를 측정한 것으로, 음절 구조가 복잡할수록 모음이 짧음을 보여 준다. 선후행 자음도 고려한 끝에 결국 발화 중, 어절 중이면서 초성이 평폐쇄음인 CV, 그리고 종성이 무엇이든 상관 없는 VC가 다른 조건들로부터 영향을 가장 덜

---

25) 억양구의 마지막 분절음이 길게 실현되는 것이 아니라 마지막 음절의 모음이 길게 실현되는 점을 확인시켜 준다.

26) 오은진(2002)에서는 CVC에서 후행 자음의 조음 위치에 따른 모음의 길이를 비교하였는데, 영어 화자의 경우 치조음 앞의 모음이 다른 자음 앞의 모음보다 길지만, 한국어 화자의 경우는 뚜렷한 경향을 보이지 않는다고 하였다.

받는다고 판단하여 그때의 모음의 길이를 평균 내어 〈그림 3.17〉을 제시하였다.

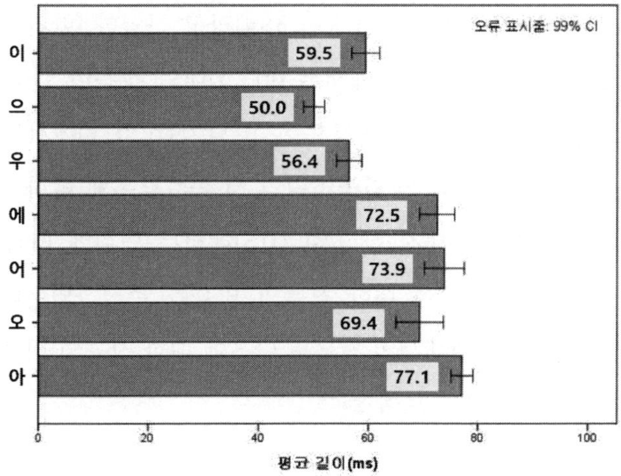

〈그림 3.17〉 모음의 내재적 길이(오재혁 2021:333)

통계 검정 결과 고모음과 중·저모음은 길이에 차이가 있으며, 고모음 중에서는 'ㅡ'만이 유의미하게 짧고 중·저모음 중에서는 'ㅗ'와 'ㅏ'의 차이만 통계적으로 유의미하다고 하였다. 같은 자료를 분석한 이유리·윤규철(2016)에서도 비슷한 결론을 얻었는데, 이 밖에 발화 속도나 음절수 등에 따른 차이도 살폈다.

2 음장 대립

모음의 길이가 큰 관심을 받는 것은 단어의 의미를 변별하는 음장 대립인바 이를 실험적으로 확인하고자 하는 많은 연구들이 있었다.[27] 장

27) 이현복·지민제(1983), 박주경(1985), 유만근(1986), 고도흥(1988ㄴ), 지민제·이정철·김응배·이용주(1990), 지민제(1993), Magen and Blumstein(1993), 강순경(1995,

음은 단음의 1.5~2.5배 정도 길다고 하는데, 그보다 적게 차이 난다는 연구들도 있다. 장승익(2010)에서는 60대의 장음이 단음의 1.1~1.69배, 한준일(2014)에서는 50대의 장음이 단음의 1.14배, 하영우(2020)에서는 60대의 장음이 단음의 1.3~1.48배라고 하였다. 한자어를 대상으로 한 정명숙·황국정(2000)에서는 60~70대의 장음이 단음의 1.14배, 라디오 뉴스의 한자어를 대상으로 한 남기탁(2012)에서는 장음이 단음의 1.4배라고 하였다. 국립국어원의 서울말 낭독체 발화 말뭉치를 대상으로 한 강윤정·윤태진·한성우(2015)에서는 연령에 따라 장음과 단음의 평균 길이, 단음에 대한 장음의 비율을 측정하였는데, 〈그림 3.18〉에서 보듯 1930년대생의 경우도 단음에 대한 장음의 비율이 1.25에 미치지 못하고 있음을 보여 준다.

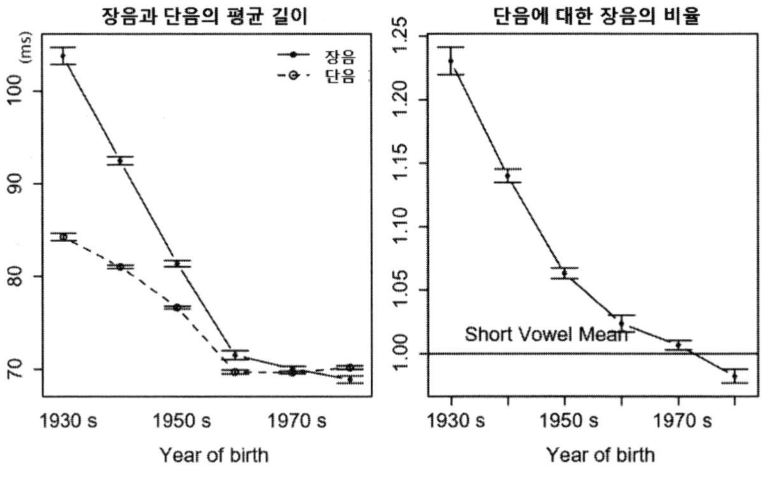

〈그림 3.18〉 장음과 단음의 길이(강윤정 외 2015:485)

1999ㄱ), 황영순(1998), 정명숙·황국정(2000), 공수진(2002), 공수진·문승재(2002), 장승익(2010), 남기탁(2012), 한준일(2014), 강윤정·윤태진·한성우(2015), 양병곤(2015), 이고운·신동진(2016), 김혜림·박민희(2019), 하영우(2020) 등이 그러하다.

음장을 측정할 때에는 몇 가지 고려해야 할 점이 있다. 첫째, 대상 단어이다. '눈'과 '눈:'처럼 음장만으로 대립되는 단어의 쌍을 대상으로 삼을 수도 있지만, 그런 쌍을 지니지 않는 단어도 고려해야 한다. 단어의 음절 수나 어종, 사용 빈도 등도 고려의 대상이다. 둘째, 발화 형식이다. 단독형으로 녹음할 수도 있고, 틀 문장에 넣어서 할 수도 있으며, 일상적인 문장을 만들어 녹음할 수도 있다. 문장의 경우에는 목표 단어를 억양구의 첫 자리에 두는 것이 단모음화의 가능성을 막을 수 있을 것이다. 셋째, 측정 대상이다. 보통은 모음의 길이만 측정하지만, 초성까지 포함한 길이나 음절의 길이를 측정할 수도 있다.

측정된 결과를 비교할 때에도 고려해야 할 점이 있다. 첫째, 한 화자가 발음한 장음과 단음을 비교할 수도 있고, 화자들을 몇 개의 집단으로 묶어서 비교할 수도 있다. 둘째, 측정된 단음의 길이와 장음의 길이 전체를 비교할 수도 있지만, 음조와 마찬가지로 연속된 분절음 사이의 비교가 중요하다고 판단된다면, 남기탁(2012)에서처럼 후행 음절과 비교할 수도 있고 정명숙·황국정(2000)에서처럼 단어 전체의 길이와 비교할 수도 있다. 셋째, 음절 구조에 따라 모음의 길이가 다르고 초성에 따라서도 모음의 길이가 다르며 모음의 내재적인 길이 또한 서로 다르니 이 역시 고려하지 않을 수 없다.

보상적 장모음화(compensatory lengthening)에 의해 발음된 장음의 길이를 측정한 연구에는 청년층을 대상으로 한 전경미(1996), 박초흔(2023)이 있다.[28] 전경미(1996)에서는 '가을~갈:, 사이~새:' 등의 단어 내부와 '고아서~과:서' 등의 활용형을 대상으로 하여 모음 연쇄의 길이와 보상적 장음의 길이를 비교하였는데, 음절 수가 다름에도 그 차이

28) 이 현상의 음운론적 해석에 대해서는 김완진(1972), 김진우(1976), 이병근(1978), 한영균(1988), 고광모(1991) 등을 참고할 수 있다.

가 통계적으로 무의미하다고 하였다. 박초흔(2023)에서는 '나다, 낫다'의 활용형 '나면'과 '나으면~나:면' 등뿐만 아니라 비어두에서 보상적 장음이 나타날 수 있는 '맞다, 맞닿다'의 활용형 '마따면'과 '마따으면~마따:면' 등도 대상으로 삼았다. 그 결과 어두의 보상적 장음은 10명 중 8명이 구별하여 발음(평균: 단음 143㎳, 장음 181㎳, 모음 연쇄 278㎳)하였고, 비어두의 보상적 장음은 10명 중 4명이 구별하여 발음(평균: 단음 107㎳, 장음 135㎳, 모음 연쇄 226㎳)하였다고 한다. 어휘적인 음장 대립이 없다고 판단되는 20~30대 피험자임에도 보상적 장음은 발음하는 경향이 있음이 흥미롭다.

3.1.2.2 전이와 활음

두 분절음 사이에는 한 분절음에서 다음 분절음으로 옮아가는 과정 즉, 전이(transition)가 있기 마련이다. 인간의 발음 기관은 한 분절음의 발음 상태에서 다음 분절음의 발음 상태로 넘어갈 때 스위치를 켜고 끄듯 불연속적으로 바뀌는 것이 아니라 연속적으로 변할 수밖에 없는 것이다. 그렇다면 만일 두 분절음의 길이를 측정한다고 할 때, 둘 사이에서 실현되는 전이는 둘 중 어떤 분절음의 길이에 속한다고 할 수 있을까. 어디에도 속하지 않는 독립된 부분으로 측정되어야 할까.

자음과 모음 사이의 전이의 경우 전이는 모음의 길이에 포함시키는 것이 일반적이다. 〈그림 3.19〉는 '아비'의 스펙트로그램인데, [a]와 [i]로 표시된 부분은 포먼트들이 대체로 평행선을 이루고 있는 안정 구간(steady state)이라 할 수 있으며 중간에 음향 에너지가 거의 없는 [b]는 양순이 폐쇄된 상태이다. 그들 사이의 ①과 ②가 전이 구간으로서 ①은 F1과 F3는 내려가고 F2는 올라가는 모습을 보여 주고, ②는 F3와 F4가 올라가는 모습을 보여 준다. 두 음절의 모음 길이를 측정할 때에 [a]와

[i] 부분만을 측정하지 않고, [a]+①과 ②+[i]를 측정하는 것에 대해 문제 삼는 일은 없을 것이다. 즉 자음에서 모음으로의 전이나 모음에서 자음으로의 전이는 모두 모음으로 여겨지는 것이다.

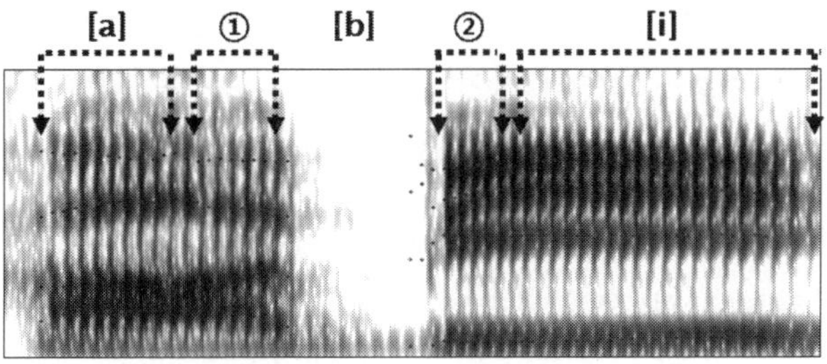

〈그림 3.19〉 자음과 모음 사이의 전이

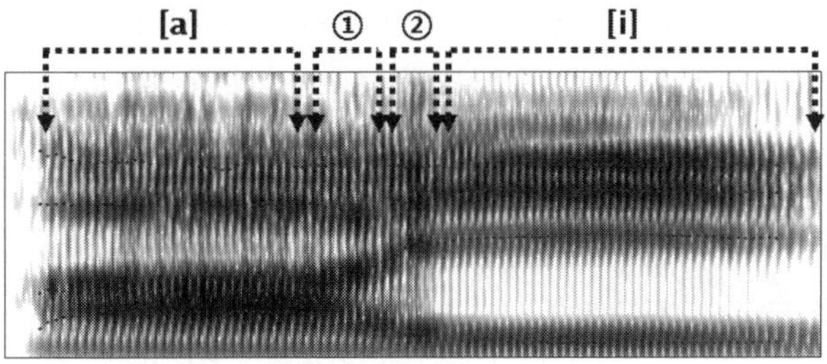

〈그림 3.20〉 모음과 모음 사이의 전이

문제는 모음과 모음의 연쇄이다. 〈그림 3.20〉은 '아이'의 스펙트로그램으로서, [a]와 [i]는 안정 구간이고, ①+②는 둘 사이의 전이 구간이다. ①과 ②는 별개의 전이가 아니라 'ㅏ'에서 'ㅣ'로의 단일한 전이이지만 앞선 〈그림 3.19〉의 ①, ②와 유사한 전이로 보여 둘로 나눈 것일 뿐이다. 이때 두 음절의 모음 길이를 측정한다고 하면 ①+②를 어느 쪽에 포함시킬 것인가가 문제이다. 혹 앞선 경우처럼 ①은 'ㅏ'에 ②는 'ㅣ'에 포함시킨다고 할지 모른다. 권영국(2006)에서는 전이 구간을 반으로 나누어 각각을 선행 모음과 후행 모음에 포함시켜 길이를 측정하였지만, 〈그림 3.20〉에서는 반으로 나눈 것도 아니다. 또한 모든 전이들이 이런 식으로 두 부분으로 나뉠 수 있는 것도 아니요, 모음 사이의 전이와 자음이 개재되어 있는 전이를 이렇게 동일한 것으로 여길 수 있는지도 확실하지 않은 일이다.

이처럼 두 분절음 사이의 전이 구간을 특정 분절음의 길이에 포함시키기 어려운 모음 연쇄에서 두 모음의 길이만 측정하는 것은 바람직하지 않다. 이러한 까닭에 모음 연쇄에서 길이를 측정한다고 하면 보통 두 모음의 안정 구간과 전이 구간의 셋으로 나누어 각각을 측정하는 것이다.

두 모음의 연쇄에서 모음과 전이는 대략 비슷한 길이로 실현되는데, 발화의 속도에 따라 세 부분의 길이가 달라진다. 빠른 발화에서 대체로 선행 모음이 짧아지고 전이 구간이 길어지는데 선행 모음이 고모음인 경우 더 줄어든다고 한다(강희조 2013). 김현(2021ㄱ)에서는 선행 모음의 F1이 후행 모음의 F1보다 작을수록, 조음적으로 보아 후행 모음에 대한 선행 모음의 상대적인 개구도가 작을수록 선행 모음이 짧아지는 정도가 두드러진다고도 한 바 있다.

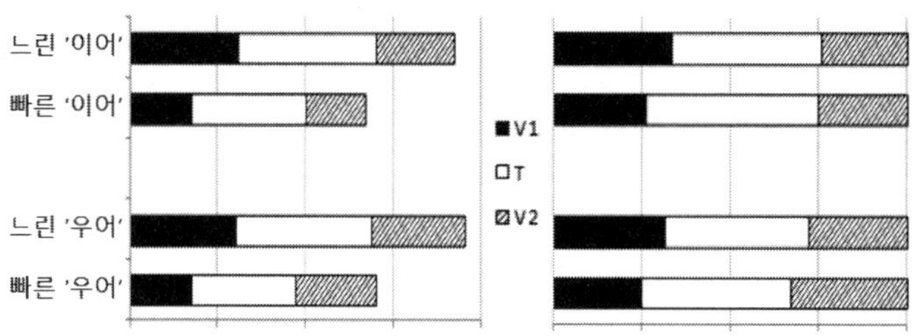

〈그림 3.21〉 발화 속도와 모음 연쇄(김현 2021ㄱ:53)

〈그림 3.21〉은 '이어'와 '우어'를 느리게 발화했을 때와 빠르게 발화

했을 때의 선행 모음, 전이, 후행 모음의 길이로서, 왼쪽은 절댓값이고 오른쪽은 모음 연쇄에서의 비율이다. 빠르게 발음한 '이어'와 '우어'는 느리게 발음할 때에 비하여 상대적 길이에 있어서 전이 구간은 길어지거나 유지되는 반면 선행 모음은 짧아짐을 알 수 있다. 선행 모음의 안정 구간이 짧아질수록 모음 연쇄는 이중 모음에 가까워질 것인데, 자연스러운 발화에서 잘 일어나는 활음화가 발화 속도에 따른 이러한 비율 변화와 무관하지는 않을 것이다.

활음은 음성적으로 전이와 다를 것이 없으나 분절 음소로 받아들여지는 소리이다. 한국어의 활음은 모음에 선행하여 실현되는데, 그 활음의 길이 역시 측정의 대상이 되어 왔다. 이숙향·고현주·한양구·김종진(2003)은 초성 자음이 없는 무의미어를 대상으로 하여 발화 속도에 따른 활음과 후행 모음의 길이 비율을 살폈는데, 발화 속도와 길이 비율은 무관하다는 결론을 얻었다. 윤은경(2011)에서도 초성 자음이 없는 유의미어들의 활음을 측정하였는데, 활음의 길이를 전이 부분의 중간 지점까지로 여겼다는 점이 특징적이다. 강상균(2012)에서는 한국어 활음과 영어 활음의 길이를 비교하였는데, 영어는 전이에 앞서는 안정 구간이 긴 반면 한국어는 그것이 매우 짧다고 하였다.

'ㅢ'는 어두이면서 초성을 앞세우지 않을 때에나 실현되는 이중 모음이다. 이에 대한 연구들에서는[29] 'ㅡ' 부분과 'ㅣ' 부분의 길이를 측정하고 길이의 측면에서나 안정 구간의 존재 여부 측면에서나 'ㅢ'를 상향 이중 모음 [ɯi]라고 해석하는 것이 일반적이다. 〈그림 3.22〉는 '의자'의 스펙트로그램인데, 큰 차이는 없지만 'ㅡ'보다는 'ㅣ'에 짧게나마 안정

29) 황희영(1970), 양병곤(1993), 신지영(1999ㄱ), 김무식(2001), 이숙향·고현주·한양구·김종진(2003), 박선우(2008ㄴ), 박선우·조성문·한혜승(2016), 박선우(2019) 등을 참고할 수 있다.

구간이 있어 보이기는 한다.

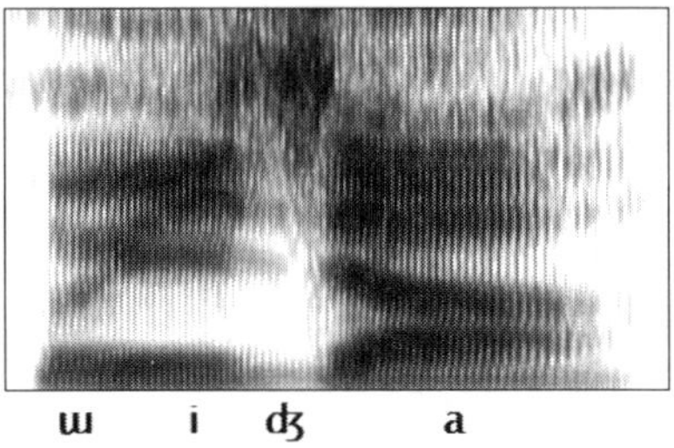

〈그림 3.22〉 '의자'의 스펙트로그램

활음과 전이는 경우에 따라 구분이 안 되기도 한다. '기억'과 '기역'을 정확하게 구별하여 발음하고 들을 수 있는지 생각해 보자. 'ㅣ'와 'ㅓ'의 연쇄에는 전이가 있기 마련인데, 'ㅣ'의 상태에서 다음 모음으로 미끄러지듯 전이되는 음소가 바로 활음이니 이 두 단어가 달리 실현되기는 쉽지 않다. '기억/기역'보다는 덜한 듯하지만 '보안/보완', '무언/무원'도 비슷한 처지이다.

흥미로운 점은 이 두 발음을 억지로라도 구별하여 발음할 경우, 활음이 개재된 연쇄에서는 선행 음절을 길게, 전이 구간을 짧게 발음한다는 점이다.

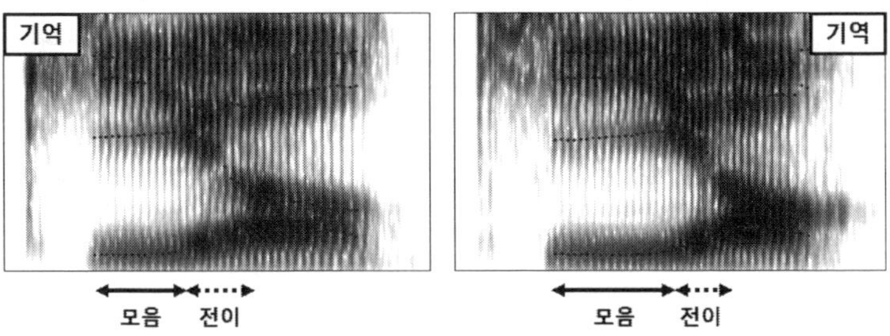

〈그림 3.23〉 '기억'과 '기역'의 스펙트로그램

'기억'을 발음할 때는 선행 모음인 'ㅣ'의 길이가 짧고 전이가 상대적으로 길지만, '기역'을 발음할 때에는 선행 모음의 길이가 길고 전이가 짧다.[30] 음소로서의 분절음의 존재 여부를 결정함에 있어서 해당 분절음의 물리적인 유무가 아니라 선행 분절음의 길이 그리고 음소적으로 지각되지도 않는 전이의 길이를 실마리로 삼는다는 점을 주목할 만하다.

3.2 스펙트럼

3.2.1 포먼트 구조

3.2.1.1 포먼트의 측정

모음은 저마다 고유의 포먼트 구조(formant pattern)를 지니고 있다. 누가 어떤 상황에서 말을 하든 화자가 의도한 모음을 청자가 대체로 알아들을 수 있는 것은 모음마다 포먼트 구조가 있고 그에 대한 지식을 언어 사용자들이 공유하고 있기 때문이다. 〈그림 3.24〉는 앞서 보았던 'ㅣ'와 'ㅏ'의 스펙트로그램을 다시 가져온 것이다. F1, F2만 보면 'ㅣ'는 250㎐ 부근에 F1이, 2000㎐ 부근에 F2가 형성된 반면, 'ㅏ'는 750㎐ 부근과 1100㎐ 부근에 F1, F2가 형성되어 있는데, 한국어의 'ㅣ'와 'ㅏ'는 바로 이러한 포먼트 구조를 지니고 있는 것이다.

---

30) 조아남(2017)에서는 '기역'을 발음할 때 후행 모음에 대한 전이의 길이가 '기억'에 비해 짧다고 한 바 있다.

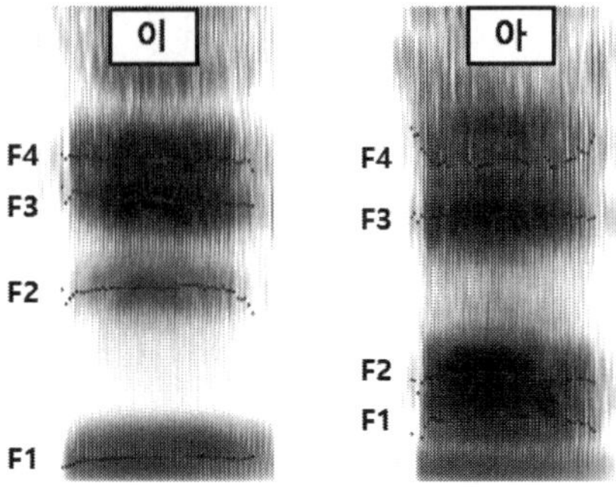

〈그림 3.24〉 'ㅣ'와 'ㅏ'의 스펙트로그램

〈그림 3.24〉와 같이 모든 포먼트들이 얼추 평행선을 그리고 있다는 것은 하나의 발음을 일정 시간 동안 지속하고 있음을 뜻하는데, 이런 상태에서의 포먼트 측정은 어려울 것이 없다. 그러나 성도는 우리가 말을 하는 동안 계속해서 움직인다. 어떤 모음이 있다고 하면 그에 앞서는 음도 있고 뒤로 이어지는 음도 있어 포먼트가 동적인 양상을 띠기 때문에 어떤 순간의 포먼트 구조가 그 모음이 지닌 고유의 속성이라고 할 수 있을지 정하기 어려울 때가 많다. 다행히 모음은 자음에 비해 비교적 길게 소리 나기 때문에 그 중간에 성도 모양이 유지되는 구간이 나타나는 일이 많다. 모음의 포먼트는 그러한 안정 구간에서 측정한다.

〈그림 3.25〉 도식화된 포먼트 구조 1

〈그림 3.25〉는 모음의 F1, F2를 임의로 그려본 것이다. 왼쪽 그림의 가운데 부분과 같이 포먼트들이 평행을 이룰 때가 바로 안정 구간이라

할 수 있다. 안정 구간 앞뒤의 전이는 다른 분절음이 있음을 보여 주는데, 이러한 전이가 없이 안정 구간만을 얻어 내기 위해 모음을 단독으로 발음하게 하기도 한다. 그러나 실제 발화에서 자연스레 발음되는 모음은 오른쪽 그림과 같이 안정 구간을 지정하기 어려운 일이 많다. 이런 경우에는 F1의 최고점 위치와 F2의 최저점 위치가 안정 구간을 대신할 수 있어 보인다.

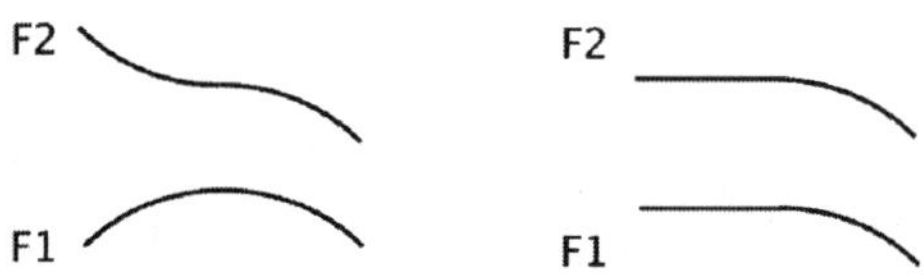

〈그림 3.25'〉 도식화된 포먼트 구조 2

〈그림 3.25'〉의 왼쪽 그림의 포먼트 구조는 모음에 후행하는 자음이 앞선 〈그림 3.25〉와 다름을 보여 준다. 이럴 때에는 F1의 최고점 위치에서 측정하는 것이 좋다. 인접한 자음의 영향으로부터 벗어나서 입을 가장 크게 벌리고 있는 시점이 바로 그때라고 여길 만하기 때문이다. 오른쪽 그림은 모음 앞에 자음이 없든가 선행 자음이 'ㅎ'일 때의 포먼트 구조라 할 수 있다. 'ㅎ'은 구강 내에서 고유의 조음 위치를 지니지 않고 후행하는 모음의 성도 상태에서 발음되는 마찰음이라는 점에서 모음의 포먼트에 영향을 주지 않는다. 이런 경우 모음의 중간 지점보다는 앞쪽의 안정 구간에서 모음 고유의 포먼트 구조를 더 잘 드러낼 수 있다.

모음의 포먼트는 스펙트로그램에서 눈으로 확인할 수 있지만 일관성 있는 측정을 위해 보통은 음성 분석 프로그램에서 제공하는 수치를 따른다. 다만 프로그램이 측정한 값이 스펙트로그램 상에서 진하게 드러난 주파수대에 제대로 놓여 있는지는 반드시 확인해야 한다. 포먼트를 추출하기 위한 설정에 따라서 프로그램은 적절한 값을 내놓기도 하지만 엉뚱한 값을 내놓기도 하기 때문이다. 포먼트를 측정할 때에는 화자의 성별과 모음의 종류가 매우 중요한데, 박지연·성철재(2019)는 프라트 프로그램에서의 최적의 설정을 〈표 3.13〉과 같이 찾고자 한 바 있다. 그러나 이러한 설정도 모든 경우에 꼭 들어맞는 것은 아니기 때문에, 여러 가능한 설정을 시도해 보고 경우에 맞는 설정을 찾아 일관성 있게 측정하고 그대로 보고하면 된다.

성별 / 모음	남성		여성	
	범위	포먼트 수	범위	포먼트 수
에, 이	4700Hz 이하	4.5개	5400Hz 이하	4.5개
아, 으, 어	4300Hz 이하	5.5개	5300Hz 이하	5개
오, 우	4200Hz 이하	5.5개	4400Hz 이하	5.5개

〈표 3.13〉 모음별·성별 포먼트 설정(박지연·성철재 2019:105)

〈표 3.13〉에는 남성과 여성을 위한 설정이 따로 마련되어 있는데 이는 성별에 따라 포먼트가 달리 나타나기 때문이다. 여성의 모음은 남성에 비해 대체로 높은 주파수대에서 포먼트가 형성되는데, 이는 성도의 길이가 다르기 때문이며 성도의 길이는 외형적으로 두개골 및 골격의 크기에 대체로 비례한다.

성도의 길이와 포먼트와의 관련성을 이해해 보자. 먼저 속도의 개념이다. 속도는 거리를 시간으로 나눈 값이다. 소리가 전달되는 속도는 파장(진동의 한 주기가 시작하여 끝날 때까지의 길이)을 주기(그동안 걸리는 시간)로 나눈 것이다. 그리고 주기는 주파수의 역수이기 때문에 속도는 파장×주파수가 되고, 양변을 파장으로 나누어 주파수는 속도÷파장이 된다. 소리의 전달 속도는 일반적으로 초당 340m이다.

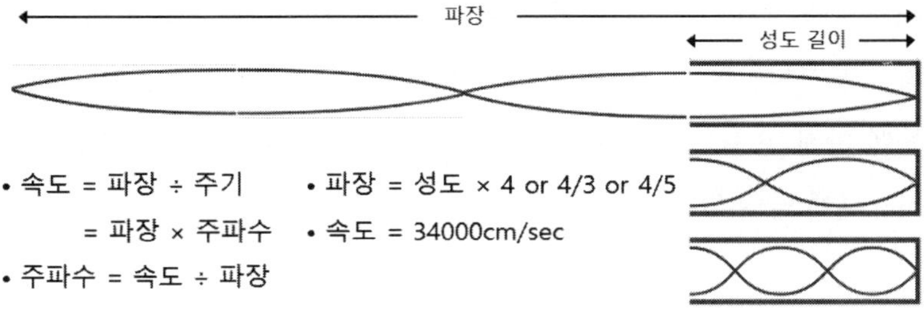

〈그림 3.26〉 성도의 길이와 포먼트

한쪽이 뚫린 원기둥을 성도라고 해 보자. 그 오른쪽 끝에 성대가 있다면 왼쪽 끝은 입술이 될 것이다. 성대에서 시작된 공기 입자의 진동 에너지는 구강을 빠져 나가는 순간 최고에 이르게 되는데, 그렇게 될 경우는 〈그림 3.26〉에서 보듯 성도의 길이가 파장의 4분의 1일 때, 4분의 3일 때, 4분의 5일 때와 같이 파장의 4분의 1의 홀수 배일 때이다. 이러한 파장의 주파수대를 지닌 음파가 강한 에너지를 지닌 채 방출된다는 것인데 그 주파수가 위로부터 F1, F2, F3가 된다.

성도의 길이는 대략 남성 17㎝, 여성 14㎝라고 하므로, 성도가 그림처럼 원통 모양이라면 '주파수=속도÷파장'의 공식에 따라 남성은 F1=500㎐, F2=1500㎐, F3=2500㎐ 정도가 되고 여성은 분모에 위치한 파장이 짧기 때문에 더 큰 값이 산출되어 F1=607㎐, F2=1821㎐, F3=3035㎐ 정도가 된다. 이런 식으로 성도가 짧은 여성의 포먼트가 높은 값을 지니게 되는 것이다.31)

이 값은 어디까지나 성도가 원통 모양인 것을 가정하였을 때의 값이

31) 구강음을 발음할 때의 성도는 크게 인두강과 구강으로 이루어진다고 할 수 있는데, 둘 사이의 길이의 비율도 포먼트에 영향을 준다. 여성은 남성보다 인두강은 2.1㎝, 구강은 1.25㎝ 짧다고 한다(양병곤 1990:28). 포먼트는 공명관이 일직선이든 어느 부분에서 휘어져 있든 일정하게 나타나지만, 성도의 경우 인두강은 구강에 비해 체적이 작기 때문에 두 부분의 길이 차이가 포먼트에 영향을 줄 수 있다.

다. 인간의 성도는 정확히 원통 모양도 아니고 모음을 발음할 때에 턱과 혀가 움직이며 이곳저곳을 좁히기 때문에, 모음의 포먼트 값은 그런 값들에 비해 더 높기도 하고 더 낮기도 한데, 이는 성도의 어느 부분을 좁히느냐에 달려 있다.

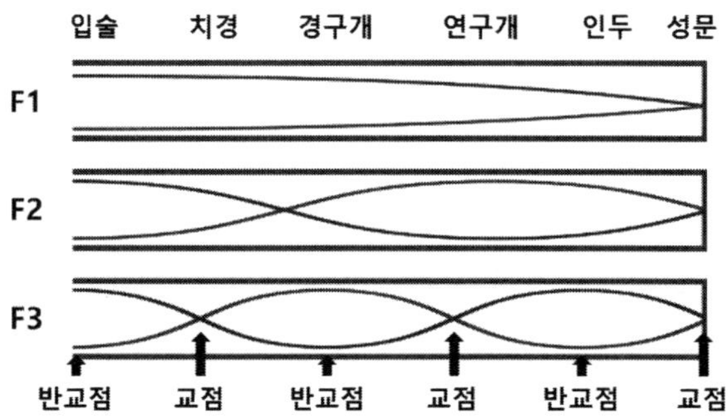

〈그림 3.27〉 정상파의 교점과 반교점

음파가 진행한다는 것은 입자의 진동이 전달된다는 것인데, 진동하는 입자들 사이의 간격이 멀어서 압력이 최저, 입자의 운동량이 최고인 지점을 파동의 반교점(분산점, 배, anti-node)이라고 하고, 입자들이 가까이 있어서 압력이 최고, 운동량이 최저인 지점을 교점(마디, node)이라고 한다. 흔들리는 시계추를 생각한다면 좌우 극단에 이르러 일시적으로 움직임이 멈춘 순간을 교점, 가장 낮은 정가운데를 지나며 속력이 최고인 순간을 반교점이라고 할 수 있을 것이다. 〈그림 3.27〉에서 F1은 진동이 시작되는 성문 쪽에 교점이 있고 입자가 밖으로 빠르게 빠져 나가는 입술 쪽에 반교점이 있다. F3의 음파에는 세 개의 교점과 세 개의 반교점이 있다.

이 교점과 반교점은 해당 주파수를 높이고 낮추는 데에 매우 중요한 역할을 한다. 섭동 이론(perturbation theory)에 따르면 반교점 부분이 좁아지면 해당 주파수가 낮아지고, 교점 부분이 좁아지면 해당 주파수가 높아지는 것이다. 예를 들어 F1은 교점이 있는 성문 가까운 부분을 좁히면 주파수가 상승하며, 반교점이 있는 입술 가까운 부분을 좁히면 주파수가 하강하는 것이다. 모음 'ㅣ'는 경구개 부근을 좁혀서 발음되는데, F1은 반교점 쪽에 가까워지기 시작하는 부분이라 조금 낮아지고, F2는 좁아진 경구개가 교점에 매우 가까운 부분이라 꽤 높아지며, F3는 반교점에 가까운 곳이라 낮아지게 된다.

모음의 연구에서 주된 관심을 받는 포먼트는 F1과 F2이다. 대부분의 모음들이 그 두 포먼트로 구별될 수 있기 때문이다. F1은 개구도와 관련이 있어서 저모음은 그 값이 크고 고모음은 값이 작다. F2는 혀의 전후 설성과 관련이 있어서 전설 모음은 그 값이 크고 후설 모음은 값이 작다. F3는 성도의 길이를 추정하는 데에 도움이 된다. 구자경(2001)에서는 성도의 길이가 다른 성인과 아동이 발음한 모음의 F1, F2가 서로 달라도 F3에 대한 상대적 비율은 둘이 크게 다르지 않다고 하였다.

앞서 언급한 바 있는 성별에 따른 모음 포먼트 구조의 차이는 많은 관심을 받아 왔다.[32] 그리고 이러한 차이 때문에 모음의 포먼트를 측정하기 위한 실험은 남성이면 남성, 여성이면 여성의 피험자만을 대상으로 이루어지고는 한다. 〈표 3.14〉는 윤태진·강윤정(2014)에서 서울 코퍼스(남녀 각각 60명)를 대상으로 하여 측정한 값이며, 〈그림 3.28〉은 이를 모음도(F2×F1)에 반영한 것이다.[33] 모음 표시는 여성의 모음에만

32) 양병곤(1990, 1996ㄱ), 이재강(1998), 성철재(2004, 2005), 문승재(2007), 오은진(2012), 김순옥·윤규철(2015) 등이 그러하다. 성별에 따른 포먼트 값의 차이는 앞서 설명한 바와 같이 성도 길이에 기인한다. 성도의 길이는 두개골의 크기에 좌우되는데, F1에 반영되는 턱의 개방 정도 역시 두개골과 무관하지 않다. 한편 여성은 남성에 비해 성대가 작아서 기본 주파수가 높고 그로 인하여 배음들 사이의 간격도 넓은데, 이는 각 포먼트의 대역폭을 키워서 포먼트의 돋들림을 약하게 한다.

해 두었다.

(Hz)	남성		여성	
	F1	F2	F1	F2
이	325	1960	360	2442
에	448	1739	500	2168
애	444	1717	480	2173
아	638	1333	825	1688
어	486	1100	595	1286
오	412	984	450	1103
우	333	1066	357	1203
으	374	1381	410	1706

〈표 3.14〉 남성과 여성의 모음 포먼트(윤태진·강윤정 2014:143)

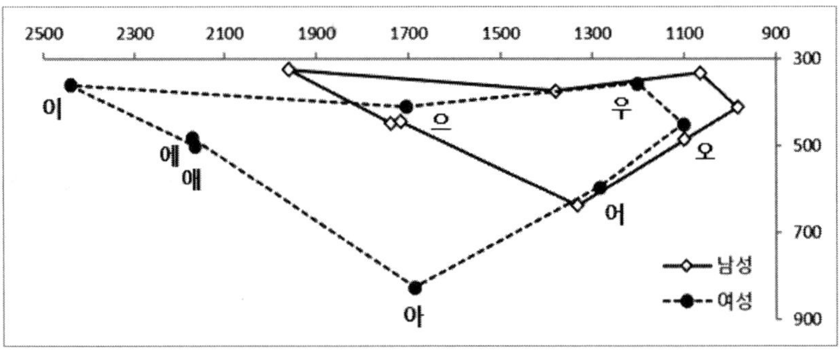

〈그림 3.28〉 남성과 여성의 모음도(헤르츠 척도)[34]

모음도에 드러나듯 F1, F2만 본다면 여성의 'ㅡ'는 남성의 'ㅔ, ㅐ'와 비슷한 포먼트 값을 지니고 여성의 'ㅗ'는 남성의 'ㅓ'와 비슷한 포먼트

33) 김영수·김근호·김종열·장순수(2013)에서는 20~70대 많은 피험자(남성 922명, 여성 1692명)의 모음 포먼트를 측정하였는데, 모음을 단독으로 발음한 'ㅏ, ㅔ, ㅣ, ㅗ, ㅜ'에 한정되어 있다.

34) 모음도가 가로로 길쭉한 것은 가로축과 세로축의 단위 간격을 맞추기 위함이다. 모음도를 제시할 때 유의해야 할 점 중 하나이다.

값을 지닌다고 할 것이며, 여성의 'ㅓ'와 남성의 'ㅏ' 또한 그리 멀지 않아 보인다. 이런 상태로는 각 모음이 지닌 고유의 포먼트 구조가 무엇인지 기술하기가 어렵기 마련이다.[35] 양병곤(1990)은 이러한 문제를 해결하기 위한 정규화(normalization)에 대한 연구이다.

모음 포먼트의 정규화는 청각 기반의 것과 조음 기반의 것으로 나눌 수 있다. 청각 기반의 정규화는 〈그림 3.28〉과 같은 성별 포먼트 값의 차이를 적극적으로 해결해 주지는 못하지만, 물리적인 음파의 속성을 그대로 기술하는 것이 아니라 사람이 주파수의 차이를 지각하는 정도를 반영하여 기술한다. 음파의 저주파수대는 고주파수대에 비해 상대적으로 에너지가 강해서 예컨대 200㎐와 300㎐의 100㎐ 차이는 2000㎐와 2100㎐의 100㎐ 차이보다 청각적으로 훨씬 크게 감지된다. 이러한 점을 고려하여 저주파수대의 차이를 크게 하고 고주파수대의 차이는 작게 만든 척도가 고안되었다. 바크(bark) 척도, 멜(mel) 척도, ERB(equivalent rectangular bandwidth) 척도 등이 그것이다. 공식에 따라 〈표 3.14〉의 포먼트 값을 세 척도로 변환하여 모음도를 그리면 〈그림 3.29, 3.30, 3.31〉과 같다.[36]

---

35) 이렇게 F1, F2가 서로 다름에도 모음을 제대로 알아듣는 것에 대해 형판 이론(template theory)에서는 다양한 사람들의 발화를 통해 모음의 형판들을 습득하게 되고, 누군가의 말을 들을 때에 그 화자에게 적합한 형판을 찾아 모음을 대응시키기 때문이라고 한다.

36) 여기에 적용한 공식은 다음과 같다.

$$bark = 13\arctan(0.00076Hz) + 3.5\arctan((Hz/7500)^2)$$

$$mel = 2595\log_{10}(1 + (Hz/700))$$

$$ERB = 21.4\log_{10}(0.00437Hz + 1)$$

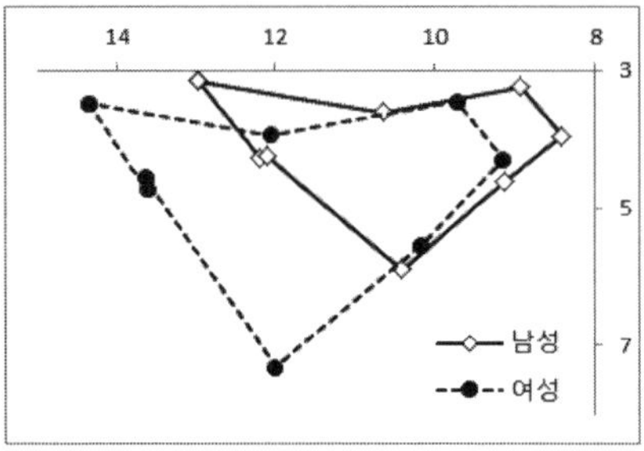

〈그림 3.29〉 모음도(바크 척도)

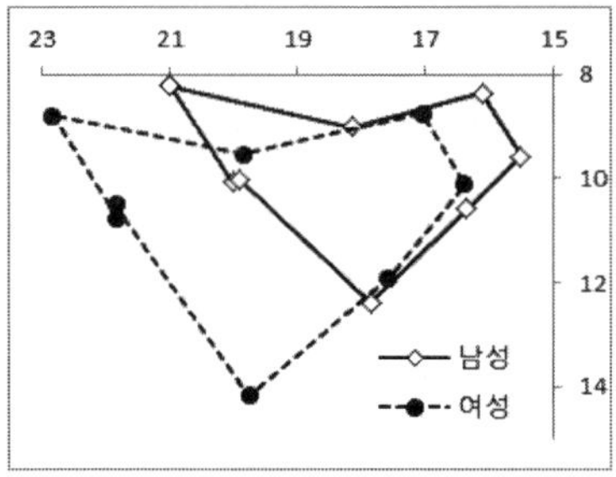

〈그림 3.30〉 모음도(ERB 척도)

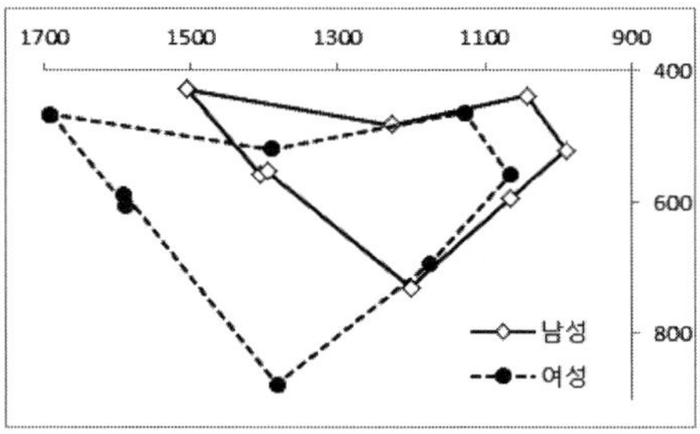

〈그림 3.31〉 모음도(멜 척도)

앞선 〈그림 3.28〉과 비교할 때 남성과 여성의 차이는 다소 줄기는 했어도 이들 척도가 성별 포먼트 차이를 해소해 준다고 보기는 어렵다. 반면 가로로 길쭉하던 그림이 정삼각형에 가까워졌음을 알 수 있는데, 이는 고주파수대에서 수치의 차이가 줄어들었기 때문이다. 어떤 두 음성의 F1 차이, F2 차이를 가감하여 함께 비교할 때에는 이들 척도를 사용하는 것이 좋다.

조음 기반의 정규화란 남성과 여성의 평균적인 성도 길이, 구강과 인두강의 비율 등을 고려하여 어느 한 편에서 다른 한 편의 값으로 변환하는 것을 말한다(양병곤 1990, 1996ㄱ, 성철재 2005, 오은진 2012 등). 흔히 어느 한 성의 포먼트 값에 일정한 수, 즉 척도 인자(scale factor, k)를 이용한 공식을 통하여 다른 성의 포먼트 값과 유사한 범위의 포먼트 값을 산출하고는 한다. 〈그림 3.32〉는 〈표 3.14〉의 포먼트 값에 대하여 안미연(2017)에서와 같이 여성의 포먼트 값에 0.83을 곱하여 남성의 모음도와 함께 나타낸 것이다.

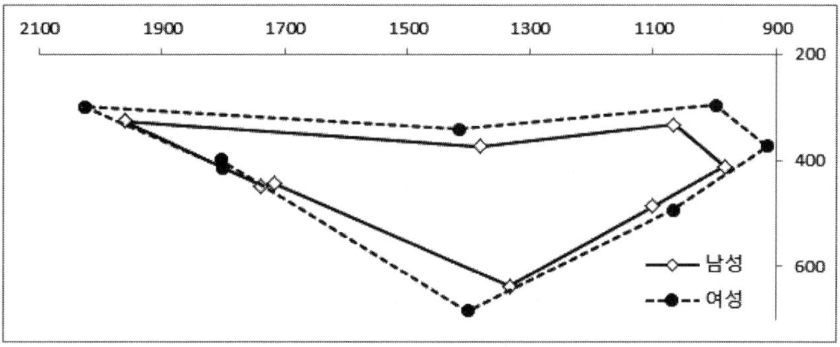

〈그림 3.32〉 모음도(조음 기반 정규화)

앞선 모음도들과 비교할 때 성별 차이가 좁혀진 것은 분명하다. 그러나 이렇게 산출된 값에 기반하여 남녀의 포먼트가 어떻게 같고 다르며 만일 다르다면 그것이 성도 길이와 무관하게 조음 상의 차이가 드러난 것인지 하는 문제를 논의해도 좋을지는 알 수 없다.37)

3.2.1.2 모음

현재 한국어 화자 특히 청년층에서 'ㅔ'와 'ㅐ'를 구별할 수 있는 사람은 매우 적을 것이다. 그러한 까닭에 비교적 젊은 피험자를 대상으로 하는 많은 음성학 연구에서는 녹음할 단어를 선정할 때 'ㅔ'와 'ㅐ'를 굳이 구별하지 않기도 한다. 높은 연령대를 대상으로 한 경우에는 'ㅔ'와 'ㅐ'

37) 포먼트 값을 드러낼 수는 없지만 표준 점수(z-score)를 이용하여 화자별로 각 모음의 포먼트가 지니는 상대적인 위치를 서로 비교할 수 있다.

가 구별되는 일이 많은데, 정일진(1997)에서는 서울의 50대 화자가, 박지윤(2011)에서는 서울의 60~70대 화자가, 장혜진·신지영·남호성(2015)에서는 서울의 60대 화자가, 신우봉·신지영(2012)에서는 제주의 70대 화자가, 송인성(2021)에서는 원주의 70대 화자가 'ㅔ'와 'ㅐ'를 구별하여 발음한다고 하였는데, 이들 화자는 대략 1930~1950년대생에 속한다.[38] 이용철(2023)에서는 같은 1930~1950년대생이라고 해도 남성은 두 모음을 구별하지만 여성은 그러지 못한다고 하였다.

'ㅗ'와 'ㅜ'는 F1과 F2가 모두 서로 엇비슷한 수치로 측정되기도 하였는데, 그 차이가 통계적으로 유의미한 경우도 있었고 무의미한 경우도 있었다. 어두보다는 비어두에서, 남성보다는 여성에서, 그리고 청년층에서 'ㅗ'와 'ㅜ'의 간격이 좁은 듯한 양상이다.[39] 이 두 모음과 더불어 'ㅡ'나 'ㅓ'도 관심을 받아 왔는데, 청년층에서 'ㅡ'의 F2가 커서 'ㅜ'보다는 'ㅣ'에 더 가깝고 'ㅓ'의 F2는 작은 값을 보여 보다 후설 쪽에서 발음되는 것으로 여겨진다.[40]

'ㅡ'와 'ㅓ'는 음운론적 변별과 관련하여 동남 방언 화자의 발음이 주된 관심을 받았는데(김무식 1986), 표준어의 확산으로 인해 두 모음은 점차 구별되어 가고 있는 것으로 보인다. 서울과 대구의 20대와 40대를 대상으로 한 장혜진(2006), 장혜진·신지영(2006ㄴ, 2007)에서는 대구의 40대는 'ㅡ'와 'ㅓ'를 구별하지 못하지만 20대, 특히 여성은 두 모음을 구별하여 발음한다고 하였다. 20대 여성 화자를 대상으로 한 손형

38) 20세기 초에 녹음된 자료를 대상으로 한 연구(차재은 2007, 한정임·김주연 2014)에서는 그 이전 출생자가 구별하는 'ㅔ'와 'ㅐ'를 확인할 수 있다.

39) 성철재(2004), 강현숙·한정임(2013), 한정임·강현숙(2013), 한정임·강현숙·김주연(2013), 강지은·공은정(2016), Igeta, Hiroya and Arai(2017), 변희경(2018) 등을 참고할 수 있다.

40) 송창헌(2005), 장혜진·신지영·남호성(2015), 강지은·공은정(2016), 이향원·신우봉·신지영(2017), 신우봉(2018) 등을 참고할 수 있다.

숙·안미애(2009), 20대~60대 여성 화자를 대상으로 한 안미애(2011, 2012)에서도 크게 다르지 않은 결과를 얻었다. 김보미(2016), 황미경(2020)에서는 부산 화자에게서 비슷한 결과를 얻었다.

제주 방언에 남아 있는 'ㆍ'의 포먼트 또한 관심의 대상이다.[41] 조태홍·전선아·정승철·Ladefoged(2000)에서는 1926~1945년생 피험자의 'ㅗ'와 'ㆍ'가 상당히 합류되었다고 하였고, 김원보(2006)에서는 1947~1956년생의 피험자가 개인별, 단어별로 합류 여부에 차이가 있다고 하였는데, 다른 연구 결과들로 보아 1940년 이전에 출생한 피험자는 대체로 'ㆍ'가 'ㅗ'나 'ㅓ'와는 달리 발음되는 것으로 여겨진다. 신우봉(2015ㄱ, 2016)에서는 남성의 경우 1960년대 생이라 할 50대 초반의 화자도 'ㆍ'와 'ㅗ'를 구별하는 반면 50대 초반의 여성은 그러지 못한다고 하였다.[42]

서로 다른 환경에서 실현되는 모음의 포먼트 구조도 관찰의 대상이 되는바, 단어 내 위치, 음장 및 성조, 선후행 분절음 등 다양한 조건들이 실현 환경으로 고려되어 왔다.[43] 어두보다는 비어두에서, 장모음보다

41) 김한곤(1980), 현우종(1985, 1992), 조태홍·전선아·정승철·Ladefoged(2000), 김원보(2005ㄱㄴㄷ, 2006), 고영림(2006), 김종훈(2006), 고동호(2008), 신우봉·신지영(2012), 신우봉(2015ㄱ, 2016) 등을 참고할 수 있다.

42) 중앙어 이외의 지역어의 모음 포먼트를 측정한 연구들도 많은바, 서승완(2018)에는 그때까지의 연구들이 잘 정리되어 있다. 한 지역이 아니라 여러 지역을 대상으로 한 연구들도 있다. 구자경(2001)은 〈한국방언자료집〉의 녹음 자료 중 경기(연천), 충남(당진), 전북(옥구), 전남(장성), 경북(봉화)의 자료를 대상으로 하였으며, 김현기·최영숙·김덕수(2006)은 강원(영동, 영서), 충남, 충북, 전남, 경남, 부산 화자들의 발화를 녹음하여 분석하였다. 〈한국인 표준 음성 데이터베이스〉를 대상으로 한 이향원·신우봉·신지영(2017)에서는 수도권, 전남, 경남, 제주의 모음을 분석하였고, 신우봉·신지영(2022)에서는 수도권, 전북, 전남, 경북, 경남, 제주의 모음을 분석한 바 있다.

43) 이현복·지민제(1983), 김무식(1986), 강순경(1989), 지민제·이정철·김응배·이용주(1990), 황영순(1998), 이재강(2000), 공수진(2002), 김현(2008, 2009, 2021ㄴ), 신우봉(2010), 김순옥·윤규철(2015), 신우봉(2018), 황미경(2020), 황미경·조남민(2020), 홍은영(2023) 등을 참고할 수 있다.

는 단모음이, 고조보다는 저조일 때에 대체로 모음도의 안쪽에 해당하는 포먼트 구조를 지니는 것으로 보인다. 〈그림 3.33〉은 홍은영(2023)의 수치(단위는 mel)를 토대로 하여, 어두 모음과 비어두 모음, 그리고 장모음과 단모음의 포먼트 값을[44] 모음도에 나타낸 것인데, 큰 차이는 아니지만 그와 같은 경향은 드러난다.

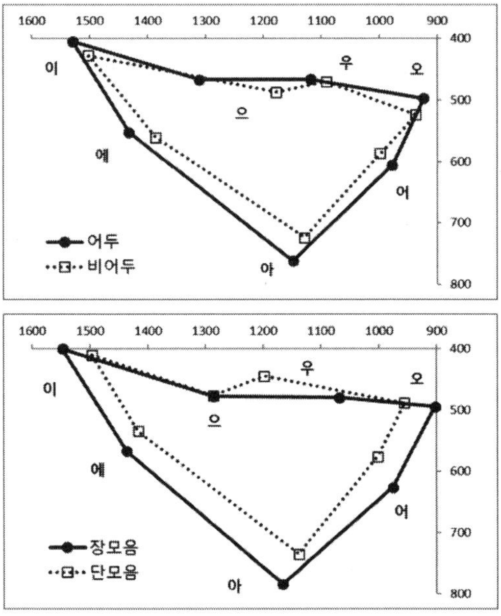

〈그림 3.33〉 어두·비어두와 장음·단음의 모음도(홍은영 2023)

발화 형식에 따라서는 보다 격식적인 발화에서의 모음 포먼트가 모음도의 바깥쪽에 자리하는 경향이 있다. 안미애(2011)에서는 대구 여성

44) 홍은영(2023)에서는 음장 대립을 고려하지 않고 문장 속에 단어들을 넣고 녹음한 후, 모든 모음 길이의 평균과 표준편차를 구하고 '평균+표준편차'보다 긴 것을 음성적 장음, '평균-표준편차'보다 짧은 것을 음성적 단음으로 분류하고 두 부류를 비교하였다.

화자를 대상으로 한 낭독 발화(단독 모음과 유의미어 읽기)와 자유 발화(20~90분의 인터뷰)로부터 모음의 포먼트를 측정하였는데, 낭독 발화의 모음도가 상대적으로 바깥쪽에 위치함을 확인할 수 있었다.

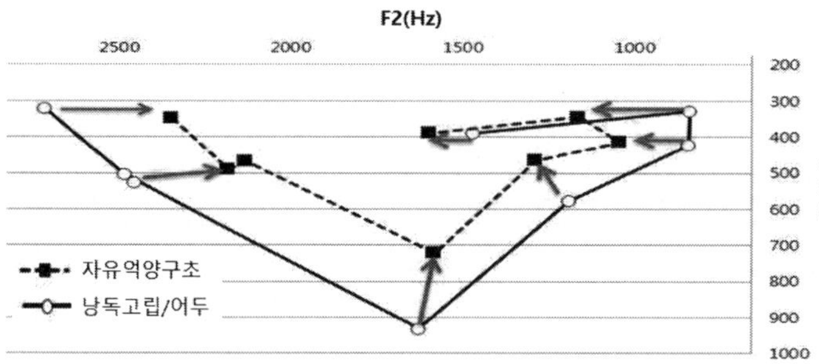

〈그림 3.34〉 발화 형식에 따른 모음도(안미애 2011:137)

이향원(2017)에서는 문단을 읽되 친한 친구에게 말하듯이 읽어 달라고 한 발화와 청각 장애가 있는 사람이나 외국인에게 말하듯이 읽어 달라고 한 발화의 모음을 비교하였는데, 'ㅡ, ㅜ, ㅗ'를 제외한 나머지 모음들은 후자의 발화에서 상대적으로 모음도의 바깥쪽에 위치함을 보였다.

여느 인접음들이 그러하듯 선후행하는 자음은 모음의 포먼트에 영향을 준다. 자음과 모음 사이에 존재하는 전이가 그러하며, 모음의 안정 구간 또한 인접 자음의 영향을 받는다. 자음과 모음 사이의 전이에 가장 큰 영향을 주는 것은 자음의 조음 위치이다. 〈그림 3.35〉는 자음의 조음 위치에 따라 후행하는 모음으로의 전이가 어떻게 다른지를 보여 준다.

〈그림 3.35〉는 자음에서 모음으로의 전이로 표현되기는 하였지만 관찰 대상은 VCV에서의 전이로서 모음에서 자음으로의 전이도 수치화하여 함께 반영된 것이다.[45] F1은 직선으로 표시되어 있는데, 이는 F1

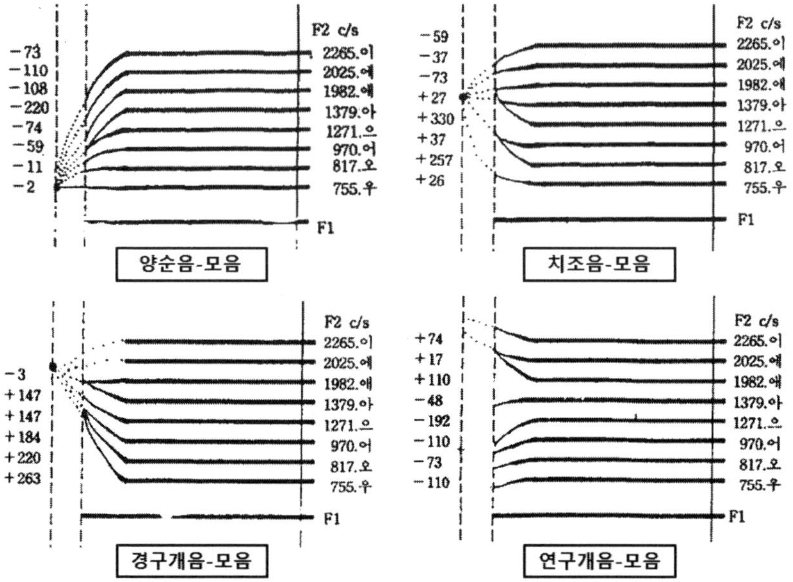

〈그림 3.35〉 자음과 모음 사이의 전이(양순임 1991:89~90)

의 전이가 없다는 것이 아니라 자음의 조음 위치에 따라 통계적으로 유의미한 차이를 보이지 않음을 뜻한다.[46] 자음에서 모음으로 진행할 때에는 닫혀 있던 성도가 열리게 되므로 어느 경우에나 F1이 상승하는 전이를 보인다.

F1 위로는 모음들의 F2가 'ㅜ'부터 'ㅣ'까지 그려져 있고 오른편에는 포먼트 값이 적혀 있다. 왼쪽에는 자음으로부터의 전이가 그려져 있는

45) 모음에서 자음으로의 전이 즉 종성으로의 전이보다는 자음에서 모음으로의 전이 즉 초성으로부터의 전이가 지각적으로 강함은 물론이다. 김성수(1993)에서는 '막다, 잡다'의 폐쇄 길이를 줄여서 지각 실험을 한 바가 있는데, 두 'ㅏ' 사이의 폐쇄 구간이 40~50㎳로 짧을 때에는 초성으로의 전이만이 들려 '맏다, 잗다'로 지각되며 80~100㎳쯤 되어야 종성으로의 전이까지 지각되어 '막다, 잡다'라는 응답이 나왔다고 한다.

46) 박한상(2002ㄴ)에서는 자음의 발성 유형에 따라 후행 모음의 F1, F2가 보이는 궤적의 차이를 관찰하였다.

데 이들은 가상의 점으로부터 점선으로 이어져 있다.[47] 이처럼 자음으로부터의 전이가 시작된다고 여겨지는 가상의 점을 로커스 주파수(locus frequency)라고 한다. 이 논문에서 추정한 로커스 주파수는 양순음이 750㎐, 치조음이 1500㎐, 경구개음이 2000㎐이다. 연구개음은 모음이 전설 모음일 때에는 로커스 주파수가 높고 후설 모음일 때에는 낮은 것으로 나타났다.[48]

〈그림 3.36〉은 연구개음에 선행하는 모음의 F2를 측정한 것인데, 전설 모음 'ㅐ'는 연구개음으로 가면서 상승하고 후설 모음 'ㅓ'는 하강하고 있음을 보여 준다.

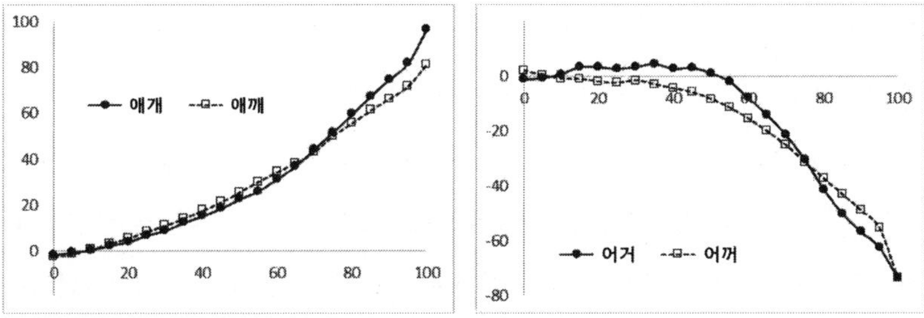

〈그림 3.36〉 'ㅐ, ㅓ'에서 연구개음으로의 전이(전진호 2021:46)

이는 양순임(1991)과 비슷한 결과라고 할 수 있는데, F2 값으로 보아 중설의 저모음이라고 할 만한 'ㅏ'는 상승과 하강 모두를 보여 준다는 점이 특이하다.

---

47) 왼편의 수치는 이 점이 아니라 실제로 측정된 전이 시작점의 포먼트 값에서 모음 안정 구간의 포먼트 값을 뺀 것이다.

48) Kent and Read(2002:182)에서는 양순음 800㎐, 치조음 1800㎐, 연구개음은 1300㎐과 3000㎐라고 하였는데, 조금씩 차이는 있지만 조음 위치들 사이의 상대적인 높낮이는 일정하다고 할 것이다.

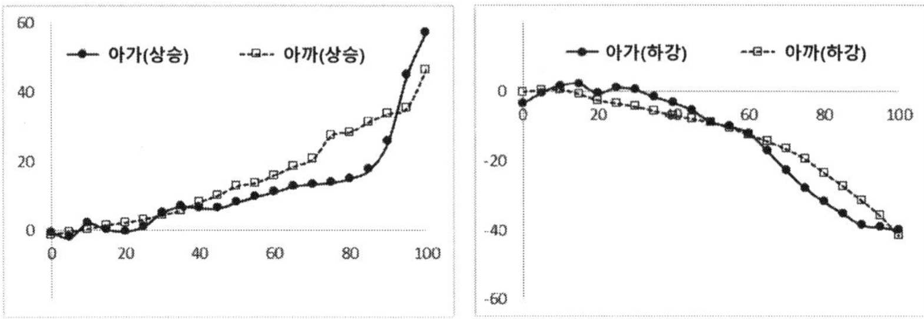

〈그림 3.37〉 'ㅏ'에서 연구개음으로의 전이(전진호 2021:42)

〈그림 3.37〉은 둘 모두 'ㅏ'와 연구개음의 연쇄이지만 왼쪽 그림에서는 상승 전이를, 오른쪽 그림에서는 하강 전이를 보이고 있다. 전진호(2021:45)에 따르면 '아까, 악, 악빠, 악따'의 제1음절 모음 'ㅏ'는 오른쪽 그림과 같은 하강 전이가 2~7배 많은 반면 '아가'의 제1음절 모음 'ㅏ'는 상승 전이가 3.5배 많다고 한다.[49]

자음과 모음 사이의 전이는 그림을 통해 대략적인 양상을 알 수는 있지만, 두 전이의 같고 다름을 판단하려면 그것을 수치화하여야 한다. 앞선 〈그림 3.35〉에도 포먼트의 차이가 수치화되어 있기는 하지만, 전이는 얼마나 많이 변하는가 하는 점과 함께 전이 곡선의 기울기 즉, 얼마나 급하게 또는 얼마나 둔하게 변하는가 하는 점도 중요하다. 예를 들어 〈그림 3.36〉과 〈그림 3.37〉의 '애개'와 '아가'(왼쪽 그림)의 전이는 모두 상승하기는 하지만 전자는 처음부터 서서히 상승하는 반면 후자는 그에 비해 평평하게 가다가 급격히 상승한다는 점에서 다르다. 전진호(2021)에서는 $y=ax^2$ 그래프를 이용하여 이러한 양상을 수치화하려고 한 바 있다.

양순임(1991)은 VCV 구조를 지닌 무의미어를 대상으로 한 것인데,

---

49) '아까' 등의 'ㅏ'는 '아가'의 'ㅏ'에 비해 짧게 실현될 만한데 그것과 전이의 관련성은 알기 어렵다. 한편 F2 값이 'ㅏ'와 가장 가깝다고 할 'ㅡ'의 경우 연구개음으로 하강하는 전이만을 보인다.

두 모음이 같은 모음인지 또는 다른 모음인 것들도 포함된 것인지에 대한 언급이 없다. 이는 중요한 문제인데, 예를 들어 VCV의 첫 모음 끝의 전이는 후행 자음만이 관여하는 것이 아니라 그 다음의 모음도 관여하기 때문이다(백운일 1995, 신지영 1997, 배재연 1998 등). 〈그림 3.38〉은 '아바'와 '아비'의 스펙트로그램인데, 같은 양순음으로의 전이이면서도 제1음절 'ㅏ'의 전이가 서로 다르다.

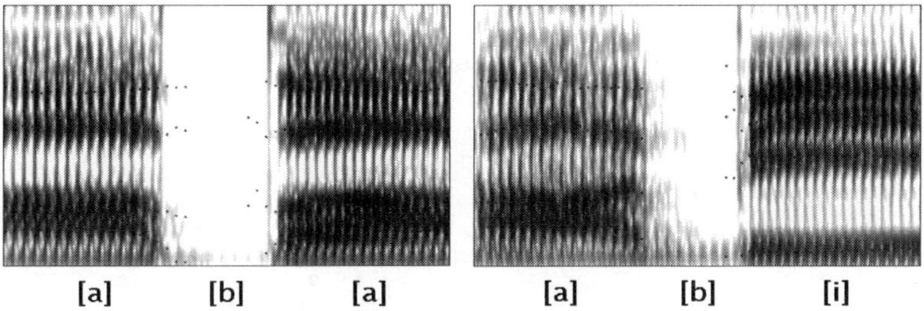

〈그림 3.38〉 '아바'와 '아비'에서의 전이

'아바'의 첫 'ㅏ'는 F2가 하강하는 전이를 보이는 반면에 '아비'의 'ㅏ'는 F2가 상승하는 전이를 보이는 것이다. '아바'는 두 모음이 모두 'ㅏ'이기 때문에 순행적으로나 역행적으로나 모음에 의한 전이 차이를 기대할 수 없는 상황이다. 따라서 제1음절 'ㅏ'에서의 하강 전이와 제2음절 'ㅏ'에서의 상승 전이는 모두 'ㅂ'의 양순 폐쇄에 따른 것이라 이해할 수 있다. 그러나 '아비'의 'ㅏ'가 보이는 전이에는 다음 모음인 'ㅣ'의 영향도 반영되어 있다. '아바'의 'ㅂ'이 [b]라면 '아비'의 'ㅂ'은 'ㅣ' 앞에서 동시조음된 [bʲ]로서 두 'ㅂ'이 서로 다른 자음이라 할 수도 있어 보인다.

인접한 분절음은 모음의 전이뿐 아니라 안정 구간에 영향을 끼치기도 한다. 특히, 선후행하는 자음의 조음 위치에 따라 F2가 차이를 보이는데 모음에 따라 다소 차이를 보이기는 하지만 대체로는 치조음이나 경구개음에 선후행할 때보다 양순음이나 연구개음에 선후행할 때에 그 값이 낮은 편이다(梅田博之 1983, 김무식 1986, 김현 2008, 2009, 신우봉 2010, 2018 등).[50] 양순음에 후행하는 'ㅡ', 경구개음에 후행하는 'ㅡ', 활음 [j]에 후행하는 'ㅓ'의 포먼트는 각각 원순모음화나 전설모음화, 'ㅕ > ㅔ' 변화와 관련을 지닐 수도 있다. 〈그림 3.39〉는 전라남도 구례 화자가 발음한 'ㅓ'의 포먼트 값을 모음도(단위는 mel)에 나타낸 것이다.

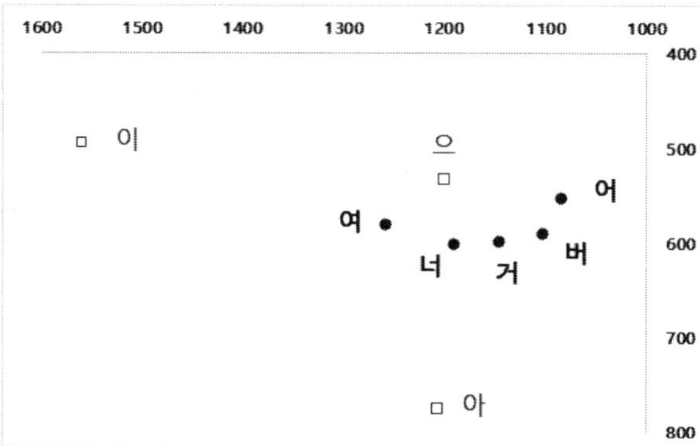

〈그림 3.39〉 선행음에 따른 'ㅓ'의 실현(김현 2009)

활음 [j]에 후행하는 'ㅓ'(그림에 '여'로 표시)의 F2가 꽤 큰 값을 보이고 있다. 전라남도 구례는 김현(2008)에서 보고된 경기도 양주에 비해서 'ㅓ'가 상대적으로 낮은 F1, 높은 F2로 실현되는데, 이것이 'ㅕ > ㅔ' 현상과 관련된 것일 수 있다고 보고 있다. 양주에 비해 구례에서 그 음운 현상이 많은 것이 [j]에 후행하는 'ㅓ'가 상대적으로 'ㅔ'에 가깝기 때문일 수 있다는 것이다.

---

50) 포먼트를 측정하지 않았지만 인접음이나 강세 등에 따라 'ㅓ'의 음가가 다르다는 것은 이숭녕(1954), 이병근(1969), 이현복(1971), 이승재(1980), 김민자(1982), 곽충구(1983), 정인호(1995, 2015) 등에서 논의된 바 있다.

3.2.1.3 활음

모음이 일정한 조음 동작을 유지하면서 발음할 수 있는 것과는 달리 활음은 조음 동작의 움직임으로 정의되는 분절음이다. 한국어의 네 활음 [j, w, ɰ, ɥ]는 모음에 선행하여서만 실현된다. 전설 평순 활음 [j]는 'ㅑ[ja], ㅕ[jə], ㅒ[jɛ], ㅖ[je]'에서, 후설 원순 활음 [w]는 'ㅘ[wa], ㅝ[wə], ㅙ[wɛ], ㅞ[we]'에서, 후설 평순 활음 [ɰ]는 'ㅢ[ɰi]'에서, 전설 원순 활음 [ɥ]는 'ㅛ[ɥo], ㅠ[ɥu], ㅟ[ɥi]'에서 실현된다. [ɥ]는 활용형 [t͈ɥəː](←뛰-어), [tɥaː](←되-아) 등에서도 실현된다.

활음의 포먼트는 그 시작점을 측정하는 것이 일반적이다(이혜숙 1966, 김무식 1990, 이갑진 2003, 윤영도 2005, 강현숙 2006, 김윤희 2016 등). 물론 이중 모음의 여러 지점에서 포먼트를 측정하기도 하지만(이혜숙 1966, 양병곤 1993) 대체로는 전이의 시작점과 끝점을 측정한다. 활음 [j], [w]가 시작되는 지점의 포먼트 구조는 그에 대응되는 고모음 [i], [u]의 포먼트 구조와 비슷하지만 약간 차이가 있다고 보고되기도 하였다(김무식 1990, 이갑진 2003).

문제는 그 시작점을 어디로 볼 것인가 하는 점이다. 윤영도(2005)에서는 '위, 웨, 휘, 훼'를 관찰하였는데, 활음의 시작점을 〈그림 3.40〉에서의 화살표(⇩⇧)와 같이 정하였다. 선행음은 틀문장 '이 글자가 __다'에서의 'ㅏ'이다.

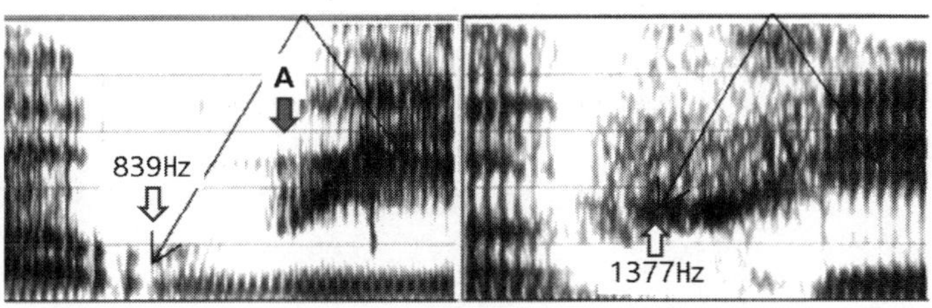

〈그림 3.40〉 '위'와 '휘'에서의 활음(윤영도 2005:411)

왼쪽은 '위'이고 오른쪽은 '휘'인데, 화살표 부분을 활음의 시작점으로 판단하여 각각의 F2가 839㎐, 1377㎐라고 하였고, 이러한 수치의 차이를 토대로 하여 전자는 [wi], 후자는 [ɰi]라고 해석하였다. 그런데 'ㅎ'은 특정한 조음 위치를 지닌 마찰음이 아니라 후행음의 조음 위치에서 일어나는 마찰음이기 때문에 'ㅎ'의 선행 여부에 따라 이러한 차이가 난다는 것은 기대하기 어렵다. 만일 F1, F2 및 상위의 포먼트들도 뚜렷이 나타나는 지점을 활음의 시작점으로 삼는다면 '위'의 경우 A라고 표시된 지점을 활음의 시작점으로 삼을 텐데 그 지점의 F2는 오른쪽의 '휘'와 별다를 것이 없다.

활음 시작점의 포먼트는 후행 모음의 영향을 받는 일이 많은데, 그 정도가 가장 심한 것은 /w/의 F2인 것으로 보인다. 김현(2017)에서는 활음의 시작점과 후행 모음의 안정 구간의 F1, F2를 측정하여 회귀 분석을 하고, 회귀식에 따라 두 활음의 전이 양상을 〈그림 3.41〉과 같이 도식화하였다.

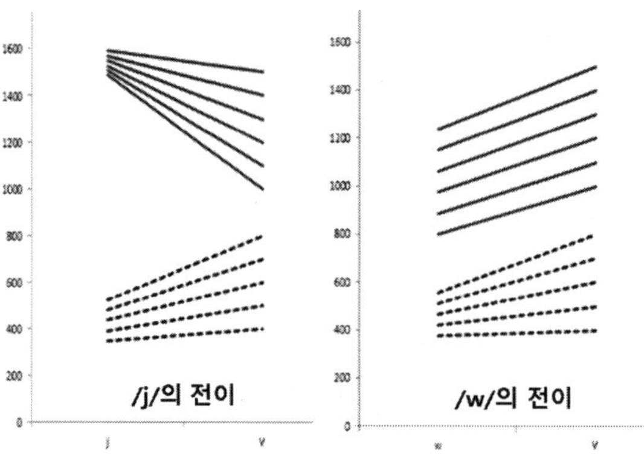

〈그림 3.41〉 활음의 전이 양상(김현 2017:138, 140)

아래의 점선은 F1, 위의 실선은 F2의 전이인데, /j/는 한 점에서 전이가 시작되는 양상이 강한 반면 /w/의 F2는 상승 전이이기는 하지만 한 점에서 전이가 시작한다고 할 수가 없다. /w/의 F2는 후행 모음의 F2에 따라 전이의 시작점이 정해지는, 다시 말해 일정한 기울기로 상승한다고 정의될 만한 전이인 것이다. 강현숙(2006)에서는 회귀식의 기울기로 보아 /w/ 앞에 자음이 있을 때에 후행 모음의 영향을 더 받는다고 하였다.

모음에 앞서는 /j/가 한 점에서 전이가 시작된다는 것은 활음이 후행 모음의 영향을 크게 받지 않음을 뜻한다. 그러나 VjV 연쇄에서와 같이 /j/가 모음에 뒤따를 때에는 선행 모음의 개구도로부터 영향을 받는다. 선후행 모음(ㅏ, ㅓ, ㅗ, ㅜ, ㅡ)과 활음의 F1, F2가 보이는 상관 계수는 〈표 3.15〉와 같다고 한다.

	선행 모음과 /j/	후행 모음과 /j/
F1의 상관 계수	0.716	0.473
F2의 상관 계수	0.288	0.288

〈표 3.15〉 /j/와 선후행 모음의 상관성(김현·이영환 2015:46~48)

상관 계수가 가장 높은 것은 선행 모음과 활음의 F1인데, 이는 모음-j 연쇄에서 선행 모음의 개구도에 따라 /j/의 개구도가 크고 작음을 뜻한다. 중세 국어나 영어와 같이 /i/ 또는 /j/를 후행 요소로 지닌 이중 모음의 발음에서 /i/ 또는 /j/가 입을 덜 다문 상태로 발음될 수 있음을 환기시키는 결론이라 할 수 있다.

3.2.1.4 공명 자음

비음과 유음도 모음이나 활음처럼 성대 진동음을 기본 음원으로 사용하는 공명음이기에 각각 고유의 포먼트 구조를 지니고 있다. 세 비음의 포먼트는 〈표 3.16〉과 같이 측정된 바 있다.

(Hz)	①			②			③		
	ㅁ	ㄴ	ㅇ	ㅁ	ㄴ	ㅇ	ㅁ	ㄴ	ㅇ
F1	216	266	282	352	396	539	239	317	439
F2	1018	1266	1220	1258	1521	1348		1319	
F3	1315	2164	2061	2505	2543	2514		2287	
F4	2659	2617	2651					2823	

〈표 3.16〉 비음의 포먼트 구조[51)]

비자음은 구강에서 폐쇄가 있기 때문에 성대에서 생성된 음향 에너지가 그 폐쇄 지점에서 막혀 되돌아와 특정 주파수대가 상쇄된다는 특징이 있다. 그 주파수대를 반공명 주파수(anti-resonance frequency, anti-formant)라고 하는데, 되돌아오는 거리가 멀수록, 즉 조음 위치가 앞쪽일수록 반공명 주파수는 낮다. 성철재(1996)에서는 'ㅁ', 'ㄴ', 'ㅇ'의 반공명 주파수가 각각 490~900㎐, 580~1050㎐, 2850㎐라고 하였고, 황연신(2002)에서는 각각 748㎐, 1826㎐, 3434㎐라고 하였다.[52)]

한국어에는 'ㄴ'의 변이음인 경구개 비음 [ɲ]이 더 있는데 그 포먼트 구조에 대한 연구는 찾기 어렵다. 경구개 비음을 음소로 지니고 있는 카탈루니아어의 경우 〈표 3.17〉과 같은 포먼트 구조가 보고된 바 있다.

(Hz)	m	n	ɲ	ŋ
F1	255	285	295	295
F2	1015	1035	1055	1060
F3	1300	1515	1760	1530
F4	1620	2130	2265	2215

〈표 3.17〉 카탈루니아어 비음의 포먼트 구조(Recasens 1983:1348)

51) ① 성철재(1996), ② 김현기·이은영·홍기환(2002), ③ 황연신(2002).

52) Kent and Read(2002:45)에서는 [m], [n], [ŋ]의 반공명 주파수가 각각 750~1250㎐, 1450~2200㎐, 3000㎐ 이상에서 형성된다고 하였다.

앞선 〈표 3.16〉과 비교해 보면, 앞서의 F3는 〈표 3.17〉의 F3와 F4 그리고 그 사이의 반공명 주파수가 어울려 만들어진 '가변적인 덩어리(variable cluster, Fujimura 1962:1871)'에 대응되는 것으로 보인다. 김현(2018)에서는 여러 환경에 놓인 모음 간 'ㄴ'을 녹음한 후 LPC 분석을 통해 〈그림 3.42〉와 같은 스펙트럼들을 제시하고 있다.

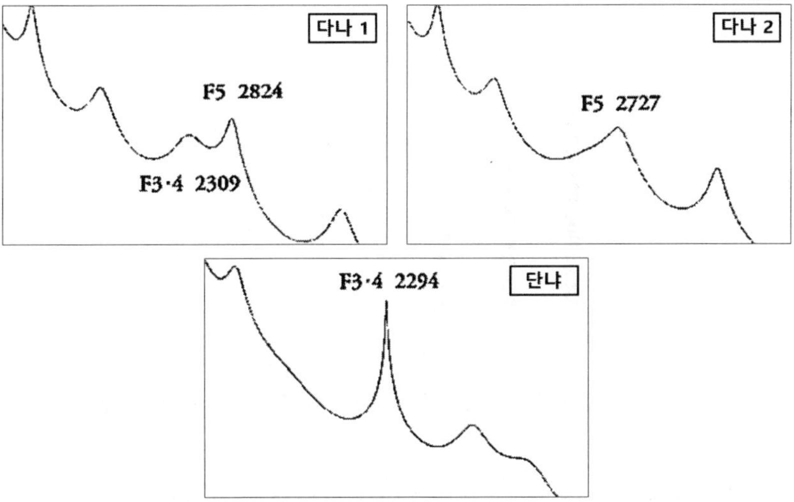

〈그림 3.42〉 모음 간 'ㄴ'의 스펙트럼(김현 2018:123)

위의 둘은 '다나'의 치조 비음 [n], 아래는 '단냐'의 경구개 비음 [ɲ]이다. '다나1'은 F3와 F4의 가변적인 덩어리가 2309㎐에서 실현되고 F5가 2824㎐에서 실현된 데에 반해 '다나2'에서는 그 가변적인 덩어리가 실현되지 않았고 '단냐'에서는 F5가 실현되지 않은 것이다. 이 논문에서 분석한 총 1200개의 'ㄴ' 중에서 '다나1'과 같이 F3·4와 F5가 모두 실현된 포먼트 구조를 지닌 것은 적고 '다나2, 단냐'와 같이 단순한 포먼트 구조를 지닌 것이 1012개(84.7%)나 된다고 하였다.

비음의 포먼트는 후행 자음의 조음 위치에 따라 달리 형성되기도 한다. 박선우(2008ㄱ)에서는 조음위치동화와 관련하여 장애음에 선행하는 비음의 F1을 측정하였는데, 비음이 동일 조음 위치의 장애음에 앞설 때와 다른 조음 위치의 장애음에 앞설 때 그 값에 차이가 있다는 결과를 얻었다. 그 두 값을 이용하여 '위치동화 정도'를 비율로 나타냈는데, 그래프로 옮기면 〈그림 3.43〉과 같다.

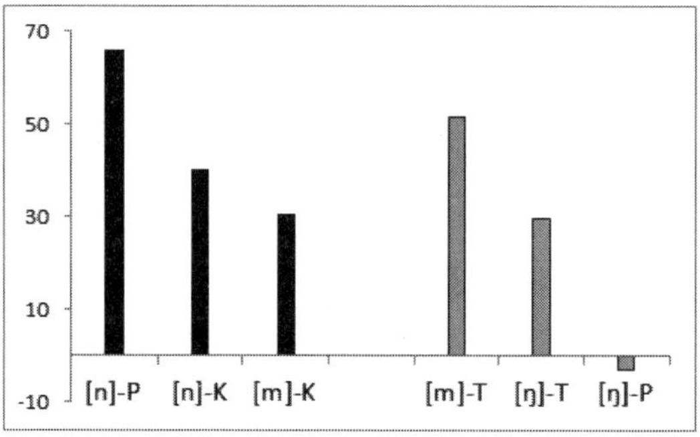

〈그림 3.43〉 비음-장애음 연쇄의 '위치동화 정도'(박선우 2008ㄱ)

왼쪽의 셋은 'ㄴㅂ, ㄴㄱ, ㅁㄱ'으로 조음위치동화가 일어나는 환경이고 오른쪽의 셋은 'ㅁㄷ, ㅇㄷ, ㅇㅂ'으로 그러지 않는 환경인데, 조음위치동화가 일어나지 않는 환경의 경우도 선행 비음의 F1이 후행 자음의 영향을 꽤 받음을 알 수 있다.

유음의 포먼트는 김무식(1991)에서 측정된 바 있는데, 탄설음은 F1이 300~700㎐, F2가 1000~1800㎐에서 나타나고, 치조 설측음은 F1이 250~600㎐, F2가 1000~1800㎐, F3가 2000~2700㎐에서 나타난다고 하였다. 설측음의 포먼트는 인접하는 모음의 영향을 받는데, [i, j]에 선후행할 때에 F2가 높게 나타난다(이상도·강순자 2003, 안미연 2021). 선후행 모음이 모두 'ㅣ'일 때 가장 높고, 그 다음은 후행 모음만 'ㅣ'일 때이며, 그 다음은 선행 모음만 'ㅣ'일 때라고 하는 것을 보아, 선행 모음의 영향을 받기도 하지만 그보다는 후행 모음의 영향을 더 받음을 알 수 있다. 〈그림 3.44〉는 어말 설측음의 F1, 2, 3가 선행 모음에 따라 어떻게 달리 나타나는지를 보여 준다.

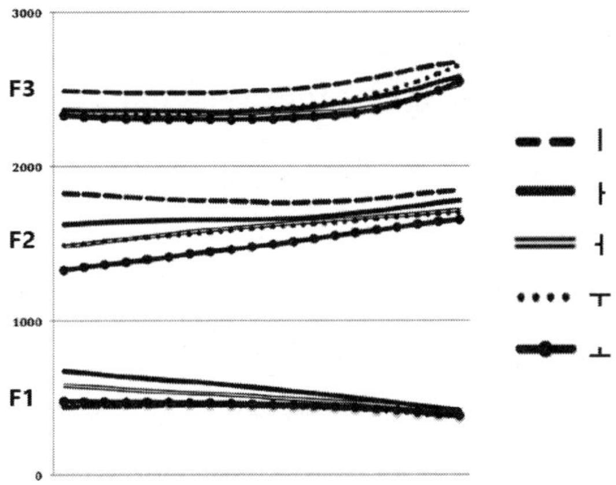

〈그림 3.44〉 선행 모음에 따른 어말 설측음의 포먼트 구조(안미연 2017:240)

시작점의 차이가 가장 두드러진 것은 F2인데 선행 모음이 'ㅣ'일 때 가장 높은 주파수대에서 시작하고, 그 아래로 'ㅏ', 'ㅜ/ㅓ', 'ㅗ'의 순서로서 선행 모음의 F2에 따르는 추세이다. 설측음의 끝으로 갈수록 선행 모음의 영향에서 벗어난다고 할 수 있을 텐데, 그 끝은 대략 F1 400㎐, F2 1700㎐, F3 2500㎐ 정도로 보인다. 서울 코퍼스를 대상으로 한 안미연(2021)에서 측정하여 평균 낸 어말과 자음 앞 설측음의 포먼트도 이와 유사하다: 어말 F1 367㎐, F2 1673㎐, F3 2705㎐, 자음 앞 F1 351㎐, F2 1724㎐, F3 2739㎐.

3.2.2 소음의 스펙트럼 적률

음성의 스펙트럼은 가로축의 주파수와 세로축의 강도로 구성되어 마치 통계학에서의 도수분포도와 닮은 양상을 띤다. 수학에서 함수의 모양을 표현하는 척도인 적률(moment)은 통계학에서도 사용되는바, 확률 분포의 특성을 나타낼 때에 1차 적률(평균, mean), 2차 적률(분산, variance), 3차 적률(왜도, skewness), 4차 적률(첨도, kurtosis)이 지표로 이용된다. 이를 스펙트럼의 분석에도 대응시켜 스펙트럼의 무게 중심(center of gravity), 분산, 왜도, 첨도를 구하여 스펙트럼의 모양을 기술하고는 한다.[53)]

소음의 스펙트럼을 분석할 때에 가장 많은 관찰의 대상이 된 것은 마찰 부분의 무게 중심과 왜도인데, 이는 음성들의 차이가 분산이나 첨도에 비해 그 둘을 통해 잘 드러나기 때문이다. 무게 중심 대신 스펙트럼 정점(spectral peak), 즉 스펙트럼에서 가장 강한 주파수대를 측정하기도 하는데, 그에 따라 스펙트럼의 중심부가 정해지기 때문에 그 역할은 무게 중심과 크게 다르지 않다.

무게 중심과 스펙트럼 정점은 조음 위치가 성도의 출구인 입술로부터 멀수록 낮은 값을 보이는데, 이는 조음점에서 발생한 난기류가 구강을 빠져나오기까지의 길이가 길면 길수록 음파의 전체적인 주파수가 낮아지기 때문이다. 무게 중심이 높은 스펙트럼은 낮은 스펙트럼에 비해

---

53) 소음의 스펙트럼을 분석할 때에는 녹음된 모든 주파수대를 대상으로 하기도 하지만 일부의 주파수대만을 대상으로 삼기도 한다. 예를 들어 조태홍·전선아·Ladefoged (2000, 2002)에서는 500~10000㎐, 공은정·강소영·서미선(2014)에서는 500~22050㎐, 공은정·강지은(2020)에서는 1000~11025㎐, 강현숙(2010ㄴ)에서는 0~5000㎐ 및 0~10000㎐를 분석하였다. 한편 스펙트럼에 다시 역방향 푸리에 변환을 가한 역스펙트럼(cepstrum)이란 것이 있는데, 이고운(2017ㄴ), 정석재·정현열·이무영(1991)에서는 이를 이용하여 마찰음과 파찰음의 마찰 소음을 분석하였고, 장지영·김사향·조태홍(2024)에서는 평음, 경음, 격음에 후행하는 모음을 분석하였다.

서 왜도가 작은 것이 일반적이다.

대표적인 소음인 'ㅅ'은 치조음 [s]로 실현되기도 하고 그보다 뒤쪽에서 후치조음 [ʃ]로 실현되기도 한다. 음향적으로는 [s]의 스펙트럼 무게 중심이 [ʃ]의 것보다 높게 나타나며(황현경 2003, 성은경·조윤정 2010 등), 스펙트럼 정점도 마찬가지로 높게 나타난다(함현종 2007, 성은경·조윤정 2010 등). 왜도는 반대로 [s]가 [ʃ]보다 낮다(황현경 2003).

'ㅈ' 또한 'ㅅ'과 마찬가지로 구강 앞부분에서 강한 난기류가 형성되고 그것이 앞니에 부딪혀 소음이 증폭된다는 점에서 함께 치찰음(sibilant)으로 분류된다. 이 두 자음의 조음 위치를 비교하기 위하여 마찰 부분의 스펙트럼을 분석한 연구들이 있다. 'ㅅ'의 마찰 부분이 'ㅈ'의 마찰 부분보다 무게 중심이 높다는 관찰(황현경 2003, 이고운 2017ㄱ, 한경임 2021ㄱ 등)이 있는가 하면, 이와는 달리 김현순(1997, 1998ㄱ, 2001)에서는 'ㄷ, ㅅ, ㅈ'의 스펙트럼 정점을 비교한 결과 모두 같은 조음 위치라는 결론에 이르기도 하였다. 후자의 연구에서는 스펙트럼 정점을 측정한 수치를 그대로 사용한 것이 아니라 그 정점의 주파수가 후행하는 모음 'ㅏ'의 F4와 같거나 그보다 높으면 치조음, 그보다 아래에 있으면 후치조음이라고 판단하였다. 이는 스펙트럼 정점이 조음점의 위치에 따라 정해지기 때문에 피험자마다 성도의 길이가 다르면 다른 수치를 낼 수밖에 없다는 점을 고려한 것이다.

발성 유형과 관련하여 'ㅆ'이 'ㅅ'보다 무게 중심이 더 높다는 연구가 많지만[54] 스펙트럼 정점은 차이를 보이지 않는다는 연구도 있다(윤규철 2002, 성은경·조윤정 2010). 발성 자체는 후두의 작용이지만, 'ㅆ'이 'ㅅ'에 비해 무게 중심이 높은 것은 'ㅆ'의 조음 위치가 다소 앞쪽이라는

54) 조태홍·전선아·Ladefoged(2000, 2002), 황현경(2003), 성은경·조윤정(2010), 한경임(2012, 2016), 안미연(2015) 등이 그러하다.

점, 그리고 협착의 틈이 더 좁아서 기류가 더 빠르다는 점을 시사한다. 한경임(2016)에서는 'ㅅ'과 'ㅆ' 스펙트럼의 분산, 왜도, 첨도도 측정하였는데, 분산과 왜도는 'ㅅ'이 높고 첨도는 'ㅆ'이 높다고 하였다. 반면 한경임(2021ㄱ)에서는 'ㅅ'과 'ㅆ'의 왜도에 차이가 없다고 하였다.

파찰음의 경우에도 긴장음인 'ㅉ, ㅊ'이 'ㅈ'보다 무게 중심이 더 높다고 한다(황현경 2003). 마찰음과 파찰음의 무게 중심을 비교하였을 때에는 'ㅆ 〉 ㅅ = ㅉ 〉 ㅈ = ㅊ'의 순서(이고운 2017ㄱ, 한경임 2021ㄱ)라고 하는데, 'ㅅ' 계열이 'ㅈ' 계열보다 무게 중심이 높은 것은 조음 위치가 상대적으로 앞쪽이기 때문이라 할 수 있다.

〈그림 3.45〉는 'ㅏ'와 'ㅣ'에 선행하는 'ㅅ, ㅆ, ㅈ, ㅉ, ㅊ'의 무게 중심과 왜도를 측정한 수치를 그림으로 옮긴 것이다.

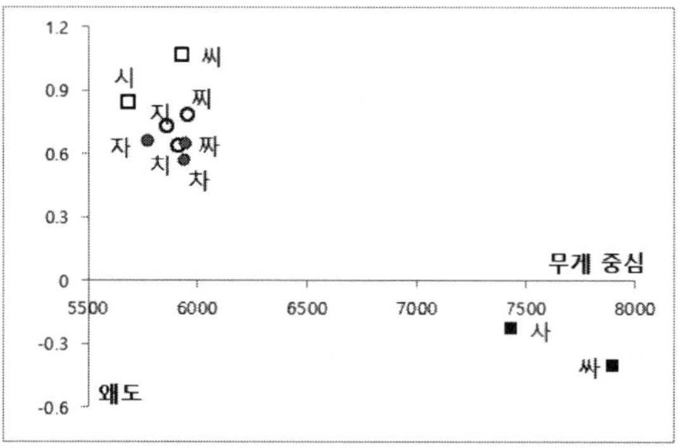

〈그림 3.45〉 마찰 소음의 무게 중심과 왜도(황현경 2003)

'ㅏ' 앞 'ㅅ, ㅆ'의 무게 중심이 다른 자음들에 비해 매우 높고 왜도는 매우 낮은 것으로 보아 그들에 비해 앞쪽에서 발음되는 치조음임을 짐작할 수 있다. 나머지 소리들은 거의 같은 정도의 무게 중심, 왜도를 보여 모두 후치조음이라고 추정할 수 있는데, 'ㅈ, ㅉ, ㅊ'은 'ㅏ' 앞에서나

'ㅣ' 앞에서나 비슷한 정도의 값을 보여 어떤 환경에서도 후치조음으로 실현된다고 여길 만하다. 발성 유형과 관련하여서는 경음과 격음이 평음보다 무게 중심이 높은데 파찰음은 마찰음만큼 둘의 차이가 두드러지지는 않는 것으로 보인다.

스펙트럼의 무게 중심을 비교할 때에는 그 수치가 그대로 조음점의 전후 위치를 뜻하는 것이 아님에 주의할 필요가 있다. 무게 중심이나 정점이 낮다는 것은 성도 자체가 길기 때문일 수도 있으며 입술을 내밀어서 조음점 앞의 길이를 길게 하였기 때문일 수도 있다. 이호영·지민제·김영송(1993)에서는 무게 중심이나 스펙트럼 정점을 구한 것이 아니라 스펙트로그램을 보고 소음의 중심을 판단하였는데, 'ㅅ'이 'ㅣ' 앞에서만큼이나 'ㅜ' 앞에서도 낮은 주파수대에 에너지가 집중되어 있다고 한 바 있다.[55] 강현숙(2010ㄱㄴ)에서는 '시, 샤, 셰'와 함께 '쇼, 슈' 등의 'ㅅ'도 비교하였는데, 전자의 'ㅅ'은 평순 경구개라 할 [ʃ]이며 후자의 'ㅅ'은 여기에 원순의 2차 조음이 보태어진 [ʃʷ]라 할 수 있다. 그들의 무게 중심(논문에 제시된 네 피험자의 평균)은 〈그림 3.46〉과 같다.

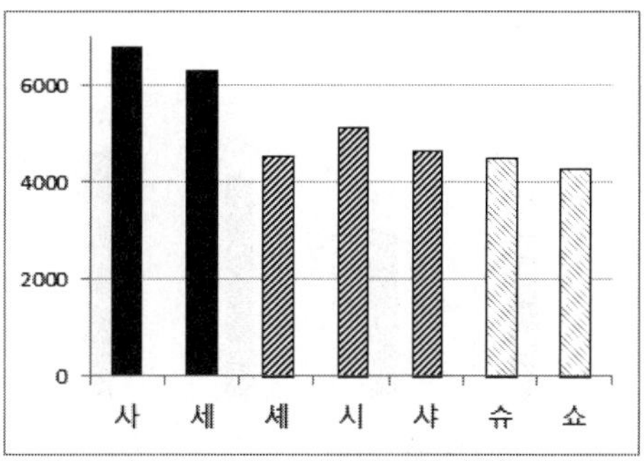

〈그림 3.46〉 'ㅅ'의 마찰 무게 중심(강현숙 2010ㄱ)

---

55) 반면 함현종(2007)에서는 'ㅗ, ㅜ' 앞에서 'ㅅ'의 스펙트럼 정점이 낮게 측정되지는 않았다.

원순성이 더해진 [ʃʷ]('쇼, 슈')의 무게 중심은 [ʃ]('시, 샤, 셰')에 비해 약간 낮다. 0~5000㎐만을 분석하였을 때에는 [ʃʷ]가 [ʃ]보다 무게 중심이 낮으며, 2차 적률인 분산과 관련하여 [ʃʷ]는 4500~5000㎐의 에너지가 약한 반면 [ʃ]는 2300~2800㎐의 에너지가 약하다는 차이를 보인다고 하였다.

화자에 따른 스펙트럼의 차이도 관심의 대상이다. 남성만을 대상으로 한 조태홍·전선아·Ladefoged(2002)에서는 서울 화자 'ㅅ, ㅆ'의 무게 중심이 제주 화자에 비해 높다고 하여 두 지역 'ㅅ, ㅆ'의 조음 위치가 서울은 치-치조, 제주는 그보다 약간 뒤쪽인 치조로 서로 다를 가능성을 제시하였다. 또한 한경임(2016, 2018, 2021ㄱ)에서는 지역별(대구, 제주), 성별, 연령별(아동, 청년층, 노년층), 발성 유형별로 마찰음과 파찰음의 스펙트럼 정점 주파수와 적률들(무게 중심, 분산, 왜도, 첨도)을 측정하여 비교하기도 하였다.

성별과 연령별로 'ㅅ, ㅆ'과 'ㅈ, ㅉ'이 모음 환경에 따라 어떠한 스펙트럼을 보이는지에 대한 연구에서는 여성, 청년층에서 마찰음과 파찰음의 차이가 적다는 결과를 얻기도 하였다.[56]

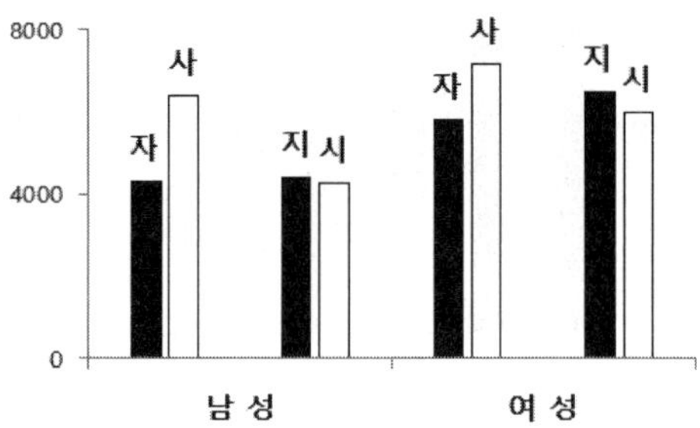

〈그림 3.47〉 'ㅅ, ㅈ'의 스펙트럼 정점(공은정·강소영·서미선 2014)

56) 국경아·강은지·김주원(2007ㄱㄴ), 공은정·강소영·서미선(2014), 장승익·장봉춘(2015), 공은정·강지은(2020, 2021) 등이 그러하다.

〈그림 3.47〉은 후행 모음에 따른 어두 'ㅈ, ㅅ'의 스펙트럼 정점을 그래프로 나타낸 것이다. 전체적으로 여성의 수치가 높지만 그것은 성도의 길이를 반영한 것일 뿐이며, 동일 환경의 '자 : 사', '지 : 시'를 비교하여야 한다. 'ㅣ' 앞에서는 남성이든 여성이든 'ㅈ'과 'ㅅ'의 차이가 별다를 것이 없지만, 'ㅏ' 앞에서는 여성이 남성에 비해 둘의 차이가 적은데, 이로 미루어 여성의 'ㅅ'과 'ㅈ'이 남성에 비해 서로 가까운 위치에서 조음되는 것이라 추정할 수 있다.

많은 연구들이 마찰음이나 파찰음의 마찰 부분을 측정 대상으로 삼았지만, 폐쇄음을 대상으로 한 연구도 있다. 윤규철(2020)에서는 소음 스펙트럼의 적률들을 개방 직후부터 몇 개의 지점에서 측정하였고, 한경임(2021ㄴ), 박선영·성철재(2022)에서는 개방 소음 부분에서만 측정하였다. 〈그림 3.48〉은 조음 위치에 따라 개방 소음의 평균(여기서는 무게 중심), 분산(여기서는 표준 편차), 왜도, 첨도를 구하여 비교한 것인데, 폐쇄음의 조음 위치를 구별하는 데에 가장 크게 기여하는 것은 왜도이며 그 다음으로 무게 중심, 첨도, 표준 편차의 순서라고 하였다.

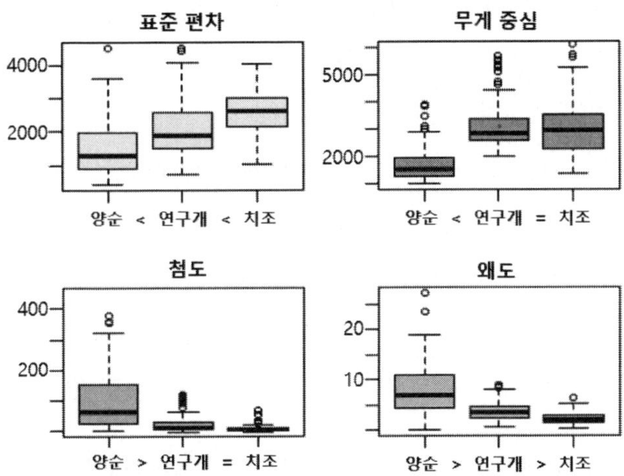

〈그림 3.48〉 폐쇄음의 스펙트럼 적률(박선영·성철재 2022:586)[57)]

이상에서 살핀 바와 같이 소음의 무게 중심은 대체로 조음 위치와 관련하여 고찰의 대상이 되었지만, 강희조·이효영(2019)에서는 공명음 뒤 'ㅎ'의 실현 양상을 기술하기 위해 무게 중심을 측정하였다. 파형과 스펙트로그램을 통해 표본들을 무성음 실현, 유성음 실현, 탈락의 셋으로 분류한 후, 무성음 'ㅎ'과 유성음 'ㅎ'의 무게 중심을 측정한 것이다. 그 결과 전자는 1272±785㎐, 후자는 366±292㎐이었는데, 이는 소음에 성대 진동이 동반될 경우 저주파수대의 에너지가 강하여 무게 중심이 낮아졌기 때문이다.

3.2.3 배음의 상대적 강도

정상적인 목소리(modal voice)는 성대 진동의 한 주기에서 성문이 개방되어 있는 구간이 반 정도이고, 성문이 많이 열려 있는 기식 섞인 목소리(breathy voice)는 개방 국면이 3분의 2 정도이며, 성문이 조금 열려 있는 짜내는 목소리(creaky voice)는 개방 국면이 3분의 1 정도라고 한다. 〈그림 3.49〉에서 보듯 성문이 오래 열려 있을수록 고주파수대 배음의 강도가 급격하게 약해지면서 스펙트럼의 기울기(spectral tilt, slope)가 가팔라진다.

세 발성의 기울기 차이는 첫 배음 몇 개의 상대적인 강도로도 드러난다. 공명음의 스펙트럼은 기본 주파수와 그것의 정수배인 배음들로 이루어져 있는데, 기본 주파수인 첫 번째 배음을 H_1이라고 하고 그 위로 H_2, H_3, …… H_n이라고 한다. 성문의 개방 정도를 나타내는 개방 지수(open quotient)로서 중요하게 다루어지는 것은 바로 첫 두 배음의 상

57) 한경임(2021ㄴ)에서는 분산이 양순음 〈 연구개음 = 치조음, 왜도가 양순음 〉 연구개음 = 치조음의 순서로 측정되어 약간의 차이를 보인다.

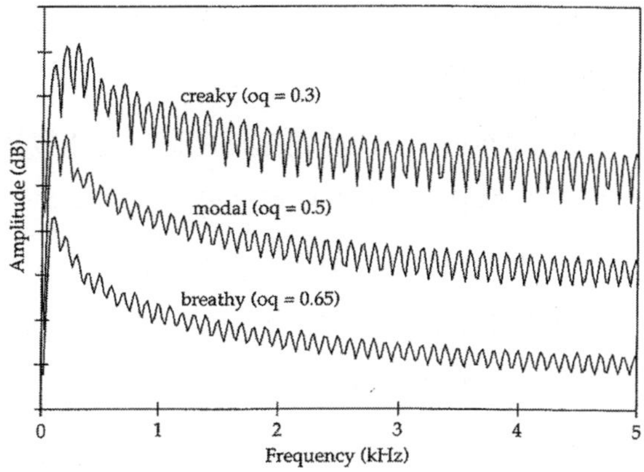

〈그림 3.49〉 성문 개방 지수와 스펙트럼(Johnson 2003:137)

대적인 강도 차이인 H_1-H_2이다. 〈그림 3.49〉에서도 볼 수 있듯이 기울기가 완만한 짜내는 목소리에서는 H_1보다 H_2가 상대적으로 강한 반면, 기울기가 가파른 기식 섞인 목소리에서는 H_1에 비해 H_2가 상대적으로 약하다. 이처럼 배음들의 상대 강도는 발성 유형과 직접 관련되어 있기 때문에 평음, 경음, 격음에 뒤따르는 모음의 시작 부분에서 이를 측정하는 연구가 많이 이루어져 왔다.[58]

H_1-H_2는 성도가 곧은 원통 모양이 아닌 이상 다른 조음적 영향을 받을 수밖에 없다. 모음의 포먼트가 낮은 주파수대에 형성되어 있으면 가장 낮은 주파수대의 배음인 H_1, H_2가 그만큼 더 영향을 받는다. 반면 저모음은 두 배음보다 높은 주파수대에 F1이 형성되므로 두 배음에 영향을 덜 끼치게 되는바, H_1-H_2를 측정하고자 한다면 후행 모음을 저모음으로 하는 것이 좋다. 스펙트럼 기울기를 구할 때에는 첫 두 배음을 비

58) 모음의 시작 부분에서부터 중간 부분에 이르는 동안의 H_1-H_2, 스펙트럼 기울기의 추이를 살핀 연구도 있다(박한상 1999, 2002ㄱ, 안현기 1999ㄱㄴ, 2009, 오미라·양휘 2013 등).

교하지 않고, 흔히 H_1에서 A1(F1의 강도) 또는 A2(F2의 강도), A3(F3의 강도)를 뺀 값을 지표로 삼는다.[59)]

자음 직후에서 측정하는 H_1-H_2가 피할 수 없는 것이 있는데, 그것은 바로 자음에 후행할 때에는 언제나 F1이 상승하는 전이에 있다는 점이다. 그 영향을 피하기 위하여 H_1^*-H_2^*와 같은 지표를 사용하기도 한다. 이는 성도의 모양에 영향을 받지 않는 H_1-H_2 예상값을 기본 주파수와 F1~4를 이용하여 추정해 내고 실제로 측정된 H_1-H_2에서 이를 뺀 수치인데, 안현기(1999ㄱㄴ, 2000, 2004, 2009), 박한상(2002ㄱ), 오미라·양휘(2013), 장지영·김사향·조태홍(2024) 등에서 이를 이용하였다. 발성 유형에 따른 차이는 H_1-H_2와 크게 다르지 않다.

H_1-H_2 또는 H_1^*-H_2^*는 어두 폐쇄음이나 파찰음의 경우 일반적으로 격음이 가장 높고, 그 다음 평음, 경음의 순서이다.[60)] 때로 격음과 평음의 차이가 통계적으로 무의미하다는 연구(김미령 2014, 한경임 2021ㄴ 등)도 있으며, 평음이 격음보다 높게 측정된 경우도 있다.[61)] 비어두에서는 평음과 경음의 H_1-H_2가 비슷한데(박한상 2007ㄱ), 이는 두 음성이 모두 성문이 좁은 무기음으로 실현된다는 점과 관련이 있을 것이다. 마찰음인 'ㅅ'과 'ㅆ'의 경우도 마찬가지로 기식이 많은 'ㅅ'의 H_1-H_2, H_1^*-H_2^*가 기식이 거의 없는 'ㅆ'보다 높게 측정되었다(안현기 1999ㄴ, 2009, 조태홍·전선아·Ladefoged 2000, 2002, 이고운 2017ㄱ 등).[62)]

---

59) 조태홍·전선아·Ladefoged(2000, 2002), 박한상(2002ㄱ, 2007ㄱ, 2010), 손형숙(2010), 엄혜영(2014) 등을 참고할 수 있다.

60) 안현기(1999ㄱㄴ), 김선회(1999), 박한상(2002ㄱ), Chang(2007), 강경호(2010ㄴ), 이현정·Jongman(2012), 오미라·양휘(2013), 이용은(2016), Ito(2017), 한경임(2020) 등을 참고할 수 있다.

61) 조태홍·전선아·Ladefoged(2000, 2002), Kenstowicz and Park(2006), Broersma(2010), 이고운(2017ㄱ), 장지영·김사향·조태홍(2024) 등을 참고할 수 있다.

62) 보통 여성은 남성에 비해 성대 진동 중 성문이 열려 있는 기간이 길기 때문에 기식 섞

H_1-H_2를 통해 어두 모음의 성문 개방 지수와 탈비음화를 관련 지은 논의도 있다. 김현(2010)에서는 어두 모음과 비어두 모음의 스펙트럼에서 H_1과 H_2가 〈그림 3.50〉과 같이 서로 다르게 나타나며, 이러한 경향이 고모음에서 두드러진다고 하였다. 〈표 3.18〉은 모음 시작부터 50㎳까지의 H_1-H_2의 평균을 보인 것인데, 'ㅣ, ㅜ'는 어두에서 높고, 'ㅓ, ㅏ'는 어두와 비어두의 차이가 없으면서 전체적으로 'ㅣ, ㅜ'에 비해 낮은 값을 보인다. 즉 고모음이 어두에서 성문의 개방 지수가 높다는 것이다.

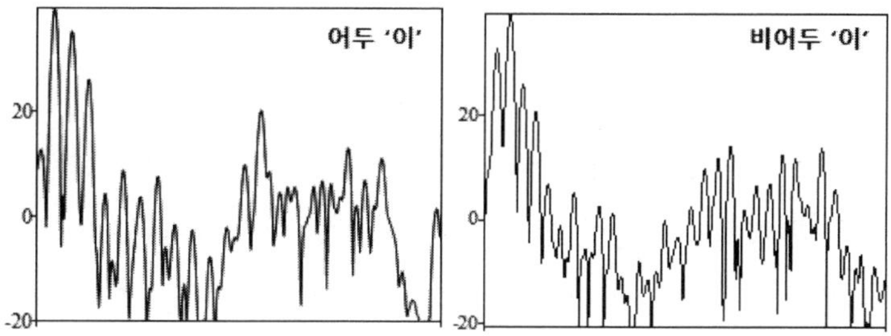

〈그림 3.50〉 어두와 비어두 '이'의 스펙트럼(김현 2010:489)

(dB)	ㅣ	ㅜ	ㅓ	ㅏ
어두	7.8	-0.2	-5.6	-3.2
	∨	∨	‖	‖
비어두	1.3	-3.7	-5.3	-5.1

〈표 3.18〉 어두와 비어두의 H_1-H_2(김현 2010:486)

어두 고모음이 지닌 이러한 속성은 비음 뒤에서도 그대로 유지된다. 〈그림 3.51〉은 어두 비음-모음 연쇄에서 비음 시작부터 모음 중간까지

인 목소리에 상대적으로 가깝고 H_1-H_2가 높은 수치를 보인다(김미령 2014, 한경임 2020). 또한 보다 큰 운율 단위의 두음일 때에 H_1-H_2가 상대적으로 높고 스펙트럼 기울기가 크게 나타나기도 한다(손형숙 2010).

의 H_1-H_2를 측정하여 그 수치가 10㏈ 이상인 부분을 보인 것이다. 탈비음화가 두드러진 고모음과의 연쇄에서 H_1-H_2가 높음을 알 수 있다.

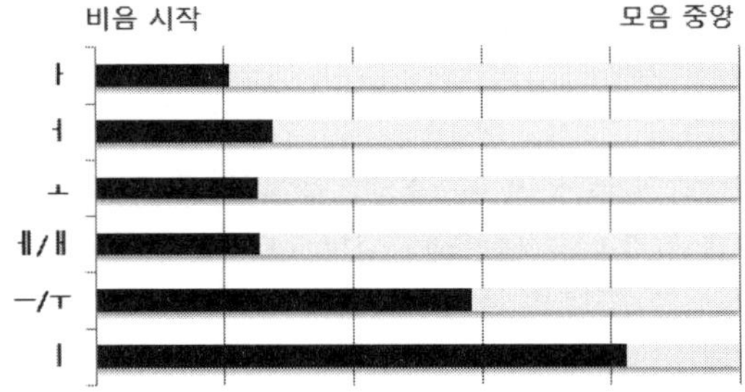

〈그림 3.51〉 H_1-H_2가 10㏈ 이상인 구간(김현 2010:483)

모음의 스펙트럼은 선행 장애음의 발성 유형에만 영향을 받는 것은 아니다. 선후행하는 비음에 의해 비음화된 모음의 스펙트럼도 배음들이 고유의 상대적 강도를 지니고 있다.[63] 비모음은 대략 450㎐ 이하에서 하나의 정점(P0), 950㎐ 부근에 또 하나의 정점(P1)이 나타나며, F1의 강도(A1)가 상대적으로 낮기 때문에 A1-P0, A1-P1 등을 측정하여 비음도를 판단할 수 있다(이동혁 2005, 이숙향·이동근·성헌모 2000, 장지영 2018). 'ㅣ'처럼 F1이 낮은 경우는 A1-P1을, 'ㅏ'처럼 F1이 높은 경우는 A1-P0를 비교한다.

공명 자음의 스펙트럼에서 비음성의 정도를 살핀 연구도 있다. 김현(2019)에서는 자음의 연쇄에서 후행 비음이 선행 자음에 영향을 줄 수 있는지를 살피기 위해 'ㄹㅁ'과 'ㄹㅂ' 연쇄에서 'ㄹ'의 A1-P0를 구하여 비교하였는데, 'ㅁ' 앞의 'ㄹ'이 상대적으로 낮은 값을 보여, 비음성이

63) 모음 포먼트의 대역폭이 커지면 모음의 구별이 어려워지는데, 비모음은 구강 모음에 비해 포먼트들의 대역폭이 크다.

있는 것으로 판단하였다. 엄혜영(2014)에서는 '감히'와 '가미'와 같은 쌍을 두고 비음의 중간 부분에서 H_1-A3를 측정하여 비교하였는데 그 차이가 없었다고 하였다.

3.3 음조

3.3.1 수치화

3.3.1.1 척도

발화에서 음의 높낮이는 표현적인 기능을 포함하여 매우 중요한 역할을 한다. 음조(pitch)는 문장 또는 발화에 얹혀 그 의미를 구별해 주며, 단어에 얹혀 의미를 구별하는 변별적 기능을 하는바, 전자를 억양(intonation), 후자를 성조(tone)라고 한다.

음조는 음파의 기본 주파수와 직접적인 관련이 있지만 그 둘이 같은 개념은 아니다. 주파수는 음향적 개념으로 객관적이고 물리적인 실체임에 반해, 음조는 청음적 개념으로서 '더 높다' 혹은 '더 낮다'와 같이 느끼는 상대적이고 주관적이며 심리적인 속성이다.[64] 따라서 음조를 다룰 때에는 주파수의 객관적인 척도인 헤르츠보다는 청음적으로 정규화된 척도를 쓰는 편이 좋다. 앞서 청각 기반의 정규화 척도로서 멜 척도, 바크 척도, ERB 척도가 있다고 하였는데, 여기에 반음(semi-tone) 척도 및 이를 더 나눈 4분음(quarter-tone) 척도가 더해질 수 있다.[65] 이

64) 양병곤(1997)에는 소리의 높이뿐 아니라 크기나 길이에 대한 지각적 구별과 척도에 대해서도 설명되어 있다.
65) 4분음 척도는 수치가 반음 척도의 두 배라는 점에서만 다를 뿐이다.

들은 모두 저주파수대의 차이를 보다 넓히고 고주파수대의 차이를 보다 좁히는 효과를 지니고 있는데, 500㎐ 이하의 저주파수대에서는 멜 척도와 바크 척도보다는 ERB 척도의 주파수 분해능이 좋지만 가장 좋은 것은 반음 척도이다. 〈그림 3.52〉는 성철재·권오욱·이지향·김차균(2008)에서 4분음 척도를 다른 척도들과 비교해 보인 것인데 네 척도의 차이를 잘 보여 준다.

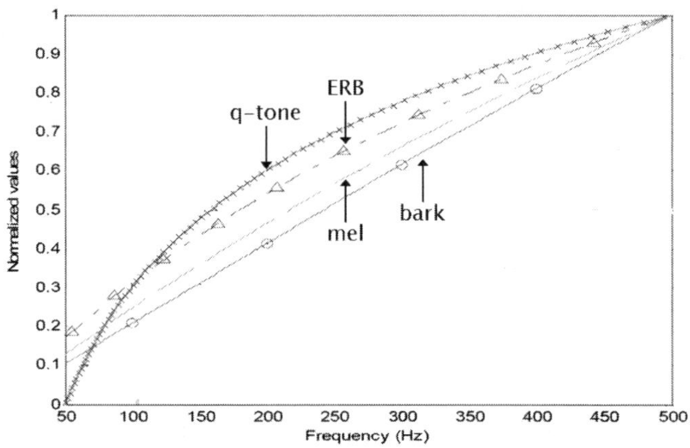

〈그림 3.52〉 청각 기반의 정규화 척도 비교(성철재 외 2008:12)

그래프가 위쪽으로 불룩하다는 것은 가로축인 헤르츠 척도의 차이를 그만큼 더 촘촘하게 반영하여 작은 차이를 크게 만듦을 뜻한다. 이러한 점에서 대략 100~300㎐ 정도인 음성의 기본 주파수 차이를 보여 주기에는 4분음 척도가 매우 효과적임을 알 수 있다. 나머지 세 척도는 거의 직선에 가까워 헤르츠 척도와 크게 다를 바가 없어 보이지만, 500㎐ 이상의 주파수에서는 위로 불룩한 곡선을 보인다.

반음 척도란 한 옥타브를 12개로 나눈 음 즉, 서양 12음계의 반음 차이를 기준으로 한 척도로서 상대적이고 비율적 차이를 보여 준다. 예컨대 100㎐와 200㎐가 한 옥타브 차이이듯이 110㎐와 220㎐, 350㎐와 700㎐도 지각적으로 똑같은 한 옥타브 차이인데 이들의 차이가 같은 수치 차이로 드러나게 해 준다. 100㎐와 200㎐는 대략 80st와 92st이며, 350㎐와 700㎐는 101st와 113st로서 헤르츠 척도로는 100㎐ 차이와 350㎐ 차이라 할 것이 반음 척도로는 둘 모두 12st 차이라 할 수 있게 된다.

반음 척도는 상대적인 척도이기 때문에 기준이 되는 주파수가 필요한데 보통 1㎐ 또는 100㎐나 110㎐를 분모로 하는 로그 함수로 계산된다. 헤르츠 척도를 반음 척도로 변환하는 계산식은 여러 가지가 있는데, 그중 하나인 $st=12\times\log_2(\text{㎐}/x)$로 구한 값(기준 x=1 또는 100 또는 110)을 비교해 보이면 〈표 3.19〉와 같다.

<table>
<tr><th rowspan="3">㎐</th><th colspan="6">semi-tone</th></tr>
<tr><th colspan="2">1㎐ 기준</th><th colspan="2">100㎐ 기준</th><th colspan="2">110㎐ 기준</th></tr>
<tr><th>st</th><th>차이</th><th>st</th><th>차이</th><th>st</th><th>차이</th></tr>
<tr><td>100</td><td>79.72</td><td rowspan="2">+1.65</td><td>0</td><td rowspan="2">+1.65</td><td>−1.65</td><td rowspan="2">+1.65</td></tr>
<tr><td>110</td><td>81.37</td><td>1.65</td><td>0</td></tr>
<tr><td>120</td><td>82.88</td><td rowspan="2">+1.65</td><td>3.15</td><td rowspan="2">+1.65</td><td>1.50</td><td rowspan="2">+1.65</td></tr>
<tr><td>132</td><td>84.53</td><td>4.80</td><td>3.15</td></tr>
</table>

〈표 3.19〉 헤르츠 척도와 반음 척도

수치들은 소수점 셋째 자리 이하를 버린 것이다. 100㎐와 그보다 10% 큰 110㎐의 차이는 어떤 기준으로 변환하여도 1.65st 차이로 일정하고, 똑같이 10%의 차이를 보이는 120㎐와 132㎐의 차이도 일정하게 1.65st로 유지되고 있다. 결국 반음 척도는 헤르츠 척도의 차이를 비율로 계산한 것과 다름이 없음을 알 수 있다.

3.3.1.2 측정 방법

억양이나 성조를 기술하는 방법에는 음성 분석 프로그램에서 출력된 음조 곡선의 모양을 그림으로 나타내거나 '오르고 내린다' 혹은 'LHL이다'와 같이 서술하는 방법도 있겠지만 그것은 어디까지나 연구자의 인상적인 판단이며 대략적인 양상을 보여줄 뿐이다. 물론 그것이 언어 직관에 부합하는 것일 수도 있지만 기술의 객관성을 높이기 위해서는 곡선 속에서 의미 있는 수치를 찾아내고 그렇게 추출한 수치들의 통계적 유의미성을 검정할 필요가 있다.

음조 곡선은 시간을 x축, 높낮이를 y축으로 한 2차원 공간상의 점들로 이루어져 있다. 점들의 좌표는 (x_1, y_1)와 같이 나타낼 수 있는데, 이렇게 하면 음조의 폭이나 시간도 쉽게 수치화할 수 있다.[66]

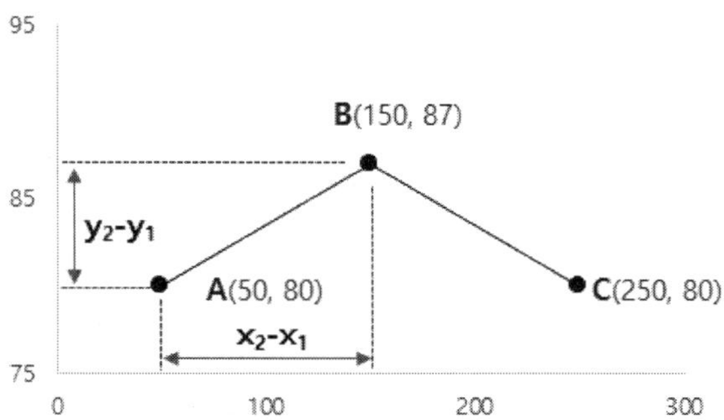

〈그림 3.53〉 음조의 수치화 방법

66) 음조 곡선은 그것이 곡선이라는 점으로 인해 측정하고자 하는 지점을 특정하기가 어려운 경우가 많다. 따라서 원래의 억양 곡선에 매우 가까워서 지각적 차이를 일으키지 않는 한도 내에서 최소한의 점과 그들을 연결한 직선으로 재구성하기도 하는데, 이를 정밀 복제 도식화(close-copy stylization)라고 한다. 김선희·유현지·홍혜진·이호영(2007), 김선희(2009), 이지연·이호영(2013), 오재혁(2014ㄱㄴ), 신우봉(2015ㄴ), 이서배(2018), 김민지(2021) 등에서 이 방법을 사용한 바 있다. 기계적인 변환 결과가 만족스럽지 못할 경우에는 몇몇 점들을 추가하거나 삭제할 필요가 있다.

〈그림 3.53〉은 가상의 음조를 직선으로 그린 것으로서, x축은 시간(㎳)이며 y축은 기본 주파수를 1㎐를 기준으로 하여 반음 척도(st)로 변환한 것이다. A, B, C 세 지점의 값은 각각 (50, 80), (150, 87), (250, 80)으로서 각각 50㎳, 150㎳, 250㎳ 지점에서 80st(≒100㎐), 87st(≒150㎐), 80st로 측정되었음을 의미한다. A에서 B로 변하면서 음조는 7st(=87-80) 증가하였고 이때 걸린 시간은 100㎳(=150-50)임을 알 수 있다. 또한 선분 AB의 길이는 피타고라스 정리를 이용하여 구할 수 있으며, 선의 기울기 또한 쉽게 구할 수가 있다. 기본적으로 이러한 방법을 통하여 많은 연구들에서 강세구와 억양구의 억양뿐 아니라 문말 억양에서 최고점과 최저점, 상승 시작 지점 등의 f0와 곡선의 기울기가 측정되었다(김선철 1996, 이호영 1999, 2000, 이숙향 2002, 이숙향·김종진 2005 등).

다양한 피험자들의 여러 발화에서 추출된 음조 곡선 상의 두 수치를 통계적으로 처리하기 위해서는 정규화 작업이 필요하다. 〈그림 3.53〉에서 f0를 반음 척도로 변환한 것도 정규화의 하나이다. 같은 단어를 〈그림 3.54〉의 좌우 그림처럼 달리 발음한 자료가 있다고 하자. 위의 그림은 헤르츠 척도이고 아래의 그림은 반음 척도이다.

헤르츠 척도상으로 B에서 C로의 이행은 150㎐에서 100㎐로 낮아졌고, B'에서 C'으로의 이행은 200㎐에서 150㎐로 낮아져서 둘 모두 50㎐ 낮아진 것이지만, 실제로는 전자가 더 많이 낮아지는 것으로 들린다. 반음 척도는 그것을 반영해 주는바, 전자는 87st에서 80st로, 후자는 92st에서 87st로서 각각 7st와 5st라는 하강폭의 차이를 보여 준다.

f0(y축)를 정규화할 때에는 조금씩 방법을 달리할 수는 있지만, 최고점과 최저점을 고려하여 백분율로 변환하는 방법이 쓰이기도 한다. 최저점을 0, 최고점을 100이라고 하였을 때 A→B→C는 헤르츠 척도로 볼

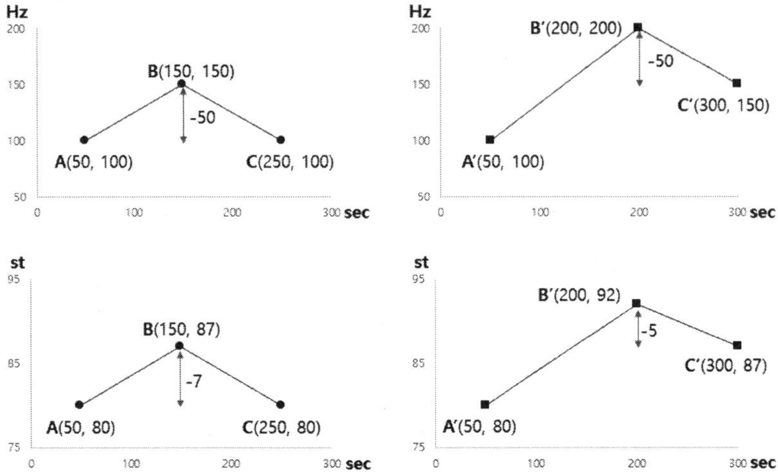

〈그림 3.54〉 음조의 정규화 방법

때 0→100→0이 되고, A'→B'→C'은 0→100→50이 된다. A→B의 100㎐ 상승과 A'→B'의 150㎐ 상승이 동일하게 0→100의 상승이라고 하게 되며, B→C와 B'→C'는 모두 50㎐ 하강이지만 각각 100→0, 100→50으로 서로 다른 정도의 하강이라고 하게 된다. 반면 청음적인 면을 고려한 반음 척도로는 A→B→C와 A'→B'→C'이 각각 80→87→80와 80→92→87이 되어 전혀 다른 기술을 하게 된다. 반음 척도도 비율을 반영한 것이기는 하지만 최고점과 최저점 사이라고 하는 한계를 두지 않았기에 이러한 차이는 있을 수밖에 없다. 어느 편을 택할지는 연구의 목적에 따른 것이겠지만, 전자의 경우, 자연 발화를 분석할 때에는 어딘가 초점이 놓여서 과하게 높거나 낮은 음조가 나타날 수가 있는데, 이러한 수치들이 최고점 또는 최저점을 이룬다면 오히려 뜻하지 않은 결과를 초래할 수 있음에 주의해야 할 것이다.

시간 길이(x축)의 정규화가 필요한 경우도 있다(오재혁 2014ㄱ, 2024 등 참조). 이는 동일한 음연쇄라 하여도 발화의 속도가 달라서 자료의 길이가 서로 다를 때 이를 보완하기 위함이다. 같은 음조로 발화한다고 하여도 속도가 다르면 특정한 지점 예컨대 최고점의 실현 지점이 서로 다르며, 상승 또는 하강의 기울기를 계산함에 있어서도 시간 길이가 분모에 위치한다는 점에서 영향을 줄 수 있다.

〈그림 3.54〉에서 B→C와 B'→C'은 모두 모두 100㎳ 동안 50㎐ 하강하였으므로 같은 기울기인 -0.5㎐/㎳가 된다. 그러나 전체 발화 길이 속에서의 상대적인 길이를 고려하면 전자의 전체 길이는 200㎳, 후자는 250㎳이기 때문에 그 속에서의 100㎳는 각각 50%와 40%로 다르며 이를 그대로 분모에 반영하면 기울기는 -1과 -1.25로 후자가 더 가팔라진다. 그러나 여기에 음조까지 정규화한다면 B→C는 50% 동안 7st가 하강하였고 B'→C' 40% 동안 5st가 하강하였기 때문에 각각 -0.14, -0.125로서 전자가 더 가파른 셈이 된다.

시간 길이를 정규화할 때 주의해야 할 점은 분석 대상 내에 휴지 또는 분석과 무관한 장음이 없어야 한다는 점이다. 시간 길이란 어떤 분절음을 발음할 때에 드는 시간이어야 하는 것이기 때문이다. 따라서 말음이 장음화되거나 휴지가 뒤따를 수 있는 억양구를 넘어설 수는 없으며, 강세구 뒤에 휴지가 없다고 하여도, 유창하지 못한 발화에서 또는 화용적인 상황에 따라 휴지가 있을 수도 있으므로 강세구의 범위도 가급적 벗어나지 않는 편이 나을 것이다.

3.3.2 억양

3.3.2.1 억양구

말을 할 때에는 모든 분절음들을 동일한 시간 간격으로 배열하여 발음하는 것이 아니라 어떤 것들은 묶고 또 어떤 것들은 떼어서 발음하기 마련이다. 그렇게 묶여 발음되는 단위는 작게는 단어, 엄밀히는 체언이나 용언 어간에 조사나 어미가 결합된 곡용형과 활용형을 포함하는 음운론적 단어(phonological word), 가장 크게는 발화(utterance), 그리고 그 중간에 강세구(accentual phrase)와 억양구(intonational phrase)를 두는 것이 일반적이다(전선아 1993). 강세구는 하나 이상의 음운론적 단어로 이루어지고, 억양구는 하나 이상의 강세구로 이루어지며, 발화는 하나 이상의 억양구로 이루어진다. 이러한 운율 단위는 음운 및 음성 현상이 일어나는 영역과 밀접하게 관련되어 있을 뿐 아니라, 발화를 듣고 그 속에서 단어들을 분절해 낼 때에 도움을 주기도 한다.[67] 이호영(1990, 1996) 등에서 상정된 운율 단위인 말토막(rhythm unit)과 말마디(intonation group)는 이론적 배경은 다르지만, 대체로 강세구와 억양구에 각각 대응된다고 할 수 있다.[68]

억양구는 한 호흡에 발화하는 단위라는 점에서 기식군(breath group)과 같은 크기의 단위라고 할 수 있는바, 그 마지막 음절이 길게 발음되는 일이 많고, 휴지가 뒤따르기도 한다. 한 호흡에 발음되기 때문에 초점을 두어 강조하는 부분이 없다면 뒤로 갈수록 성문하압이 낮아짐으로 인해 음조도 자연스레 낮아지게 된다. 이를 점진 하강(declination)이라고 한다.

〈그림 3.55〉는 기식군 내에서 전체적인 음조가 낮아짐과 함께 오르내리는 음조의 폭도 좁아지고 있음을 잘 보여 준다. 구희산(1986), 고도

---

67) 전선아(1989, 1993, 1995, 1998), 신지영(1999ㄴ), 김수정(2000), 김효숙·김선주·김선미(2000), 신지영·김민정·김기호(2000), 김사향(2004), 장미(2011) 등을 참고할 수 있다.

68) 이호영(2002), 전선아·김사향(2004), 전선아(2005, 2007)에서는 과거 강세구와 유사한 단위로 쓰이던 중간구(intermediate phrase)를 개념을 달리하여 강세구와 억양구의 중간에 위치하는 단위이자 초점 또는 강조의 영역이면서 음성적 계단 내림 또는 점진 하강의 영역이 되는 단위로 두기도 하였다.

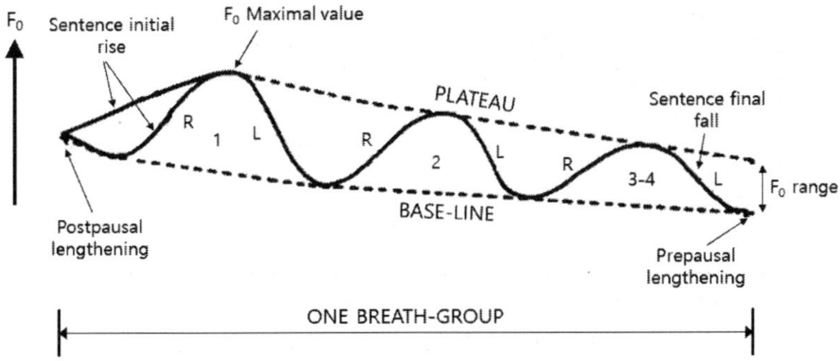

〈그림 3.55〉 점진 하강(Vaissière 1983:55)

흥(1988ㄱ, 1989), 조용형(1996), 이호영(2002), 인지영·성철재(2008), 곽숙영·신지영(2009), 곽숙영(2010) 등에서 우리말의 점진 하강을 확인한 바 있는데, 억양구의 길이와 하강의 정도에는 상관성이 없어서 억양구가 짧으면 급히 낮아지지만, 억양구가 길면 처음에는 다소 급하게 낮아졌다가 이후 서서히 낮아진다든가, 인용문, 등위접속문, 삽입 구문에서 다소 다른 형태의 점진 하강이 일어난다든가, 억양구 마지막 강세구의 악센트가 특별히 더 낮게 실현되는 현상(최종 하강, final lowering)은 한국어에서 발견되지 않는다든가, 억양구가 끝나면 점진 하강의 재조정이 일어나 다시 높은 음조에서부터 하강이 시작된다든가 하는 점들이 밝혀졌다.

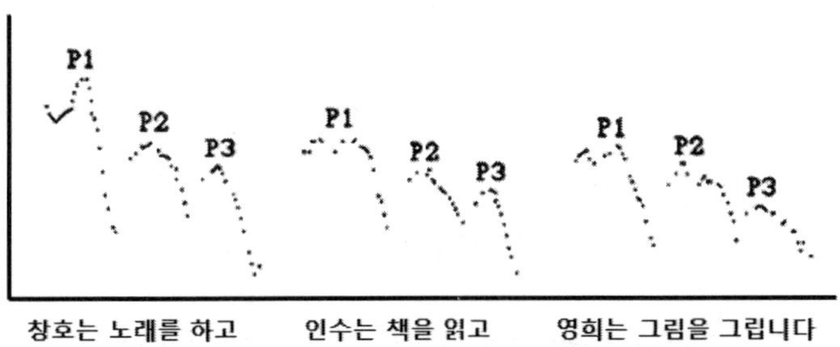

〈그림 3.56〉 등위 접속문의 점진 하강(고도흥 1988ㄱ:84)

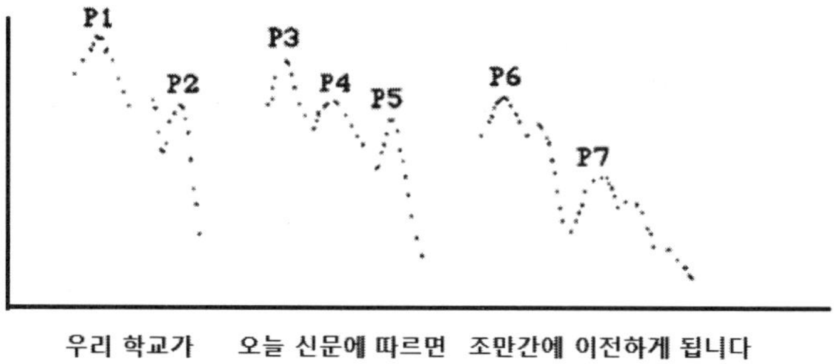

〈그림 3.57〉 구문 삽입과 점진 하강(고도흥 1988ㄱ:117)

〈그림 3.56〉은 세 개의 절로 이루어진 등위 접속문이 억양의 재조정이 일어나면서 점진 하강하고 있음을 보여 주며, 〈그림 3.57〉은 '오늘 신문에 따르면'이 삽입되었을 때의 하강 양상을 보여 준다.

억양구의 마지막 음절에서는 L%, H%, LH%, HL%, LHL%, HLH%, LHLH%, HLHL%, LHLHL% 등의 억양구 경계 음조(boundary tone)가 실현된다.[69] 마지막에 붙은 %는 그것이 억양구 경계 음조임을 뜻한다. 〈그림 3.58〉은 이들 경계 음조들을 도식화한 것이다. 세로 줄은 마지막 음절이 시작되는 지점을 가리킨다. LH%는 H%와 비슷해 보이지만 상승에 시간이 더 걸리고 음절 시작 부분에 최저점이 있다는 점에서 구별된다.

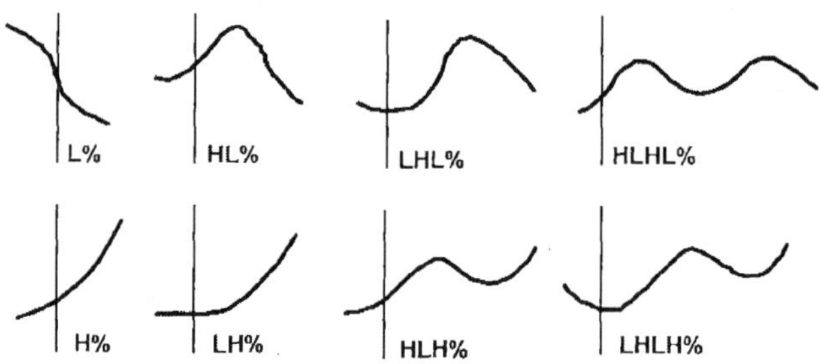

〈그림 3.58〉 억양구 경계 음조(전선아 2000:153)

69) 보통은 '경계 성조'라고 하지만 '성조'라는 용어는 단어에 얹힌 음조에 국한하여 사용하고자 한다.

말마디의 억양은 머리 억양과 핵억양으로 이루어진다. 말마디의 마지막 악센트가 얹힌 음절을 핵음절이라고 하고 그 뒤의 음절들을 꼬리라고 하는데, 핵음절과 꼬리에 얹히는 음조를 핵억양이라고 하고, 말마디의 첫 악센트가 얹힌 음절에서부터 핵음절 바로 앞 음절까지 얹히는 음조를 머리 억양이라고 한다.[70] 억양구의 경계 음조와 말마디의 핵억양은 〈표 3.20〉과 같이 대응된다.

억양구의 경계 음조	말마디의 핵억양	
H%	높은수평조	H%
	가운데수평조	M%
L%	낮은수평조	L%
HL%	높내림조	HL%
	낮내림조	ML%
LH%	온오름조	LH%
	낮오름조	LM%
LHL%	오르내림조	LHL%
HLH%	내리오름조	HLH%
LHLH%		
HLHL%		
LHLHL%		

〈표 3.20〉 억양구의 경계 음조와 말마디의 핵억양(이호영 1999:37)

억양구 경계 음조의 마지막 셋은 전선아(1993)에는 없던 것으로서 전선아(2000)에서 추가된 것이다. 이호영·손남호(2007)에서는 이들 셋이 실제 발화에서 잘 나타나지 않으며, LHLH%는 내리오름조(HLH%)의 변

70) 억양구의 경계 음조와 말마디의 핵억양 사이에 개념적인 차이가 있다. 경계 음조는 억양구의 마지막 음절에 얹히는 반면, 핵억양은 말마디의 마지막 악센트가 놓인 음절에 얹힌다는 것이다. 그러나 〈표 3.20〉에서 볼 수 있듯이 실질적인 차이는 없는 듯하다.

이형, HLHL%과 LHLHL%은 오르내림조(LHL%)의 변이형으로 볼 수 있다고 하였다.

두 체계를 비교해 보면, 말마디 핵억양에는 중조(M)가 있어서, 억양구 경계 음조와의 대응에서 H가 H 또는 M에 대응됨을 알 수 있다. 예컨대 '서울에 갔어'라는 문장은 높내림조(HL%)일 때에는 의문문이 되고 낮내림조(ML%)일 때에는 평서문이 된다는 것이다. 이호영(2004)에서는 이를 두고 지각 실험을 하였는데, 내림의 시작 부분이 170~180㎐보다 낮으면 평서문(낮내림조)으로 듣고 이보다 높으면 의문문(높내림조)으로 듣는다는 결과를 얻었다.71)

3.3.2.2 강세구

억양구의 하위 운율 단위인 강세구는 이전까지 통사 구조로 정의되던 음운구(phonological phrase)와 대체로 같은 크기의 단위이지만 하나의 강세만이 실현된다는 음조에 기반을 둔 단위라는 점에서 달리 이름 붙여진 것이다. 강세구는 억양구와는 달리 마지막 음절이 길어지지도 않고 휴지가 뒤따르지도 않는다. 길이도 길지 않아 하나의 강세구는 평균 3.39개의 음절로 이루어져 있다고 한다. 〈그림 3.59〉는 억양구의 맨 끝에 놓인 강세구까지 포함한 3,085개 강세구를 대상으로 하여 음절 수의 분포를 보인 것인데, 3~4음절이 70% 정도 된다.

---

71) 억양에 대한 연구는 방언을 대상으로 하여서도 이루어졌는데, 이병운(1997, 1998, 2002), 김선희(1998), 이숙향(1999), 정원수(2003), 고미숙(2005), 고미숙·김원보·변길자·김종훈·박순복·오창명(2007), 고영림(2009), 강석한(2011), 장승익(2012), 최미영·김화수(2013), 신우봉(2015ㄴ), 오미라(2020ㄱㄴ), 이수연(2020), 류창(2021), 이옥희·박유경(2021), 이옥희(2024) 등이 그러하다.

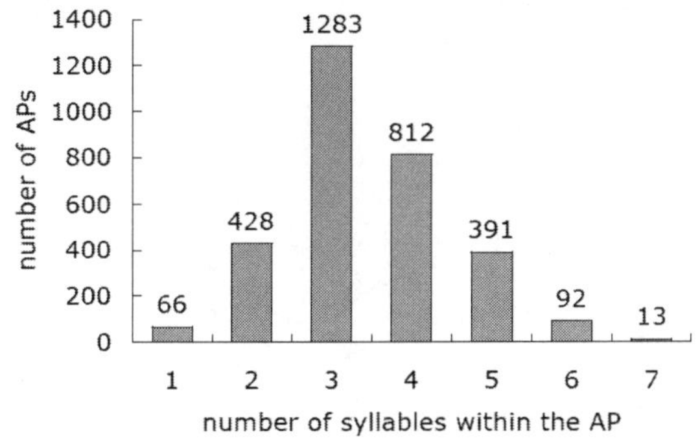

〈그림 3.59〉 강세구의 음절수 분포(김사향 2004:44)

강세구의 억양에 대하여 전선아(1993, 1995)에서는 서울 지역어의 경우 강세구가 한두 음절로 구성되어 있으면 LH, 음절 수가 많으면 LHLH로서 끝이 높다고 하였다. 성철재(1991)에서는 단어의 음절수에 따른 음조의 차이를 관찰한 바 있는데, 2음절어는 오름(LH), 3음절어는 오름-내림(LHL), 4음절어는 오름-내림-오름(LHLH)이라는 결과를 얻었다. LHLH의 둘째 음조 H는 마지막의 H에 비해 낮게 실현되기 때문에 강세구의 끝이 높다는 것이 특징이라고 할 수 있다. 이는 일반적으로 흔히 회자되는 중앙어 억양의 특징인바 일찍이 유럽의 언어학자들도 이 사실을 파악하고 있었다(Trubetzkoy 1939/1969:278). 강세구 마지막의 H는 늘 높게만 실현되는 것은 아니어서, 강세구가 억양구의 마지막에 놓이고 그 억양구의 경계 음조가 L%이라면 상위 운율 단위인 억양구 음조를 따라 L로 실현된다.

강세구 논의에 앞서 3음절의 무의미어에 1음절 조사가 결합한 4음절어의 f0가 측정된 바가 있다. 〈그림 3.60〉은 '마마마는 옛말이야'의 첫 어절과 '영애는 마마마를 좋아해'의 둘째 어절에 속해 있는 네 음절의 f0 값을 평균낸 것을 그래프로 나타낸 것인데, 강세구가 LHLH의 음조를 지니며 마지막의 H가 가장 높음을 그대로 보여 주고 있다.

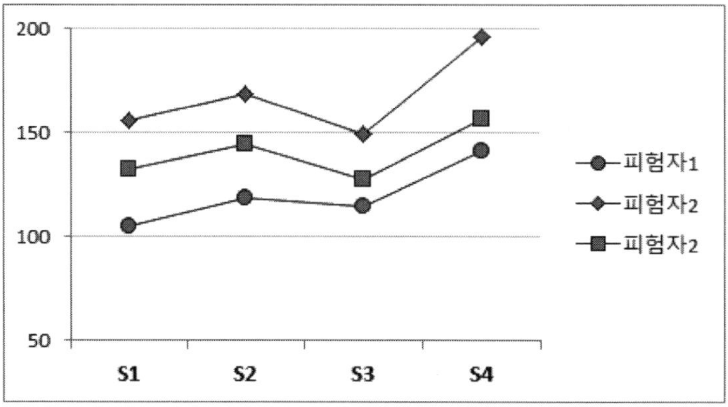

〈그림 3.60〉 4음절어의 f0 변화(구희산 1986)

이러한 강세구 억양은 서울 지역어가 어휘 차원의 음조, 즉 성조를 지니고 있지 않기에 운율 단위 고유의 것이라 할 수 있다. 마찬가지로 성조를 지니고 있지 않은 전남 방언의 강세구 억양 또한 관찰되었다(전선아 1989, 1993, 1995). 전남 방언의 강세구는 서울 지역어와는 달리 끝을 올리지 않는 LHL로 실현되는데 강세구의 첫 자음이 경음이나 격음 또는 'ㅅ, ㅎ'일 때에는 HHL로 실현된다고 하였다. 일찍이 김차균(1969)에서도 전남 방언을 대상으로 하여 단어의 첫 자음이 경음, 격음, 'ㅅ, ㅎ'일 때에는 '3-3-(2)' 또는 '2-2'와 같이 첫 두 음절이 같은 높이로 실현되는 반면, 첫 자음이 그들 밖의 것일 때에는 '2-3-(2)'와 같이 첫째 음절이 둘째 음절에 비해 낮다고 하였다.[72] 김차균(1975)에서는 서울과 충남도 그와 같다고 한 바 있다. 이숙향(2014)에서는 제주 화자의 강세구 음조도 LHLH이지만 서울 화자와는 약간 차이가 있다고 기술

72) 배주채(1991:296, 1994:153), 정인호(1995:78)에서도 같은 관찰이 이루어졌다.

하였다. 한편 박광철(2003)에서는 서울 화자와 서남, 동남 화자의 강세구 음조를 비교하였고, 오미라(2021)에서는 전남 화자의 강세구 음조를 성별과 연령별로 비교하였다.

전선아(1996) 이후로는 서울 지역어도 첫 음절 초성이 경음, 격음이거나 마찰음일 때에 HHLH라고 파악되고 있으며, LHLH와 HHLH를 합하여 THLH라 적기도 한다(전선아 2000). HH로 시작한다고 하여도 첫 H는 둘째 H보다 낮게 실현되는 일이 많은데, 그렇다고 해도 그것이 LHLH의 첫 L만큼 낮지는 않다(유도영 2021). LHLH의 첫 음절 음조에 대해서는 강세구가 모음으로 시작하든 공명자음으로 시작하든 음조의 차이는 없다는 연구(김사향 2015)가 있는가 하면, 공명자음으로 시작할 때가 모음으로 시작할 때보다 더 낮은 음조로 실현된다는 연구(윤태진 2017)도 있다. 그렇다고 하여도 마찰음, 경음, 격음이 다른 평음 및 공명자음, 모음에 비해 월등히 높게 실현되며 나머지 세 부류 간에 큰 차이가 없는 것은 분명하다.

강세구가 다섯 음절 이상으로 길 경우, THLH의 첫 두 음조는 강세구의 첫 두 음절에서 실현되고 마지막 두 음조는 마지막의 두 음절에서 실현되는 것이 일반적이다. 그리고 강세구의 길이가 짧거나 발화 속도가 빠를 경우 중간의 음조인 H와 L은 실현되지 않기도 하는데 H와 L 중 어떤 음조가 실현되지 않는지는 알 수 없다고 한다. 음조가 배당되지 않은 자리는 그 앞과 뒤의 음조를 보간(interpolation)하여 발음된다. 또한 강세구가 L로 끝나는 경우가 있는데, 억양구 말이 아닌 강세구 2,109개 중 그러한 강세구는 336개로 15.9%에 이른다고 한다(김사향 2004). 결과적으로 서울 지역어의 강세구는 14가지의 억양을 지니게 되는바, 그들의 개념도는 〈그림 3.61〉과 같다.[73] 음조 마지막의 'a'는 그것이 강세구의 마지막 음조임을 나타내며, +H는 그것이 앞에서 두 번째 음조의 H임을, L+는 그것이 뒤에서 두 번째 음조의 L임을 나타낸다. 억양마다 번호를 달아 두었는데, 그것은 〈표 3.21〉을 위한 것이다.

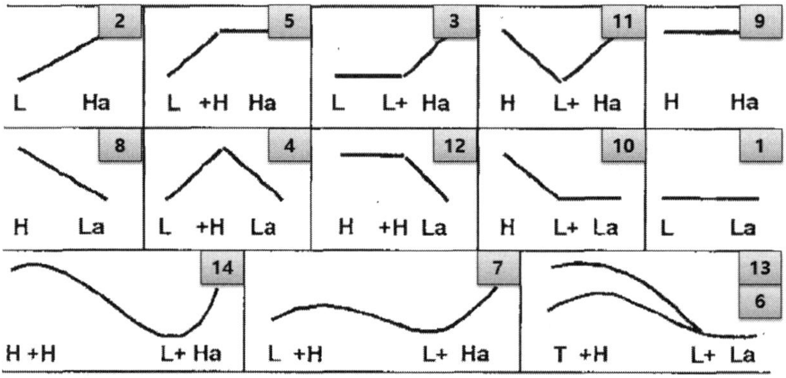

〈그림 3.61〉 강세구의 14가지 음조(전선아 2000:151)

한편 이호영(1990)에서는 말토막 억양으로 수평조(level), 내림조(falling), 오르내림조(rise-falling)를 설정하였는데, 이호영(1996)에서는 여기에 오름조(rising)를 추가하였고, 이호영(1997)에서 다시 내리오름조(fall-rising), 오르내리오름조(rise-fall-rising)를 추가하였다. 청각적으로 뚜렷하게 구별되는 음조형만을 설정하였다고 하였기에, 전체 숫자가 강세구 억양에 비해 적은 것으로 보인다. 이호영·손남호(2007)에서는 4음절로 된 말토막에 여러 음조형을 얹은 자극을 만들고 쌍을 이룬 둘이 구별되는지를 실험하여 8개의 억양을 추출하기도 하였다.

73) 박지혜(2002)에서는 대화체와 낭독체를 비교하였는데, 강세구를 이루는 평균 음절은 대화체 4.7음절, 낭독체 3.5음절이며, 대화체에서 25~35% 정도 나타나는 LHH가 낭독체에서는 나타나지 않는다고 하였다.

강세구 억양					말토막 억양	
전선아(2000)					이호영(1997)	이호영·손남호(2007)
	S_1	S_2	S_{n-1}	S_n	6개	8개
1	L	…………		L	수평조	LL
2	L	…………		H	오름조	LH
=1	L	……	L	L		
3	L	……	L	H	오름조	LH
4	L	H	……	L	오르내림조	LHL
5	L	H	……	H	오름조	LH
6	L	H	L	L	오르내림조	LHL
7	L	H	L	H	오르내리오름조	LHLH
8	H	…………		L	내림조	HL
9	H	…………		H	수평조	HH
10	H	……	L	L	내림조	HL
11	H	……	L	H	내리오름조	HLH
12	H	H	……	L	내림조	HL
=9	H	H	……	H		
13	H	H	L	L	내림조	HL
14	H	H	L	H	내리오름조	HLH
					오르내리오름조	H+LH

〈표 3.21〉 강세구 억양과 말토막 억양

이호영·손남호(2007)에서는 이호영(1997)에서 두 개가 늘었는데, 수평조를 LL과 HH로 나누고 오르내리오름조를 LHLH와 H+LH로 나누었기 때문이다. 강세구 억양 HHLH은 말토막 억양에서 내리오름조(HLH)와 오르내리오름조(H+LH)의 둘과 대응되는데, 후자는 완만한 상승으로 시작하여 도달한 H가 마지막 음절의 H보다 높이 실현된 것을 가리킨다.

강세구 억양을 연구자의 청각이나 음조 곡선에 대한 판단에 기대지 않고 실제로 측정하고 통계적으로 처리하여 유형을 나누기도 하였다.

오재혁(2022)에서는 두 음절 '마'와 '빠'를 고르게 배치한 4음절의 무의미어, '빠' 및 '마'로만 이루어진 1~6음절의 무의미어를 틀문장에 넣어 녹음하였고, 녹음된 각각의 강세구의 길이를 10등분하여 시작과 끝을 포함한 11개 지점에서 f0를 측정하였다. 그 결과 강세구에는 〈그림 3.62〉에서와 같이 7가지로 도식화할 수 있는 억양이 나타난다고 잠정적으로 결론지었다.

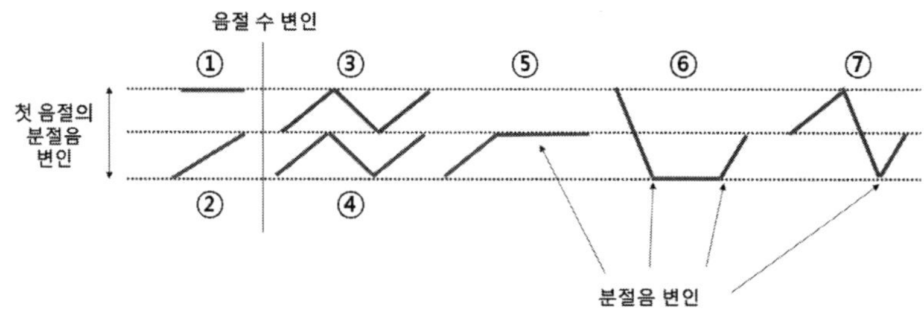

〈그림 3.62〉 강세구 억양의 유형(오재혁 2022:35)

①, ②는 3음절 이하로 이루어진 강세구로서 ①은 '빠', ②는 '마'로 시작하는 것이다. 그 이하의 것들은 4음절 이상으로 이루어진 강세구들이며 ③과 ④는 각각 첫 음절이 '빠'와 '마'이다. ⑤는 첫 음절이 '마'로서 낮게 시작하지만 L이 기대되는 셋째 음절이 '빠'로서 ④에서와 같은 하강이 보이지 않는다. ⑥은 첫 음절이 '빠'이고 둘째와 셋째 음절이 '마'인 강세구이고, ⑦은 첫 음절이 '빠', 셋째 음절이 '마'인 강세구이다. ⑤, ⑥, ⑦은 강세구 중간의 음절 초성이 억양에 영향을 준 것들로서 강세구의 첫 분절음만 억양에 영향은 주는 것은 아니라고 하고 있다.[74]

---

74) 이러한 관찰 결과와는 달리 양선미(2013)에서는 둘째 음절 초성의 발성 유형이 음조에 영향을 주지 않는다고 한 바 있다.

강세구가 어떻게 만들어지느냐에 따라 문장의 의미가 달라지는 흥미로운 예가 있다.

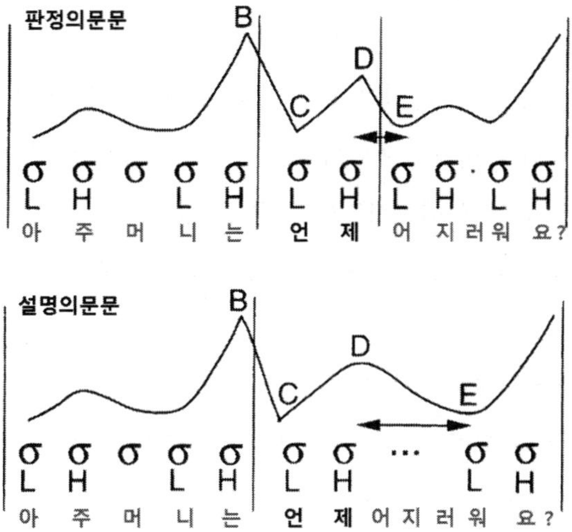

〈그림 3.63〉 판정의문문과 설명의문문의 억양(전선아·오미라 1996:48)

전선아·오미라(1996)에서는 여러 지점을 정하여 f0와 시간을 측정하였는데, 〈그림 3.63〉의 경우 B는 의문사 '언제'의 직전에 있는 최고점, C는 B 직후의 최저점, D는 '언제'가 포함된 강세구의 최고점, E는 D 직후의 최저점을 뜻한다. 판정의문문과 설명의문문은 D와 E 사이의 시간 길이에서 큰 차이를 보이는데, 둘 사이가 가까운 판정의문문에서는 '언제'가 홀로 강세구를 이루는 반면 둘 사이가 먼 설명의문문에서는 '언제 어지러워요'가 강세구를 이룬다고 하였다. 이에 대하여 김미란·신동현·최재웅·김기호(2000)에서는 설명의문문은 의문사에 초점이 놓이기 때문에 후행하는 부분과 함께 강세구를 이루게 되고, 의문사의 돋들림이 문말의 음조를 상대적으로 낮추는 것이라 해석한 바 있다.

3.3.3 성조

한국어의 동남방언과 동북방언, 영동방언에는 단어에 얹혀 의미를 변별해 주는 음조인 성조가 존재한다. 성조에 대한 음성학적 연구는 연구자들이 청취만으로 성조를 판단해 온 선행 연구들에 객관성을 보태기 위한 작업이었다고 할 수 있다.[75] 이들은 단어를 이루는 음절들의 기본 주파수를 측정하여 비교함으로써 성조소 및 단어의 성조형에 대한 음운론적인 인식의 근거를 제공하였다고 할 수 있다.

화자에게 인식되는 성조는 높음과 낮음의 불연속적 연쇄일 수 있지만, 실제로 발화되는 음성의 높낮이는 연속적인 곡선을 이루고 있는데, 그 음조 곡선을 기술하고자 하는 것이 성조에 대한 음성학적 연구의 또 다른 방향이라 할 수 있다. 〈그림 3.64〉는 성조형에 대한 음운론적 인식과 실제 음조 곡선의 차이를 보여 준다.

음조 곡선을 기술한다는 것은 최고점이나 그 최고점에 바로 앞서는 최저점이 얼마나 높고 낮은지 하는 점과 그것들이 단어의 어느 지점 또는 어느 분절음에 위치하는지를 기술함을 뜻한다.[76] 최고점, 최저점 대신 혹은 그와 아울러 하강이 시작하는 점과 상승이 시작하는 점을 기술하기도 한다(장승은 2007, 배윤정 2023). 최고점과 하강 시작점, 최저점과 상승 시작점은 같을 수도 있지만, 같은 음조가 유지될 경우에는 최고점과 최저점보다는 하강 시작점과 상승 시작점을 특정하기가 편리하다.[77]

---

75) 문효근(1974), 김무식(1992, 1999ㄱㄴ), 전학석(1993), 이호영(1997), 김봉국(1999), 김주원(2000, 2003), 장우혁(2005), Kenstowicz and Park(2006), 성철재·권오욱·이지향·김차균(2008), 이동명(2008), 최영미(2009, 2010), 박지희(2010), 이문규(2011, 2012), 손일권(2015) 등이 그러하다.

76) 장승은(2007), 이혜숙(2008, 2010), 김정선(2010, 2018), 손향숙(2011), 이현정(2015), 이현정·Jongman(2015), 배윤정(2023) 등이 그러하다.

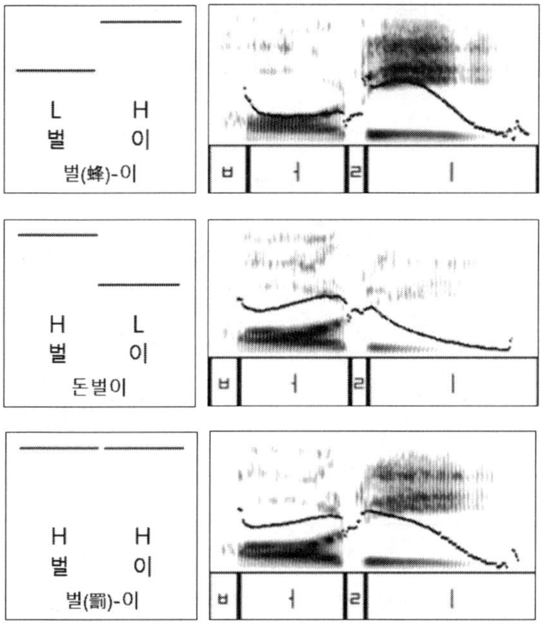

〈그림 3.64〉 성조의 불연속성과 연속성(배윤정 2023:1~2)

최고점이나 최저점의 단어 내 위치는 앞서 시간 길이의 정규화에서 보았듯이 비율을 이용하는 일이 많다. 예를 들어 김정선(2010)에서는 f0의 상대적 변환점이라고 하여 단어 전체의 길이를 분모로 하고, 하강을 시작하여 단어 끝에 이르는 시간을 분자로 하여 백분율을 계산하였다. 수치가 크면 상대적으로 하강 시작점이 앞쪽에 있다는 것인데, HL이 57% 정도로 가장 크고, 그 다음이 30% 정도인 HH이며, LH는 15% 정도이다. 김정선(2012ㄴ, 2014, 2018) 등도 비슷하지만, 단어 시작부

77) 하강이나 상승은 평탄한 음조가 유지되다가 시작되기도 하는데, 그럴 때에는 음조가 평탄한지의 여부를 판단하기 위한 기준이 필요하다. 김선희·유현지·홍혜진·이호영(2007)에서는 10㎐ 이하의 차이를, 이지연·이호영(2013)에서는 반음 척도의 1st에 상응하는 6% 이하의 차이를, 장승은(2007)에서는 2㎐ 이하의 차이를, 배윤정(2023)에서는 8㎳ 동안 1㎐ 이하의 차이를 유지할 때 음조가 평탄하다고 보았다.

터 최고점까지의 시간을 구하였다는 점이 달라서 그 수치가 반대 즉, HL이 가장 작고 LH가 가장 크게 된다.

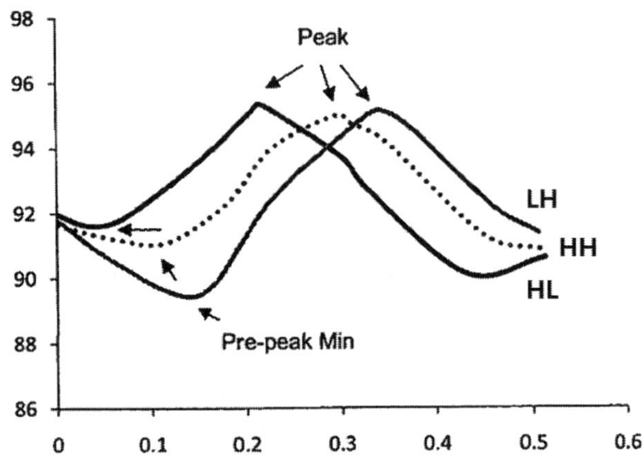

〈그림 3.65〉 세 성조형의 최고점과 최저점(이혜숙 2008:44)

〈그림 3.65〉는 경북 방언의 HL, HH, LH의 차이를 도식화한 것이다. 두드러진 차이는 최고점의 위치로서 HL이 가장 앞이고 그 뒤로 HH, LH의 순서임을 잘 보여 준다. 또한 최고점 직전의 최저점의 높낮이와 위치도 서로 다르다.

성조형의 실현은 화자에 따라 다소 차이를 보이기도 한다. 이현정(2015), 이현정·Jongman(2015)에서는 경남 화자 60대 여성과 20대 남녀의 성조형 실현을 비교하였는데 그중 60대 여성과 20대 여성은 〈그림 3.66〉과 같은 차이를 보였다고 한다.

60대 여성은 앞선 〈그림 3.65〉와 비슷한 양상을 보여서 HL의 최고점이 가장 앞이고 HH의 최고점이 그 다음, LH의 최고점이 맨 뒤쪽임을 보여 준다. 그러나 20대 여성은 높낮이의 폭도 좁을 뿐더러 HL과 HH의 최고점이 지연 실현되면서 LH를 포함하여 세 성조형의 최고점 위치가

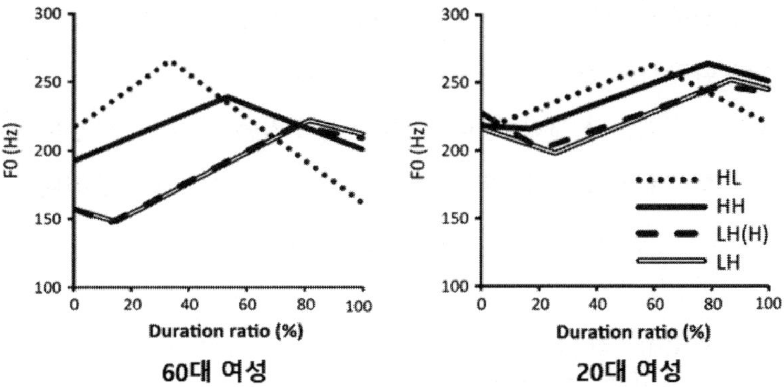

〈그림 3.66〉 세대에 따른 성조형의 실현(이현정·Jongman 2015:30)

가까워졌음을 보여 준다. 20대 남성은 이 둘의 중간쯤으로서 높낮이의 폭은 넓지만 최고점의 위치는 20대 여성과 비슷하다고 한다. 경북 화자를 대상으로 한 김현주(2021), 손일권(2021)에서도 청년층에서 성조형들 사이의 차이가 상대적으로 덜 난다는 결론을 얻었다.

성조형의 실현은 또한 분절음 조건에 따라서도 차이를 보일 수 있다. 〈그림 3.67〉은 HL의 단어들임에도 어두 자음이 격음이나 경음일 때에는 최고점이 높으면서도 앞쪽에 있고 비음이나 평음일 때에는 낮으면서

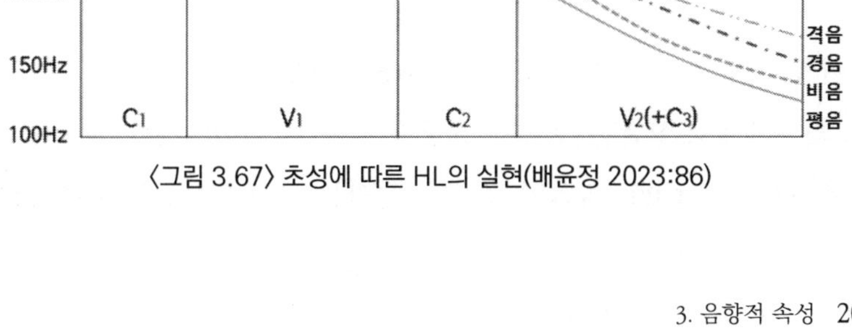

〈그림 3.67〉 초성에 따른 HL의 실현(배윤정 2023:86)

뒤쪽에 있음을 보여 준다. 이뿐만 아니라 후행하는 요소의 성조가 무엇인가에 따라서도 음조 곡선은 달라질 수 있다.

성조는 형태소가 결합하면서 변동을 일으키는 일이 있다. 경북 동부에서는 형태소의 첫 H가 L 뒤에서, 끝 H가 H 앞에서 L로 실현된다고 한다. 다음은 청송 지역어의 예(김세환 2013:38~40)이다.

① 꼬리(HL)+꺼짐(HL) → HLLL
 오징어(LHL)#무침(HL) → LHLLL
② 밭둑(LH)+조첨(HL) → LLHL
 빨래(LH)#비누(HL) → LLHL

①에서는 HL 뒤에서 HL이 LL이 되었고, ②에서는 LH가 HL 앞에서 LL이 되었다. 이러한 성조의 변동에 대해 Kenstowicz and Sohn(1997), 전종호·김정선·이하영·전선아(2006)에서는 ①을 계단 내림(downstep), ②를 계단 올림(upstep)의 개념으로 설명한 바 있다.

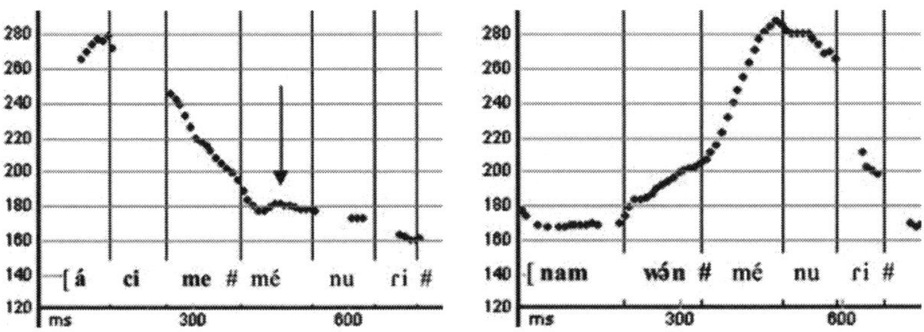

〈그림 3.68〉 계단 내림과 계단 올림(전종호 외 2006:305)

왼쪽 그림은 '아지메(HLL)#메누리(HLL)'에서 둘째 단어의 첫 음절 '메'의 H가 L로 실현된 것이고, 오른쪽 그림은 '남원(LH)#메누리(HLL)'에서 '원'의 H가 L로 실현된 것이다. 전자는 앞선 L로 인하여 하강하는 흐름을 다음 단어의 H가 충분히 극복하지 못하여 일어난 현상인 반면, 후자는 선행하는 '남원'의 마지막 H를 발판 삼아 '메누리'의 첫 음절에서 더 상승하는 H가 되어 그 앞의 H가 마치 L인 양 실현되는 현상이다. 장우혁(2004)에서는 이때의 H가 억눌려 실현된 것을 축소, 완전히 L이 된 것을 탈락이라고 하였는데, 탈락의 비율이 80%나 된다고 한 바 있다.

그러나 이러한 음성학적인 관찰이 성조의 실현을 온전히 설명해 주지는 못한다. 이런 현상은 경북 동부에서 찾아볼 수 있는 것으로 동남 방언의 다른 지역에서는 이와는 다른 성조형으로 실현되는 것이다. 또한 같은 지역이라 할지라도 HH의 2음절어는 H로 시작하는 형태소와 결합하더라도 세 번째 H가 L로 바뀔 뿐 계단 올림은 일어나지 않는다. 음운론적인 설명이 요구되는 현상이라 할 것이다.

3.3.4 자음의 영향

어두의 평음, 경음, 격음은 후행하는 모음의 기본 주파수에서 차이를 보인다. 평음은 낮고 경음과 격음은 그보다 높은데, 연구에 따라서 격음이 경음보다 높게 측정되기도 하였다. 김진우(1965)에서는 'ㄷ, ㄸ, ㅌ'에 후행하는 'ㅏ'가 시작하는 부분에서 음파의 주기를 측정했는데 'ㄷ'은 5.75㎳, 'ㄸ, ㅌ'은 5.15㎳라고 한 바 있다. 이를 주파수로 환산하면 각각 173㎐, 194㎐가 된다. Han and Weitzman(1970)에는 남녀 피험자의 측정값이 제시되어 있는데, 그중 남성의 평균은 평음 155㎐, 경음 185㎐, 격음 197㎐이다.[78]

---

78) 앞서 근전도 검사(2.1.3)에서는 윤상갑상근의 활동은 평음과 경음, 격음의 차이가 별로 없었지만 성대근은 경음, 격음을 발음할 때 활발히 활동함을 보았으며, MRI(2.3.4)를 통해서는 경음과 격음을 발음할 때 갑상연골이 상승하여 성대가 긴장됨을 보았다.

후행 모음의 f0는 모음이 시작되는 부분에서 측정하는 것이 일반적이지만 모음 전체나 중간 부분 또는 모음의 강도가 가장 강한 부분에서 측정하기도 한다.[79] 경음과 격음의 경우 단지 모음의 시작 부분만이 높은 것이 아니라 모음이 전체적으로 높게 실현되는데, 이는 앞서 그들로 시작하는 강세구의 음조가 HHLH라는 점, 또는 그렇게 시작하는 단어 전체가 음성적으로 높게 실현되는 점과 관련이 있을 것이다. 한편 모음의 시작 부분과 모음의 강도가 가장 강한 부분에서 모두 측정하여 그 차이 값을 서로 비교하기도 하고, VCV에서는 선행 모음의 f0와 비교하기도 한다(김한중 2023).[80]

폐쇄음의 평음, 경음의 경우와는 달리 마찰음 'ㅅ'과 'ㅆ'은 후행 모음의 f0에 차이가 없다는 연구(강경심 2000, Chang 2008, 안현기 2009, 한경임 2012)가 있는가 하면 'ㅆ'의 f0가 더 높다는 연구(안현기 1999ㄴ, 윤규철 2002)도 있다. 이러한 차이는 폐쇄음에서 드러나는 평음과 경음의 발성 차이가 마찰음인 'ㅅ'과 'ㅆ'에 똑같이 일어나는 것이 아님을 추측하게 해 준다. 〈그림 3.69〉는 'ㅅ'보다 'ㅆ'의 f0가 높게 측정된 예이다.

정리해 보면, 윤상갑상근의 활동은 성대를 긴장시키기는 해도 음의 높낮이에는 큰 영향을 주지는 않으며, 성대 내부에서 성대를 긴장시키는 성대근 그리고 설골과 갑상연골을 상승시키는 설골상근이 음의 높낮이에 영향을 주는 것으로 보인다. 한편 김미령(2000), 이혜숙(2010)에서는 고모음의 음높이가 저모음에 비해 높다고 하였는데, 고모음이 설근 및 설골과 갑상연골을 상승시키기 때문인 듯하다.

79) 김미령(2000, 2014), 조태홍·전선아·Ladefoged(2000), 강경호·Guion(2008), 오은진(2011), 변희경(2016), 권성미(2019) 등을 참고할 수 있다.

80) 강현숙·Dilley(2007ㄱ)에서는 모음 간 격음의 f0가 평음에 비해 높다고 하였고, 김한중(2023)에서는 모음 간 평음보다 경음, 격음 뒤의 f0가 다소 높기는 하지만 어두만큼 분명하지는 않다고 하였다.

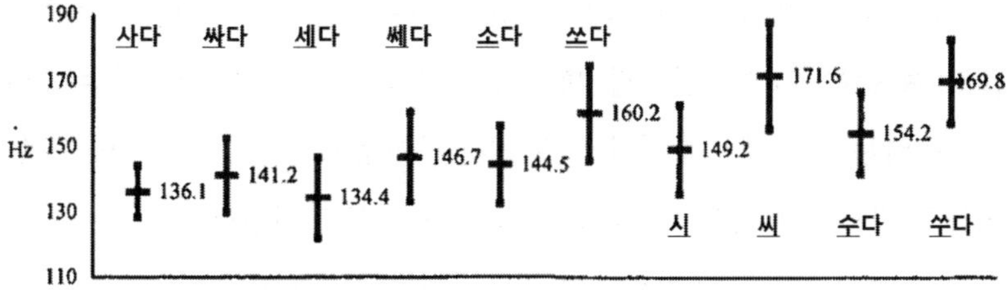

〈그림 3.69〉 'ㅅ'과 'ㅆ'의 후행 모음 f0(윤규철 2002:178)

또 다른 마찰음 'ㅎ'은 발성 유형에 따른 대립이 없다는 점에서 같은 계열에서의 비교 대상이 없다. 강윤정(2014)에서는 평음, 경음, 격음과 함께 'ㅎ'과 'ㄴ'에 후행하는 모음의 f0도 측정하여 비교하였는데, 〈그림 3.70〉은 그중 남성의 평균을 출생연도별로 보인 그래프이다.

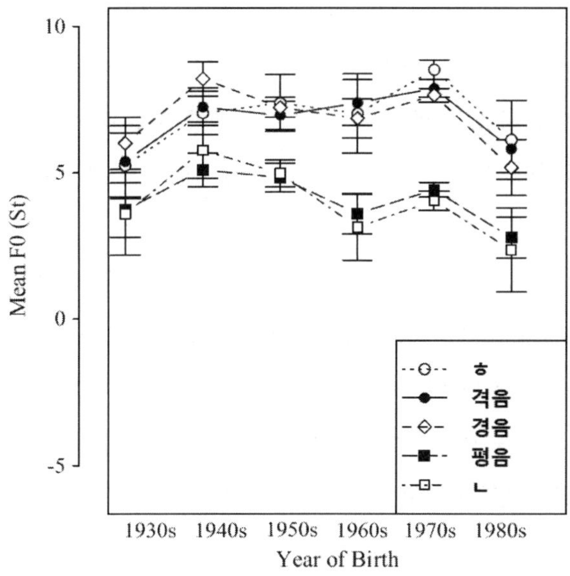

〈그림 3.70〉 후행 모음의 f0(강윤정 2014:83)

〈그림 3.70〉에서 'ㅎ'은 경음, 격음과 비슷하고 'ㄴ'은 평음과 비슷함을 보여 준다. 'ㅎ'을 발음할 때의 성대의 긴장이 경음, 격음과 비슷한 수준이라는 점도 흥미롭지만, 어두에서 무성음으로 실현되는 평음이 유성음인 비음과 비슷한 정도라는 점도 흥미롭게 여겨진다.

앞서 언어 사용자에 따라 평음과 격음의 VOT에 차이가 있음을 언급한 바 있는데, 그에 대한 연구들은 대체로 f0도 함께 고찰하여 왔다. 그 결과 청년층 또는 여성의 경우 평음과 격음의 VOT 차이가 적다는 점에는 대체로 일치하지만, 그들에게서 평음과 격음의 f0 차이가 더 두드러진다는 연구(장혜진 2013ㄱ, 강윤정 2014 등)가 있는가 하면, 두드러질 것은 없다는 연구(오은진 2011, 변희경 2016, 김진우 2021, 김한중 2023 등)도 있다. 한편 오은진(2011)에서는 평음과 격음에 후행하는 모음 중간 지점에서의 f0 차이가 헤르츠 척도로는 남성에 비해 여성이 크지만 반음 척도로는 성별 차이가 없다고 하여 흥미를 끈다.

강경호·Guion(2008)에서는 평음과 격음을 강조해서 발음할 때에 청년층과 장년층이 VOT와 f0에 어떠한 변화를 주는지를 연구하였다. 발화 양식을 대화, 인용형, 단어쌍의 셋으로 나누었는데, 대화란 목표 단어를 주고 그 단어가 쓰이는 맥락을 설명하게 하는 것이고, 인용형이란 "__ 하세요"와 같은 틀문장을 읽는 것이며, 단어쌍은 '단단하다, 탄탄하다'와 같은 쌍을 보여 주고 가능한 한 또렷하게 읽으라고 한 것이다. 그 결과 분명한 구별을 위하여 장년층은 VOT를 이용하는 반면 청년층은 VOT와 f0를 모두 이용하되 f0를 더 이용한다고 하였다.[81] 청년층은 평음과 격음을 구별하는 데에 f0가 더 중요한 단서라고 여기는 것이다.

81) 강경호(2010ㄱ)은 이렇게 세 가지로 녹음된 자극에 대한 지각 실험인데, 단어쌍으로 녹음된 자료에 대한 정답률이 높게 나왔다.

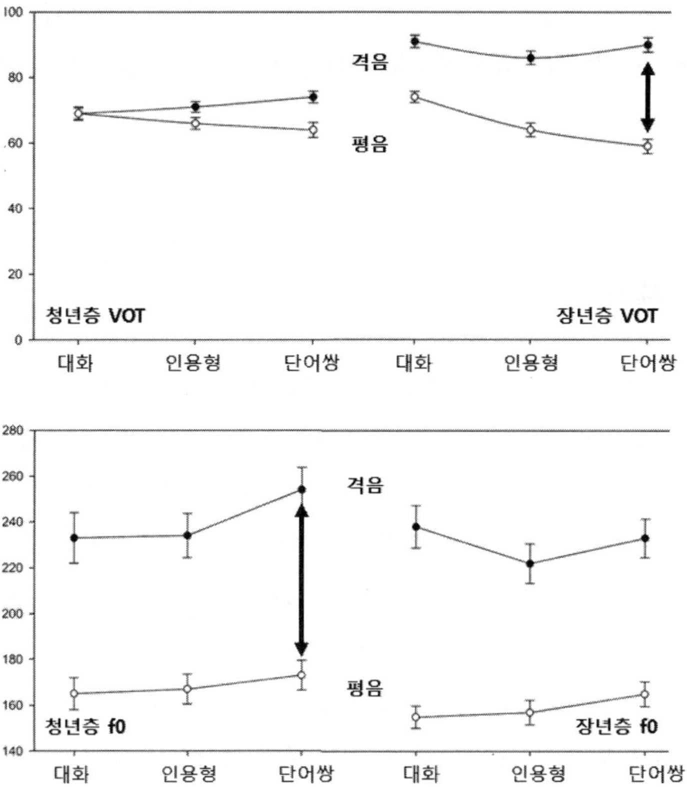

〈그림 3.71〉 청년층과 장년층의 VOT와 f0 증강(강경호·Guion 2008:3913~3914)

지역과 관련하여, 서울 화자와 경상도 화자를 비교한 연구에서는 서울 화자가 상대적으로 평음과 긴장음 사이의 f0 차이가 크다는 결과가 얻어졌다(이현정·Jongman 2012, 장혜진 2012). 권성미(2019, 2021)에서는 부산 화자의 연령별 VOT, f0와 아울러 단어 내의 성조 최고점과 최저점도 측정하여 상관 관계를 살폈다. 부산 화자도 젊을수록 평음과 격음의 VOT 차이가 적고 f0 차이는 큰데, 최고점과 최저점의 높낮이 폭이 연령 및 평음과 격음의 VOT 차이와 높은 상관 관계에 있음을 밝혔다. 즉 연령이 높을수록 성조의 높낮이가 분명하고 평음과 격음의 VOT

가 크다는 것인데, 청년층은 성조의 높낮이 차이가 적고 평음과 격음의 구별에 VOT보다는 f0를 이용할 여지가 열려 있다는 것으로 해석하고 있다.

3.4 세기

말을 하다 보면 힘주어 강하게 말하기도 하고 중요한 부분에서 오히려 숨죽여 작게 말하기도 한다. 이는 발화 상황에 맞춰 자연스럽게 이루어지는 것인데, 그러한 강약은 발화의 조건을 제약해야 하는 실험 연구에서는 다루기가 어렵다.[82] 따라서 음성학에서 다루어지는 강도는 의식적으로 조절하지 않는 것들에 한정되고는 한다.

가장 많은 관심을 받은 것은 자음의 발성 유형에 따른 강도의 차이이다. 강도의 측정 대상은 자음의 소음 부분 또는 자음에 후행하는 모음이다. 소음 부분의 강도란 폐쇄음의 경우 파열 순간의 진폭 즉, 얼마나 많은 기식이 얼마나 빨리 빠져나오는가를 말한다고 할 수 있다. 평음, 경음, 격음 중에서 격음이 성문이 열린 상태에서 오랜 폐쇄 기간 후에 개방이 되므로 가장 강할 것으로 예상할 수 있다.

조태홍·Keating(2001)에서는 'ㄷ, ㄸ, ㅌ'의 평균 제곱근(root mean square, RMS) 파열 에너지를 측정하였다. 평음과 격음은 개방 후 10㎳, 경음은 개방 후 5㎳로 후행 모음이 시작되기 이전 부분의 강도를 측정하였는데 격음은 어느 운율 단위에서나 경음보다 강하고, 평음은 발화 초와 억양구 초에서는 경음보다 강하지만 강세구 초에서는 경음보다 약

82) 성조의 높낮이를 측정하면서 세기를 함께 측정한 연구(전학석 1993)가 있기는 하지만 억양과 관련하여서 강도를 측정한 연구는 찾아보기 어렵다.

한 것으로 측정되었다. 박선영·성철재(2022)에서는 폐쇄음의 파열 부분 5㎳의 에너지 총량을 비교하였는데 발성 유형별로는 격음 〉 경음 = 평음의 순서이며, 조음 위치별로는 연구개음 〉 치조음 〉 양순음의 순서라고 하였다. 후행 모음의 강도를 함께 고려에 넣은 조태홍·전선아·Ladefoged (2000, 2002)에서는 상대적 파열 에너지(relative burst energy)라고 하여 파열 시점의 에너지를 분자로 하고, 후행 모음 중간 시점의 에너지를 분모로 한 비율을 계산하였다. 발성 유형별로는 격음 〉 평음 〉 경음의 순서이며 조음 위치별로는 연구개음 〉 치조음 = 양순음의 순서라고 하였다.

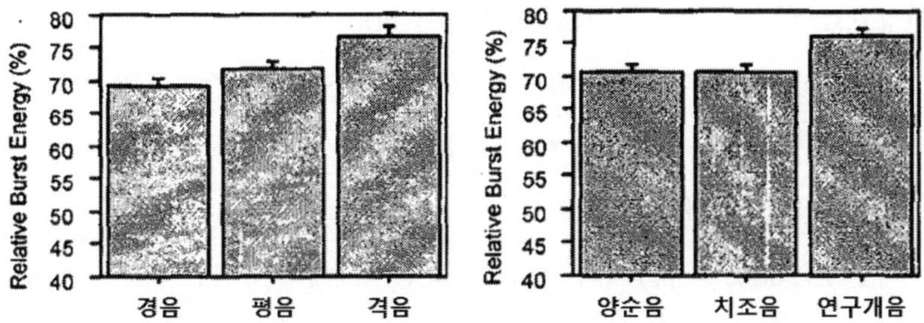

〈그림 3.72〉 조음 위치와 파열 강도(조태홍 외 2000:123~124)

반면 김미란(1994)에서는 어두 폐쇄음의 파열 강도가 발성 유형별로 통계적으로 유의미한 차이가 없다고 하였고, 김미령(2014)에서는 폐쇄음의 여섯 지점에서 강도를 측정하였는데, 경음이 가장 강하고 격음과 평음의 차이는 없다고 하여 앞선 연구들과는 다른 결과를 보였다.[83]

83) 김현기·이은영·홍기환(2002)에서도 강도가 측정되었지만 통계 처리가 되지 않았다. 수치만 보면 평음과 격음은 비슷하고 경음은 그보다 조금 높으며 'ㅅ'과 'ㅆ'은 차이가 없다.

소음 부분이 아니라 후행 모음의 강도를 측정하기도 하는데, 경음과 격음의 후행 모음이 높게 실현되면서 다소 큰 소리로 실현되는 것으로 보인다. 후행 모음의 강도는 시작 부분에서만 측정되기도 하고 뒤쪽에서도 측정되기도 한다. 모음 시작 부분의 경우 김진우(1965)에서는 격음과 경음이 평음에 비해서 강도가 크다고 하였고, 김원보·변길자(2014)에서는 격음 〉 평음 〉 경음의 순서라고 하였다. 이경희·정명숙(2000)에서는 모음의 안정 구간 내에서 강도가 가장 높은 지점에서 측정하였는데, 격음과 경음이 같고 평음은 둘보다 약하다는 결과를 얻었다. 조태홍(1996)에서는 모음의 전체적인 강도가 경음이 가장 강하고 격음과 평음은 비슷하다고 한 바 있다. 신지혜(1996)에서는 모음 간 평음과 경음을 대상으로 하여 파열 후 80㎳ 지점에서 800~1750㎐ 영역의 에너지와 1750~4000㎐ 영역의 에너지를 따로 측정하고 두 주파수대의 비율, 즉 후자에 대한 전자의 비율을 계산하였는데, 평음이 경음에 비하여 큰 수치를 보였다고 한다.

박한상(2003)에서는 후행 모음의 특정 지점만이 아니라 여러 지점의 강도를 측정하기도 하였는바, 모음 전체와 시작 부분, 문두와 모음 간에서 강도의 차이를 정리하면 〈표 3.22〉와 같다.

<table>
<tr><th></th><th>모음 전체</th><th>시작 부분</th></tr>
<tr><td>문두</td><td colspan="2">경음 〉 격음 〉 평음</td></tr>
<tr><td>모음 간</td><td>경음 〉 평음 = 격음</td><td>경음 〉 평음 〉 격음</td></tr>
</table>

〈표 3.22〉 장애음에 후행하는 모음의 강도(박한상 2003)

문두에서 경음이 격음보다 강하다는 점이 특징적이다. 모음 사이에서 평음의 강도가 높게 나타나는 것은 평음이 유성음으로 실현되어 성대가 활발하게 진동하고 있기 때문이라고 보았다.

마찰 부분의 강도를 측정한 연구는 많지 않다. 윤규철(2002)에서는 'ㅅ, ㅆ'을 대상으로 하여 마찰 부분의 에너지에서 후행 모음의 에너지를 뺀 값을 구해 〈그림 3.73〉과 같이 비교하였다.

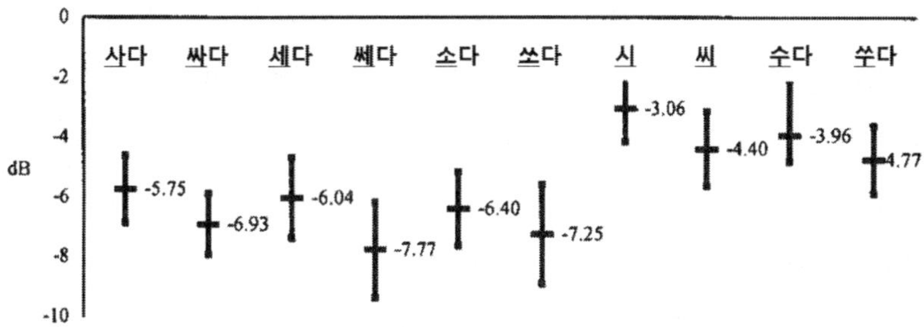

〈그림 3.73〉 마찰 부분의 강도(윤규철 2002:175)

마찰 부분의 강도가 모음에 비하여 낮기 때문에 모든 수치가 음수인데, 대체로 'ㅅ'이 'ㅆ'보다 강도가 높다고 할 수 있다. 'ㅣ, ㅜ'에 앞서는 마찰음은 비교적 큰 값을 지니는데, 이들은 소음의 중심 주파수가 낮다는 공통점을 지닌다. 반면 이고운(2017ㄴ)에서는 'ㅅ, ㅆ, ㅈ, ㅉ, ㅊ'의 마찰 부분의 강도를 측정하여 비교한 바가 있는데, 통계적으로 유의미한 차이가 찾아지지 않는다고 하였다.

마찰음과 파찰음의 경우는 마찰 부분의 강도가 최고점에 이르기까지의 시간인 에너지 상승 시간을 측정하기도 하였다. 이고운(2017ㄴ)에서는 어두에서 마찰음의 에너지 상승 시간이 파찰음에 비해 길지만, 'ㅅ'과 'ㅆ'은 통계적으로 유의미한 차이를 보이지 않는다고 하였다.[84] 이석

84) Han and Weitzman(1970), 조태홍(1996)에서는 폐쇄음의 후행 모음이 시작되는 부분의 강도(RMS)가 드러내는 각도를 관찰하였는데 경음 〉 격음 〉 평음의 순서로 가파르

재·장재웅·김태경·김정아·장윤자·성제현·임수경·김종덕(2008)에서는 어두의 'ㅅ'과 'ㅆ'은 차이가 없지만 어중에서는 'ㅆ'의 에너지 상승 시간이 'ㅅ'보다 더 길다고 하였다. 에너지 상승 시간은 마찰 자체의 길이와 관련되었을 수가 있는데, 'ㅆ'의 마찰 길이가 어두에 비해 비어두에서 확연히 길다는 점이 반영된 것으로 이해된다.

한편 음성의 강도는 폐쇄음의 실현에 있어서 폐쇄의 여부 혹은 폐쇄의 정도를 가늠하기 위해 측정되기도 한다. 이는 폐쇄가 온전할수록 강도가 낮다는 점에 착안한 것이라 할 수 있는데, 이숙향(1995, 1997)에서 폐쇄의 여부를 스펙트로그램으로 판단하였던 것을 수치로 드러내기 위한 방법이라 여겨진다. 이러한 방법을 통해 모음 간 폐쇄음과 파찰음의 폐쇄 여부(성제현·김진형 2019, 홍은영 2021, 전진호 2022), 'ㅆ' 앞 폐쇄음의 폐쇄 여부(홍은영 2019)가 관찰되었다.

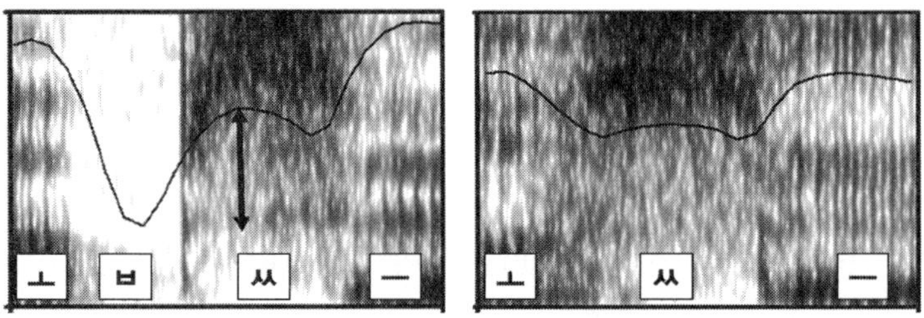

〈그림 3.74〉 'ㅂㅆ' 연쇄에서의 폐쇄와 강도(홍은영 2019:241)

〈그림 3.74〉는 둘 모두 '뽑습니다'의 첫 두 음절 일부의 스펙트로그램이다. 왼쪽은 종성의 'ㅂ'에서 양순이 온전히 폐쇄된 것임에 반해 오른쪽은 양순 폐쇄가 일어나지 않은 발음이다. 폐쇄가 온전하게 이루어지는지 약간의 틈이 발생하지는 않는지 하는 상태를 객관적으로 수치화

게 상승한다고 하였다.

할 수 있는 것이 폐쇄 부분의 강도와 마찰 부분의 강도의 차이인 것이다. 폐쇄가 온전한 쪽에 가까울수록 왼쪽 그림의 화살표와 같이 차이가 큰 값을 지니게 된다. 홍은영(2021), 전진호(2022), 전진호·웅연(2024)에서는 모음이나 유음에 후행하는 폐쇄음과 파찰음의 폐쇄를 살폈는데, 폐쇄 부분의 강도를 후행 모음과의 비교를 통하여 수치화하였다. 성제현·김진형(2019)은 전화 대화 자료와 단어 읽기 자료를 비교하였는데, 선행 모음 최고점과 폐쇄 부분 최저점을 비교하고 후행 모음 최고점과 폐쇄 부분 최저점을 비교하였다.

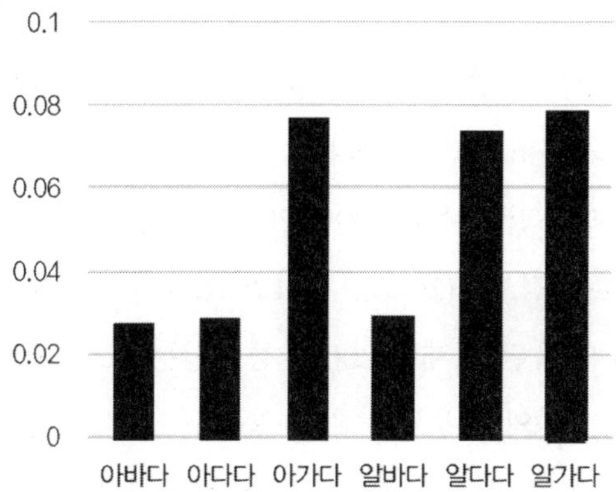

〈그림 3.75〉 폐쇄 구간의 RMS 비율(전진호·웅연 2024:135)

〈그림 3.75〉는 모음과 유음 뒤 'ㅂ, ㄷ, ㄱ'의 폐쇄 구간에서 구한 RMS 에너지를 후행 모음의 RMS 에너지에 대한 비율로 나타낸 것이다. 수치가 클수록 폐쇄가 온전하지 않음을 뜻하는데, 'ㄱ'이 그 정도가 가장 심하고 'ㅂ'이 가장 약함을 알 수 있다. 흥미로운 점은 '아다다'와 '알다다'의 차이인데, 'ㄷ'은 모음 뒤에서는 폐쇄가 잘 되지만 'ㄹ' 뒤에서는 그보다 덜하여 'ㄱ'과 비슷한 수준인 것이다. 설측음인 'ㄹ' 뒤에서

‘ㄷ’을 발음하기 위해서는 혀 옆쪽만 폐쇄하면 됨에도[85] 그 동작이 잘 이루어지지 않는다는 것인데, 조음 위치의 면에서 동일한 연쇄인 ‘ㄹㄴ’에서 ‘ㄴ’의 폐쇄도 이러하다면 이는 순행적 유음화를 설명하는 데에 도움이 되리라 여겨진다.

비음의 음향 에너지를 측정한 연구도 있다. 조태홍·Keating(2001)에서는 억양구 초, 강세구 초, 단어 초에서 비음 부분 내에서 가장 강도가 약한 부분의 RMS 에너지를 측정하였는데, 운율 단위의 크기가 클수록 비음의 강도는 약하다고 하였다.[86] Yoshida(2008)에서는 탈비음화의 확인을 위하여 비음 측정기(nasometer)를 사용하였는데, 비강과 구강 앞에 따로 센서를 두고 각각에서 나오는 음향 에너지의 합을 분모로 하고 비강으로 나오는 음향 에너지를 분자에 둔 비율을 구하였다. 이를 비음도(비성도, nasalance)라고 한다.

의학 분야의 연구인 강수균(1999, 2000), 강수균·박선희(2000), 김성일·백진아·신효근·김오환(2000), 김성일·조상기·고승오·신효근(2000), 황영진·김하경·정옥란·이재홍(2007) 등에서는 모음의 비음도를 측정하기도 하였다. ‘ㅣ’의 비음도가 가장 높다는 점은 공통되지만, 고모음의 비음도가 늘 높은 것은 아니라고 한다. 비음성과 관련한 실험 단어에서 후행 모음을 결정할 때 참고할 수 있으리라 여겨진다.

85) 이호영(1996:74, 83)에는 이처럼 혀 가운데 폐쇄를 유지한 채 옆을 폐쇄하는 ‘ㄷ’과 ‘ㅈ’의 변이음 [ˡd], [ˡʧ]가 소개되어 있다.

86) 신슬기·Tremblay(2018)에서는 강세구 초에서 탈비음화되어 발음된 비음을 강세구 중간에 넣고 들려 주었더니 강세구 초에 비해 덜 정확히 지각되었다고 한다.

4

지각과 판단

Perception
and
Judgement

4. 지각과 판단

4.1 실험 방법

피험자에게 어떤 음성을 들려 주고 그것에 대한 판단을 알아 보는 실험을 음성 지각 실험, 줄여서 지각 실험이라고 한다. 그 판단이란 '이 소리는 어떤 음이다', '자연스러운 발음이다', '이 소리와 저 소리는 비슷하게 들린다' 등과 같다. 이러한 청취를 지각(perception)이라고 한다면, '어떤 단어로 들린다'와 같이 뜻과 소리를 모두 지닌 언어 단위를 청취하여 판단하는 것은 인지(재인, recognition)라고 하여 구분하기도 한다. 여기서 다루는 것은 주로 음성 지각에 해당된다.

지각 실험이라고 하였을 때 가장 흔하게 접할 수 있는 실험은 식별 실험(identification task)과 구별 실험(discrimination task)이다. 식별 실험은 피험자에게 자극 하나를 제시하고 그것이 어떠한 소리인지를 선택하게 하는 실험인 반면, 구별 실험은 둘 이상의 자극을 제시하고 그들의 동일성 혹은 유사성을 판단하게 하는 실험이다.

식별 실험은 한국어 음성 지각 연구에서 가장 많이 행해졌다고 할 만한데, 그중에서도 평음, 경음, 격음을 구별하여 지각하는 실마리를 찾기 위한 연구에서 많은 실험이 이루어졌다. 예를 들어, VOT를 길고 짧게 조작한 자극을 이용하여 그것이 얼마나 길면 격음으로 지각하고 얼마나 짧으면 평음이나 경음으로 지각하는지를 관찰하는 것과 같은 실험이 그것이다.

구별 실험으로는 자극을 두 개 제시하는 AX 실험과 세 개 제시하는 AXB 혹은 ABX 실험이 흔하다.[1)] 전자는 제시된 두 음성의 동일성이나 유사성을 판단하는 것이고, 후자는 세 음성을 듣고 X에 위치한 음성이 A와 B 중 어느 것과 같거나 비슷한지를 판단하는 것이다. AX 실험은 음성적인 과정이나 지각 능력을 포착할 수 있어서 자극들 사이의 미세한 차이와 음향적 동일성 판단이 가능한 반면, AXB 실험은 음운론적인 과정에 대한 지각 능력을 포착하기 위해 고안되었다고 한다.[2)] 두 단어로 이루어진 쌍 두 개, 즉 모두 네 개의 자극을 제시하는 이중쌍 구별 실험(dual pair discrimination task)이라는 것도 있다.

지각 실험에는 식별 실험과 구별 실험 외에 음소 탐지 실험(phoneme-monitoring task)이나 따라하기 실험(shadowing task), 모방 산출 실험(mimicry, imitation task), 속도 분류 실험(speeded classification task) 등도 있다. 음소 탐지 실험이란 특정한 음소를 피험자에게 제시한 후 그 음소가 포함되거나 포함되지 않은 음성 연쇄를 들려 주고 해당 음소가 들렸는지 아닌지를 재빨리 응답하는 실험이다. 따라하기는 들은 그대로 음성을 그대로 흉내내는 것이 아니라 들은 단어에 대한 피험자 자신의 발음을 알기 위한 것인 반면, 모방 산출은 말 그대로 들은 것과

---

1) 구별 실험은 외국어 관련 연구에서 많이 보인다. AX 실험은 강순자·이상도(2002), 윤은경·이호영(2014), 남영자(2018ㄱㄴ) 등에서, AXB 실험은 강순자·이상도(2002), 서혜진(2017), 박신재(2018) 등에서 실행된 바 있다.

2) 한정임(2009ㄴ)에서는 같은 내용을 두 가지 방법으로 실험하기도 하였는데, 음소적 차이와 관련하여서는 AX와 AXB의 정답률에 차이가 없었지만 변이음적 차이에서는 대략 80% 대 58%로 AX 실험의 정답률이 높았다고 한다. 정윤자(2010)에서는 f0를 고정한 평음, 경음, 격음에 대하여 AX와 ABX를 모두 시행하였는데, 전자의 정답률은 83.16%이고 후자의 정답률은 70.60%라고 하였다.

최대한 똑같이 발음하게 하는 실험이다. 속도 분류 실험은 두 음성을 듣고 그 둘의 어떠한 속성이 다른지를 재빨리 선택하는 실험이다.

지각 실험은 산출 실험에 비해 피험자에게 실험과 관련한 이해를 요구하는 일이 많다. 그저 종이나 화면에 적힌 내용을 읽거나 빈칸을 채워 말하는 것과는 다른 것이다. 친절한 설명이 있어야 함은 물론이거니와 본 실험에 들어가기에 앞서 약간의 연습을 하는 것이 좋다. 가장 단순하다고 할 수 있는 식별 실험의 경우도 그러한데, 여러 자극들이 귀에 익숙해질 수 있도록 그리고 반응하는 방식에도 익숙해질 수 있도록 연습을 하는 것이 좋다. 연습은 본 실험에 쓰이는 자극의 일부를 이용하기도 하고, 실험과 무관한 자극을 만들어 이용하기도 한다. 후자의 경우를 예로 들면 한정임·최태환·최영미(2012)의 음소 탐지 실험에서는 '우편번호', '생성구이'를 들려 주고 '편'의 종성 'ㅁ'이나 '성'의 종성 'ㅇ'이 들리는지를 묻는 본 실험을 앞두고 연습에서는 종성의 장애음 'ㅂ'이나 'ㄱ'이 들리는지를 묻는 것이다. 한정임(2015)는 비음화, 조음위치동화와 관련된 따라하기 실험인데, 연습 시에는 이들 동화 현상이 없는 단어들을 소리 내어 따라하게 하는 연습을 시킨 바 있다.

실험을 설계할 때에는 목표가 되는 실험 자극 이외에 실험과 무관해 보이는 다른 자극들을 포함시켜야 할 경우가 있다. 실험이 진행되다 보면 피험자가 실험의 의도를 알아채고 본인의 언어 지식과는 다른 반응을 보일 수가 있는데, 물론 모든 피험자가 그러한 것은 아니지만, 그리할 가능성을 줄일 필요는 있다. 이를 위해 실험 자극의 중간중간에 넣는 자극을 삽입 자극(filler)이라고 한다. 삽입 자극은 실험 자극들 사이의 연관성이나 근접성으로 인해 반응이 영향을 받는 이월 효과(carryover effect)를 막기 위한 자극이라고도 할 수 있는데, 본 자극과 같은 형태의 자극이지만 실험 목표와는 무관한 자극을 말한다. 삽입 자극은 산출 실험에서도 이용될 수 있는데, 예를 들어 '이어'와 같이 모음 연쇄를 녹음한다고 할 때 계속 그러한 발음을 시키기보다는 중간중간에 '가게'와 같이 모음이 연쇄를 이루지 않은 발음을 시키는 것이다. 한편 비슷한 자극과 반응이 이어지다 보면 피험자는 자극에 주의를 기울이지 않고 별 생각 없이 반응을 보일 수도 있다. 어떤 버튼을 계속 누르다 보면 듣지도 않고 관성적으로 누르기도 하는 것인데, 이를 방지하기 위한 것이 주의 자극(foil)이다. 주의 자극은 관련된 실험 자극에 대한 반응에 영향을 주지 않기 위해 그보다 뒤쪽에 배치하여야 한다.

자음군 단순화와 관련된 실험(조태홍 2010)에서 그들 자극의 예를 보이면 다음과 같다.

① "종성 ㅂ이 있는가?" [구두로 발떠라도]
② "종성 ㄴ이 있는가? [담배를 끈터라도]
③ "종성 ㄱ이 있는가?" [두 발로 발떠라도]

실험 자극은 ①로서 ㄼ 자음군을 지닌 어간의 활용형을 들려 주고 그 속에 종성 'ㅂ'이 있다고 듣는지를 알기 위한 것이다. ②는 삽입 자극이다. 실험자가 자음군 단순화를 알아보고자 한다는 것을 피험자가 눈치채지 못하도록 그것과 무관한 어간의 활용형을 들려 주는 것이다. ③은 ①에 대한 주의 자극으로 똑같은 음성에 대하여 엉뚱한 종성이 들어 있는지를 묻고 있다. '밟다'에 종성 'ㄱ'이 들릴 리 없고 기저형을 '밝-'이라고 여길 리도 없으니 이를 통해 피험자의 주의를 환기시키는 것이다.

실험을 마친 후 분석 과정에서 표본의 일부를 버리는 경우도 있다. 이는 통계를 연구자의 논리에 맞게끔 조작하기 위한 것이 아니라 오히려 통계를 망칠 수 있는 이상치(outlier)를 제거함을 뜻한다.

반응 시간을 측정하는 경우에는 기계 조작이 미숙하여 반응이 지나치게 늦거나 자극이 제시되기도 전에 반응을 하는 경우가 있어 이상치에 특히 신경을 써야 한다. 김윤현(2007)에서는 반응 시간이 1.5초를 넘는 반응을 제외하기도 하였고, 한정임·최태환·최영미(2012)에서는 1.2초를 넘는 반응을 제외함과 아울러 평균 반응 시간이 0.75초를 넘는 피험자의 표본 전체를 제외하기도 하였다. 김현·배윤정(2017)에서는 개인별로 상하위 5%의 반응 시간을 제외하였다. 한편 정답이 정해져 있는 AX 실험 또는 AXB 실험의 경우 한정임(2009ㄱㄴ)에서는 정답률이 20% 혹은 25% 이하인 피험자의 표본은 취하지 않았고, 한정임·최태환·최영미(2012)에서는 음소 탐지 실험에서 정답률 20% 이하인 피험자는 통계에서 제외하였다. 응답의 신뢰도를 높이기 위해 표본 일부를 버리기도 한다. 이호영·손남호(2007)에서는 30명의 피험자에게 억양의 자연성을 물었는데, 본 실험이 끝난 후 몇 개의 자극을 골라 다시 실험을 실시하고, 본 실험 결과와의 일치도가 80% 미만인 피험자의 표본을 제외하여 분석을 진행하였다.

4.2 자극과 반응

4.2.1 자극 종류

4.2.1.1 합성된 음성

피험자에게 들려 줄 자극은 음성 합성 프로그램을 이용하여 합성하여 만들기도 한다. 주로 모음을 합성하는데,[3] 아무래도 사람이 발음한

3) 자음을 합성하여 자극으로 이용한 연구는 많지 않은데, 김미란(1994)에서 음성 합성 프로그램으로 '다, 따, 타'를 만들고, 그 음성의 VOT, f0, 강도를 조절한 자극을 이용한 바

음성과는 달리 부자연스럽기가 쉽지만, 원하는 주파수로 자유롭게 포먼트 구조를 만들어 낼 수 있다는 장점이 있다. 양병곤(1995, 1996ㄴ), 최양규·신현정·권오식(1997), 최양규·신현정(1999), 최양규(2001, 2003), 윤지현·성철재(2013) 등에서 이렇게 만들어진 자극을 이용하였다.

모음을 합성할 때에는 F1, F2뿐만 아니라 상위 포먼트들도 적절하게 정하여 합성하여야 한다. 최양규·신현정·권오식(1997)에서는 F1과 F2만으로 모음을 합성하였는데 어떤 자극에 대해서도 그것이 'ㅡ'로 들린다는 반응을 얻지 못했다고 한다. 이후 최양규·신현정(1999), 최양규(2001, 2003)에서는 F3~5도 추가하여 모음을 합성하였는데, F3의 경우 'ㅣ'만은 3040㎐, 나머지 모음은 모두 2600㎐로 고정하였으며, F4, F5는 각각 3300㎐, 3850㎐로 하였다. 자극마다 F3를 달리 정하기도 하는데, 양병곤(2014)에서는 F1과 F2의 조합을 먼저 만들고 Nearey(1989: 2095)에서 제안된 다음의 식에 따라 F3를 정하여 자극을 만들었다. F4는 3500㎐를 부여하되 F3가 3500㎐ 이상이 되면 3800㎐로 하였다고 한다.

F2가 1500㎐ 이하인 경우: $F3 = 0.7866 \times F1 - 0.365 \times F2 + 2341$
F2가 1500㎐ 이상인 경우: $F3 = 0.52 \times F1 + 1.19 \times F2 + 57$

합성한 자극이 자연스러운 음성에 보다 가까워지기 위해서는 포먼트의 주파수 이외의 속성에도 신경을 기울여야 한다. 최양규·신현정(1999), 최양규(2001, 2003)에서는 각 포먼트의 대역폭을 F1부터 F5까지 각각 60㎐, 90㎐, 200㎐, 200㎐, 150㎐로 차이를 두었고, 소리의 세기는 처음 120㎳ 동안은 10㏈에서 65㏈로 커지고 다음 100㎳ 동안은

있으며, 윤규철(1999)의 자극 중에는 합성된 '사'와 '싸'가 포함되어 있다.

그대로 유지하다가 마지막 200㎳ 동안 서서히 작아져 30㏈이 되도록 하였다. 또한 소리의 높낮이는 첫 20㎳는 140㎐, 나머지 300㎳는 140㎐에서 113㎐로 낮아지도록 하였다.

4.2.1.2 녹음된 음성 자체

지각 실험에 많이 이용되는 자극은 합성된 음성보다는 사람이 녹음한 음성이다. 그러나 그 대부분은 녹음된 음성의 특정한 음향적 속성을 조작하여 새로운 자극을 만들며, 녹음된 음성을 그대로 자극으로 이용하는 경우는 그리 많지 않다. 많은 실험들이 관찰하고자 하는 속성에 대해 연속선상에 있는 자극들을 제시하고 그들에 대한 피험자의 판단을 요구하기 때문이다. 어떤 음성을 듣고 그것이 A인지 B인지를 판단하는 식별 실험을 할 때에 같은 언어를 사용하는 사람이 A라고 발음한 것과 B라고 발음한 것만을 자극으로 이용한다면, 그 반응은 전자에 대해서는 거의 A, 후자에 대해서는 거의 B라는 판단이 나올 것이고 더 이상 얻어낼 정보가 없기 때문이다.

그렇다고 하여 녹음된 음성 자체를 자극으로 이용할 수 있는 실험이 없는 것은 아니다. 예를 들어 대구의 청년층과 장년층이 'ㅡ'와 'ㅓ'를 구별하여 듣는지를 비교하는 실험에서는 굳이 'ㅡ'와 'ㅓ'의 사이에 위치할 만한 자극을 만들어 쓰지 않고 녹음된 음성을 그대로 이용할 수가 있다(장혜진·차재은·신지영 2008). 또한 자음이 초성에 있을 때와 종성에 있을 때 어느 경우에 더 정확하게 지각되는지를 알아보기 위한 실험에서도 녹음된 음성을 그대로 이용할 수가 있을 것이다(오미라 2002).

녹음된 음성을 그대로 자극으로 이용할 때에 주의하여야 할 것이 있는데, 자극이 실험 의도에 맞게 제대로 녹음되었는가 하는 점이 바로 그것이다. 원순모음화와 관련하여 여러 자음 뒤의 'ㅡ'와 'ㅜ'를 지각하는 실험에서, 예를 들어 녹음된 '으브'를 '으부'로 듣지는 않는지, '으드'를 '으두'로 듣지는 않는지 알아보고자 한다면, 녹음된 '으브'와 '으드'의 둘째 음절 모음이 분명하게 'ㅡ'로 발음된 것인지 혹시 'ㅜ'로 또는 조금이라도 'ㅜ'에 가깝게 발음되지 않았는지를 확인하여야 할 것이다. 신우봉(2010)에서는 산출 실험을 통해 평균을 구하고 그 평균에 가까운 음성을 선별하여 지각 실험의 자극으로 사용함으로써 그러한 문제를 해결하고자 하였다.

한편 동일한 기저 구조에서 도출되는 서로 다른 표면형 중 어떤 것을 가장 자연스럽게 여기는지를 판단하게 하는 실험에서 녹음된 음성을 그대로 이용하기도 한다. '가두-어'에서 실현될 수 있는 몇 개의 표면형 '가두어, 가두워, 가둬, 가더, 가도'를 녹음하여 피험자에게 들려 주고 그 자연성을 5점 척도로 판단하게 하는 실험(박나영 2012)이 그 예라 할 수 있다.

4.2.1.3 녹음된 음성의 교차 연결

교차 연결된 자극(cross-spliced stimulus)이란 두 음성 자료 각각을 절단하여 서로 교차하여 연결한 자극을 말한다. 컴퓨터 프로그램이 발달하기 이전에는 녹음된 테이프를 자르고 이어붙여 자극을 만들기도 하였다. Han and Weitzman(1970)에서는 두 음성 자료를 교차하여 연결한 것은 아니지만 테이프를 자르고 붙여서 자극을 만들어 지각 실험을 실시한 바 있다. 격음과 모음의 연쇄를 녹음한 후, 기식 부분을 조금씩 잘라내고 이어붙이면서 기식 길이가 서로 다른 자극들을 만들어 그것이 어떻게 들리는지를 알아본 것이다. 아무래도 잘라내고 이어붙이면 연결 부분의 소리가 자연스러울 수가 없었을 것이나 당시로서는 달리 방법이 없었던 것으로 이해된다. 요즘이라면 컴퓨터 프로그램을 이용하여 기식의 길이를 줄이고 늘여서 훨씬 자연스러운 음성을 만들었을 것이다. 경음의 개방 부분에 평음이나 격음 뒤의 모음을 붙인다거나 '살'과 '쌀'의 'ㅅ'과 'ㅆ'을 맞바꾸어 붙인다거나 하여 자극을 만드는 일(한정임 1996, 문승재 1997, 김미령 2000, 2001, 김미령·Bedder·Horrocks 2002, 강현숙 2012 등)은 현재로서 어려운 작업이 아니다.

2음절어를 녹음하여 한 음절씩 잘라 교차 연결을 하기도 하는데, 자음의 연쇄에서 선행 자음이 후행 자음의 영향을 받을 가능성을 차단하고자 하는 실험에서 그러한 자극을 만든 바 있다. 김성아(2003)에서는 'ㅂㄲ, ㄱㄸ' 등의 자음 연쇄에서 앞의 자음이 제대로 지각되는지를 알기 위한 실험을 설계하였다. 만일 '업꺼, 억떠'를 녹음하여 그대로 자극으로 이용한다면, 종성의 'ㅂ, ㄱ'이 후행하는 'ㄲ, ㄸ'의 영향을 받아 발음될 가능성이 있기 때문에 그렇게 하지 않고, '어뻐, 어꺼, 어떠'를 녹음한 후 'ㅃ, ㄲ, ㄸ'의 폐쇄 구간 중 적절한 곳을 절단하여 '어뻐'의 앞부분과 '어꺼'의 뒷부분을 연결하여 '업꺼'라는 자극을 만든 것이다.[4] '어뻐'의 '어' 부분이나 '업'의 '어' 부분이 모음의 길이에서나 전이에서나 거의 동일하기에 가능한 교차 연결이라 할 수 있다.[5] 박선우(2014), 한정임(2015)에서는 비음과 장애음이 연쇄를 이룬 단어에 대해 비슷한 교차 연결 방법이 사용되었다. 예를 들어 '암가'라는 자극을 만들기 위해 '암바'와 '앙가'를 녹음하여 각각에서 '암'과 '가'를 잘라 이어붙인 것이다.

---

4) EMA를 이용하여 자음 연쇄를 발음할 때의 조음 동작을 관찰한 실험에서 선행 자음의 폐쇄 이전에 후행 자음의 조음을 위한 동작이 시작됨을 살핀 바 있는데(〈그림 2.31〉 참조), 그러한 조음 동작이 선행 모음의 전이 부분에 반영되는 것이다.

5) Winters(2001)은 한국어를 대상으로 한 연구는 아니지만 자음 연쇄를 만드는 교차 연결 방식이 특이하다. C_iahaC_j 등을 녹음한 뒤 이를 자르고 앞뒤를 바꾸어 aC_jC_ia와 같은 자극을 만든 것이다.

녹음된 음성의 일부를 잘라내어 자극으로 사용한 경우도 있다. Hume, Johnson, Seo and Tserdanelis(1999)에서는 '카, 피, 투' 등의 음절을 녹음한 후, 파열 소음 부분만을 잘라낸 것과 전이를 포함하고 있는 10㎳ 정도의 기식 부분만을 잘라낸 것을 자극으로 들려 주고 어떤 자음인지를 판단하게 하였다.

4.2.1.4 녹음된 음성의 속성 조작

녹음된 음성을 자극으로 이용하는 대부분의 실험에서는 음성의 일부 속성을 조작(manipulation)하여 자극을 만든다. 음성이 지니고 있는 여러 속성은 평균적으로 어떠하다고는 말할 수 있지만 실제로는 매우 넓은 폭을 지니고 있으며, 평균에서 먼 음성일수록 상대적으로 덜 자연스럽게 받아들여지기 마련이다. 그 판단의 양상을 알기 위해서는 속성의 조작을 통해 그 넓은 폭의 음성을 자극으로 이용할 필요가 있는 것이다. 뿐만 아니라 실제로 듣기 어려운 음성이라고 하여도 범주의 경계를 알기 위해서 연속선상의 여러 자극을 만드는 일은 필요하다고 할 수 있다.

음성 분석 프로그램의 발달로 인하여 음성의 많은 속성들을 조작할 수 있게 되었지만 그렇다고 모든 속성이 쉽게 조작되는 것은 아니다. 예를 들어 음성의 강도를 조작하여 자극을 만들었다는 실험은 잘 찾아지지 않는다. 또한 배음들 특히 H_1과 H_2의 상대적인 강도는 성문의 개방과 직접적인 관련을 맺고 있으나 이를 조작하여 자극을 만든 실험은 보이지 않는다. 모음의 포먼트를 조작하는 것은 가능하여 그렇게 자극을 만든 실험이 있기는 하지만 조작된 음성이 자연스럽게 들리지는 않을 수가 있다.[6] 주로 조작되는 속성은 길이와 높낮이로서, 자음의 기류 방

6) 윤지현·성철재(2013)에서는 모음의 포먼트를 조작하였는데, 먼저 녹음된 음성으로부터 성문파와 포먼트를 분리하여 추출한 후 분리된 포먼트를 적절하게 조작한 후에 다

해 길이나 VOT, 모음의 길이, 성조, 장애음의 식별에 관여하는 후행 모음의 높낮이가 주된 조작 대상이 된다.[7)]

대부분의 자극은 범주적·평균적으로 서로 달리 발음되어 녹음된 두 음성 사이에 연속적으로 늘어설 수 있도록 만들어진다. 결정해야 할 것 중 하나는 서로 다른 범주에 속한 두 음성 중 어느 것을 원자료로 삼아 조작하는가 하는 점이다. 예를 들어 어느 정도의 VOT에서 '다'와 '타'가 구별되는지를 알기 위한 실험이라면 자극을 만드는 방법은 두 방향이 있을 것이다. 녹음된 '다'에서 일정한 간격으로 VOT를 길게 하면서 자극을 만드는 방향과 녹음된 '타'에서 일정한 간격으로 VOT를 짧게 하면서 자극을 만드는 방향이 그것이다. 사실 '다'와 '타'는 기식의 길이만 차이 나는 것이 아니라 다른 점에서도 차이를 보이기 때문에 '다' 또는 '타'를 원자료로 하여 VOT만을 조작할 경우 VOT 이외의 속성에 기반한 지각 판단이 이루어질 수 있다. 그러한 점에서 두 방향에서 조작한 자극을 모두 실험에 이용하기도 한다(김윤현 2007 등). 높낮이를 조작할 경우도 이러한 상황을 염두에 두어야 하지만, 꼭 그럴 필요가 있는 것은 아니어 보인다. 예컨대 김정선·de Jong(2007)에서는 '모이(LH, 모의)'와 '모이(HL, 먹이)'의 f0를 9단계로 조작하되 LH→HL 방향과 HL→LH 방향의 두 종류의 자극을 모두 만들었던 것에 반해, 후속된 연구라 할 김정선(2011)에서는 한 방향으로 조작한 것만을 자극으로 이용한 것

시 성문파와 합성하여 자극을 만들었다고 한다.

7) 길이를 조작함에 있어서 폐쇄 구간과 같이 아무 소리가 없는 구간의 길이를 늘이고 줄이는 것은 어려울 것이 없다. 반면 비음이나 마찰, 기식의 길이를 조작하는 경우, 어떤 연구에서는 일부분을 잘라내거나 어떤 부분을 복사하여 붙이기도 하는데, 그렇게 하면 절단면이 생기게 되어 연결 부분이 부자연스러울 수 있다. 따라서 많은 경우 해당 부분을 필요한 만큼의 비율로 늘이거나 줄이는 방법을 택하고 있다. 절단이든 확대·축소이든 그 경계는 파형에서 진폭이 0인 지점(부호 변환점, zero-crossing)에 두어야 불필요한 소음을 피할 수 있다.

이다. 후자의 경우, 높낮이의 조작은 원자료가 다르다고 하여 의미 있는 차이를 보이지 않았기에 즉, '모이(LH)'와 '모이(HL)'는 f0 이외에는 동일한 음성이라고 판단하였기 때문에 그리하였던 것이라 여겨진다.

'모이'의 경우와 같이 음성들을 구별하는 속성이 어느 한 가지라면 그 속성만을 조작하면 되겠지만, 실험의 대상이 되는 많은 음성들은 둘 이상의 속성에서 차이를 보이기 때문에 자극을 만듦에 있어서 더욱 신중해야 한다.8) 산출 실험을 통해 파악되는 음향적 차이를 충분히 인지하고 그것을 자극에 반영해야 하는 것이다. 예를 들어 어두의 평음, 경음, 격음은 VOT만이 아니라 후행 모음의 f0와 길이, H_1-H_2에서도 차이를 보인다. 비록 H_1-H_2는 조작하는 방법을 알지 못하기 때문에 그대로 두거나 교차 연결을 할 수밖에 없지만 f0나 후행 모음의 길이는 조작하는 것이 어렵지 않으니, 음성을 조작함에 있어서 어느 한 속성만 다루어서는 안 된다. 모음 간의 평음, 경음, 격음은 폐쇄 길이와 VOT, 후행 모음의 f0, 선행 모음의 길이도 차이를 보인다. 선행 모음의 길이는 평음과 경음의 구별에 중요한 요소이자, 공명음의 경우 단일 자음과 중첩 자음의 구별에도 관여하고 있으니 주의를 기울여야 한다. 판단의 대상이 되는 분절음뿐 아니라 그 인접음들이나 음절 구조 등에 대한 고려도 빼놓을 수 없다.

어두의 평음과 경음을 예로 하되 VOT와 f0의 두 속성만을 고려하여 자극을 어떻게 만들 수 있는지 생각해 보자. 산출 실험 결과 평균적으로 '다'의 VOT는 70㎳, f0는 110㎐이고, '따'의 VOT는 10㎳, f0는 170㎐

8) 음운론 연구자가 음성학 공부를 시작할 때에 염두에 두어야 할 부분이다. 음운론적으로 이분법적, 체계적, 경제적이던 것이 음성학적으로는 그렇지 않을 수 있는 것이다. 예를 들어 /ㅡ/와 /ㅜ/는 원순성만 차이 나는 음소이지만, 두 모음의 음성은 입술 모양만 다른 것이 아니라 성도의 모양도 다르다. 대립이라는 측면에서는 비경제적인 듯하지만 기능이라는 측면에서 보면 구별을 최대화하고 있는 셈이다.

라고 해 보자. 이를 토대로 하여 지각 실험을 위한 자극을 만든다고 할 때 우선 정해야 할 것은 자극들 사이에 어느 정도의 간격을 둘 것인가 하는 점이다. 만일 VOT는 10㎳, f0는 10㎐의 간격으로 한다면, 자극이 지닐 수 있는 속성은 각각 7개 등급이 된다.

① VOT: 70㎳, 60㎳, 50㎳, 40㎳, 30㎳, 20㎳, 10㎳
② f0: 110㎐, 120㎐, 130㎐, 140㎐, 150㎐, 160㎐, 170㎐

두 속성을 교차하면 모두 49개(=7×7)의 자극을 만들 수가 있다. 이 모두를 실험에 이용할 수도 있지만, 실험 시간이나 피험자의 피로도 등을 고려할 때 이것이 너무 많다고 판단되면, 속성의 간격을 넓혀서 자극의 수를 줄일 수도 있다. 물론 자극의 수는 통계를 위한 표본의 수와 관련된 것이므로 신중하게 판단하여야 할 것이다. 실험 목적을 고려하여 둘 중의 어느 한 속성을 중간 정도로 고정할 수도 있다. 예를 들어 f0를 '다'와 '따'의 중간인 140㎐로 고정하고 7등급의 VOT를 지닌 자극을 만들 수도 있고 VOT를 중간값인 40㎳로 고정하고 7등급의 f0를 지닌 자극을 만들 수도 있다. 물론 이때의 중간값은 단순히 수치상으로만 중간이 아니라 지각에 있어서도 어느 한 쪽으로 치우치지 않는 값이어야 할 것이다.

한편 극단의 값이 교차되어 현실 발음에서 거의 평음이나 경음으로 실현될 일이 없다고 판단되는 것을 제외할 수도 있다. 예를 들어 VOT 70㎳, f0 170㎐의 자극이나 VOT 10㎳, f0 110㎐의 자극 등을 제외할 수도 있고, VOT 70㎳에는 f0 110~120㎐의 두 자극, VOT 60㎳ 110~130㎐의 세 자극, VOT 50㎳ 120~140㎐의 세 자극과 같이 실제로 들을 가능성이 높은 자극을 만들 수도 있다. 이 역시 실험의 목적, 결과의 처리 방법 등을 고려하여 결정할 문제이다.

앞서 살핀 교차 연결과 조작의 방법을 함께 사용하여 자극을 만들 수도 있다. 강경호(2010ㄱ, 2013)에서는 평음, 경음, 격음을 식별하는 실험에서 VOT, f0와 함께 모음 시작 부분의 H_1-H_2를 조건에 넣고자 하였는데, VOT나 f0는 조작이 쉬운 속성이지만 H_1-H_2는 그렇지 못하다는 점이 문제였다. 이에 녹음된 '다, 따, 타'(각각의 H_1-H_2는 1.5㏈, -3.6㏈, 6.5㏈)의 모음 시작 부분을 잘라내어 VOT와 f0가 조작된 자극에 붙여 넣었다.

모음의 길이는 쉽게 조작할 수 있는 속성이기는 하지만 고려해야 할 것이 단지 길이만은 아니다. 지민제·이정철·김응배·이용주(1990)에서는 '밤'과 '밤:'을 녹음하고 다음과 같이 양방향으로 모음의 길이를 조작하여 16개 자극을 만들었다.

① '밤'의 'ㅏ' 길이 조작: 80㎳, 90㎳, 100㎳, 110㎳, 120㎳, 130㎳, 140㎳, 150㎳
② '밤:'의 'ㅏ' 길이 조작: 130㎳, 120㎳, 110㎳, 100㎳, 90㎳, 80㎳, 70㎳, 60㎳

①의 자극들에서는 100㎳에서, ②의 자극들에서는 88㎳에서 장단의 판단이 50%를 넘어서는데, 이러한 차이는 ①과 ② 자극의 모음 포먼트가 서로 다른 것과 관련이 있다고 보았다. 산출 실험 결과 장음의 'ㅏ'가 단음의 'ㅏ'에 비해 F1은 높고 F2는 낮았는데 지각 실험의 자극에도 이를 그대로 적용하여 ①의 F1, F2는 각각 700㎐, 1380㎐, ②의 F1, F2는 각각 725㎐, 1300㎐로 만든 것이다. 즉 장음을 조작한 자극은 모음의 질적 속성 때문에 더 짧아져야 단음으로 지각하고, 반대로 단음을 조작

한 자극은 더 길어져야만 장음으로 지각한다는 것이다. 음장이라고 하여도 단순히 길이만이 문제되는 것이 아닐 수 있으니 주의하여야 함을 알 수 있다.

4.2.2 자극 제시 방식

4.2.2.1 한 음성 제시

지각 실험은 실험의 종류에 따라서 피험자에게 하나의 음성만을 들려주기도 하고 둘 이상의 음성을 들려 주기도 한다. 이중 하나의 음성을 자극으로 들려 주는 실험이 더 많은데, 어떤 음성을 듣고 그것이 무엇으로 들리는지를 판단하는 식별 실험이 대표적이라 할 수 있다. 음성을 듣고 거기에 특정한 음소가 포함되어 있는지의 여부를 판단하는 음소 탐지 실험도 하나의 음성만을 제시하는 실험이고 들은 음성을 따라하거나 모방하게 하는 실험도 마찬가지이다.

한 음성 자극을 제시하지만 녹음된 음성에 백색 소음을 섞거나 소리를 작게 하여 제시하는 실험도 있다. 인지언어학적 접근의 실험에서 행해지는 이른바 혼동(confusion) 연구가 그러한데, 방해를 받은 어떤 A라는 음성이 많은 피험자에게 A로 들리지 않고 B로 들린다면, A와 B는 그만큼 유사한 음성이라고 판정되는 것이다(배문정·김정오 2002, 배문정 2003, 2009). 강경호(2010ㄱ)에서는 평음, 경음, 격음 자극에다가 여러 사람의 글 읽는 소리로 만든 소음을 섞어 들려 주기도 하였다.

4.2.2.2 둘 이상의 음성 제시

구별 실험에서는 둘 이상의 음성 자극이 제시된다. AX 실험에서는 서로 같거나 다른 두 개의 음성 자극을 들려 주고 이들이 같은지 다른지를 묻는다. AXB 실험이나 이상 구별 실험(oddity task)에서는 두 개의 동일한 또는 유사한 음성 및 이들과 다른 하나의 음성을 자극을 들려 주고 X가 A나 B 중 어느 것과 같은지를 묻거나 셋 중 다르게 들리는 하나가 무엇인지를 묻는다. 네 개의 자극 중 나머지 셋과 다른 하나를 고르는 4항 이상 구별 실험(4 interval oddity task)도 있다(이나라 2019).

AX 실험은 어느 정도의 차이까지를 지각할 수 있는지, 달리 말하면 어느 정도의 차이까지를 동일하다고 지각하는지에 초점이 놓인다. 양병곤(1995)는 모음의 지각 영역에 관심을 두되 그것을 식별 실험이 아닌 AX 실험을 통해 알고자 한 특별한 경우라 할 수 있다. 흔히 모음의 지각 영역은 합성 또는 조작된 음성 하나를 들려 주고 어떤 모음으로 들리는지를 묻는 실험을 통해 확인하고는 하는데, 이 연구에서는 구별 실험의 방법을 이용하였다. 사람이 발음한 특정 모음과 합성된 모음의 둘을 들려 주고서 동일성 여부를 물어서 어느 정도의 차이를 지닌 모음까지 범주적으로 동일하게 지각하는지를 본 것이다.

두 음성의 유사성 정도에 초점을 둘 수도 있다. 양병곤(1995)도 단지 같고 다름만을 물은 것이 아니라 얼마나 비슷한지 얼마나 다른지를 물은 실험이기는 하지만, 결국 사람이 발음한 모음과 동일하게 들리는지의 여부가 초점이었다고 할 수 있다. 이 경우 실제로 발음하여 녹음한 모음이 어느 정도의 대표성을 지녀야 함은 물론이다. 최양규(2001)에서는 10개의 모음을 합성하고 둘씩 짝을 지은 자극을 들려 주고 두 모음의 유사성 정도를 판단하게 하였다.

관찰하고자 하는 음성이 서로 다른 두 음성 중 어느 쪽과 같은지를 묻는 AXB 실험에서는 세 음성이 한 세트를 이룬 자극이 이용된다. 두 번째로 들은 음성이 앞서 들은 음성과 같은지 그 뒤에 나오는 음성과 같은지를 판단하게 하는 것이다. AX 실험은 피험자가 연속된 두 음성을 듣게 되기 때문에 둘 사이의 미세한 차이를 찾게끔 하는 데에는 효과적일 수 있지만, AXB 실험은 세 음성을 듣기 때문에 그러한 미세한 차이를 간파하기가 상대적으로 어렵다. 오히려 그런 미세한 차이에 주의를 기울여서는 안 되는 경우도 있다. 그럴 때에는 피험자에게 같은 '음성' 또는 같은 '소리'를 찾으라기보다는 같은 '단어'를 찾으라고 하는 편이 나을 수도 있는데, 이는 미세한 차이에 민감하게 반응하지 않도록 하기 위함이다.

한정임(2009ㄱ)에서는 VOT에 약간 차이가 있는 두 격음을 어느 정도나 구별하여 들을 수 있는지를 알기 위해서, 먼저 '소피(A)'를 녹음하고 그 속의 'ㅍ'의 VOT를 50㎳ 정도 길게 조작한 또 다른 '소피(B)'를 만들어 구별 실험을 한 바 있다. 그 결과 AAB 또는 ABB와 같은 자극을 듣고, 정답 즉 두 번째의 음성을 앞의 것 또는 뒤의 것과 동일하다는 반응을 보인 비율이 45% 정도라고 하였다. 대체로 반 정도는 격음의 VOT 50㎳ 차이를 지각할 수 있고 반 정도는 지각할 수 없다고 하는 것이다. 음성의 제시 순서로 AAB와 ABB의 두 가지 모두를 택한 것은 동일한 두 음성이 앞쪽에 있을 경우와 뒤쪽에 있을 경우에 다른 반응이 나올 수 있음을 염두에 둔 것이다. 그 결과 AAB와 같이 앞의 두 음성이 동일한 경우에 정답률이 높게 나왔는데, 이는 일반적인 경향과는 다른 결과라고 하였다. 이는 자극을 배열하는 순서에도 신중을 기해야 할 필요가 있음을 말해 준다.

AXB의 X가 A 혹은 B와 완전히 같은 음성이 아닌 실험도 가능하다. 이는 X가 A나 B 중 어느 쪽에 가까운지를 판단하게 하는 셈이다. 정선우(2013)에서는 a_0(구강모음), a_1(약간 비음화된 모음), a_2(매우 비음화된 모음), a_3(완전한 비모음)를 만들고 'a_1, ba_2m, a_2'와 같은 세트도 자극으로 제시하고, 'a_1, ba_2m, a_3'와 같은 세트도 자극으로 제시한 바 있는데, 전자에서는 두 번째와 세 번째 자극의 모음이 같지만, 후자의 세 모음은 모두 달라서 a_2가 a_1과 a_3 중 어느 것과 비슷하게 들리는지를 묻는 것이다.

음성을 연이어 제시할 때에는 자극 간격(inter-stimulus interval) 즉, 자극들 사이에 얼마의 시간을 띄울 것인지도 고려해야 한다. 흔히 500㎳, 1000㎳, 1500㎳의 간격을 두는데, 간격이 짧을수록 미세한 차이에도 민감하게 반응할 수 있다.[9] 강순자·이상도(2002)에서는 평음, 경음, 격음에 대한 AX 실험에서 자극 간격을 250㎳와 1500㎳의 둘을 사용했는데, 후자에 대한 반응 시간이 더 길었다고 한다. 한정임(2009ㄴ)에서는 AX 실험과 AXB 실험의 차이, 그리고 자극 간격이 500㎳, 1000㎳, 1500㎳일 때의 차이가 있는지를 살폈는데, 변이음적인 차이에서 AX 실험이 높은 정답률을 보인 반면 자극 간격과 관련하여서는 유의미한 차이가 보이지 않았다고 한다.

음성 넷을 둘씩 묶어 하나의 세트로 만들어 제시하는 실험도 있다. 이중쌍 구별 실험(dual pair discrimination task, 4IAX)이 그러한데, 비슷한 음성 둘로 이루어진 쌍을 들려 주고 바로 이어서 또 다른 한 쌍을 들려 준 뒤 두 쌍 중에서 서로 더 다르게 들리는 것이 어느 쌍인지를 선택하게 하는 실험이다. 말하자면 A-A의 쌍을 들려 주고 이어 A-B의 쌍을 들려 준 뒤 서로 다르게 들리는 쌍을 고르라는 것인데, 그 정답률과 C-C vs C-D의 정답률을 비교하여 A-B의 차이와 C-D의 차이를 비교할 수 있는 것이다. 정답률이 높을수록 둘 즉, A와 B 또는 C와 D의 차이가 크다고 본다.

한정임(2006)은 CVCV에서 일어나는 모음의 순행적인 동시 조음 효

9) 문장의 길이를 비교하게 한 김슬기·장태엽(2008)은 자극 간격이 3초로 매우 길다.

과를 다룬 것인데, '비바, 바바, 비비'를 녹음한 뒤 앞뒤의 음절을 잘라 교차 연결하여 〈표 4.1〉과 같은 자극을 마련하였고, 두 쌍 중 제2음절이 다르게 들리는 쌍을 고르라고 하였다. 아래첨자는 녹음될 때 그 앞음절의 모음이 무엇이었는지를 표시한 것으로서, [b$_{i}$a]는 '비바'의 제2음절, [b$_{a}$a]는 '바바'의 제2음절을 뜻한다. 예를 들어 교차 연결된 [bib$_{a}$a]는 '비비'의 제1음절 '비'와 '바바'의 제2음절 '바'를 연결한 것이다. 피험자는 ①과 ② 또는 ③과 ④를 함께 듣고 어느 쌍의 '바'가 더 다르게 들리는지를 판단하게 된다.

<table>
<tr><td rowspan="2">통제 자극</td><td>① bib$_{i}$a-bib$_{i}$a</td><td rowspan="2">vs</td><td>② bib$_{i}$a-bib$_{a}$a</td></tr>
<tr><td>같은 모음, 적절한 환경</td><td>다른 모음, 잘못된 환경</td></tr>
<tr><td rowspan="2">실험 자극</td><td>③ bib$_{i}$a-bab$_{i}$a</td><td rowspan="2">vs</td><td>④ bib$_{i}$a-bab$_{a}$a</td></tr>
<tr><td>같은 모음, 잘못된 환경</td><td>다른 모음, 적절한 환경</td></tr>
</table>

〈표 4.1〉 이중쌍 구별 실험의 자극(한정임 2006)

①은 동일한 모음인 [b$_{i}$a]가 적절한 환경 [bi] 뒤에 연결된 것인 반면, ②는 서로 다른 모음([b$_{i}$a]와 [b$_{a}$a])이면서 둘 중 하나([b$_{a}$a])는 적절하지 못하게 즉, '비' 뒤에 '바바'의 제2음절 '바'가 연결된 것([bib$_{a}$a])이다. ③은 음향적으로 같은 모음 [b$_{i}$a]가 적절한 환경에 놓인 음성([bib$_{i}$a])과 적절하지 못한 환경에 놓인 음성([bab$_{i}$a])이고 ④는 음향적으로 다른 모음([b$_{a}$a]와 [b$_{i}$a])이지만 각각 적절한 환경에 놓인 것들이다. 실험 결과, 통제 자극은 100%에 가까울 정도로 정답률이 매우 높지만 실험 자극의 정답률은 50% 정도에 지나지 않았다. 동일한 모음이더라도 잘못된 환경에 놓인 것이나 상이한 모음이더라도 올바른 환경에 놓인 것이 같은 판단을 받은 셈이다.

4.2.2.3 음성과 문자 제시

많은 지각 실험은 피험자를 컴퓨터 앞에 앉힌 상태에서 진행된다. 컴퓨터의 화면은 대부분 반응으로서의 선택지를 보여 주는 데에 쓰인다. 식별 실험에서는 자극이 어떤 소리로 들리는지를 화면에서 선택하여 버튼을 누르게 하고, 구별 실험에서는 같은지, 비슷한지, 어느 쪽과 같은지를 묻는다.

음성으로 된 자극과 함께 화면에 문자로 된 자극을 제시하여 피험자가 두 자극을 함께 고려하여 판단하기를 요구하는 실험도 있다. 박선우(2011)은 피동화음이 비음인 조음위치동화에 관한 연구인데, 화면에 예컨대 '이것을 안바라고 한다', '이것을 암까라고 한다'라는 문자 자극을 제시하고, 음성 자극으로는 각각 [이것을 암바라고 한다], [이것을 앙까라고 한다]를 들려 주면서 그 발음의 적합성을 판단하게 하였다.

문자 자극이 피험자로 하여금 특정 음성을 떠올리도록 하는 실험에서는 피험자가 그것의 발음을 연구자가 의도한 대로 생각해야 한다는 점에 유의해야 한다. 한 연구에서는 화면에 '송역', '명앙' 등을 제시하고 음성으로는 [송녁], [명낭]을 들려 주면서 문자 자극과 음성 자극이 얼마나 비슷한지를 물었다. 그 결과 '송역'은 [송녁]과 비슷하다는 응답이 많은 반면 '명앙'과 [명낭]은 그렇지 않았고, 이를 근거로 하여 [soŋɲək]과 [soŋjək]이 잘 구별되지 않는다는 결론을 내렸다. 여기서 연구자는 피험자가 문자 자극 '송역'의 발음을 'ㄴ'이 없는 [soŋjək]이라고 여길 것이라 전제하고 있다. 그러나 피험자에게 ㄴ 첨가의 규칙성이 각인되어 있다면 피험자는 문자 자극 '송역'의 발음을 [soŋɲək]으로 여길 수가 있고 그러하다면 문자 자극과 음성 자극이 완전히 일치하는 것이기 때문에 같은 결론을 도출해 낼 수는 없게 된다.

음소 탐지 실험에서는 문자 자극이 매우 중요하다. 이 실험은 화면을 통해 어떤 음을 뜻하는 문자를 보여 주고 난 뒤 음성 자극을 들려 주면서 해당 문자 자극이 가리키는 음성이 들렸는지를 판단하게 하는 실험이다. 조음위치동화의 지각적 측면을 연구한 조태홍·McQueen(2008)에서는 한글의 자음자를 문자로 제시하고, 이 소리가 둘째 단어의 첫 음절에 있다고 들린다면, 가능한 한 빨리 버튼을 누르게 하였다.

자극을 문장에 넣어서 음성으로 제시하면서 동시에 그 문장을 문자 자극으로 제시하되 목표 단어는 보여 주지 않는 방식도 쓰인다(김현·김아름 2023, 박초흔 2023). 김현·김아름(2023)은 모음 간 평음과 경음의 지각이 맥락의 영향을 받는지를 본 것인데, 선행 모음과 폐쇄 길이를 조작하여 '아기가'에서 '악기가'에 이르는 단어 자극들을 만들고 그들을 다음의 문장에 넣어 들려 주면서 문자로도 보여 주었다. 문자 자극을 제시한 것은 문장의 의미에 주의하기를 바라는 조치라 할 수 있다.

① 눈을 떠 보니 내가 전혀 모르는 [ ] 눈앞에 있더라.
② 신혼 때부터 애타게 기다리던 [ ] 드디어 생겼다.
③ 공연 대기실 한 켠에 늘 있던 [ ] 어디 갔는지 안 보인다.
④ 방금까지 뛰어 놀던 [ ] 사라졌다.
⑤ 비싼 [ ] 제값을 한다.

①은 '아기가'와 '악기가'가 모두 어울리는 맥락, ②는 '아기가'가 더 어울리는 맥락, ③은 '악기가'가 더 어울리는 맥락, ④는 '아기가'만 어울리는 맥락, ⑤는 '악기가'만 어울리는 맥락으로 제시된 것인데, 동일한 음성도 맥락에 따라 달리 판단될 수 있음이 확인되었다.

4.2.3 반응 방식

4.2.3.1 받아 적기

음성을 지각하고 그것이 어떤 소리인지 식별하라는 과제에서 가장 직접적으로 결과를 얻어낼 수 있는 반응 방식은 들리는 대로 적으라는 것이라 할 수 있다. 피험자가 식별하는 것이 대체로 음소 차원이고 한글은 음소 문자이니 가능한 일이다. 그러나 한글 맞춤법은 형태소를 고정된 모습으로 표기한다는 원칙도 지니고 있기 때문에 피험자는 발음과 표기를 헷갈려할 수가 있다. 예를 들어 [읻꼬]라는 음성을 들리는 대로 받아 적으라고 하면 '읻꼬'라고 적는 대신 '잇고'나 '있고'라고 적는 일이 얼마든지 일어날 수 있는 것이다. 따라서 지각 실험에서는 들리는 대로 받아 적으라는 요구를 거의 하지 않으며, 몇 개의 가능한 발음을 선정하고 그들 중에서 고르라고 하는 일이 많다.

한 연구에서는 대구 화자들이 'ㅡ'와 'ㅓ'를 구별하여 지각하는지를 알아보기 위해 음성 자극을 받아 적게 하는 실험을 하였다. 자극은 두 부류로 나누었는데, 하나는 첫 음절 또는 셋째 음절에 'ㅡ'와 'ㅓ'를 지니고 있는 인명이고 다른 하나는 첫 음절에 'ㅡ'와 'ㅓ'를 지닌 무의미어였다. 고유 명사인 인명을 이용한 것은 일반 명사를 자극으로 삼을 경우 피험자의 다른 언어 지식이 관여할 가능성이 있기 때문이다. 예컨대 '은어'라는 자극을 듣고 그것이 '은어'인지 '언어'인지를 묻는다고 할 때 피험자는 음성 자체만을 듣고 판단하는 것이 아니라 단어들의 출현 빈도나 단어들에 대한 개인적인 친숙도에 기반하여 판단할 수도 있는 것이다. 그렇게 선택된 인명이었지만 이 논문에서는 인명 또한 빈도나 친숙도의 영향을 받을 수 있다고 여기게 되어 무의미어를 이용한 두 번째 실험을 실시한 것이다. 문제는 실험의 결과를 정답률로 수치화하는 과정이다. 받아 적게 함으로써 발생하는 생각지 못한 오답에 대한 처리가 문제인 것이다. 예를 들어 20대 화자는 다른 인명과는 달리 '어나경'이라는 인명에 대해 매우 낮은 정답률을 보였는데, 그 오답이 대부분 첫 음절을 '워'라고 답한 것들이라는 점이다. 이렇게 '워'로 적은 응답을 오답으로 처리하는 것이 과연 적절한지는 생각해 볼 필요가 있다. 이 실험이 'ㅡ'와 'ㅓ'의 구별에 관한 것이라면 '어'를 '워'라고 들은 것은 적어도 'ㅡ'와는 구별되는 'ㅓ'를 지각하였다고 볼 수 있기 때문이다. 만일 받아 적기 방식이 아니라 '은아경'과 '어나경' 중 선택하는 방식으로 반응을 구하였다면 이러한 문제 상황은 발생하지 않았겠지만, 실험 목적이 피험자에게 노출되기는 쉬웠을 것이다.

4.2.3.2 GO/NO-GO

음소 탐지 실험은 자극을 접한 피험자가 가능한 한 빨리 버튼을 눌러 응답하는 식으로 진행된다. 응답이 없이 일정 시간이 지나 가면 해당 음성이 들리지 않는다는 판단으로 간주되는데, 가능한 한 빨리 응답하게 한다는 것은 반응 시간의 측정이 중요함을 뜻한다.

앞서 설명한 조태홍·McQueen(2008)의 경우도 하나의 버튼을 누르거나 누르지 않는 반응 방식으로 되어 있는데, 그 두 가지 반응이 의미하는 바가 무엇인지를 생각해 볼 필요가 있다. 일단 음성 자극이 '잔돈을 받기 위해', '잔돈을 박기 위해'와 같이 피험자가 그 의미를 알 수 있게끔 제시되기 때문에, 피험자는 그 동사의 기저형을 알고 있다고 전제할 수 있다. 탐지해야 하는 음소가 기저형과 관련되어 있으므로 이는 중요한 문제가 될 수 있다.

<table>
<tr><th colspan="2">자극</th><th colspan="2">반응</th></tr>
<tr><th>문자</th><th>음성</th><th>GO: 'ㄷ' 있음</th><th>NO-GO: 'ㄷ' 없음</th></tr>
<tr><td rowspan="2">ㄷ</td><td>잔돈을
'받기'
위해</td><td>실제로 들음
or
음성 지각과 무관하게
기저형을 대답</td><td>못 들었다고 착각함
and
기저형 찾는 것이 아님을 앎</td></tr>
<tr><td>잔돈을
'박기'
위해</td><td>들었다고 착각함
or
음성 지각과 무관하게
기저형을 대답</td><td>실제로 못 들음
and
기저형 찾는 것이 아님을 앎</td></tr>
</table>

〈표 4.2〉 GO와 NO-GO의 의미

'ㄷ'이 있다는 반응(GO)은 실제로 들었거나 혹은 들었다고 착각한 것일 수도 있지만, 맥락을 통해서 파악한 동사의 기저형에 'ㄷ'이 포함되어 있음을 보고했을 뿐일 수도 있다. 목표음을 들었든 못 들었든 맥락을 통해 기저의 'ㄷ'을 들었다고 보고했다면 이는 실험 목표인 조음위치동화의 지각과는 관계 없는 실험이 되고 만다. 'ㄷ'이 없다는 반응(NO-GO)은 마찬가지로 실제로 못 들었거나 혹은 못 들었다고 착각한 것일 수가 있는데, 'ㄷ'이 있다는 반응과는 중요한 차이가 있다. 즉, 목표음이 없다는 반응은 실험에서 요구하는 것이 적어도 맥락에 적절한 기저형을 답하는 것이 아님을 파악하고 있다는 것이다. 이 반응이야말로 음성 지각과 직접적으로 관련이 있어 보인다.

그런데 어떤 피험자가 '있음→있음→없음→있음'과 같은 반응을 보였다고 하자. 중요한 것은 목표음이 없다는 반응을 한 번이라도 하였는가 하는 점이다. 피험자가 기저형을 알고 있다고 전제하였으므로, 목표음이 없다는 반응을 한 번이라도 보였다는 것은, 이 피험자가 본 실험이 기저형을 대답하는 과제가 아님을 알고 있음을 뜻한다고 할 수 있다. 그렇다면 〈표 4.2〉에서 목표음이 있다는 반응의 의미 중 '음성 지각과 무관하게 기저형을 대답'의 가능성은 지울 수가 있다. 결국 중요한 것은 NO-GO 반응이 있는가 하는 점이며, 만일 NO-GO 반응이 있는 피험자의 경우라면, 〈표 4.2〉는 〈표 4.2'〉과 같이 다시 쓰게 되고, 그 반응이 음성에 대한 지각으로 믿을 만한 실험이라고 할 수 있을 것이다.[10)]

자극		반응	
문자	음성	GO: 'ㄷ' 있음	NO-GO: 'ㄷ' 없음
ㄷ	잔돈을 '받기' 위해	실제로 들음	못 들었다고 착각함
	잔돈을 '박기' 위해	들었다고 착각함	실제로 못 들음

〈표 4.2'〉 GO와 NO-GO의 의미

4.2.3.3 선택하기

1 범주

둘 이상의 범주 가운데 하나를 선택하는 것은 식별 실험에서 흔히 이루어지는 반응 방식이다. 그 범주는 피험자가 쉽게 인식할 수 있는 것이어야 하는데, 음소일 수도 있고 음절일 수도 있다. 때로는 답지가 문장으로 제시되는 경우도 있다. 이고운·신동진(2016)에서는 음장 대립과 관련하여 음성 자극을 들려 주고 단어의 의미를 문장으로 제시하여 선택하게 하였다. 단순히 길이의 차이를 지각하는지의 여부만이 아니라

10) '없음'(NO-GO) 반응이 전혀 없다면 이렇게 해석할 수 없을 것이지만, 실제로 그런 결과가 나오기는 어려울 것이다.

피험자가 장단 모음을 지닌 두 단어의 의미를 알고 있는지를 알기 위해서였는데, 예컨대 음성 자극 '밤:'에 대하여 화면으로 '제사상에 대추와 밤이 올라간다'와 '일년 중 동짓날에 밤이 가장 길다'를 제시하고 둘 중 음성 자극에 어울리는 것을 고르게 한 것이다.

셋 이상의 범주 중에서 선택하게 하는 실험도 있는데, 자음의 VOT와 f0를 조작한 자극들을 들려 주고 평음, 경음, 격음 중 하나를 선택하게 하기도 하고 포먼트를 조작하거나 합성한 모음을 들려 주고 여러 단모음들 중에서 선택하게 하기도 한다. 최양규(2003)에서는 10개의 단모음 이외에 'X'라고 적힌 선택지도 제시하여 애매하거나 잘 모르겠으면 선택하라고 하기도 하였다.

둘 중의 한 범주를 선택하는 것이지만, 그 범주의 성격이 분절음이 아니라 속성인 경우도 있는데 속도 분류 실험이 바로 그러하다. 김윤현(2007)은 평음과 격음 사이에서 조작된 두 자극을 듣고 그 둘의 VOT가 다른가 f0가 다른가와 같은 질문에 답하는 실험이다. 물론 이러한 질문에 답하기 위해서는 피험자에게 음향 속성에 따른 분류 방법을 훈련시켜야 할 것이다. 적절한 훈련 방법을 고안하기가 쉽지는 않을 것인데 소음에 주의하라거나 높낮이의 차이에 주의하라고 요구할 수도 있을 것이다.

2 예/아니요

어떤 음성 자극에 대해 두 범주 중 선택하게 하는 것이 아니라, 하나의 범주만을 제시하고 '예/아니요'로 답하게 하고 또 다른 범주를 제시하고 '예/아니요'로 답하게 할 수도 있다. 두 자극에 대해 모두 '예' 또는 모두 '아니요'라고 할 가능성을 열어 둔 것이다. 윤지현·성철재(2013)에서는 합성된 모음의 식별을 두 방식으로 반응하게 한 후 결과를 비교한 바 있다. 음성 자극이 'ㅗ'로 들리는지를 '예/아니요'로, 'ㅜ'로 들리는지를 또한 '예/아니요'로 답하게 한 과제와, 음성 자극을 듣고 'ㅗ'나 'ㅜ' 중에서 선택하게 한 과제를 비교하였는데 유의미한 차이는 없다고 하였다.

3 척도

범주 선택이나 '예/아니요' 선택은 이것이 아니면 저것이라는, 그 중간 어디쯤이라고는 답할 수 없는, 이분법적인 강제 선택이다. 예를 들어 어떤 음성이 'ㅗ'와 'ㅜ'의 딱 중간쯤인 것 같다고 판단된다고 하더라도 그러한 선택지는 없다. 이 경우 둘 중의 하나를 반드시 선택해야 하는데, 이러한 상황은 피험자가 충분히 많을 경우 이분법적 선택이 큰 문제를 일으키지는 않을 것이다. 왜냐하면 정말로 딱 중간쯤이라면 'ㅗ'라고 반응한 사람이 반, 'ㅜ'라고 반응한 사람이 반쯤 될 것이기에 평균적으로 그 중간 정도의 수치로 계산될 것이기 때문이다. 그러나 애매한 음성을 범주적으로 선택하게 하는 것은 피험자의 처지에서 보면 여간 피곤한 일이 아닐 수 없다는 점 또한 고려하여야 할 것이다.

척도로 반응하는 실험은 음성 자극이 하나인 것과 둘인 것이 있다. 음성 자극이 하나인 과제는 척도의 양극이 단일한 범주인가 서로 다른 범주인가에 따라 다시 나눌 수 있다. 척도의 양극이 단일한 범주인 경우란, 어떤 음성이 그것이 특정한 범주로서 좋은 발음인가 나쁜 발음인가를 척도로 응답하는 과제로서 '예/아니요'를 척도로 바꾼 것이라 할 수 있다. 앞서 언급한 박선우(2011)에서 화면에 문자로 제시된 발음으로서 음성으로 제시된 자극이 어떠한가를 4등급의 척도로 반응하게 한 것이 그 예라 할 것이다. 공은정(2012)에서는 자극을 들려 주고 'ㄷ, ㄸ, ㅌ' 중 하나를 선택하게 한 후 다시 같은 자극을 들려 주고 적합성의 정도를 판단하게 한 것도 마찬가지인데, 척도의 등급을 정하지 않고 '매우 좋음'과 '매우 나쁨'을 이은 직선상에서 임의의 점을 클릭하게 하였다는 점이 특이하다.[11)]

척도의 양극이 서로 다른 범주인 경우란, 양극에 서로 다른 범주인 A와 B를 답지로 두고, 들리는 음성이 A인가, A에 가까운가, 중간인가, B에 가까운가, B인가와 같은 등급의 척도에서 선택하게 하는 과제를 말한다. 하나의 범주에만 집중하면 되는 앞의 과제에 비해 피험자에게 부담을 주는 방법이다. 앞서와 같이 음성 자극에 대해 A로서의 적절성을 따로 묻고 B로서의 적절성을 따로 묻는 것이 더 좋은 방법일 것이지만, 과제의 수를 반으로 줄임으로써 더 많은 자극에 대한 반응을 알아볼 수 있다는 장점도 있다.

이런 방법을 쓰기 위해서는 음성 자극이 포함될 법한 범주를 정확히 파악하고 있어야 한다. 김현(2019)는 무려 네 개의 범주를 제시하고 그들 사이에 척도를 매기게 하였다.

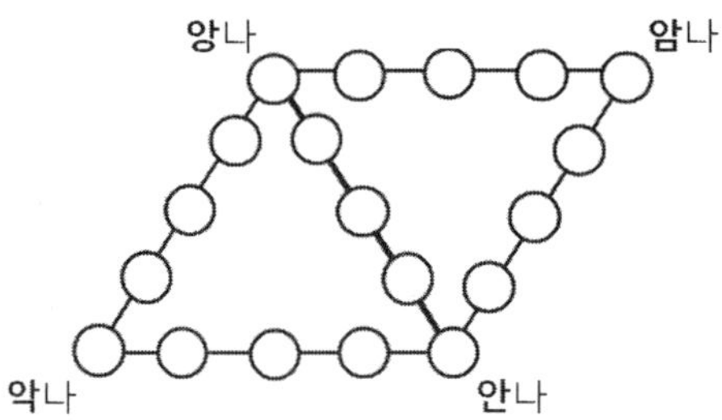

〈그림 4.1〉 네 범주와 척도를 제시한 응답지(김현 2019:47)

11) 양병곤(2014)는 합성한 모음이 재생되는 단추 330개를 화면에 제시하여 몇 개를 먼저 들어 보게 한 다음, 영어 단어(예. heed)를 제시하여 그 모음이라고 생각되는 단추를 눌러 그 소리를 들어가면서 최종적으로 하나를 선택하게 하고 그 소리가 얼마나 자연스럽고 이상적인지를 7점 척도로 선택하게 하였다.

〈그림 4.1〉의 응답지는 동그라미에 체크를 하도록 한 것인데, '악따'를 녹음하여 제1음절 모음 'ㅏ' 뒤에 '나'를 교차 연결한 뒤 '나'의 'ㄴ'을 길게 조작한 자극을 듣고 어떻게 들리는지를 묻기 위한 것이다. 애초에는 '악나, 앙나, 안나'의 셋으로 된 삼각형 모양의 응답지로 설계하였지만 예비 실험에서 '암나'와 같은 응답도 나온 점을 받아들여 사각형 모양이 된 것이다. 결과적으로 사각형 안에 있는 역삼각형은 세 가지 비음이 'ㄴ'에 선행하는 선택지이며, 거기에 자극을 만든 재료의 합인 '악나'가 더해진 셈이다.

음성 자극이 둘이면서 척도로 반응하는 실험은 두 음성 사이의 유사성을 답하는 것이다. 등급의 수는 다양한데 양 극단만을 '매우 비슷함', '전혀 다름'과 같이 설명하고 그 중간에는 숫자만을 나열하기도 한다. 양병곤(1995)에서는 결과적으로 4등급의 유사성 척도를 얻어내기는 하였지만, 두 단계의 양자택일 방식을 택하였다. 즉 두 음성 자극을 듣고 먼저 '비슷하다'와 '다르다' 중 하나를 선택한 후, '비슷하다'를 선택한 경우는 '꼭같다'와 '비슷하다' 중 하나를, '다르다'를 선택한 경우는 '다르다'와 '아주 다르다'를 다시 선택하도록 한 것이다. 양자택일이 판단을 정확하게 반영한다고 여긴 듯하다.

4.2.3.4 발음하기

음성 자극을 듣고 그것을 따라서 발음하게 하는 실험도 있다. 김정선·de Jong(2007), 김정선(2012ㄱㄴ, 2013, 2014, 2018) 등에서는 성조와 관련하여 음성 자극의 음조를 모방하여 발음하게 하였고, 김현(2021)에서는 원순모음화와 관련하여 중성이 'ㅡ' 또는 'ㅜ'인 음절을 들려 주고 이를 모방하게 하였다. 한정임(2015)에서는 비음화, 조음위치동화 관련하여 음성 자극을 따라 발음하게 하였다.

4.3 판단의 대상

4.3.1 음운 대립

4.3.1.1 분절음

1 자음

자음에 대한 지각 중 가장 많은 관심을 받은 것은 장애음의 발성 유형 구별, 즉 평음, 경음, 격음의 판단이다.[12] 그들 중 몇몇 연구 결과를 소개한다.

장혜진(2012)에서는 서울 화자 51명, 대구 화자 52명이라는 많은 수의 피험자를 대상으로 하고 있다. 피험자의 평균 연령이 각각 26.75세, 25.59세로서 청년층에 국한되어 있기는 하지만 두 지역에서 어두 폐쇄음의 평음, 경음, 격음을 구별하여 지각하는 단서의 차이를 보여 주고 있다.

〈그림 4.2〉의 가로축은 VOT이며 세로축은 후행 모음의 f0를 반음 척도로 나타낸 것이다. 색칠된 부분은 그에 해당하는 자극에 대해 70% 이상의 피험자가 그렇게 판단했음을 의미하는데, ■는 서울 화자와 대구 화자 모두가 그렇게 판단했음을 뜻하며, ▦는 서울 화자만이, ▩는 대구

12) Han and Weitzman(1970), Abramson and Lisker(1972), 지민제·이용주·김응배·김창주(1990), 김미란(1994), 조태홍(1996), 한정임(1996), 김효숙(1997), 윤규철(1999), 이봉원(1999), 김미령(2000, 2001), 이경희(2000), 이경희·이봉원(2000), 이경희·정명숙(2000), 서승완(2001), 김미령·Bedder·Horrocks(2002), 윤규철(2002), 배문정·김정오(2002), 김미담(2004), 김윤현(2007), 강현숙·Dilley(2007ㄴ), Chang(2007), Wright(2007), 강경호(2010ㄱ, 2013), 장혜진·신지영(2010), 정윤자(2010), 최한숙(2011), 공은정(2012), 장혜진(2012, 2013ㄱㄴ), 이현정·Politzer-Ahles·Jongman(2013), 공은정·강소영(2017), 김제홍·김소안·안주희·남기춘·최지연(2020), 공은정·이현정(2021) 등이 그러하다.

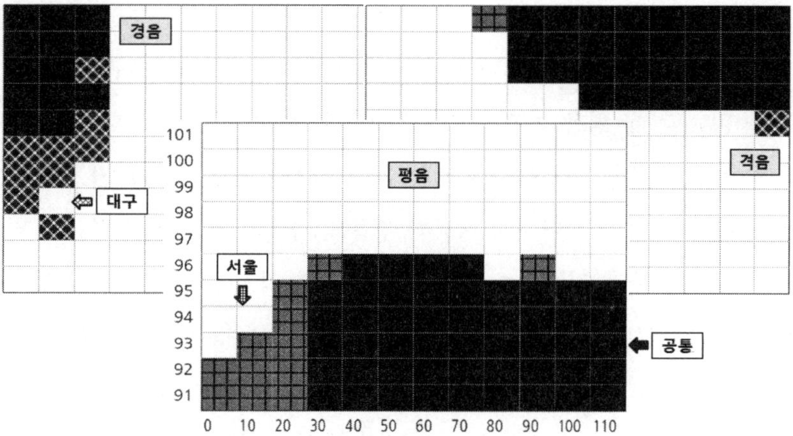

〈그림 4.2〉 발성 유형의 판단(장혜진 2012:77)

화자만이 그렇게 판단했음을 뜻한다.

격음의 지각은 두 지역에서 거의 같은 양상을 보이지만, 평음과 경음은 다소 다르다. 서울 화자는 VOT가 매우 짧더라도 f0가 낮다면 평음으로 듣는 경향이 있는 반면, 대구 화자는 VOT가 짧다면 f0가 다소 낮더라도 경음으로 듣는 것이다.

이 논문에서는 음향적 특성도 고찰하였는데, 폐쇄음의 경우 서울 화자는 VOT에 의해 경음과 평음·격음이 구별되고, 평음과 격음은 f0에 의해서만 구별된다. 대구 화자는 VOT에 의해 세 부류가 대체로 구별되며, VOT의 중복 비율이 높은 평음과 격음의 구별에는 f0도 관여한다고 한다. 이러한 음향적 특성을 지각 양상과 함께 보면 서울 화자는 f0가 상대적으로 중요한 역할을 하고 대구 화자는 VOT가 상대적으로 중요한 역할을 한다고 할 수 있다. 이현정·Jongman(2013)에서도 비슷한 결론을 얻은 바 있다.

장혜진(2013ㄱ)에서는 피험자 연령을 확대하여 대구의 50대 화자를 대상으로 하였는데, 지각의 측면은 대구의 20대 화자와 큰 차이를 보이지 않는다고 하였다. 다만 산출에서는 차이를 보이는데, 대구 20대 화자와 비교할 때 평음과 경음의 VOT가 더 유사하다고 하였다. 변화의 측면에서 보자면 50대 화자에 비해 20대 화자는 경음의 VOT가 짧아지고 평음의 VOT가 길어져서 평음과 경음의 차이는 커진 반면 평음과 격음의 차이는 작아지는바, 이는 20대 서울 화자의 VOT와 흡사하다고 하였다. f0의 경우 20대 화자는 50대에 비해 평음과 경음·격음 사이의 차이가 더 크다고 하였다.

강경호(2010ㄱ, 2013)은 평균 20.2세의 서울 화자, 평균 48.5세의 서울 화자, 평균 22.4세의 부산 화자를 대상으로 한 지각 실험인데, 서울의 청년층은 평음과 격음을 구별할 때에 VOT보다 f0에 더 기대는 반면, 서울의 중년층과 부산의 청년층은 VOT와 f0가 비슷하게 작용한다고 하였다. 서울 화자의 지각적 특성은 강경호·Guion(2008)에서 밝혀진 음향적 특성과 일치하는 것이다. 이현정·공은정(2021)에서는 서울 학생과 경상도 학생 그리고 경상도에서 서울로 올라온 학생이라는 20대 세 집단에게 지각 실험을 실시하였는데, 서울 거주가 평균 10.5개월에 지나지 않는 세 번째 집단이 서울 집단에 가까운 판단을 보인다고 하였다.

평음과 격음의 지각 구별에 후행 모음의 f0가 관여한다는 많은 논의들 중 강현숙·Dilley(2007ㄴ)은 실험 방법이 매우 흥미롭다. 하나의 강세구로 녹음된 '경아 다나리를'과 '경우 타나리를'에서 f0를 조작하여 자극으로 사용하였다. 〈그림 4.3〉의 U는 녹음된 원자료이고 L은 크게 올리거나 내렸음을, S는 작게 올리거나 내렸음을 의미한다. ①은 '경아 다나리를'에서 '경아'의 f0를 14.6% 내린 자극이고, ②는 7.6% 내린 자극이다. ③은 '경아 다나리를'에서 '다나리를'의 f0를 9.2% 올린 자극이며, ④는 '경우 타나리를'에서 '타나리를'의 f0를 20.8% 내린 자극이다.

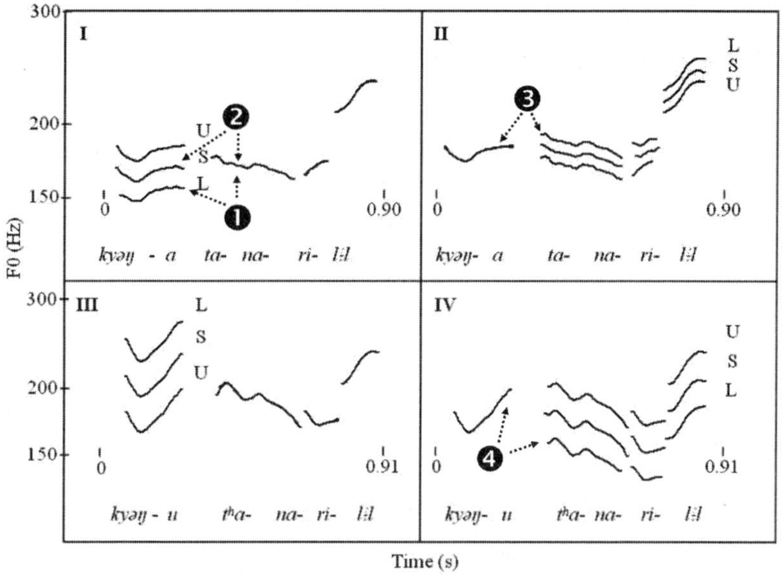

〈그림 4.3〉 평음·격음의 구별 자극(강현숙·Dilley 2007ㄴ:30)

실험 결과, 원자료가 평음인 경우 ①은 약 75%, ②는 약 35%, ③은 약 80%가 격음으로 지각되었으며, 원자료가 격음인 경우는 ④의 약 40%가 평음으로 지각되었다. ③처럼 자음이 속한 단어의 f0를 올리지 않더라도 ①, ②처럼 선행 단어의 f0를 낮춤으로써도 평음을 격음처럼 들리게 할 수 있다는 것이다. 다른 연구들에서는 자음이 속한 음절의 f0를 조작하여 지각 실험을 하였지만, 이 실험은 그에 앞서는 단어와의 상대적인 높낮이가 평음과 격음을 판단하는 데 영향을 줄 수 있다는 점을 밝혔다는 의의를 지닌다.

김윤현(2007)에서는 속도 분류 실험을 통하여 평음과 격음의 지각에 있어서 VOT보다 f0의 차이에 더 민감함을 밝혔다. 〈표 4.3〉의 네 부류에 속하는 음성 자극 중 쌍을 이룬 두 음성을 피험자에게 들려 주고, 두 음성이 VOT와 f0 중 어떠한 속성에서 서로 다른지를 선택하게 하고 반응 시간을 측정하였는데, 반응한 것이 오답이거나 반응 시간이 1초를 넘은 경우는 통계에서 제외하였다.

f0 \ VOT	짧음	긺
높음	A	B
낮음	C	D

〈표 4.3〉 김윤현(2007)의 네 자극

결과의 일부를 보이면 〈표 4.4〉와 같다. 예컨대 ①은 A그룹과 B그룹에 속하는 자극들, 즉 f0는 모두 높지만 VOT가 서로 다른 자극들을 들려 주고 둘의 VOT가 다르다고 반응한 경우의 반응 시간이 평균 686㎳라는 것이고, ②는 f0가 모두 낮지만 VOT가 서로 다른 둘을 들려 주고 VOT의 차이를 지각하는 데 걸린 시간이 평균 618㎳라는 것이다.

분류 차원	단일차원 과제	직교차원 과제
VOT	A – B ① 686㎳ C – D ② 618㎳	{A, C} – {B, D} ⑤ 726㎳
f0	A – C ③ 616㎳ B – D ④ 611㎳	{A, B} – {C, D} ⑥ 682㎳

〈표 4.4〉 김윤현(2007)의 반응 결과

①과 ②는 통계적으로 유의미한 차이를 보이는데, 이는 f0가 VOT에 대한 주의에 영향을 끼침을 의미한다. 즉 f0가 낮으면(②) VOT의 차이를 빨리 알아채는 반면, f0가 높으면(①) VOT의 차이를 늦게 알아챈다는 것이다. 반면 ③과 ④는 통계적으로 무의미한 차이를 보이는데, 이는 VOT가 f0에 대한 주의에 영향을 끼치지 않음을 의미한다.

직교차원 과제는 ⑤의 경우 VOT가 짧은 A, C 중의 하나, VOT가 긴

B, D 중의 하나를 차례로 들려 준 것이고, ⑥은 f0가 높은 A, B 중의 하나, f0가 낮은 C, D 중의 하나를 차례로 들려 준 것이다. ⑤는 두 음성의 f0가 같든 다르든 VOT의 차이를 들을 수 있는지를 보기 위한 것이고, ⑥은 두 음성의 VOT 차이에 상관 없이 f0의 차이를 들을 수 있는지를 보기 위한 것인데, ⑤가 ⑥보다 통계적으로 유의미하게 오래 걸렸다는 것은 f0를 무시하기가 VOT를 무시하기보다 어려움 즉, f0의 차이에 보다 민감함을 의미한다.

후행 모음의 중요성은 자음과 모음의 연쇄를 자음 부분(파열과 기식)과 모음 부분으로 잘라서 교차 연결한 자극을 이용한 지각 실험에서도 엿볼 수 있다. 〈그림 4.4〉는 자극에 대한 세 가지 판단의 응답률(김미령 2000)을 그래프로 나타낸 것이다. 가로축이 자극인데, 예를 들어 맨 끝의 '경+격'은 '빵'의 'ㅃ'과 '팡'의 'ㅏ'을 교차 연결한 자극임을 가리킨다.

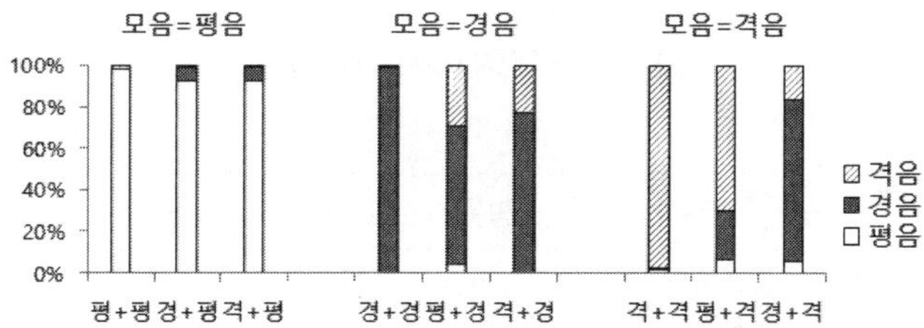

〈그림 4.4〉 교차 연결 자극에 대한 반응(김미령 2000)

몇 가지 흥미로운 사실을 알 수 있는데, 첫째는 모음이 평음의 것이면 응답이 거의 평음이라는 점이다. 자음의 VOT가 거의 영향을 끼치지 못함을 뜻한다. 둘째는 그와 반대로 모음이 경음이나 격음의 것이라면 평음이라고 지각하는 일이 거의 없다는 점이다. 이는 모음의 f0가 높을 경우 적절한 VOT가 있더라도 그것을 평음으로 듣지 않음을 뜻한다. 이 실험의 피험자는 서울 화자라고 하였는데 앞선 장혜진(2012)와 동궤의 결과라 할 수 있다. 셋째는 모음이 경음의 것일 때와 격음의 것일 때가 서로 다른 양상을 보인다는 점이다. '경+격'에서는 VOT를 따라 경음으로 판단하는 것이 많다고 할 수 있겠지만 '격+경'은 VOT가 큼에도 불구하고 경음으로 듣는 일이 많다. 논문에서는 피험자에 따른 차이가 크다고 하고 있다.

조태홍(1996)과 김미령(2000), 김미령·Bedder·Horrocks(2002), 안미진(2019)에서는 평음, 경음, 격음과 모음 연쇄에서 모음 부분만을 떼어내 들려 주는 지각 실험을 했는데, 〈표 4.5, 4.6, 4.7〉과 같은 결과를 얻었다.

자극 \ 정답률	평균
평음 뒤 모음	76.25
경음 뒤 모음	74.50
격음 뒤 모음	49.50

〈표 4.5〉 조태홍(1996)의 정답률

자극 \ 지각	평음	경음	격음
평음 뒤 모음	94	6	0
경음 뒤 모음	0	99	1
격음 뒤 모음	2	57	41

〈표 4.6〉 김미령(2000)의 응답률

〈표 4.5, 4.6〉에 따르면 평음이나 경음은 뒤의 모음만 들을 때에도 자음을 제대로 지각하는데, 격음에 후행하는 모음만 들을 때에는 그것을 격음으로 지각하는 비율이 꽤 낮으며, 경음으로 들린다는 반응이 많다. 격음에 후행하는 모음이 선행 자음에 대한 정보를 덜 가졌다는 점은

〈그림 4.4〉에서 '격+경'은 경음으로 많이 듣지만 '경+격'은 격음으로 많이 듣지 않는다는 점과 상통한다고 여겨진다.

자극 \ 지각	평음	경음	격음	비음	없음	ㅎ
평음 뒤 모음	24	0	0	12	64	1
경음 뒤 모음	0	95.3	0.5	0	2.1	2.1
격음 뒤 모음	0	19.8	43.8	0.5	3.6	32.3
비음 뒤 모음	6.3	4.2	0	88	1.5	0

〈표 4.7〉 안미진(2019)의 응답률

〈표 4.7〉에서는 비음도 자극에 포함시키고 응답지에 자음이 없다는 것과 'ㅎ'이라는 것도 포함시켰는데, 그렇게 함으로써 평음 뒤의 모음에서 자음을 듣지 못하여 24%만이 평음으로 알아듣고, 격음 뒤의 모음에서 'ㅎ'을 듣기도 한다는 것이 드러났다. 이 논문에서는 후행 모음의 f0를 조작하여 지각 실험을 하기도 하였는데, 남성이 녹음한 음성(평균: 평음 100.7㎐, 경음 132.5㎐, 격음 144.4㎐, 비음 94㎐)에서 경음 뒤의 모음을 94㎐로 낮추니 43.2%는 비음을 듣고, 비음 뒤 모음을 144㎐로 높이니 100%가 경음을 듣는다고 하였다.

후행 모음의 길이가 격음과 경음의 구별에 단서를 제공한다는 연구도 있다. 격음은 VOT가 긴 반면 모음이 짧고 경음은 VOT가 짧은 반면 모음이 길다는 점에 착안한 최한숙(2011)이 그것이다. '바, 빠, 파'의 모음 길이 평균은 각각 78㎳, 94㎳, 59㎳였는데, '바, 빠, 파'에서 기식 부분을 잘라내고 난 'ㅏ'만을 이 세 길이로 늘이고 줄여 만든 9개의 자극에 대한 식별 실험을 한 것이다.

〈그림 4.5〉는 원자료대로 판단한 것을 정답으로 하여 그 비율을 보인 것이다. 'ㅂ'에 후행하는 'ㅏ'는 길이에 따라 큰 차이가 없지만, 'ㅃ' 뒤

의 'ㅏ'는 길이가 길 때, 'ㅍ' 뒤의 'ㅏ'는 길이가 짧을 때 정답률이 확연하게 높다.

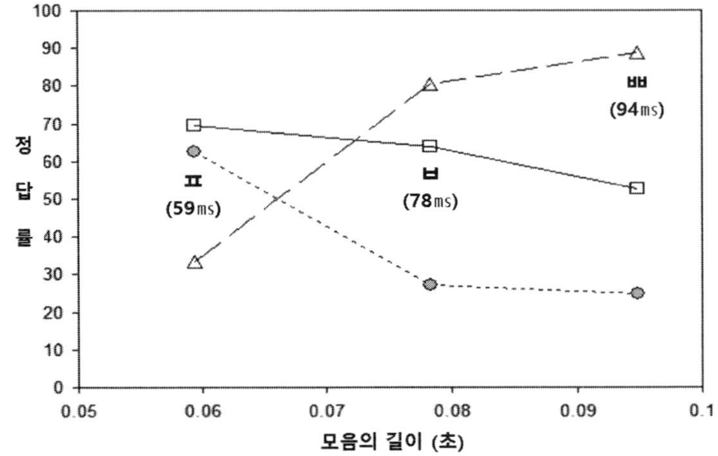

〈그림 4.5〉 발성 유형과 후행 모음의 길이(최한숙 2011:487)

'ㅅ'은 많은 기식을 동반한다는 점에서 곧잘 격음과 비교되고는 하는데, 이와 관련된 흥미로운 지각 실험이 있다. 배문정·김정오(2002)에서는 여러 자음과 'ㅏ'의 연쇄를 자극으로 제시하되 그 세기를 54~74㏈로 낮추어서 어떻게 들리는지를 물었다. 혼동한 응답을[13] 다차원 척도법으로 처리한 결과는 〈그림 4.6〉과 같다.

평음과 경음과 격음이 각각 무리를 이루고 있는데, 'ㅅ'이 격음의 무리에 가까이 있다. 이것 하나만으로 'ㅅ'을 격음이라고 할 수는 없겠지만, 적어도 혼동 지각의 측면에서는 평음보다는 격음에 가깝다고 볼 만하다.

13) '사'를 작은 소리로 들려 줬는데 '하'라고 답한 경우가 많다면 그만큼 그 두 소리가 가깝다고 보는 것이다.

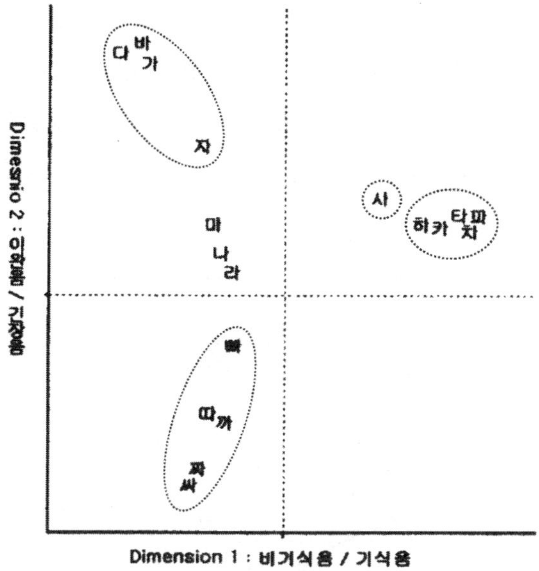

〈그림 4.6〉 음성들 사이의 지각적 거리(배문정·김정오 2002:383)

한편 〈그림 4.6〉에서는 평음의 무리에서 폐쇄음 'ㅂ, ㄷ, ㄱ'과 파찰음 'ㅈ'이 떨어져 있고 이는 다시 마찰음 'ㅅ'과도 멀리 떨어져 있음을 알 수 있다. 그러나 경음의 무리에서는 'ㅉ'과 'ㅆ'이 매우 가깝다. 'ㅈ'과 'ㅅ'은 마찰의 길이도 다르고 기식의 길이도 다른바, 둘 모두 'ㅅ'이 'ㅈ'보다 길다. 반면 'ㅉ'과 'ㅆ'은 마찰의 길이는 다르지만[14] 기식의 길이는 모두 매우 짧다는 점이 공통적인데, 이러한 평음과 경음의 특성이 반영된 것은 아닐까 싶다.

모음 간 장애음의 발성 유형에 대한 지각 실험은 김효숙(1997), 이봉

---

14) 박순복·이봉원·신지영·김기호(1998)에서는 '씨'의 마찰 구간을 줄인 자극과 '찌'의 마찰 구간을 늘인 자극을 들려 주고 어느 쪽으로 들리는지를 물었는데, '씨'를 조작한 자극의 경우 80~90㎳를 기준으로, '찌'를 조작한 자극의 경우 파열 소음이 있든 없든 100~110㎳를 기준으로 하여 마찰 구간이 짧으면 'ㅉ'으로 듣고 마찰 구간이 길면 'ㅆ'으로 듣는다는 결과를 얻었다.

원(1999), 이경희·이봉원(2000), 이경희·정명숙(2000), 서승완(2001), 강현숙·강소영(2006), 김현(2011), 김현·김아름(2023) 등에서 이루어졌다. 평음과 경음의 구별에 많은 관심이 놓였던바 장애음의 기류 방해 길이를 조작한 자극들이 이용되었다.

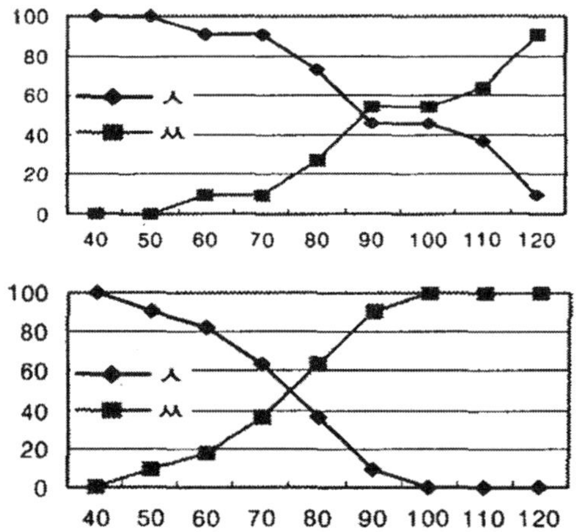

〈그림 4.7〉 마찰 길이와 'ㅅ, ㅆ'의 지각(이경희·이봉원 2000:99)

〈그림 4.7〉은 '가사'에서 'ㅅ'의 마찰 길이를 조작한 것에 대한 판단 결과(위)와 '가싸'에서 'ㅆ'의 마찰 길이를 조작한 것에 대한 판단 결과(아래)이다. 위의 것은 100~110㎳를 기준으로, 아래의 것은 80㎳를 기준으로 그보다 길면 'ㅆ', 짧으면 'ㅅ'으로 지각한다고 하였다. 'ㅅ'과 'ㅆ'의 구별에는 마찰 길이 이외에도 기식, 선행 모음의 길이, f0 등이 관여하였을 수 있다.

김현·김아름(2023)에서는 선행 모음의 길이와 폐쇄 길이, 음높이를 고려하여 〈표 4.8〉의 G1~7과 같은 자극을 만들었다.

<table>
<tr><th colspan="2" rowspan="2"></th><th colspan="3">길이(ms)</th><th colspan="4">음높이(Hz)</th></tr>
<tr><th>선행 모음</th><th>폐쇄 구간</th><th>합</th><th>V_1 시작</th><th>V_1 끝</th><th>V_2 시작</th><th>V_2 끝</th></tr>
<tr><td colspan="2">[아기가] 평균</td><td>78</td><td>52</td><td>130</td><td>128</td><td>119</td><td>131</td><td>126</td></tr>
<tr><td rowspan="7">자극</td><td>G1</td><td>80</td><td>50</td><td>130</td><td rowspan="7">128</td><td>119</td><td>135</td><td rowspan="7">129</td></tr>
<tr><td>G2</td><td>76</td><td>59</td><td>135</td><td>118</td><td>137</td></tr>
<tr><td>G3</td><td>72</td><td>68</td><td>140</td><td>117</td><td>139</td></tr>
<tr><td>G4</td><td>68</td><td>77</td><td>145</td><td>116</td><td>141</td></tr>
<tr><td>G5</td><td>64</td><td>86</td><td>150</td><td>115</td><td>143</td></tr>
<tr><td>G6</td><td>60</td><td>95</td><td>155</td><td>114</td><td>145</td></tr>
<tr><td>G7</td><td>55</td><td>105</td><td>160</td><td>113</td><td>147</td></tr>
<tr><td colspan="2">[아끼가] 평균</td><td>55</td><td>108</td><td>163</td><td>127</td><td>112</td><td>146</td><td>129</td></tr>
</table>

〈표 4.8〉 모음 간 평음과 경음의 구별 자극(김현·김아름 2023:54)

[아기가]와 [아끼가]의 몇몇 음향적 속성에 대한 평균값들을 구한 후에 그들을 양 극단에 두고 보간하는 방식으로 7개의 자극을 만든 것이다.[15] 모음 간 평음에서 경음으로 갈수록 선행 모음은 짧아지고(80ms→55ms) 폐쇄 길이는 길게 하되(50ms→105ms) 그 간격에 차이를 두어 갈수록 둘의 합이 길어지게 하였다(130ms→160ms). 또한 선행 모음 끝 부분과 후행 모음 시작 부분의 기본 주파수 차이가 점점 커지도록 하였다. 실험 결과, 평음과 경음의 중간쯤 되는 자극들(G3~5)은 그 외의 자극들에 비하여 맥락의 영향을 많이 받아서, 동일한 자극이라고 하여도 '아기가'가 어울리는 맥락에서는 [아기가]로 지각하고, '악기가'가 어울리는 맥락에서는 [아끼가]로 지각하는 경향이 있다고 하였다.

장애음의 조음 위치와 관련된 지각 실험으로는 초성을 대상으로 한 Hume, Johnson, Seo and Tserdanelis(1999), 김호성(2003)과 종성을

15) V_1 시작 부분과 V_2 끝 부분의 음높이는 별 차이가 없어서 각각 128㎐와 129㎐로 고정하였다.

대상으로 한 오미라(2002)가 있다. 이중 후자는 조음위치동화와 관련하여 후술하기로 하고, 여기서는 초성의 조음 위치에 대한 지각 실험을 살피도록 한다. Hume et al.(1999)에서는 '파, 티, 쿠' 등을 이용하여 두 가지의 자극을 마련하였는데, 하나는 개방 소음이고 다른 하나는 개방 소음 직후부터 포먼트 전이를 포함하고 있는 10㎳ 길이의 기식이다. 이들 자극을 듣고 'ㅍ, ㅌ, ㅋ' 중 하나를 선택하게 한 것인데, 정답률과 오답률을 대입하여 다음과 같은 민감도(sensitivity)를 산출하였다.

$$\text{민감도} = \frac{(1 - \text{오답률}) + \text{정답률}}{2}$$

민감도는 -1과 1 사이의 값을 갖게 되는데, 개방 소음에 대한 민감도는 0.57 정도인 반면 전이 포함 기식에 대한 민감도는 0.9 정도로서, 기식과는 달리 개방 소음은 정답률이나 오답률이 별 차이 없을 정도로 조음 위치에 대한 중요한 지각 단서로 작용하지는 않는 것으로 보인다.

김호성(2003)에서는 '바, 따, 카' 등으로부터 개방 소음 이후 기식을 앞에서부터 10㎳씩 잘라내고 남은 부분을 자극으로 하여 식별 실험을 하였는데, 양순음은 다른 조음 위치의 자음으로 듣는 일이 매우 적지만, 치조음과 연구개음은 다른 조음 위치의 자음으로 듣는 일이 꽤 많다고 하였다. 특히 연구개음을 양순음으로 듣는 일이 많았다.

어두 비음의 지각과 관련하여 강현숙·한정임(2019)에서는 비공명(nasal resonance, murmur)과 그 이후 전이의 역할을 관찰하였다. 어두의 '나'와 '누'에서 잘라낸 길고 짧은 비공명과 그 비공명을 제거하고 남은, 전이를 포함한 후행 모음, 끝으로 음절 전체를 자극으로 하여 지각 판단을 살폈다. 〈표 4.9〉가 그 결과인데 비공명이 없이 후행 모음만

들어도 상당 부분 비음을 지각할 수 있으며, 비공명이 짧으면 동일 조음 위치의 폐쇄음으로 지각되는 비율이 높음을 알 수 있다.

	자극	지각				
		ㄴ	ㅁ	ㄷ	ㅂ	잡음
긴 비공명	비공명	26	52	6	4	12
	후행 모음	81		18	1	
	음절	99		1		
짧은 비공명	비공명	1	1	32	13	53
	후행 모음	61		37	2	
	음절	55		43		2

〈표 4.9〉 어두 'ㄴ'에 대한 응답률(강현숙·한정임 2019)

후행 모음만으로도 비음의 존재를 지각하는 것은 후행 모음이 선행 자음에 동시 조음되어 비음성을 지니게 되었기 때문이라고 할 수 있을 것이다. 비공명이 길면 후행 모음의 비음성도 강한 것으로 보인다.

모음 간 단일 비음과 중첩 비음의 구별은 기류 방해의 길이와 선행 모음의 길이의 측면에서 볼 때 모음 간 평장애음과 경장애음의 구별과 다를 것이 없다. 김태경(2013)에서는 모음 간 단일 공명음과 중첩 공명음에 대하여, 김현·배윤정(2017)에서는 그중 모음 간 'ㄴ'과 'ㄴㄴ'에 대하여 지각 실험을 실시하였다. 후자에서는 '다나'의 비음 길이를 60~140 ㎳로 조작하고, 음절 처음부터 'ㄴ'의 끝까지의 길이 중에서 'ㄴ'의 길이가 차지하는 비율을 25~65%로 조작하여 들려 주고 '다나'인지 '단나'인지를 판단하게 하였다. 그 결과는 〈그림 4.8〉과 같다.

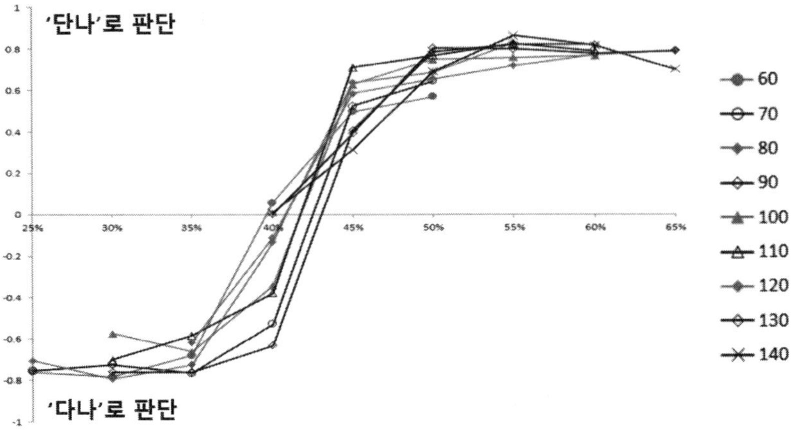

〈그림 4.8〉 모음 간 'ㄴ'과 'ㄴㄴ'의 지각(김현·배윤정 2017:16)

오른쪽에 나열된 비음의 절대적인 길이와 관계 없이 선행 음절에 대한 비음의 상대적인 길이가 40~43% 이하일 때에는 단일 비음으로 지각하는 비율이 높고 그 이상일 때에는 중첩 비음으로 지각하는 비율이 높음을 알 수 있다. 이는 선행 모음의 길이가 후행 자음을 지각하는 데에 중요한 단서가 됨을 말해 준다.

2 모음

모음에 대한 음향음성학적 연구는 많지만, 지각 실험은 그에 비하여 매우 적은 편이다. 양병곤(1995)에서 합성한 단모음, 양병곤(1996ㄴ)에서 합성한 이중 모음에 대한 지각 양상을 살핀 적이 있고, 장혜진·차재은·신지영(2008)에서 대구 화자의 'ㅡ'와 'ㅓ' 구별, 윤지현·성철재(2013), Igeta, Mee and Takayuki(2014), 공은정·강지은(2018)에서 'ㅗ'와 'ㅜ'의 구별, Juiien and Jang(2015)에서 'ㅔ'와 'ㅐ'의 구별에 대한 지각 실험이 있었다. 최양규·신현정(1999), 최양규(2001, 2003)은 모음들 사이의 유사성을 기반으로 한 다차원 척도법으로 〈그림 4.9〉와 같이 심적 표상을 나타냈는데, 'ㅡ'와 'ㅓ' 또는 'ㅜ'와 'ㅗ'의 심리적 거리에 있어서 서울 화자와 경남 화자가 서로 다름을 보여 준다.

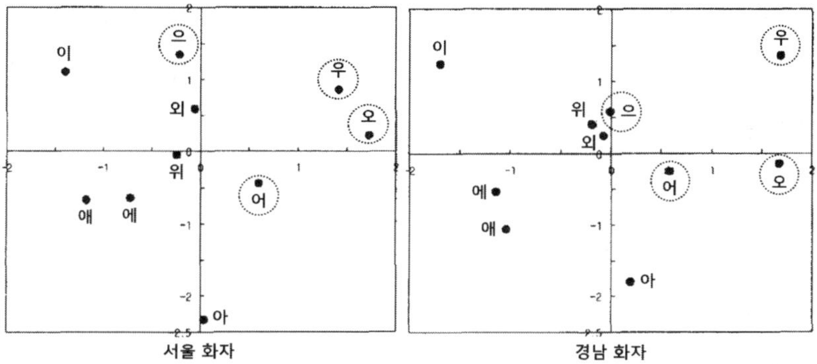

〈그림 4.9〉 모음의 심적 표상(최양규 2003:298)

신우봉(2016)에서는 제주 50대 초반과 후반의 화자를 대상으로 모음에 대한 AX 실험을 실시하였는데, 제시된 정답률을 그래프로 나타내면 〈그림 4.10〉과 같다.

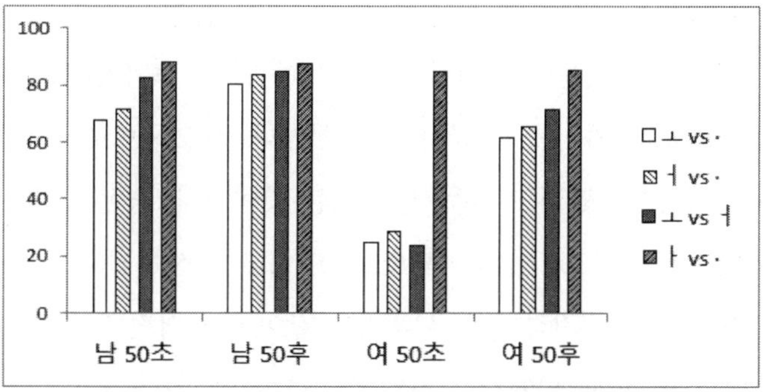

〈그림 4.10〉 제주 50대 화자의 모음 구별(신우봉 2016)

50대 초반 여성이 남다른 경향을 보이는데, 'ㅗ'와 'ㆍ', 'ㅓ'와 'ㆍ', 'ㅗ'와 'ㅓ'의 구별에 있어서 각각 24.8점, 28.7점, 23.5점을 받았다. 'ㆍ'와 'ㅗ, ㅓ'의 구별이 어려울 뿐만 아니라 'ㅗ'와 'ㅓ'의 구별도 어려워했다는 점이 매우 흥미롭다. 이들을 대상으로 하여 따로 ABX 실험을 실시하였는데, 'ㆍ'의 44.5%를 'ㅗ'로, 55.5%를 'ㅓ'로 지각하였다고 한다. 'ㆍ'의 변화가 'ㅗ'나 'ㅓ'와 함께 탐구되어야 함을 시사하는 것으로 보인다.

4.3.1.2 초분절음

1 음장

음장의 지각과 관련하여서는 실험을 통해 알아내고자 하는 바를 분명히 정하고 그에 맞게 실험을 설계해야 한다. 어떤 음성을 듣고 그것이 어떤 단어인지 안다는 것은 그 음성이 다른 음성과 다름을 인지하고 있으며 그 음성이 특정한 의미를 지닌 단어임을 알고 있다는 것을 의미한다. 예를 들어 [pa:m]이라는 자극에 대해 '밤(夜)'과 '밤:(栗)' 중 하나를 선택하는 실험을 한다고 해 보자. 피험자가 '밤:(栗)'을 선택했다면 이는 피험자가 음장을 구별하여 들을 줄 알고, 들은 음성이 어떤 뜻을 지닌 단어인지를 알고 있음을 의미한다. 반면 피험자가 '밤(夜)'을 택하였다면 이는 음장의 차이를 지각하지 못했거나 장모음으로 들었더라도 [pa:m]의 의미를 "夜"라고 잘못 알고 있는 것이거나, 혹은 그 둘 모두일 수도 있다. 조성문(2001), 조남민(2010), 이고운·신동진(2016) 등에서 어휘적 장음에 대한 지각 실험은 후자와 같이 이루어진 것들이다.

이고운·신동진(2016)에서는 음의 길이를 구별하여 들을 수 있는지에 대한 실험도 진행하였다. 단모음과 장모음의 길이를 0.3 대 1로 조작하여 자극을 만들고, 같은 것 둘과 다른 하나를 들려준 후, 나머지와 다른 하나를 선택하도록 하는 이상 구별 실험을 실시했다. 실험 대상은 평균 26.7세의 화자였는데 정답률이 89%라고 하였다. 이는 어떤 단어가 장모음 단어인지 여부를 알고 있지 못하더라도, 3배 차이 나는 길이의 두 모음은 대체로 구별할 수 있음을 의미한다. 그러나 3.1.2.1에서 살펴본 바와 같이, 실제 장모음의 길이는 단모음의 1.5배 정도이며, 3배까지 길지는 않다.

두 음절을 비교하여 길고 짧음을 판단할 때 가장 큰 기여를 하는 요소는 당연히 모음의 길이이지만, 그에 앞선 VOT나 후행하는 공명 자음의 길이도 일정 정도 기여를 하는 것으로 보인다. 김현(2022)에서는 VOT와 모음의 길이를 조작한 CV 음절 '다'와 모음 및 비음의 길이를 조작한 VC 음절 '안'의 길이 판단 실험을 진행했다. 실험 결과, CV에서는 VOT의 기여도가 모음의 기여도의 절반 정도였으며, VC에서는 종성 비음 길이의 기여도가 모음의 기여도의 절반 또는 3분의 1 정도로 나타났다.

조남민(2010)과 박초흔(2023)에서는 보상적 장음에 대한 지각 실험이 진행되었다. 박초흔(2023)에서는 어두의 장음(①)뿐만 아니라 비어두의 장음(②)도 함께 다루어 흥미를 끈다.

① 어두의 보상적 장음: 나서(나-서) vs 나:서(낫-아서)
　점수 차이가 너무 많이 [　] 경기가 더 이상 재미가 없다.
　장염이 다 [　] 이제 약을 먹을 필요가 없다.
② 비어두의 보상적 장음: 마따면(맞-다면) vs 마따:면(맞닿-으면)
　그 말이 [　] 당장 내일부터 출근해야 해.
　바다와 하늘이 [　] 수평선이 된다.

①에서는 어두 음절 모음의 길이를, ②에서는 비어두 음절 모음의 길

이를 짧은 것부터 긴 것까지 네 단계로 만들어 각각을 문장에 넣어 들려주고 자연성을 5점 척도로 평가하도록 하였다. 응답에 따라 적절한 점수를 부여해 보상적 장음을 지각하는 정도와 모음 길이 사이의 상관성을 분석했다. 실험 대상은 20~30대의 여성이었는데, 어두의 보상적 장음에서는 상관 계수가 0.68, 비어두의 보상적 장음에서는 상관 계수가 0.80으로서 높은 상관성을 보였다. 이는 곧, 어휘적 음장 대립을 지니고 있지 않은 화자임에도 보상적 장음을 잘 지각하고 있으며, 특히 비어두의 보상적 장음을 더 잘 지각하고 있는 것으로 해석될 만하다.

2 음조

억양과 관련하여 전선아·오미라(1996)에서는 의문사를 포함하면서 동일한 분절음으로 이루어진 설명의문문, 판정의문문, 반문의 세 의문문에 대한 지각 실험을 진행했다. 세 문장은 다음과 같은 맥락에서 녹음되었다.

① 설명의문문
A: <u>오늘 저녁에 뭐 먹어요?</u>
B: 짜장밥 먹어요.
② 판정의문문
A: <u>오늘 저녁에 뭐 먹어요?</u>
B: 그럼요, 가벼운 거라도 먹어야죠.
③ 반문
A: 오늘 저녁에 원숭이 골요리 먹을 거예요.
B: (놀라듯이, 믿을 수 없다는 듯이) <u>오늘 저녁에 뭐 먹어요?</u>

피험자들에게 세 유형의 의문문을 들려주고 어떤 유형인지 선택하도록 했다. 실험 결과, 설명의문문은 대체로 정확히 지각되었으나, 판정의문문은 상대적으로 낮은 정답률을 보였다. 반문의 정답률이 가장 낮았는데, 28.5%는 설명의문문으로, 10.2%는 판정의문문으로 오인되었다. 또한 이 논문에서는 세 의문문의 음향적 속성과 지각 실험의 정답률 간의 상관 관계를 분석하기도 하였다. 설명의문문의 정답률은 의문사 '뭐'와 후행 성분 사이의 거리가 멀고, 의문사의 강도가 높으며, 문장 끝 '요'의 강도가 낮을수록 증가하는 경향을 보였다. 반문의 정답률은 의문사와 후행 성분 사이의 거리가 짧고, 문장 끝의 음조가 높으며, 의문사의 음절 수가 적을수록 높아지는 경향을 보였다.

이호영·손남호(2007)에서는 말토막(강세구) 억양에 대한 두 지각 실험이 이루어졌다. 첫 번째 실험에서는 '나는 나주에서 철수와 놀았다'와 '나는 파주에서 철수와 놀았다'의 '나주에서'와 '파주에서'의 음조를 조작한 자극을 피험자들에게 들려 주고 억양의 자연스러움을 판단하게 하였다. 두 번째 실험은 구별 실험으로, 여러 억양을 짝지어 들려 주고 두 억양이 동일한지를 판단하게 하였다. 실험 결과, 평음으로 시작하는 강세구를 높게 시작하는 것은 매우 부자연스럽다는 점, LH와 LHH, LH와 LLH의 구별이 어렵다는 점 등이 드러났다. 앞서 〈표 3.21〉에서 보인 8개의 말토막 억양은 이러한 실험 결과를 토대로 한 것이다.

성조에 대한 지각은 성조를 음운으로 지니고 있는 화자와 그렇지 않은 화자에게서 다를 수밖에 없다. 김정선·de Jong(2007), 김정선(2011, 2012ㄱㄴ, 2014, 2018) 등에서 식별 실험 또는 모방 산출 실험을 통하여 성조에 대한 지각에 있어서 대구 화자는 범주적으로 지각하지만 광주 화자는 그렇지 않다고 하고 있다.

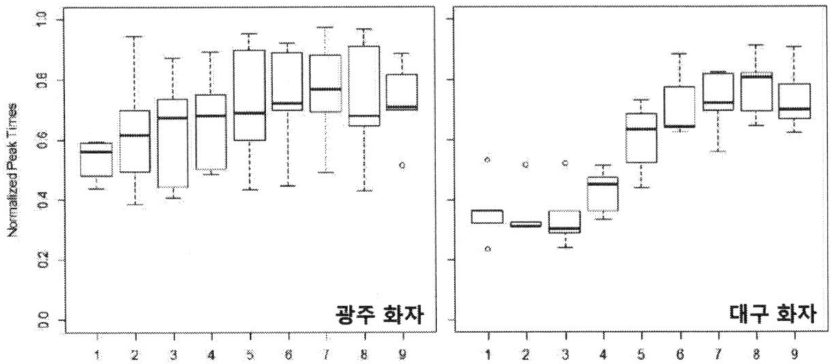

〈그림 4.11〉 성조형의 모방 산출(김정선 2012ㄴ:45)

김정선(2012ㄴ)에서는 '모이(HL, 먹이)'와 '모이(LH, 모의)'를 녹음하고 두 단어 사이의 음조를 9개의 등급으로 보간한 자극들을 만들어서 피험자에게 들려 주고 들리는 대로 따라서 발음하라고 하였다. 〈그림 4.11〉의 가로축이 그 9개 자극을 가리킨다. 1번 자극이 HL이고 제1음절은 차차 낮아지고 제2음절은 차차 높아져서 9번 자극은 LH가 된다. 세로축은 피험자가 발음한 단어 내에서 음조의 최고점이 어디에 위치하는가를 보여 주는 것으로서 0에 가까울수록 단어의 앞쪽에 최고점이 있어 HL에 속하고 1에 가까울수록 단어의 뒤쪽에 최고점에 있어 LH에 속함을 뜻한다.

광주 화자의 그래프를 보면, 1번 자극에서 9번 자극으로 가면서 최고점이 조금씩 뒤로 이동한 것을 그대로 듣고 따라서 발음한 것임을 알 수 있다. 반면 성조가 변별적인 대구 화자는 중간의 5번 자극에서 HL로 LH로 갑자기 바뀌는 범주적 인식을 보여 준다.

성조에 대한 실험적 연구는 앞서 살핀 바와 같이 최고점이나 최저점의 위치를 측정하기도 하지만, 각 음절의 음조를 측정하기도 한다. 보통은 음절핵인 모음의 중간 부분에서 측정하는 일이 많은데, 배윤정

(2021)에서는 지각 실험을 통해 음절 어떤 지점의 음높이가 그 음절을 대표하는 것으로 받아들여지는가 하는 문제를 다루었다. 그 결과 부산 지역어 LHHL의 둘째 음절의 경우 그 음절의 음높이를 대표할 수 있는 것은 모음 또는 모음+공명자음의 3/4 지점 또는 음절의 음높이가 최고인 지점이라고 하였다.

4.3.2 음운 현상

4.3.2.1 조음위치동화

한국어 자음 연쇄에서 종성의 치조음은 후행하는 양순음과 연구개음에 동화되고 양순음은 후행하는 연구개음에 동화되지만 연구개음은 어떤 음이 후행하더라도 동화되지 않는다. 이는 종성의 연구개음이 다른 자음들에 비해 음성적으로 두드러지기 때문이라는 추측을 가능하게 하지만, 종성 지각에 대한 실험 결과는 이를 뒷받침하지 않는다. 오미라(2002)에서는 중성이 'ㅏ, ㅣ, ㅜ'이고 종성이 'ㅂ, ㄷ, ㄱ'인 단일 음절의 지각 실험에서 〈표 4.10〉과 같은 오류가 나타났다고 보고되었다. 조음

중성 \ 종성	ㅂ	ㄷ	ㄱ
ㅏ	3/144 2.1%	10/144 6.9%	9/144 6.3%
ㅣ	13/144 9.0%	21/144 14.6%	21/144 14.6%
ㅜ	22/144 15.3%	6/144 4.2%	42/144 29.2%
계	38/432 8.8%	37/432 8.6%	72/432 16.7%

〈표 4.10〉 단일 음절 종성 지각의 오류율(오미라 2002)

위치동화에서 기대되는 결과와 달리, 종성 연구개음을 지각할 때의 오류율이 가장 높음을 알 수 있다.

자음 연쇄를 지니고 있는 2음절어를 대상으로 한 김성아(2003)에서도 종성의 치조음이 지각적으로 특별히 떨어지지는 않는다는 결론을 얻었다. 한편 Kochetov and So(2007)에서는 개방 소음이 있는 경우에는 연구개음의 지각이 더 좋다는 결론을 얻었다. 이 논문에서는 서로 다른 자음이 연쇄를 이룬 2음절어 '답답, 답갑, 닫밥, 닫갑, 닥밥, 닥답'에서의 첫 음절 종성에 대한 지각 실험과 제1음절만을 잘라내어 어말 종성에 대한 지각 실험을 하였다. 피험자는 러시아어 화자, 캐나다 영어 화자, 대만 관화 화자, 한국어 화자 각 14명씩이었는데, 그중 한국어 화자의 정답률만을 따로 보이면 〈그림 4.12〉와 같다.

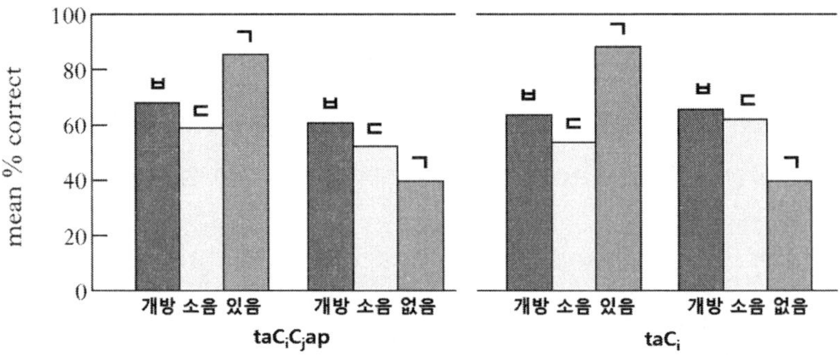

〈그림 4.12〉 종성 지각의 정답률(Kochetov and So 2007:411~423)

왼쪽의 둘은 2음절어에서의 첫 음절 종성, 오른쪽의 둘은 1음절어에서의 종성에 대한 정답률이며, 개방 소음을 그대로 둔 자극과 그것을 제거한 자극에 대한 정답률이 제시되어 있다. 개방 소음이 있으면 'ㄱ'의 지각이 더 정확하지만 개방 소음이 없으면 정답률이 가장 낮다는 점이 매우 특징적이다.[16] 이는 다른 언어의 피험자에게도 공통된 결과였는데, 이를 두고 'ㄱ'이 잘 지각된다고 할 수는 없을 것이다.

한국어의 종성 'ㅂ, ㄷ, ㄱ'은 어말에 놓일 때와 뒤에 동일 조음 위치의 자음이 따를 때에는 개방이 일어나지 않는다. 따라서 단일 음절인 〈그림 4.12〉 오른쪽 그림에서 중요한 것은 '개방 소음 없음'이라고 된 것이라 할 것인데, 'ㄱ'의 정답률이 가장 낮다. 한편 조음 위치가 다른 자음이 뒤따를 때에는 종성의 개방이 일어나는데 그것이 음향적으로 포착되느냐의 여부는 두 자음의 조음 위치에 따른다. 즉 선행 자음보다 후행 자음의 조음 위치가 더 뒤쪽일 때에는 선행 자음의 개방 소음이 들리기 쉽지만, 후행 자음이 더 앞쪽일 때에는 선행 자음의 개방 소음이 들리기 어려운 것이다. 따라서 'ㅂㄷ, ㅂㄱ, ㄷㄱ'은 선행 자음의 개방 소음이 들리기 쉬운 연쇄이고[17] 'ㄷㅂ, ㄱㄷ, ㄱㅂ'은 그러기 어려운 연쇄라 할 수 있다. 이를 염두에 둔다면 자극이 2음절어인 〈그림 4.12〉의 왼쪽 그림 중에서 적어도 'ㅂ'은 '개방 소음 있음'의 것이, 'ㄱ'은 '개방 소음 없음'의 것이 현실적인 발음이 된다. 이 경우에도 역시 종성 'ㄱ'의 정답률은 가장 낮다고 할 수 있다.

조태홍·McQueen(2008)에서는 음소 탐지 실험을 통하여 조음위치 동화에 보다 직접적인 접근을 시도하였다. 실험은 피험자에게 먼저 문자 자극을 보여 주고 이어 음성 자극을 들려 주는데, 문자로 제시하는 특정한 음소가 음성 자극의 두 번째 단어의 첫 음절 종성으로서 들리면

16) 종성의 개방 소음이 조음 위치를 판단하는 데에 영향을 끼친다는 점에 대해서는 Malécot(1958)을 참조할 수 있다. 심지어 서로 조음 위치가 다른 자음의 전이 부분과 개방 소음을 연결한 자극에 대해서 그 조음 위치를 개방 소음의 것으로 판단하기도 하였다. 양순임(2005)에서는 개방 소음을 제거한 '압까, 압따'의 종성을 지각하지 못하기도 함('ㅂㄲ'은 55명 중 6명, 'ㅂㄸ'은 55명 중 10명)을 보였다.

17) 김현순(1998ㄴ)에서는 'ㄷㄱ' 연쇄의 83%에서 'ㄷ'의 개방 소음이 있다고 하였다.

바로 반응하고 없다고 판단되면 아무런 반응도 하지 않는 GO/NO-GO 방식의 실험이다. 반응하였을 때의 반응 시간을 측정하고 무반응의 비율을 계산하는 것이다. 이 논문에서는 두 실험이 행해졌는데 여기서는 양순음과 치조음의 연구개음화를 비교한 실험을 소개한다.[18)]

문자 자극	음성 자극	반응	
		유	무
'ㄷ'이 있는가	잔돈을 박기 위해	①	ⓐ
	잔돈을 받기 위해	②	ⓑ
'ㅂ'이 있는가	잠옷을 익기 위해	③	ⓒ
	잠옷을 입기 위해	④	ⓓ

〈표 4.11〉 음소 탐지 실험(조음위치동화)의 자극(조태홍·McQueen 2008)

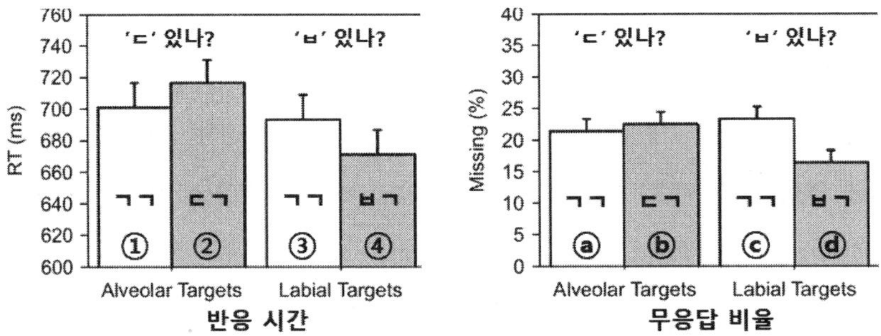

〈그림 4.13〉 음소 탐지 실험의 결과(조태홍·McQueen 2008:243)

〈그림 4.13〉의 반응 시간에서 통계적으로 유의미한 것은 ② 〉 ④, ③ 〉 ④이다. ② 〉 ④는 '받기'를 듣고 'ㄷ'이 있다고 판단하는 데 걸리는 시간이 '입기'를 듣고 'ㅂ'이 있다고 판단하는 데 걸리는 시간보다 더 길다는

18) 또 다른 실험은 선행 자음이 'ㅂ, ㄱ'이고 후행 자음이 'ㄷ'인, 조음위치동화가 일어나지 않는 환경을 이용한 것인데, 'ㅂㄷ'의 'ㅂ'보다 'ㄱㄷ'의 'ㄱ'이 더 두드러지게 들린다는 결론을 얻었다.

것이다. 즉 'ㄷㄱ' 연쇄의 'ㄷ'은 'ㅂㄱ' 연쇄의 'ㅂ'에 비해 잘 안 들린다는 것이다. ③ 〉 ④는 '익기'를 듣고 'ㅂ'이 있다고 판단하는 데 걸리는 시간이 '입기'를 듣고 'ㅂ'이 있다고 판단하는 데 걸리는 시간보다 더 길다는 것으로 당연한 결과라 여겨진다. 흥미로운 것은 오히려 치조음의 경우 ①과 ②의 통계적 차이가 없다는 점으로서 '받기'가 '박기'보다 'ㄷ'이 더 잘 들린다고 할 수 없다는 것인데, 'ㄷㄱ'이나 'ㄱㄱ'이나 종성 'ㄷ'의 지각이라는 측면에서 보면 다를 바가 없다는 결론인 셈이다.

무응답 비율에서 통계적으로 유의미한 것은 ⓑ 〉 ⓓ, ⓒ 〉 ⓓ이다. ⓓ는 '입기'를 듣고 'ㅂ'이 있음을 알지 못한 것인데 그 수가 ⓑ 즉 '받기'를 듣고 'ㄷ'의 존재를 알아채지 못한 응답에 비해서 적다는 것은 'ㅂㄱ' 연쇄의 'ㅂ'이 상대적으로 잘 들림을 뜻한다. 'ㄱㄱ' 연쇄에서 'ㅂ'을 듣지 못하는 비율(ⓒ)이 'ㅂㄱ' 연쇄에서 'ㅂ'을 듣지 못하는 비율(ⓓ)보다 높은 것은 당연한 것으로 보인다.

이나라(2019)에서는 동화된 어형과 동화되지 않은 어형을 구별하는 실험을 통하여 조음위치동화에 접근하고자 하였다. 예를 들어 '감기(원형)'와 '강기(동화형)'를 듣고 구별하게 하고, 동화와는 무관한 '간기(위반형)'와 원형 '감기'를 듣고 구별하게 하기도 하였다. 〈그림 4.14〉는 정답률을 그래프로 나타낸 것이다.

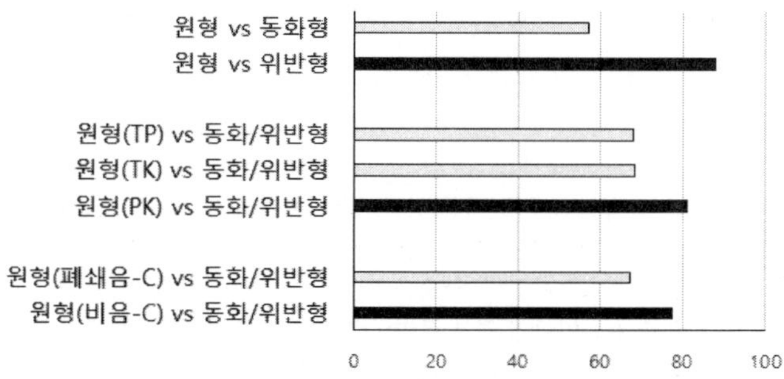

〈그림 4.14〉 자음 연쇄의 구별 지각(이나라 2019)

원형과 동화형의 구별은 위반형과의 구별에 비해 정답률이 떨어지는데, 그만큼 원형과 동화형이 비슷하게 들릴 수 있음을 뜻한다. 두 번째 그래프는 치조음이 동화 환경에 놓였을 때의 정답률과 양순음이 동화 환경에 놓였을 때의 정답률이 차이를 보여 양순음-연구개음 연쇄에서 동화가 덜 일어날 수 있음을 시사한다. 치조음-양순음 연쇄와 치조음-연구개음 연쇄의 정답률에는 차이는 없다. 마지막 그래프는 종성이 비음일 때에 비해 폐쇄음일 때에 정답률이 떨어짐을 보여 주는데, 단독 음절의 종성 폐쇄음보다 종성 비음을 잘 지각한다는 연구 결과(오미라 2002)와 관련되어 보인다.

박선우(2011)에서는 피동화음을 비음에 한정하여 화면으로 조음위치동화가 일어나지 않은 단어를 보여 주는 동시에 음성으로 조음위치동화가 일어난 발음을 들려 주면서, 발음의 적합성을 4점 척도로 묻는 실험을 진행하였다. 그 결과, 'ㄴ'의 양순음화(3.03점)와 연구개음화(3.11점)는 통계적으로 무의미한 차이를 보였고 'ㅁ'의 연구개음화(1.74점)는 그들보다 낮은 점수를 받았다고 한다. 박선우(2010), 박희정·신혜정(2012)는 설문 조사로서, 역시 피동화음이 비음인 연쇄에 대해 4점 척도로 적합도를 물었는데, 박선우(2011)과 동일한 결과를 얻은 바 있다. 박선우(2010)에서는 'ㄴ'의 양순음화, 'ㄴ'의 연구개음화, 'ㅁ'의 연구개음화가 각각 2.61점, 2.63점, 1.78점이었고, 박희정·신혜정(2012)에서는 각각 3.01점, 3.00점, 2.39점이었다.[19)]

---

19) 박민정(2010)은 서울 코퍼스를 대상으로 조음위치동화 여부를 살폈는데, 치조음-연구개음 연쇄는 82.1%, 치조음-양순음 연쇄는 72.6%, 양순음-연구개음 연쇄는 34.9%의 동화 실현율을 보인다고 하였다. 양순음-연구개음 연쇄가 겪는 후부 변자음화는 치조음이 겪는 변자음화에 비하여 매우 특이한 현상인데, 그 기제와 관련하여 조음 축소를 내세운 전종호(1995)나 조음 중복을 내세운 손민정·Kochetov·Pouplier(2007), 손민정(2008) 등에서도 지각 실험을 행한 바 있다.

한정임(2015)에서는 조음위치동화가 일어난 어형과 일어나지 않은 어형을 이용한 따라하기 실험이 이루어졌다. 어떤 음성(표적 단어)을 듣고 따라서 발음하라고 할 때에 그 음성이 앞서 들은 것(점화 단어)일 경우 더 빨리 따라하게 되는데, 이 실험에서는 동화형과 비동화형이 일으키는 그러한 반복 점화 효과(repetition priming effect)를 확인할 수 있었다.

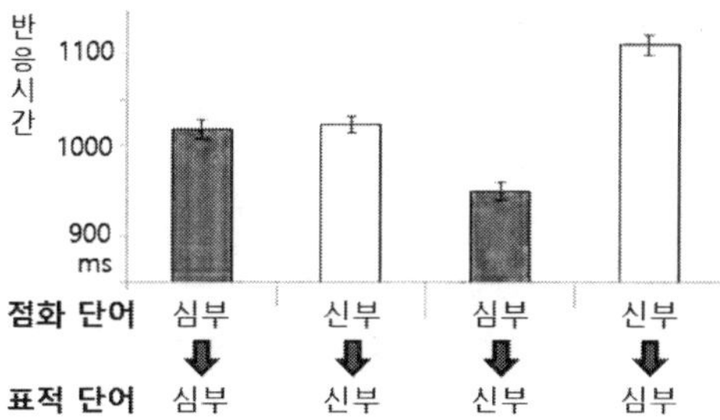

〈그림 4.15〉 조음위치동화의 반복 점화 효과(한정임 2015:31)

오른쪽의 두 막대를 보면, 동화된 어형인 '심부'는 '신부'에 점화 효과를 일으켜 반응 시간이 짧은 반면, 동화되지 않은 어형인 '신부'는 '심부'에 점화 효과를 일으키지 못하여 반응 시간이 길을 알 수 있다. 이 논문은 필수적 현상인 비음화와 수의적 현상인 조음위치동화에서 점화 효과가 어떤 차이를 보이는지를 보는 것이 목적이었는데, 실험 결과 두 현상은 차이가 보이지 않았다고 한다.

4.3.2.2 자음군단순화

조태홍(2010)에서는 ㄺ 자음군과 ㄼ 자음군에서 'ㄹ'과 'ㄱ', 'ㄹ'과 'ㅂ' 중 어떤 자음의 탈락이 선호되는지를 지각 실험을 통해 알아보았다. 조태홍·김사향(2009)의 산출 실험에서 ㄺ 자음군은 'ㄹ' 실현이 44.6%,

'ㄱ' 실현이 30.9%, 두 자음 모두 실현이 24.5%이며, ㄼ 자음군은 'ㄹ' 실현이 57.0%, 'ㅂ' 실현이 4.7%, 두 자음 모두 실현이 38.3%라고 한 바가 있는데, 이를 지각 실험으로 확인하고자 한 것이다.

실험은 두 시기에 진행한 음소 탐지 실험이었는데, 〈표 4.12〉와 같은 문자 자극과 음성 자극을 제시하였다. 여기서는 둘 중 한 실험의 반응 시간 결과만을 보인다.

문자 자극	음성 자극	반응
'ㄱ'이 있는가	노트를 **일**떠라도	①
	노트를 **익**떠라도	②
'ㅂ'이 있는가	구두로 **발**떠라도	③
	구두로 **밥**떠라도	④

〈표 4.12〉 음소 탐지 실험(자음군단순화)의 자극(조태홍 2010)

'노트를 일떠라도'를 듣고 'ㄱ'이 있다고 반응한 것은, 피험자가 음성 발화의 의미를 알고 용언 어간이 자음군을 지니고 있음을 알고 있음을 뜻한다. '노트를 익떠라도'를 듣고 'ㄱ'이 있다고 한 반응은 단지 소리가 들리는 대로 답한 것일 수도 있지만, '노트를'과 함께 발화된 '익떠라도'가 자음군을 지닌 어간의 활용형임을 모를 수는 없다.

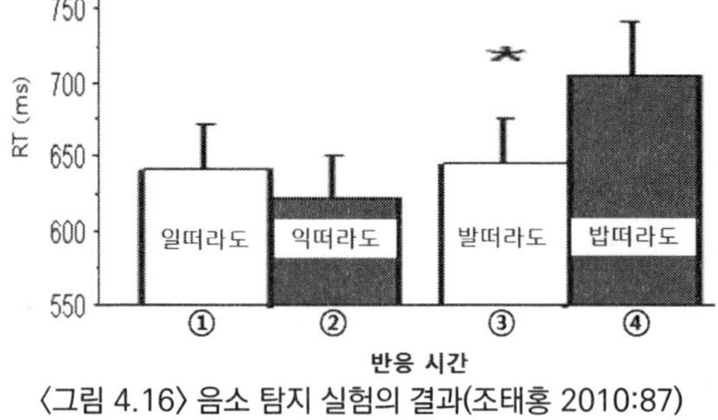

〈그림 4.16〉 음소 탐지 실험의 결과(조태홍 2010:87)

해당 자음이 있다고 반응한 시간의 측정 결과는 〈그림 4.16〉과 같다. ㄺ 자음군에서는 통계적으로 유의미한 차이를 보이지 않지만, ㄼ 자음군에서는 'ㅂ'이 실현되지 않은 '발떠라도'를 들었을 때 'ㅂ'이 있다고 하는 반응이 '밥떠라도'를 들었을 때보다 오히려 더 신속하게 나왔다는 점이 매우 흥미롭다. 들리지도 않는 소리가 있다고 하는 반응을 하고 그것도 실제로 있을 때보다 더 빠르게 반응하였다는 것은, 피험자가 소리만 듣는 것이 아니라 '구두로 밟더라도'라는 발화의 의미를 파악하고 있으며, 나아가 '밟다'의 활용형으로 [밥떠라도]보다는 [발떠라도]가 더 친숙함을 뜻한다고 해석된다. 다시 말하면 ㄺ 자음군에서는 'ㄹ'과 'ㄱ'의 탈락 중 어느 쪽이 우세하다고 할 수 없지만 ㄼ 자음군에서는 'ㅂ'의 탈락이 우세하다고 할 수 있다는 것이다.

4.3.2.3 원순모음화

원순모음화와 직접 관련된 지각 실험은 신우봉(2010), 강현숙(2014)에서 이루어졌다. 신우봉(2010)에서는 'ㅡ'와 'ㅡ' 사이에 자음이 있는 연쇄를 들려주고 둘째 음절의 'ㅡ'가 'ㅡ'로 들리는지 'ㅜ'로 들리는지를 물었는데, 개재된 자음이 양순음일 때에는 'ㅜ'로 듣는 확률이 21.7%인 반면 그 외의 자음일 때에는 0.002%에 지나지 않는다고 하였다. 강현숙(2014)에서는 20대와 40대가 발화한 '브'를 20대 피험자에게 들려 주는 실험에서 20대가 발화한 자극의 30.6%, 40대가 발화한 자극의 42%를 '부'로 들었으며, 반대로 '부'로 발화한 자극을 '브'로 듣는 확률은 20대 자극의 32.3%, 40대 자극의 17%로 나타났다고 한다.

김현(2021)에서는 산출 및 식별 실험에 이어 모방 산출 실험이 함께 행해졌다. 먼저 '이쁘디'와 '어쁘더'를 녹음하여 'ㅡ'의 포먼트를 비교하였는데, 같은 양순음 뒤 'ㅡ'라고 하여도 선후행하는 모음에 영향을 받아 '이쁘디'의 'ㅡ'에 비해 '어쁘더'의 'ㅡ'는 상대적으로 인두강이 좁은 상태에서 발음되고 있는 것으로 해석되었다. 이 '어쁘더'에서 앞뒤의 모음 'ㅓ'를 제거한 '쁘'을 듣고 그 모음이 'ㅡ'인지 'ㅜ'인지를 5점 척도로 묻는 실험을 한 후, 동일한 자극을 듣고 그대로 따라서 발음하게 하면서 녹음을 하고 입술의 돌출 여부를 동영상으로 촬영하였다. 〈표 4.13〉은 'ㅡ'에 가깝다고 판단(1~2점)한 자극과 'ㅜ'에 가깝다고 판단(4~5점)한 자극을 모방하여 발음한 것의 F2 평균과 입술 돌출 여부의 비율이다.

			지각	
			'ㅡ'에 가까움	'ㅜ'에 가까움
모방 산출	F2 (mel)		1233	1153
	돌출 여부	×	64.81%	36.84%
		○	35.18%	63.15%

〈표 4.13〉 양순음 뒤 'ㅡ'의 지각과 모방 산출(김현 2021)

'어쁘더'에서 추출한 '쁘'이라는 자극을 듣고 'ㅡ'에 가깝다고 판단하였음에도 입술을 내밀어 모방한 비율이나 반대로 'ㅜ'에 가깝다고 판단하였음에도 입술을 내밀지 않고 모방한 비율이 비슷하게 약 35%이다. 이중 전자 즉 'ㅡ'에 가깝다고 판단하였음에도 그 소리를 그대로 따라하면서 입술을 돌출시켰다는 것은, 인두화에 의한 'ㅡ'와 원순화에 의한 'ㅡ'가 유사한 음향 효과를 지니기에 가능한 일이다. 즉 인두를 좁혀 발음한 'ㅡ'를 듣고 그 소리를 따라하면서 입술을 돌출시켜 발음할 수 있다는 것이다.

〈그림 4.17〉은 원순모음화의 발생 확률을 보인 것이다. 양순음에 후행하는 'ㅡ'를 인두강이 넓은 모음(중설 모음 [ɨ]로 표시)으로 발음할 확률과 인두강이 좁은 모음(후설 모음 [ɯ]로 표시)으로 발음할 확률이 반

반이라고 가정한 것이다.

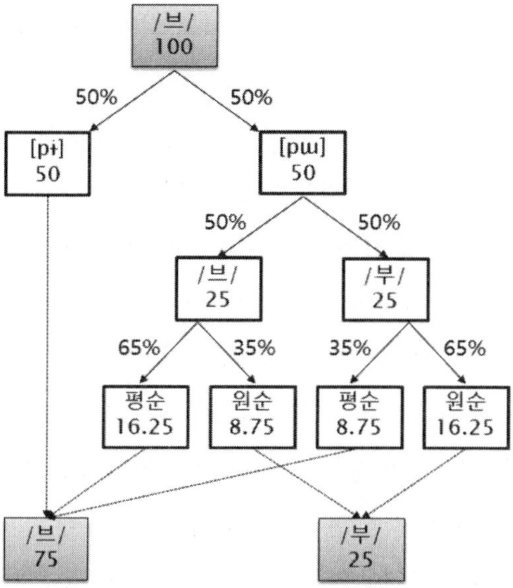

〈그림 4.17〉 원순모음화의 발생 확률(김현 2021:106)

[pɯ]는 'ㅡ'에 가깝다고 들은 표본수와 'ㅜ'에 가깝다고 들은 표본수가 엇비슷하므로 50% 대 50%로 /브/와 /부/로 듣는다고 할 수 있고, 이 각각의 35%는 산출할 때에 반대의 입술 돌출을 보인다. 이러한 비율이라면 양순음 뒤의 'ㅡ'는 한 차례의 모방으로 25% 정도가 'ㅜ'로 변할 수 있으며, 이것이 곧 원순모음화의 시작이라고 보는 것이다.

4.3.2.4 경음화

모음 사이에서 실현되는 무기음은 앞선 모음이 짧을수록 그리고 묵음 구간이 길수록 경음으로 들리고 그 반대일수록 평음으로 들린다. 강현숙·강소영(2006)에서는 이를 장애음 뒤 경음화와 관련지어 지각 실험을 하였다. '아다'와 '아따'에서 치조 파열 이후 부분을 교차 연결한 자극으로 식별 실험을 한 후, '사다'와 '삽다'에서도 같은 실험을 하여 '삽'에 연결되는 평음이 경음으로 지각되는 것이 경음화의 음성적 동기라고 하였다.

김현(2011)도 이에서 크게 다르지 않은데, 교차 연결 이후 폐쇄 구간의 길이를 여럿으로 나누어 경음으로 지각되는 비율을 알아보았다. 먼저 폐쇄 구간 동안 성대 진동이 있는 경우를 살폈는데 그 결과 성대 진동이 없는 경우 모음 사이의 폐쇄 구간이 90㎳일 때 56.7%가 경음으로 지각되지만, 성대 진동이 있다면 130㎳가 되어도 경음으로 지각하는 비율이 6.7~8.3%에 지나지 않는다고 하였다. 다음으로, 선행 음절 종성의 개방 소음 이후에는 더 이상의 묵음 구간이 없더라도 후행하는 무기음의 71.7%가 경음으로 지각된다고 하였다. 이를 토대로 하여 비어두에서 평장애음의 기식이 어두에 비해 적다고 할 때, 그에 앞서는 종성 장애음으로 인한 무성의 폐쇄 구간이 있다면 그 음성은 경음으로 지각된다는 것이 경음화의 발생 지점이라고 여긴 것이다.

참고 문헌

강경심(2000)[Kang, Kyung-Shim], On Korean fricatives, ≪음성과학≫ 7-3.

강경호(2010ㄱ)[Kang, Kyoung-Ho], Intelligibility improvement benefit of clear speech and Korean stops, ≪말소리와 음성과학≫ 2-1.

강경호(2010ㄴ)[Kang, Kyoung-Ho], Generational differences in the perception of Korean stops, ≪말소리와 음성과학≫ 2-3.

강경호(2013)[Kang, Kyoung-Ho], F0 perturbation as a perceptual cue to stop distinction in Busan and Seoul dialects of Korean, ≪말소리와 음성과학≫ 5-4.

강경호·Guion(2008)[Kang, Kyoung-Ho and Susan G. Guion], Clear speech production of Korean stops: changing phonetic targets and enhancement strategies, *The Journal of the Acoustical Society of America* 124.

강상균(2012)[Kang, Sang-Kyun], Differences in the duration of constriction between Korean and English glides, ≪어학연구≫ 48-3.

강석한(2011), 제주 방언 단음절 명사의 음성학적 액센트 유형과 중세 국어 성조와의 관계, ≪영주어문≫ 22.

강수균(1999), 한국 유아의 한국어 자음 발화 시 비음도 연구: 6세 정상아를 중심으로, ≪중복·지체부자유아교육≫ 33.

강수균(2000), 취학 전 아동의 비음도 연구: 4세 정상 아동을 중심으로, ≪난청과 언어장애연구≫ 23-1.

강수균·박선희(2000), 5세 정상 아동의 비음도 연구, ≪특수아동교육연구≫ 1-2.

강순경(1989), 국어 단순모음의 음향학적 분석, ≪언어≫ 14.

강순경(1995), 표준말과 문화어의 장단모음 분석: 최소 대립어를 중심으로, ≪동서문화연구≫ 3.

강순경(1996), 남북한의 모음분석, ≪어학연구≫ 32-1.

강순경(1997), 함경 방언의 모음 체계, ≪어학연구≫ 33-1.

강순경(1999ㄱ), 서울 화자의 음장에 대한 변별성, ≪동서문화연구≫ 7.

강순경(1999ㄴ), 황해 방언의 모음체계, ≪언어≫ 24-3.
강순자·이상도(2002)[Kang, Soon-ja and Sang-do Lee], Acoustic properties of word-initial Korean stops in speech perception, ≪언어과학≫ 9-2.
강윤정(2014)[Kang, Yoonjung], Voice onset time merger and development of tonal contrast in Seoul Korean stops: a corpus study, *Journal of Phonetics* 45.
강윤정·윤태진·한성우(2015)[Kang, Yoonjung, Tae-Jin Yoon and Sungwoo Han], Frequency effects on the vowel length contrast merger in Seoul Korean, *Laboratory Phonology* 6.
강윤정·한성우(2013)[Kang, Yoonjung and Sungwoo Han], Tonogenesis in early contemporary Seoul Korean: a longitudinal case study, *Lingua* 134.
강지은·공은정(2016), 서울 방언 단모음의 소리 변화와 음향 단서 연구: 단일지점 포먼트와 궤적 양상, ≪말소리와 음성과학≫ 8-4.
강현숙(2006)[Kang, Hyunsook], An acoustic study of the perceptual significance of F2 transition of /w/ in English and Korean, ≪음성과학≫ 13-4.
강현숙(2010ㄱ)[Kang, Hyunsook], Coarticulation effects of Korean sibilant /s/ before a high front segment, ≪음성음운형태론연구≫ 16-1.
강현숙(2010ㄴ)[Kang, Hyunsook], Korean sibilant /s/ before a high front and a round segment, ≪말소리와 음성과학≫ 2-4.
강현숙(2012)[Kang, Hyunsook], Phonological status of Korean /w/: based on the perception test, ≪말소리와 음성과학≫ 4-3.
강현숙(2014)[Kang, Hyunsook], Neutralization of vowels /ɨ/ and /u/ after a labial consonant in Korean: a cross-generational study, ≪말소리와 음성과학≫ 6-1.
강현숙·강소영(2006)[Kang, Hyunsook and Soyoung Kang], Post-stop tensing rule in Korean, *Harvard Studies in Korean Linguistics* 11.
강현숙·김태경(2020)[Kang, Hyunsook and Tae-kyung Kim], Lengthening and shortening process in Korean, ≪말소리와 음성과학≫ 12-3.
강현숙·한정임(2013)[Kang, Hyunsook and Jeong-Im Han], Cross-generational

of /o/ and /u/ in Seoul Korean Ⅱ: spectral interactions in normalized vowel space, ≪말소리와 음성과학≫ 5-2.
강현숙·한정임(2019)[Kang, Hyunsook and Jeong-Im Han], Perceptual cues for the word-initial nasal stops in Korean, ≪인문사회21≫ 10-1.
강현숙·Dilley(2007ㄱ)[Kang, Hyunsook and Laura Dilley], Closure duration and pitch as phonetic cues to Korean stop identity in AP medial position: production test, ≪음성과학≫ 14-3.
강현숙·Dilley(2007ㄴ)[Kang, Hyunsook and Laura Dilley], Closure duration and pitch as phonetic cues to Korean stop identity in AP-medial position: perception test, ≪음성과학≫ 14-4.
강희조(2013)[Kang, Hijo], Phonetic grounding of position and height aymmetries in hiatus resolution, ≪음성음운형태론연구≫ 19-2.
강희조·이효영(2019)[Kang, Hijo and Hyo-Young Lee], The realizations of /h/ in Seoul and Gwanju Koreans, ≪언어학≫ 84.
고광모(1991), 국어의 보상적 장음화 연구, 서울대학교 박사학위논문.
고도흥(1988ㄱ)[Ko, Do-Heung], Declarative intonation in Korean: an acoustical study of Fø declination, Ph. D. dissertation, University of Kansas.
고도흥(1988ㄴ)[Ko, Do-Heung], A spectrographical investigation of vowel duration in Korean, ≪정산유목상박사화갑기념논총≫, 중앙대학교 중앙문화연구원 출판부.
고도흥(1989)[Ko, Do-Heung], Syntactic aspects of f0 declination in Korean, *Harvard Studies in Korean Linguistics* 3.
고동호(2008), 제주 방언 '·'의 세대별 변화 양상, ≪한국언어문학≫ 65.
고미숙(2005), 제주방언의 억양구 경계성조 연구, ≪언어과학연구≫ 34.
고미숙·김원보·변길자·김종훈·박순복·오창명(2007), 제주방언의 연령대별 억양구 경계성조 연구, ≪언어과학연구≫ 42.
고영림(2009), 재일 제주인 제주방언화자의 억양에 대한 연구: 오사카 지역의 고령화자를 중심으로, ≪새국어교육≫ 83.
공수진(2002), 한국어 장·단모음의 실험음성학적 분석, 아주대학교 석사학위논문.
공수진·문승재(2002), 한국어 장단모음의 음가의 차이에서 나타나는 주변동화

현상(contextual assimilation)에 대하여, ≪한국음향학회 학술발표대회 논문집≫ 21-1.
공은정(2012)[Kong, Eun Jong], Perception of Korean stops with a three-way laryngeal contrast, ≪말소리와 음성과학≫ 4-1.
공은정·강소영(2017)[Kong, Eun Jomg and Soyoung Kang], Individual variability in processing English source input Korean stops, ≪음성음운형태론연구≫ 23-2.
공은정·강소영·서미선(2014)[Kong, Eun Jung, Soyoung Kang and Misun Seo], Gender difference in the affricate productions of young Seoul Korean speakers, *The Journal of the Acoustical Society of America* 136.
공은정·강지은(2018)[Kong, Eun Jung and Jieun Kang], Cognitive abilities and speakers' adaptation of a new acoustic form: a case of a /o/-raising in Seoul Korean, ≪말소리와 음성과학≫ 10-3.
공은정·강지은(2020)[Kong, Eun Jung and Jieun Kang], Gendered spectral patterns of sibilant fricatives in Seoul Korean, ≪음성음운형태론연구≫ 26-1.
공은정·강지은(2021)[Kong, Eun Jung and Jieun Kang], Age and gender differences in the spectral characteristics of Korean sibilants, ≪말소리와 음성과학≫ 13-1.
공은정·이현정(2021)[Kong, Eun Jong and Hyunjung Lee], Relationship between executive function and cue weighting in Korean stop perception across different dialects and ages, ≪말소리와 음성과학≫ 13-3.
곽숙영(2010), 한국어의 발화 길이 및 절 경계와 초점에 의한 점진하강(declination) 연구, ≪말소리와 음성과학≫ 2-3.
곽숙영·신지영(2009), 한국어의 점진하강(declination) 연구를 위한 음높이 측정 위치와 기준선 고찰, ≪말소리와 음성과학≫ 1-2.
곽충구(1983), 충청·경기방언의 현지조사 과정과 반성, ≪방언≫ 7.
곽충구(2003), 현새국어의 모음체계와 그 변화의 방향, ≪국어학≫ 41.
구자경(2001), 국어 모음의 포먼트 비율에 대한 연구, 단국대학교 석사학위논문.

구희산(1986)[Koo, Hee San], An experimental acoustic study of the phonetics of intonation in standard Korean, Ph. D. dissertaion, The University of Texas at Austin.

구희산(1998), 모음 길이에 미치는 자음 환경의 영향, ≪음성과학≫ 4-1.

국경아·강은지·김주원(2007ㄱ), 현대 한국어 파찰음의 조음점 전진 현상에 대한 연구, ≪한국음성과학회 발표논문집≫.

국경아·강은지·김주원(2007ㄴ), 현대 한국어 파찰음의 조음위치 변화에 대하여, ≪한국언어학회 발표논문집≫.

권성미(2019), 부산 방언 파열음의 발성 유형의 변화 연구, ≪언어와 문화≫ 15-4.

권성미(2021), 부산 방언의 어휘고저액센트 약화와 파열음의 발성 유형 변화의 상관성 연구, ≪인문학연구≫ 46.

권수현(2020)[Kwon, Soohyun], The magnitude of articulatory gestures for the glide /w/ in Korean: implications for the phonological representation of /w/, ≪음성음운형태론연구≫ 26-3.

권수현(2024)[Kwon, Soohyun], Categorical and gradient effects in segmental deletion: the case study of /w/-deletion in Seoul Korean, ≪언어연구≫ 41-1.

권영국(2006)[Kwon, Young-Kook], An acoustic study of compensatory lengthening in Korean, ≪새한영어영문학≫ 48-1.

김공온(1974)[Kim, Kong-On], Temporal structure of spoken Korean, Ph. D. dissertation, University of Southern California.

김대원(1987)[Kim, Dae-Won], Some phonetic aspects of intervocalic oral stop consonants in British English and Korean, Ph. D. dissertation, University of Reading.

김대원(1992)[Kim, Dae-Won], Neuromuscular specification of the feature 'tensity': with reference to English and Korean, ≪언어≫ 17.

김대원(1999)[Kim, Dae-Won], Some phonetic characteristics of mid-vocalic lax stops and pre/post-stop vowels in Korean, ≪음성과학≫ 5-2.

김대원(2002)[Kim, Dae-Won], The vowel length as a function of the articulatory force of the following consonants in Korean, ≪음성과

학≫ 9-3.
김무식(1986), 경상도 방언 /ㅓ/와 /ㅡ/모음의 실험음성학적 연구: 대구 지역을 중심으로, 경북대학교 석사학위논문.
김무식(1990), 국어 전이음(Glides)의 음향 음성학적 연구, ≪어문론총≫ 24.
김무식(1991), 국어 유음(Liquids)의 음성학적 연구: 주로 음성분석기(sound spectrograph)를 중심으로, ≪문학과 언어≫ 12.
김무식(1992), 경북 방언 초분절소에 대한 실험음성학적 연구: 의성 지역어를 중심으로, ≪국어학≫ 22.
김무식(1998), 지속시간적 측면에서 본 국어 모음의 음성학적 특징 연구, ≪언어연구≫ 2.
김무식(1999ㄱ), 경상도 방언 초분절소에 대한 실험음성학적 연구, ≪어문학≫ 66.
김무식(1999ㄴ), 경북방언 용언의 성조형, ≪문학과 언어≫ 21.
김무식(2001), 음형대분석을 이용한 이중모음 'ㅢ'의 특징 연구, ≪어문학≫ 72.
김미담(2004)[Kim, Midam], Correlation between VOT and F0 in the perception of Korean stops and affricates, 서울대학교 석사학위논문.
김미란(1994)[Kim, Mi-Ran Cho], Acoustic characteristics of Korean stops and perception of English stop consonants, Ph. D. dissertation, University of Wisconsin-Madison.
김미란·신동현·최재웅·김기호(2000), 초점과 관련된 의문문 억양 패턴 실험, ≪음성과학≫ 7-4.
김미령(2000)[Kim, Mi-Ryoung], Segmental and tonal interactions in English and Korean: a phonetic and phonological study, Ph. D. dissertation, University of Michigan.
김미령(2001)[Kim, Mi-Ryoung], Consonantal and vocalic effects in Korean identification, ≪음성과학≫ 8-1.
김미령(2008)[Kim, Mi-Ryoung], "Lax" stops in Korean revisited: VOT neutralization, ≪음성음운형태론연구≫ 14-2.
김미령(2014)[Kim, Mi-Ryoung], Ongoing sound change in the stop system of Korean: a three- to two-way categorization, ≪음성음운형태론연구≫ 20-1.

김미령(2017)[Kim, Mi-Ryoung], Inter-speaker and intra-speaker variability on sound change in contemporary Korean, ≪말소리와 음성과학≫ 9-3.
김미령·Bedder·Horrocks(2002)[Kim, Mi-Ryoung, Patrice Speeter Bedder and Julie Horrocks], The contribution of consonantal and vocalic information to the perception of Korean initial stops, *Journal of Phonetics* 30.
김민자(1982), 현대 한국어 /ㅓ/모음에 관한 음성학적 연구, ≪말소리≫ 5.
김민지(2021), 한국어 소형문의 억양 연구, 서울대학교 석사학위논문.
김보미(2016), 부산 지역어 단모음 /ㅡ/와 /ㅓ/의 세대 간 차이, 부경대학교 석사학위논문.
김봉국(1999), 삼척지역어의 상승조에 대한 실험음성학적 고찰, ≪관악어문연구≫ 24.
김사향(2004)[Kim, Sahyang], The role of prosodic phrasing in Korean word segmentation, Ph. D. dissertation, University of California, Los Angeles.
김사향(2015)[Kim, Sahyang], Effects of syllable structure and prominence on the alignment and the scaling of the phrase-initial rising tone in Seoul Korean, ≪말소리와 음성과학≫ 7-4.
김사향·조태홍(2014)[Kim, Sahyang and Taehong Cho], Articulatory modification of /m/ in the coda and the onset as a function of prosodic boundary strength and focus in Korean, ≪말소리와 음성과학≫ 6-4.
김선기(1937)[Gim, Seon-gi], Phonetics of Korean, M. A. dissertation, Cornell University, reprinted(1971), Daehan Textbook Printing Co., LTD.
김선철(1996), 국어 의문문 억양의 음성학 음운론적 연구, ≪언어연구≫ 13.
김선회(1999)[Kim, Sun-Hoi], Multiple acoustic cues of three-way phonemic contrast in stop consonants, ≪음성음운형태론연구≫ 5-1.
김선희(1998), 대구방언의 억양구조의 변이요인: 음향음성학적 분석 연구, ≪말소리≫ 35.

김선희(2009), 한국어 자유 발화 음성의 억양 패턴, ≪말소리와 음성과학≫ 1-4.
김선희·유현지·홍혜진·이호영(2007), Momel을 이용한 한국어의 억양 연구, ≪말소리≫ 63.
김성수(1991), 어두 파열음의 막음지속 측정 실험 보고, ≪우리말 연구≫ 1.
김성수(1993), 파열묵음의 음소 변별 기능으로 살펴본 음성인식 과정, ≪언어≫ 18-2.
김성아(2003)[Kim, Sung-A], Phonetic functionalism in coronal/non-coronal asymmetry, ≪음성과학≫ 10-1.
김성일·백진아·신효근·김오환(2000), 비음측정기를 사용한 정상 성인의 비음도에 관한 연구, ≪음성과학≫ 7-3.
김성일·조상기·고승오·신효근(2000), 정상 소아의 비음도에 관한 연구, ≪음성과학≫ 7-4.
김세환(2013), 청송 지역어 합성어의 성조 변화에 대한 시론, ≪방언학≫ 17.
김수정(2000)[Kim, Soo-jung], Accentual effects on segmental phonological rules in Korean, Ph. D. dissertation, University of North Carolina.
김수정·김희섭(2008)[Kim, Soo Jung and Hee Seob Kim], Aerodynamic approaches to Korean nasals: phonetic variation focusing on denasalization, ≪언어과학≫ 15-3.
김순옥·윤규철(2015), 한국어 자연발화 음성코퍼스의 남성 모음 포먼트 연구, ≪말소리와 음성과학≫ 7-2.
김슬기·장태엽(2008), 한국어 발화속도의 최소식별차이(JND)에 대한 연구, ≪언어연구≫ 24-1.
김영송(1959), 중설모음「어」의 음가: 국어 모음의 X선 실험 보고, ≪국어국문학≫ 1.
김영송(1975/1981), ≪우리말 소리의 연구≫, 과학사.
김영송(1991), 한국어 마찰음 연구, ≪우리말연구≫ 1.
김영송(1993), 우리말의 스침소리, ≪말≫ 18.
김영수·김근호·김종열·장준수(2013), 연령 및 성별에 따른 한국인 단모음 포먼트 비교에 관한 연구: 한방병원 내원환자를 중심으로, ≪말소리와 음성과학≫ 5-1.
김영신(2011)[Kim, Young Shin], An acoustic, aerodynamic and perceptual

investigation of word-initial denasalization in Korean, Ph. D. dissertation, University College London.

김완진(1972), 형태론적 현안의 음운론적 극복을 위하여: 이른바 장모음의 경우, ≪동아문화≫ 11.

김원보(2005ㄱ), 제주방언 이중모음의 음향분석, ≪음성과학≫ 12-2.

김원보(2005ㄴ), 제주방언에서 [·]음의 음향분석, ≪언어과학연구≫ 33.

김원보(2005ㄷ), 제주방언 모음의 음향분석, ≪언어학연구≫ 10-2.

김원보(2006), 제주방언화자의 세대별(20대, 50대, 70대) 단모음의 음향분석과 모음체계, ≪언어과학연구≫ 39.

김원보·변길자(2014), 제주방언 화자의 세대별(20대/50대/70대) 어두 파열음의 VOT, F0 및 파열강도(burst energy) 변이양상, ≪탐라문화≫ 44.

김유범·오재혁(2013), 경음화와 관련된 동일 조음 위치의 연속된 두 자음의 발음에 대하여, ≪한국어학≫ 58.

김윤현(2007), 선택적 주의가 한국어 치조 연음과 격음의 변별에 미치는 영향: 한국어 모국어 화자 대 일본어 모국어 화자, 서울대학교 박사학위논문.

김윤희(2016), 한국어 /j/계 이중모음의 음향학적 연구: 한국인과 중국인의 산출 비교를 중심으로, ≪어문연구≫ 88.

김정선(2010)[Kim, Jungsun], Acoustic characteristics of lexical pitch accent in cross-dialect of Korean: on disyllabic words, ≪음성음운형태론연구≫ 16-2.

김정선(2011)[Kim, Jungsun], Preceptual development in the categorization of pitch accent contrasts in children and adults, ≪말소리와 음성과학≫ 3-3.

김정선(2012ㄱ)[Kim, Jungsun], Some aspects in mimicry of lexical pitch accent by children and adults, ≪언어≫ 37-2.

김정선(2012ㄴ)[Kim, Jungsun], F0 extrema of HL and LH in North Kyungsang Korean: evidence from a mimicry task, ≪말소리와 음성과학≫ 4-3.

김정선(2013)[Kim, Jungsun], The internal structure of an identification function in Korean lexical pitch accent in North Kyungsang Dialect, ≪말소리와 음성과학≫ 5-1.

김정선(2014)[Kim, Jungsun], The continuous or categorical effects for

HH vs HL and HH vs LH in lexical pitch accent contrasts of Korean, ≪말소리와 음성과학≫ 6-4.
김정선(2018)[Kim, Jungsun], Categorization and production in lexical pitch accent contrasts of North Kyungsang Korean, ≪말소리와 음성과학≫ 10-1.
김정선·de Jong(2007)[Kim, Jungsun and Ken de Jong], Perception and production in pitch accent system of Korean, *Proceedings of the 16th International Congress of Phonetic Sciences*.
김정우(1997), 국어의 자음 체계와 양음절성, ≪한국어문학논고≫, 태학사.
김정원(1995), 모음간 마찰음 /ㅅ, ㅆ/의 지속시간 연구, 서울대학교 석사학위 논문.
김제홍·김소안·안주희·남기춘·최지연(2020), 한국어 서울 방언의 평음과 격음 변별 지각에서 연령과 성별에 따른 차이, ≪말소리와 음성과학≫ 12-4.
김종훈(2006), 제주방언 단모음과 현대국어 단모음의 음향 분석 비교, ≪언어연구≫ 21-3.
김주원(2000), 영남 방언 성조의 특성과 그 발달, ≪어문학≫ 69.
김주원(2003), 강원도 동해안 방언 성조의 특성, ≪민족문화논총≫ 27.
김지영·우승탁·김미진·오다희·김수진·하지완(2021), 전자구개도(EPG)를 이용한 한국어 치경마찰음 /ㅅ, ㅆ/의 조음운동적 특성, *Communication Sciences and Disorders* 26-2.
김지은(2015), 노년층 파열음 발음의 재해석, ≪말소리와 음성과학≫ 7-2.
김지은(2017), 한국어 폐쇄음 발음과 최근의 발음 변이: 발화 형태별 VOT와 f0를 중심으로, ≪말소리와 음성과학≫ 9-3.
김진우(1965)[Kim, Chin-W.], On the autonomy of the tensity feature in stop classification: with special reference to Korean stops, *Word* 21-3.
김진우(1970)[Kim, Chin-Wu], A theory of aspiration, *Phonetica* 21.
김진우(1976), 국어음운론에 있어서의 모음음장의 기능, ≪어문연구≫ 9.
김진우(2021), 음 변화 관점에서 바라본 한국어 어두 폐쇄음의 발화 및 지각, ≪말소리와 음성과학≫ 13-3.
김차균(1969), 전남 방언의 성조, ≪한글≫ 144.
김차균(1975), 영남·영동 방언의 성조, ≪한글≫ 155.

김태경(2013), 한국어 어중 공명 중첩자음과 단자음의 조음 및 지각, ≪말소리와 음성과학≫ 5-4.
김태경(2014), 국어의 동일 조음 위치 폐쇄음 연쇄에 대한 실험음성학적 연구, ≪언어과학≫ 21-3.
김한곤(1980)[Kim, Han-Kon], An acoustic study of the Cheju dialect in Korean, ≪언어≫ 5-1.
김한중(2023), 국어 폐쇄음의 음성 실현에 대한 세대별·연령별 비교 연구, 서울대학교 석사학위논문.
김현(2008), /ㅓ/의 음성 실현과 그 실현 조건, ≪국어학≫ 52.
김현(2009), 'ㅕ> ㅔ'에 대한 음성학적 접근, ≪개신어문연구≫ 29.
김현(2010), 고모음에 선행하는 어두 비음의 음향음성학적 특성, ≪최명옥 선생 정년 퇴임 기념 국어학논총≫, 태학사.
김현(2011), 경음화의 발생: 비어두 무성무기음의 음소적 인식, ≪국어학≫ 62.
김현(2014), 어두와 비어두 'ㄷ, ㅌ, ㄸ'의 폐쇄 구간, ≪국어학≫ 72.
김현(2017), 국어 활음의 전이 양상, ≪국어학≫ 82.
김현(2018), 국어의 치조 비음과 경구개 비음, ≪송철의 선생 정년 기념 국어학논총≫, 태학사.
김현(2019), 비음화의 발생: 모음 끝 전이와 비강의 선개방, ≪국어학≫ 92.
김현(2021ㄱ), 모음 연쇄의 음성적 실현, ≪어문학≫ 151.
김현(2021ㄴ), 양순음 뒤 'ㅡ'의 음성학: 원순모음화는 동화인가, ≪국어학≫ 98.
김현(2022), 음절의 상대적 길이에 대한 지각 단서, ≪관악어문연구≫ 47.
김현·김아름(2023), 모음 간 평음과 경음의 지각과 맥락 정보, ≪국어학≫ 108.
김현·배윤정(2017), 단일 비음과 중첩 비음에 대한 음향적 및 지각적 연구, ≪어문학≫ 137.
김현·이영환(2015), 모음 간 /j/의 음성 실현과 지각 판단, ≪국어학≫ 75.
김현기(1989), 실험 음성학적인 방법에 의한 한국어 폐쇄자음의 연구, ≪인문논총≫ 19.
김현기(1994)[Kim, Hyun-Gi], Acoustic studies of devoiced vowels in Korean, ≪말소리≫ 27·28.
김현기·이은영·홍기환(2002), 파워스펙트럼 및 후두내시경을 이용한 방언 음성의 실험적 연구: 경상방언 및 전라방언을 중심으로, ≪음성과학≫ 9-2.

김현기·최영숙·김덕수(2006), 한국어 방언 음성의 실험적 연구, ≪음성과학≫ 13-3.
김현기·Niimi·Hirose(1993)[Kim, Hyun-Gi, Seiji Niimi and Hajime Hirose], Devoicing of vowel in Korean, *Annual Bulletin of the Research Institute of Logopedics and Phoniatrics* 27.
김현순(1997)[Kim, Hyunsoon], The phonological representation of affricates: evidence from Korean and other languages, Ph. D. dissertation, Cornell University.
김현순(1998ㄱ)[Kim, Hyunsoon], The place of articulation of Korean affricates observed in LPC spectra, ≪음성과학≫ 3.
김현순(1998ㄴ)[Kim, Hyunsoon], A phonetic characterization of release and nonrelease: the case of Korean and English, ≪어학연구≫ 34-2.
김현순(2001)[Kim, Hyunsoon], The place of articulation of the Korean plain affricate in intervocalic position: an articulatory and acoustic study, *Journal of the International Phonetic Association* 31-2.
김현순(2012)[Kim, Hyunsoon], Gradual tongue movements in Korean palatalization as coarticulation: new evidence from stroboscopic cine-MRI and acoustic data, *Journal of Phonetics* 40.
김현순·Honda·Maeda(2005)[Kim, Hyunsoon, Kiyoshi Honda and Shinji Maeda], Stroboscopic-cine MRI study of the phasing between the tongue and the larynx in the Korean three-way phonation contrast, *Journal of Phonetics* 33.
김현순·Jongman(1996)[Kim, Hyunsoon and Allard Jongman], Acoustic and perceptual evidence for complete neutralization of manner of articulation in Korean, *Journal of Phonetics* 24.
김현순·Maeda·Honda(2010)[Kim, Hyunsoon, Shinji Maeda and Kiyoshi Honda], Invariant articulatory bases of the features [tense] and [spread glottis] in Korean plosives: new stroboscopic cine-MRI data, *Journal of Phonetics* 38.
김현순·Maeda·Honda(2011)[Kim, Hyunsoon, Shinji Maeda and Kiyoshi Honda], The laryngeal characterization of Korean fricatives: stroboscopic cine-MRI data, *Journal of Phonetics* 39.

김현순·Maeda·Honda·Crevier-Buchman(2018)[Kim, Hyunsoon, Shinji Maeda, Kiyoshi Honda and Lise Crevier-Buchman], The mechanism and representation of Korean three-way phonation contrast: external photoglottography, intra-oral air pressure, airflow and acoustic data, *Phonetica* 75.
김현순·Maeda·Honda·Crevier-Buchman(2022)[Kim, Hyunsoon, Shinji Maeda, Kiyoshi Honda and Lise Crevier-Buchman], External photoglottography intra-oral air pressure airflow and acoustic data on the Korean fricatives /s' s/, ≪말소리와 음성과학≫ 14-3.
김현순·Maeda·Honda·Hans(2010)[Kim, Hyunsoon, Shinji Maeda, Kiyoshi Honda and Stephane Hans], The laryngeal characterization of Korean fricatives: acoustic and aerodynamic data, In Fuchs, Susanne, Martine Toda and Marzena Zygis ed., *Turbulent Sounds: An Interdisciplinary Guide*, Berlin: Mouton de Gruyter.
김현주(2021)[Kim, Hyunju], Diachronic change in the acoustic realization of pitch accent in North Kyungsang Korean, ≪언어≫ 46-1.
김혜림·박민희(2019), 현대 한국어 장음의 실현 양상 및 인식 조사: 서울·경기 지역 화자를 중심으로, ≪언어와 문화≫ 15-3.
김호성(2003), 한국어 청자의 한국어 폐쇄음 청취오류: 기식성을 중심으로, ≪말소리≫ 45.
김효숙(1997), 모음사이의 예사소리와 된소리의 구분에 대한 실험음성학적 연구, ≪말소리≫ 33·34.
김효숙·김선주·김선미(2000), 국어 파열연자음 유성음화에 관한 음향음성학적 고찰: 운율구조와 관련하여, ≪말소리≫ 39.
남기탁(2012), 국어 한자어 장단음의 발음 양상, ≪국어학≫ 64.
남영자(2018ㄱ), 한국어 청자의 영어 파열음과 마찰음 쌍 변별에서의 방향적 비대칭, ≪언어과학≫ 25-1.
남영자(2018ㄴ), 한국어 청자의 영어 파찰음과 마찰음의 지각동화 및 변별, ≪영어영문학≫ 23-1.
류창(2021), 문장 유형별 연변 지역어와 표준 한국어의 낭독체 억양구 비교 연구, ≪국어학≫ 97.

문승재(1997), 국어의 'ㅅ' 음가에 대한 음향학적 연구, ≪말소리≫ 33·34.
문승재(2007), 한국어 단모음의 음성학적 기반연구, ≪말소리≫ 62.
문효근(1974), 한국 방언 성조의 실험음성학적 분석 연구, ≪연세논총≫ 11.
박광철(2003)[Park, Kwang Chul], The structure of accentual phrase in Korean: the interaction between segments and suprasegments in three Korean daialects, Ph. D. dissertation, Indiana University.
박나영(2012), 한국어 모음충돌 회피 현상에 대한 연구, 서울대학교 석사학위논문.
박민정(2010), 한국어 조음 위치 동화의 수의적 실현 양상 연구, 고려대학교 석사학위논문.
박선영·성철재(2022), 한국어 파열음 조음자리와 발성유형 구분을 위한 음향변수 분석 및 선정, ≪한글≫ 83-3.
박선우(2008ㄱ), 한국어 위치동화의 실험음성학적 분석, ≪언어연구≫ 25-2.
박선우(2008ㄴ), 현대국어의 /의/는 이중모음인가?: /의/의 음향적·지각적 특성에 대한 검토, ≪우리말연구≫ 23.
박선우(2010), 한국어의 위치동화에 대한 분석: 적합도 설문평가를 중심으로, ≪어문논집≫ 62.
박선우(2011), 한국어의 위치동화에 대한 지각적 분석, ≪음성음운형태론연구≫ 17-1.
박선우(2014), 한국어의 비대칭적 위치동화에 대한 연구: 순음화와 연구개음화의 비교를 중심으로, ≪한국어학≫ 62.
박선우(2019), 한국어 이중모음 /의/의 음향적 특성과 유형에 대하여, ≪현대문법연구≫ 107.
박선우·조성문·한혜승(2016), 한국어 이중모음 /의/의 단모음화 양상, ≪음성음운형태론연구≫ 22-1.
박순복·이봉원·신지영·김기호(1998), 한국어 마찰음과 파찰음의 변별 지각 단서, ≪음성과학≫ 4-1.
박시균·김지영(2016), 한국어 동일 조음 위치의 연속된 두 자음에 대한 지각·산출 연구: 폐쇄음을 중심으로, ≪언어≫ 41-4.
박신재(2018)[Park, Shinjae], Impact of individual factors on perception and production of onset cluster by Korean speakers, ≪응용언어학≫

34-2.
박주경(1985), 현대 한국어의 장단음에 관한 연구: 음성·음운학적 고찰, 서울대학교 석사학위논문.
박지연·성철재(2019), 성인 포먼트 측정에서의 최적 세팅 구현: Praat software와 관련하여, ≪말소리와 음성과학≫ 11-4.
박지윤(2011), 서울 지역 세대 간 /ㅔ/와 /ㅐ/ 모음의 포먼트 측정, ≪새국어교육≫ 88.
박지혜(2002), 대화체와 낭독체의 운율에 관한 연구, ≪말소리≫ 43.
박지희(2010), 고령 방언의 성조 체계 연구, 경북대학교 석사학위논문.
박초흔(2023), 보상적 장모음화에 대한 음성학적 연구, 서울대학교 석사학위논문.
박한상(1999)[Park, HanSang], The phonetic nature of the phonological contrast between the lenis and fortis fricatives in Korean, *Proceedings of the 14th International Congress of Phonetic Sciences*.
박한상(2002ㄱ)[Park, HanSang], Temporal and spectral characteristics of Korean phonation types, Ph. D. dissertation, The University of Texas at Austin.
박한상(2002ㄴ)[Park, HanSang], The time course of F1 and F2 as a descriptor of phonation types, ≪언어학≫ 33.
박한상(2003), 한국어 장애음의 강도 특성, ≪말소리≫ 47.
박한상(2005)[Park, Hansang], A cross-language study of the micro-temporal charateristics of coronal obstruents in utterance initial CV sequences: English, Korean and Hindi, ≪영어학≫ 5-1.
박한상(2007ㄱ), 한국어 자음군의 후행모음에 나타난 발성유형의 음향음성학적 연구, ≪말소리≫ 64.
박한상(2007ㄴ), 한국어 2음절 단어의 시간 구조: 모음 간 장애음 유형에 따른 차이를 중심으로, ≪언어학≫ 49.
박한상(2010), 음원 스펙트럼의 기울기와 H1-H2의 시간 변이를 이용한 여러 언어의 발성 유형 연구, ≪언어학≫ 58.
박혜숙(1982), 韓国語の音節末内破音の喉頭調節: ファイバースコープおよび筋電図による観察, ≪朝鮮学報≫ 104.
박희정·신혜정(2012), 조음위치동화에 대한 주관적 평가, ≪특수교육저널: 이론과 실전≫ 13-2.
박희태(1987), 한일양국어음의 동태구개도에 의한 일고찰, ≪일본연구≫ 3.
배문정(2003), 한국어 변별 자질의 지각적 표상 연구, 서울대학교 박사학위논문.
배문정(2009), 고설 모음 환경에서 한국어 자음의 지각적 구조, ≪말소리와 음성과학≫ 1-2.
배문정·김정오(2002), 한국어 자음의 지각 구조, ≪인지 및 생물≫ 14-4.
배윤정(2021), 한국어 방언 성조의 음높이 측정에 대하여, ≪국어학≫ 97.
배윤정(2023), 부산 지역어 성조의 음향음성학적 연구, 서울대학교 박사학위논문.
배재연(1998), 한국어 동시조음의 음향음성학적 연구, 한림대학교 석사학위논문.
배재연·신지영·고도흥(1999), 음성 환경에 따른 한국어 폐쇄음의 음향적 특성: 시간적 특성을 중심으로, ≪음성과학≫ 5-2.
배주채(1989), 음절말 자음과 어간말 자음의 음운론, 서울대학교 석사학위논문.
배주채(1991), 고흥방언의 음장과 음조, ≪국어학≫ 21.
배주채(1992), 음절말 평폐쇄음화에 대하여, ≪관악어문연구≫ 17.
배주채(1994), 고흥방언의 음운론적 연구, 서울대학교 박사학위논문.
백운일(1995)[Baik, Woonil], An electopalatographic study of coarticulation in Korean VCV and CVC sequences, Ph. D. dissertation, Georgetown University.
백운일(1997)[Baik, Woonil], On tensity of Korean stop: electropalatographic study, ≪음성과학≫ 2.
백운일(1998)[Baik, Woonil], On tensity of Korean fricatives: electropalatographic study, ≪음성과학≫ 4-1.
백운일(2000), 한국어 모음에 관한 팰라토그래픽 인상, ≪인문논총≫ 30.
백운일(2001), 한국어 자음의 긴장도 증가에 따른 조음점 이동에 관한 연구, ≪음성과학≫ 8-3.
백운일(2003), 한국어 연파찰음의 조음위치에 관한 연구, ≪음성과학≫ 10-2.
백운일(2010), 한국어 자음의 긴장도 증가에 따른 조음변화에 관한 연구, ≪동아시아 문화연구≫ 47.
변희경(2016), 서울 방언 어두 폐쇄음의 후속모음 F0, ≪말소리와 음성과학≫ 8-1.
변희경(2017), 韓国語ソウル方言における語中閉鎖音の音響特徴, ≪音声研究≫

21-2.

변희경(2018), 서울말 /ㅗ/와 /ㅜ/를 구별하는 음향변수, ≪말소리와 음성과학≫ 10-2.

서민경(2002), 한국어 파열음의 VOT에 관한 실험음성학적 연구: 환경에 따른 VOT 변이를 중심으로, ≪언어연구≫ 22.

서승완(2001), 국어 장애음의 청취 판단에 있어서 후행 모음이 갖는 중요성 연구, 서울대학교 석사학위논문.

서승완(2018), 방언학의 관점에서 본 실험음성학 연구사: 모음에 관한 연구를 중심으로, ≪방언학≫ 27.

서혜진(2017), 영어와 한국어의 음성·음운적 유사성에 따른 한국인 학습자의 영어모음 인지와 발화분석, 부산대학교 박사학위논문.

성은경(2003)[Sung, Eun-kyung], Flaps in American English and Korean: production and perception, Ph. D. dissertation, The University of Delaware.

성은경(2007)[Sung, Eun-kyung], The relationship between phonetics and phonology: problematic cases for a unified module, ≪음성음운형태론연구≫ 13-2.

성은경·조윤정(2010)[Sung, Eunkyung and Yunjeong Cho], An acoustic study of Korean and English voiceless sibilant fricatives, ≪말소리와 음성과학≫ 2-3.

성제현(2014)[Sung, Jae-Hyun], The articulation of lexical and post-lexical palatalization in Korean, *INTERSPEECH* 2014.

성제현(2019)[Sung, Jae-Hyun], Articulation and neutralization: an ultrasound study of inherent and derived palatals in Korean, ≪음성음운형태론연구≫ 25-2.

성제현·김진형(2019)[Sung, Jae-Hyun and Jin-hyung Kim], The three-way contrast of conversational Korean stops, *The Journal of Studies in Language* 34-4.

성철재(1991), 표준 한국어 악센트의 실험 음성학적 연구: 청취 테스트 및 음향 분석, 서울대학교 석사학위논문.

성철재(1996), 한국어 비음의 음향적 특성에 관한 실험음성학적 연구, ≪말소리≫

31·32.
성철재(2000), 한국어 비음(nasal sound)의 지속시간에 관한 실험음성학적 연구, ≪한국음향학회지≫ 19-6.
성철재(2004), 한국어 단모음 8개에 대한 음향분석: F1/F2 모음공간에서의 음향변수를 중심으로, ≪한국음향학회지≫ 23-6.
성철재(2005), 충남지역 대학생들의 한국어 단모음 포먼트 분석, ≪언어학≫ 43.
성철재·권오욱·이지향·김차균(2008), Q-tone 청취 등급을 이용한 경남 동남부 방언 성조 분석, ≪한글≫ 279.
성철재·박종원·김귀룡(2005), 성도 자기공명 영상과 음향정보(F1/F2)를 이용한 한국어 단모음 [이, 에, 아, 오, 우, 으] 판별, ≪말소리≫ 56.
소신애(2010), 평안 방언의 실험음성학적 연구, ≪국어학≫ 58.
손민정(2008)[Son, Minjung], The nature of Korean place assimilation: gestural overlap and gestural reduction, Ph. D. dissertation, Yale University.
손민정(2011ㄱ)[Son, Minjung], Coordinations of articulators in Korean place assimilation, ≪말소리와 음성과학≫ 3-2.
손민정(2011ㄴ)[Son, Minjung], A language-specific physiological motor constraint in Korean non-assimilating consonant sequences, ≪말소리와 음성과학≫ 3-3.
손민정(2013ㄱ)[Son, Minjung], Articulatory attributes in Korean nonassimilating contexts, ≪말소리와 음성과학≫ 5-1.
손민정(2013ㄴ)[Son, Minjung], Gestural reduction of lateral approximant /l/ in triconsonantal environments in Korean, ≪언어≫ 38-2.
손민정(2015ㄱ)[Son, Minjung], Korean /l/-flapping in an /i/-/i/ context, ≪말소리와 음성과학≫ 7-1.
손민정(2015ㄴ)[Son, Minjung], Articulatory properties of the allophonic variant [ɾ] in Korean /l/-flapping: gestural reduction and the role of gestural overlap, ≪음성음운형태론연구≫ 21-3.
손민정(2018ㄱ)[Son, Minjung], Word-boundary and rate effects on upper and lower lip movements in the articulation of the bilabial stop

/p/ in Korean, ≪말소리와 음성과학≫ 10-1.
손민정(2018ㄴ)[Son, Minjung], Coordinative movement of articulators in bilabial stop /p/, ≪말소리와 음성과학≫ 10-4.
손민정(2019)[Son, Minjung], Normalized gestural overlap measures and spatial properties of lingual movements in Korean non-assimilating contexts, ≪말소리와 음성과학≫ 11-3.
손민정(2020)[Son, Minjung], Some articulatory reflexes observed in intervocalic consonantal sequences: evidence from Korean place assimilation, ≪말소리와 음성과학≫ 12-2.
손민정·김사향·조태홍(2011)[Son, Minjung, Sahyang Kim and Taehong Cho], Suprasegmental articulatory characteristics of coronal consonants /n, t, th, t*/ in Korean, ≪말소리와 음성과학≫ 3-4.
손민정·김사향·조태홍(2012)[Son, Minjung, Sahyang Kim and Taehong Cho], Supralaryngeal articulatory signatures of three-way contrastive labial stops in Korean, *Journal of Phonetics* 40.
손민정·조태홍(2010)[Son, Minjung and Taehong Cho], Some notes on articulatory correlates of three-way bilabial stop contrast in /Ca/ context in Korean: an electromagnetic articulography(EMA) study, ≪말소리와 음성과학≫ 2-4.
손민정·Kochetov·Pouplier(2007)[Son, Minjung, Alexei Kochetov and Marianne Pouplier], The role of gestural overlap in perceptual place assimilation in Korean, *Papers in Laboratory Phonology* 9.
손일권(2012), 무성파열음의 VOT와 후행하는 모음의 상관성, ≪언어과학연구≫ 60.
손일권(2015), 대구방언 화자의 성조와 모음길이, ≪언어과학연구≫ 73.
손일권(2021), 어휘 피치 궤적의 세대별 차이: 대구방언 화자를 중심으로, ≪언어과학연구≫ 98.
손향숙(2011)[Sohn, Hyang-sook], Pitch accent realization in North Kyungsang Korean: tonal alignment as a function of nasal position in syllables, ≪말소리와 음성과학≫ 3-2.
손형숙(2010), 운율경계에 위치한 어두 모음의 성문 특성: 음향적 상관성을 중심으로, ≪말소리와 음성과학≫ 2-3.

손형숙·안미애(2009), 한국어와 영어의 모음 발음영역에 대한 실험음성학적 연구: 대구 지역 여성화자를 대상으로, ≪언어과학연구≫ 49.

손형숙·안미애(2011), 단어 내 위치에 따른 한국어 폐쇄음의 VOT 연구: 대구지역어 화자를 대상으로, ≪언어과학연구≫ 59.

송인성(2021), 원주 지역어의 세대 간 단모음 실현 양상, ≪민족문화연구≫ 92.

송지연·김사향·조태홍(2023)[Song, Jiyeon, Sahyang Kim and Taehong Cho], A preliminary study on laryngeal and supralaryngeal articulatory distinction of the three-way contrast of Korean velar stops, ≪말소리와 음성과학≫ 15-1.

송창헌(2005), 한국어 모음 'ㅡ'의 음가 변화에 관한 실험음성학적 연구, 서울대학교 석사학위논문.

신슬기·Tremblay(2018)[Shin, Seulgi and Annie Tremblay], Effect of prosodic context on lexical access: an investigation of Korean denasalization, *Proceedings of the 9th International Conference on Speech Prosody*.

신우봉(2010), 순행동시조음에 의한 원순화 현상 연구, 고려대학교 석사학위논문.

신우봉(2015ㄱ), 제주 방언 단모음과 어두 장애음의 음향 음성학적 연구, 고려대학교 박사학위논문.

신우봉(2015ㄴ), 제주방언 평서문과 의문문에 나타나는 억양 연구: 어말어미 '-안/언, -으멘'을 중심으로, ≪영주어문≫ 31.

신우봉(2016), 제주 방언 단모음의 산출과 지각 양상 연구: 50대 화자를 중심으로, ≪어문논집≫ 77.

신우봉(2018), 한국어 /ㅓ/의 음성 실현 양상 연구: 서울코퍼스를 중심으로, ≪겨레어문학≫ 60.

신우봉(2020), 제주방언 음성학 연구의 현황과 전망, ≪한글≫ 329.

신우봉·신지영(2012), 제주 방언 단모음에 대한 음향 음성학적 연구, ≪한국어학≫ 56.

신우봉·신지영(2022), 현대국어 단모음의 방언별 음가 변화, ≪언어와 정보 사회≫ 47.

신지영(1997)[Shin, Jiyoung], Consonantal production and coarticulation

in Korean, Ph. D. dissertation, University of London.
신지영(1998), 한국어 /ㄷ, ㄸ, ㅌ, ㅈ, ㅉ, ㅊ/의 조음적 특성에 관한 연구, ≪국어학≫ 31.
신지영(1999ㄱ), 이중모음 /ㅢ/의 통시적 연구, ≪민족문화연구≫ 32.
신지영(1999ㄴ), 한국어의 운율 단위와 경음화 현상, ≪한국어학≫ 10.
신지영(2000ㄱ), ≪말소리의 이해: 음성학·음운론 연구의 기초를 위하여≫, 한국문화사.
신지영(2000ㄴ), 국어 평음의 음성적 실현에 대한 음운론적 해석: 평폐쇄음을 중심으로, ≪한글≫ 250.
신지영(2001), 한국어 무성모음화 현상의 실현 환경과 그 양상, ≪한국어학≫ 14.
신지영(2011), ≪한국어의 말소리≫, 지식과 교양.
신지영·김민정·김기호(2000), 한국어 강세구의 음성적 실현 양상과 재음절화, ≪언어≫ 2-3.
신지혜(1996)[Shin, Ji-Hye], Acoustic features differentiating Korean medial lax and tense stops, *Proceedings of the KSPS conference, The Korean Society of Phonetic Sciences and Speech Technology.*
안미애(2011), 대구 지역어의 모음체계에 대한 사회음성학적 연구, 경북대학교 박사학위논문.
안미애(2012), 대구 지역어의 모음 /ㅡ/와 /ㅓ/에 대한 사회음성학적인 연구, ≪문화와 융합≫ 34.
안미연(2015)[Ahn, Miyeon], Acoustic properties of Korean fricatives and post-fricative vowels, ≪음성음운형태론연구≫ 21-2.
안미연(2017)[Ahn, Miyeon], An acoustic study of the word-final lateral approximant in Korean, ≪어학연구≫ 53-2.
안미연(2021)[Ahn, Miyeon], Phonetic variations of Korean liquids in Seoul Corpus, ≪음성음운형태론연구≫ 27-2.
안미진(2013)[Ahn, Mee-Jin], Acoustic duration of Korean nasals, ≪음성음운형태론연구≫ 19-3.
안미진(2017)[Ahn, Mee-Jin], Prosodic effects on acoustic cues for the Korean stop contrast: evidence from Daejeon Korean, ≪언어과학연구≫ 82.

안미진(2019)[Ahn, Mee-Jin], Effects of f0 and VOT on the identification of Korean word-initial oral and nasal stops, ≪언어과학연구≫ 90.

안수웅(2001)[Ahn, Soo-Woong], An electropalatographic study of English l, r and the Korean liquid sound ㄹ, ≪음성과학≫ 8-2.

안수웅(2002)[Ahn, Soo-Woong], The electropalatographic evidence of the Korean flap: an intervocalic Korean liquid sound, ≪음성과학≫ 9-3.

안수웅(2006)[Ahn, Soo-Woong], An electropalatographic study of English l, r, flap and the Korean liquid ㄹ, ≪영어학≫ 6-1.

안현기(1999ㄱ)[Ahn, Hyunkee], Post-release phonatory processes in English and Korean: acoustic correlates and implications for Korean phonology, Ph. D. dissertation, The University of Texas at Austin.

안현기(1999ㄴ)[Ahn, Hyunkee], An acoustic investigation of the phonation types of post-fricative vowels in Korean, *Harvard Studies in Korean Linguistics* 8.

안현기(2000)[Ahn, Hyunkee], Laryngeal effects of stop consonants on neighboring vowels in /CV/ sequences in Korean, *Japanese/ Korean Linguistics* 9.

안현기(2004)[Ahn, Hyunkee], An acoustic investigation of post-obstruent tensification phenomena, ≪음성과학≫ 11-4.

안현기(2009), /자음-모음/ 연접환경에서의 영어와 한국어의 마찰음 음성특질 비교연구, ≪영어학≫ 9-2.

양동휘(1978)[Yang, Dong-Whee], Consonant influence on duration of vowels in Korean, ≪언어≫ 3-1.

양병곤(1990)[Yang, Byunggon], Development of vowel normalization procedure: English and Korean, Ph. D. dissertation, The University of Texas at Austin.

양병곤(1993), 한국어 이중모음의 음향학적 연구, ≪말소리≫ 25·26.

양병곤(1995), 합성한 한국어 단모음의 지각실험 연구, ≪언어≫ 20-3.

양병곤(1996ㄱ)[Yang, Byunggon], A comparative study of English and Korean vowels produced by male and female speakers, *Journal of Phonetics*

24.
양병곤(1996ㄴ), 합성한 한국어 이중모음의 지각실험 연구, ≪언어≫ 21-3.
양병곤(1997), 인간의 청각 척도에 관한 고찰, ≪음성과학≫ 2.
양병곤(1998ㄱ), 성도 변형에 따른 모음 포먼트의 변화 고찰, ≪음성과학≫ 3.
양병곤(1998ㄴ), MRI에 의한 모음의 성도 단면적 측정 및 면적 변이에 따른 합성 연구, ≪음성과학≫ 4-1.
양병곤(2014), 한국인 영어학습자의 지각 모음공간과 발화 모음공간의 연계, ≪말소리와 음성과학≫ 6-3.
양병곤(2015), 경상방언 대학생들이 발음한 국어 한자어 장단음 분석, ≪말소리와 음성과학≫ 7-4.
양선미(2013), 한국어 강세구 피치 패턴 연구, 한국외국어대학교 석사학위논문.
양순임(1991), 조음위치와 음향적 특성과의 관계, ≪우리말연구≫ 1.
양순임(2005), 한국어 음절 말 폐쇄음에 대한 음향 및 청각 음성학적 연구, ≪한글≫ 269.
양순임(2011), 한국어 중첩 비음의 길이에 대한 고찰, ≪한국어학≫ 51.
엄혜영(2014)[Um, Hye-Young], Phonetic realizations of /h/ after a sonorant in Korean, ≪음성음운형태론연구≫ 20-3.
오미라(2002)[Oh, Mira], Place perception in Korean consonants, ≪음성과학≫ 9-4.
오미라(2020ㄱ), 전남어의 억양구말 강세구 성조 연구, ≪언어≫ 45-3.
오미라(2020ㄴ), 전남어의 의문문 억양 경계톤에 대한 강세구초 자음의 원거리 효과, ≪언어학≫ 28-4.
오미라(2021), 전남어 화자의 서울어투 억양 동화에 관한 사회 음성학적 연구, ≪언어≫ 46-4.
오미라·양휘(2013)[Oh, Mira and Hui Yang], The production of stops by Seoul and Yanbian Korean speakers, ≪말소리와 음성과학≫ 5-4.
오미라·Johnson(1997)[Oh, Mira and Keith Johnson], A phonetic study of Korean intervocalic laryngeal consonants, ≪음성과학≫ 1.
오은진(2002), 자음의 조음 위치와 인접 모음 길이의 상관성에 관한 연구: 영어와 한국어의 경우, ≪음성과학≫ 9-3.
오은진(2009), 발화 속도에 따른 한국어 폐쇄음의 VOT 값 변화, ≪말소리와 음성과학≫ 1-3.
오은진(2011)[Oh, Eunjin], Effects of speaker gender on voice onset time in Korean stops, *Journal of Phonetics* 39.
오은진(2012), 모음 공간의 크기 및 모음 변화에 대한 화자 성별의 효과: 한국어의 경우, ≪언어연구≫ 28-3.
오은진·Ikemaru·김보람(2018)[Oh, Eunjin, Kaori Idemaru and Boram Kim], The use of a voice onset time cue in the perception of Seoul Korean stops as a function of listener gender, ≪언어≫ 43-4.
오은해(2017)[Oh, Eunhae], Durational aspects Korean nasal geminates, ≪말소리와 음성과학≫ 9-4.
오재혁(2014ㄱ), 한국어 억양 곡선의 정규화 방안에 대한 연구, ≪한국어학≫ 62.
오재혁(2014ㄴ), 자유 발화 자료에서 나타나는 한국어 억양 곡선의 기울기 특성에 대한 연구, ≪말소리와 음성과학≫ 6-1.
오재혁(2016), 음운론적 환경에 따른 국어 단모음의 길이 변화 양상, ≪겨레어문학≫ 57.
오재혁(2017), 단모음의 길이에 미치는 인접 자음의 영향, ≪한국어학≫ 76.
오재혁(2021), 국어 단모음의 내재적 길이, ≪한국어학≫ 91.
오재혁(2022), 한국어 음운구 억양 유형의 변별적 특성과 변이 조건에 관한 연구: 음절 수와 분절음 종류의 영향을 중심으로, ≪말소리와 음성과학≫ 14-3.
오재혁(2024), 억양 전사의 객관성 제고를 위하여, ≪한말연구≫ 65-25.
왕무흔(2022), 대구 지역어 'ㅅ'과 'ㅆ'의 변별에 대한 음성학적 연구: 마찰 구간을 중심으로, 서울대학교 석사학위논문.
원경식(1971), 영어와 한국어의 자음에 관한 대조분석, 동아대학교 박사학위논문.
유도영(2021), 한국어 음운구 음절의 음높이 패턴 연구, ≪음성음운형태론연구≫ 27-1.
유만근(1986)[Youe, Mahn-Gunn Hansa], On the transcribing of the chroneme in Korean, ≪언어≫ 11-2.
유현지·김향희(2015), 일반 노년층 파열음의 음향학적 특성, ≪말소리와 음성과학≫ 7-1.
윤관희(2006)[Yun, Gwan Hi], The interaction between palatalization and

coarticulation in Korean and English, Ph. D. disseration, The University of Arizona.
윤관희(2008)[Yun, Gwanhi], An articulatory study of vowel assimilation and V-to-V coarticulation, ≪음성음운형태론연구≫ 14-1.
윤관희(2023)[Yun, Gwanhi], An articulatory study on consonant cluster simplification in L1 Korean and L2 English, ≪영어학≫ 23.
윤규철(1999)[Yun, Kyuchul], A study of Korean alveolar fricatives: an acoustic analysis, synthesis and perception experiment, *Proceedings of the 34th Mid-America Linguistics Conference*.
윤규철(2002)[Yoon, Kyuchul], A production and perception experiment of Korean alveolar fricatives, ≪음성과학≫ 9-3.
윤규철(2009)[Yun, Kyuchul], Identifying friction and aspiration noise in the frequency domain: the case of Korean alveolar lax fricatives, ≪말소리와 음성과학≫ 1-2.
윤규철(2020), 서울 코퍼스의 한국어 파열음 연구, ≪언어 사실과 관점≫ 50.
윤석연(2010)[Yoon, Seok-Youn], Case studies: kinematic analyses of the /lk/ cluster using ultrasound imaging and electromagnetic articulography, ≪언어과학≫ 17-2.
윤영도(2005)[Yun, Yungdo], Phonetic analysis of the Korean glides [w] and [ɥ], ≪언어≫ 30-2.
윤영도(2022)[Yun, Yungdo], Closure durations of Korean stops at three positions, ≪말소리와 음성과학≫ 14-4.
윤은경·이호영(2014), 한국어 비음의 탈비음화에 대한 연구, ≪이중언어학≫ 55.
윤일승(2009)[Yun, Ilsung], Vowel duration and the feature of the following consonant, ≪말소리와 음성과학≫ 1-1.
윤일승(2010)[Yun, Ilsung], Compensation in VC and word, ≪말소리와 음성과학≫ 2-3.
윤지현·성철재(2013), F1/F2의 변화가 한국어 /오/, /우/ 모음의 지각판별에 미치는 영향, ≪말소리와 음성과학≫ 5-3.
윤태진(2017)[Yoon, Tae-Jin], Growth curve modeling of nucleus F0 on Korean accentual phrase, ≪말소리와 음성과학≫ 9-3.

윤태진·강윤정(2014), 한국어 대용량 발화말뭉치의 단모음 분석, ≪말소리와 음성과학≫ 6-3.

윤홍옥(2013)[Yun, Hongoak], Segmental acoustic correlates associated with the Korean lenis stops, ≪어학연구≫ 49-1.

이갑진(2003), 한국어 전이음의 음향음성학적 특징: 대구지역 20대 여성 화자를 대상으로, ≪문학과 언어≫ 25.

이경희(2000), 국어의 ㅅ는 평음인가 격음인가, ≪국어학≫ 36.

이경희(2002), 서울 방언과 부산 방언의 마찰음에 대한 음향학적 특성 비교, ≪음성과학≫ 9-3.

이경희·이봉원(1999), 한국어 평마찰음과 경마찰음의 음향적 특성: 길이를 중심으로, ≪한국어학≫ 10.

이경희·이봉원(2000), 한국어 평마찰음과 경마찰음의 음향적 특성과 지각 단서: 길이를 중심으로, ≪한국음향학회지≫ 19-2.

이경희·정명숙(2000), 한국어 파열음의 음향적 특성과 지각 단서, ≪음성과학≫ 7-2.

이고운(2017ㄱ)[Lee, Goun], Examination of aspiration in Korean fricatives and affricates, ≪말소리와 음성과학≫ 9-2.

이고운(2017ㄴ)[Lee, Goun], Phonation types of Korean fricatives and affricates, ≪말소리와 음성과학≫ 9-4.

이고운·신동진(2016)[Lee, Goun and Dong-Jin Shin], An acoustic and perceptual investigation of the vowel length contrast in Korean, ≪말소리와 음성과학≫ 8-1.

이극로(1947), ≪실험도해 한국어 음성학≫, 아문각.

이기문(1972/1977), ≪국어음운사연구≫, 국어학총서 3, 탑출판사.

이나라(2019), 조음 위치 동화로 본 감쇄된 단어의 인지, ≪우리어문연구≫ 65.

이동명(2008)[Lee, Dongmyung], The tonal structures and the locations of the main accent of Kyungsang Korean words, *Indiana University Linguistics Club Working Papers* 8-1.

이동혁(2005), 영어 모국어 화자와 한국어 모국어 화자의 모음 비음화에 관한 실험음성학적 연구, 원광대학교 석사학위논문.

이문규(2011), 경남북 접경 지역 방언의 성조 연구, ≪언어과학연구≫ 59.

이문규(2012), 성조의 청취적 인식과 실험 음성학적 실측의 상관성, ≪어문연구≫ 72,
이병근(1968), Phonological & morphophonological studies in a Kyonggi subdialect, 서울대학교 석사학위논문.
이병근(1969), 황간지역어의 음운, ≪서울대학교 논문집(교양과정부)≫ 1.
이병근(1978), 국어의 장모음화와 보상성, ≪국어학≫ 6.
이병근(1980), 동시조음규칙과 자음체계: Prestopped Nasals를 중심으로, ≪말소리≫ 1.
이병운(1997), 경남 방언의 억양 연구, ≪우리말연구≫ 7.
이병운(1998), 중부방언, 경남방언, 전남방언의 억양에 대한 비교 연구, ≪우리말연구≫ 8.
이병운(2002), 방언의 월 끝 억양의 유형, ≪음성과학≫ 9-2.
이봉원(1999), 모음간 환경에서의 한국어 장애음 길이의 기능: 평음과 경음 구별 지각 단서로서의 자음 지속 시간, ≪어문논집≫ 40.
이상도·강순자(2003)[Lee, Sang-Do and Soon-Ja Kang], Acoustic and phonological property of Korean liquids, ≪언어과학≫ 10-2.
이상도·김수정(2007), 공기역학자료를 이용한 한국어와 영어 비음에 대한 음성학적 연구, ≪새한영어영문학≫ 49-3.
이상직(2007), 파열음 폐쇄구간과 국어 경음의 기저구조, ≪언어연구≫ 23.
이서배(2018), 한국어 감정 음성에서 모멜로 추출한 피치 곡선 연구, ≪언어과학≫ 25-3.
이석재·장재웅·김태경·김정아·장윤자·성제현·임수경·김종덕(2008), 한국인과 외국인 학습자의 한국어 마찰음 /ㅅ/와 /ㅆ/ 구분의 음향 단서 분포 특징에 관한 비교 연구, ≪언어연구≫ 24-2.
이수연(2020), 함경방언 구사 북한이탈주민과 서울방언 화자의 음높이 대조 연구, ≪언어연구≫ 36-3.
이숙향(1995), 한국어 연구개 연폐쇄음의 약화현상, ≪언어학≫ 3.
이숙향(1997), 한국어 자음약화현상과 인접모음의 고저성, ≪말소리≫ 33·34.
이숙향(1998), 한국어 폐쇄음의 조음장소가 폐쇄구간의 음성학적 길이에 미치는 영향에 관하여, 한국음향학회 KRF연구결과논문.
이숙향(1999), 제주방언 억양패턴의 실험음성학적 연구, ≪한국음향학회 학술발표대회 논문집≫ 18-2.
이숙향(2002), 한국어 운율구조 기술 체계에 대한 연구: K-ToBi 기술 체계를 중심으로, ≪언어학≫ 10-2.
이숙향(2014), 제주어 강세구의 억양, ≪말소리와 음성과학≫ 6-4.
이숙향·고현주·한양구·김종진(2003), 발화속도에 따른 한국어 모음의 음향적 특성, ≪한국음향학회지≫ 22-1.
이숙향·김종진(2005), 대용량 데이터베이스를 이용한 한국어 운율 특성에 관한 연구, ≪한국음향학회지≫ 24-2.
이숙향·이동근·성헌모(2000), 비음성 측정의 음향적 척도: 정상인과 구개열 환자의 비음성 비교를 통하여, ≪음성통신 및 신호처리 학술대회 논문집≫ 17-1.
이숭녕(1954), ≪국어학개설(상)≫, 진문사.
이승재(1980), 구례지역어의 음운체계, 서울대학교 석사학위논문.
이승진·최홍식(2018), 제주어 화자에서 '아래 아'(/ · /) 조음의 영상의학적 및 음향학적 특성, ≪말소리와 음성과학≫ 10-1.
이옥희(2024), 부산 거주 평안도 화자의 문장 억양 패턴 연구, ≪우리어문연구≫ 78.
이옥희·박유경(2021), 부산 지역 문장종결표현 '-대이'류의 의미에 따른 억양 분석, ≪우리말글≫ 91.
이용은(2016), 음운 이웃단어와 한국어 어두 양순 및 치경 폐쇄음의 음성적 실현, ≪언어학≫ 24-4.
이용철(2023)[Lee, Yong-cheol], Revisiting the merger of mid front vowels in Seoul Korean, ≪음성음운형태론연구≫ 29-2.
이유리·윤규철(2016), 서울 코퍼스의 모음 길이 연구, ≪인문연구≫ 77.
이윤정·Goldstein·Narayana(2015)[Lee, Yoonjeong, Louis Goldstein and Shrikanth Narayanan], Systematic variation in the articulation of the Korean liquid across prosodic positions, *Proceedings of the 18th International Congress of Phonetic Sciences*.
이재강(1998), 한국인 화자의 한국어 모음에 관한 실험음성학적 분석, ≪언어연구≫ 17.
이재강(2000), 한국어 단순모음의 장단에 관한 연구: 포먼트를 중심으로, ≪언어학≫ 26.
이정현·오미라(2010), 전남어와 서울어의 폐쇄음 실현, ≪언어학≫ 18-1.
이종근(1987), Some acoustic differences among Korean intervocalic dental stops /t/, /tʰ/, /T/, ≪외국문화연구≫ 10.
이지연·이호영(2013), f0 변화율로 본 한국어 억양 패턴의 음향 특성, ≪말소리와 음성과학≫ 5-1.
이향원(2017), 발화 스타일에 따른 한국어 모음의 변이 연구, ≪언어와 정보 사회≫ 32.
이향원·신우봉·신지영(2017), 한국어 후설 고·중모음에 대한 사회음성학적 연구, ≪말소리와 음성과학≫ 9-2.
이혁화(2013), 반모음 j에 의한 반모음 j 첨가의 변이: 경상 방언을 중심으로, ≪한민족어문학≫ 63.
이현복(1971), 현대 서울 말의 모음 음가, ≪어학연구≫ 7-1.
이현복(1980), 전기 인공구개도에 의한 우리말의 음성학적 연구와 언어 장애자 치료, ≪한글≫ 170.
이현복·지민제(1983)[Lee, H. B. and M. J. Zhi], A spectrographical study of Korean vowels, ≪말소리≫ 6.
이현정(2015)[Lee, Hyunjung], Gender difference in the sound change of lexical pitch accents of South Kyungsang Korean, ≪말소리와 음성과학≫ 7-4.
이현정·공은정(2021)[Lee, Hyunjung and Eun Jong Kong], The effect of linguistic exposure to the standard dialect in the perception of Korean stops, ≪음성음운형태론연구≫ 27-2.
이현정·Jongman(2012)[Lee, Hyunjung and Allard Jongman], Effects of tone on the three-way laryngeal distinction in Korean: an acoustic and aerodynamic comparison of the Seoul and South Kyungsang dialects, *Journal of the International Phonetic Association* 42-2.
이현정·Jongman(2015)[Lee, Hyunjung and Allard Jongman], Acoustic evidence for diachronic sound change in Korean prosody: a comparative study for the Seoul and South Kyungsang dialects, *Journal of Phonetics* 50.
이현정·Politzer-Ahles·Jongman(2013)[Lee, Hyunjung, Stephen Politzer-Ahles

and Allard Jongman], Speakers of tonal and non-tonal Korean dialects use different cue weightings in the perception of the three-way laryngeal stop contrast, *Journal of Phonetics* 41.

이혜숙(1966)[Lee, Hei-Sook], Acoustic transitional cues for Korean semi-vowels, ≪한국문화연구원논총≫ 6.

이혜숙(2008)[Lee, Hye-Sook], Pitch accent and its interaction with intonation: experimental studies of North Kyungsang Korean, Ph. D. dissertation, Cornell University.

이혜숙(2010)[Lee, Hye-Sook], Interaction between pitch accent and segment in North Kyungsang Korean, ≪어학연구≫ 46-2.

이호영(1990)[Lee, Ho-Young], The structure of Korean prosody, Ph. D. dissertation, University of London.

이호영(1996), ≪국어음성학≫, 태학사.

이호영(1997), ≪국어운율론≫, 한국연구원.

이호영(1999), 국어 핵억양의 음향음성학적 연구, ≪말소리≫ 38.

이호영(2000)[Lee, Ho-Young], Acoustic cues of Korean nuclear tones, ≪어학연구≫ 36-2.

이호영(2002), 국어 억양의 상승과 하강 현상, ≪한글≫ 257.

이호영(2004)[Lee, Ho-Young], H and L are not enough in intonational phonology, ≪언어학≫ 39.

이호영·손남호(2007), 한국어 말토막 억양 패턴의 인지, ≪한글≫ 277.

이호영·지민제·김영송(1993), 동시조음에 의한 변이음들의 음향적 특징, ≪한글≫ 220.

인지영·성철재(2008), 한국어 방송 뉴스 발화의 억양 기울기 특성 연구, ≪말소리≫ 66.

임석규(2003), 동남방언의 성조소에 대한 재검토, ≪국어국문학≫ 135.

장미(2011)[Jang, Mi], An acoustic analysis of the aspiration merger in Korean, ≪말소리와 음성과학≫ 3-1.

장승은(2007)[Chang, Seung-Eun], The phonetics and phonology of South Kyungsang Korean tones, Ph. D. dissertation, The University of Texas at Austin.

장승익(2010), 전주지역어의 음장 변별에 대한 연구, ≪방언학≫ 12.
장승익(2012), 전북방언의 핵억양 특징 연구: 구술 발화 자료를 대상으로, ≪한국언어문학≫ 83.
장승익·장봉춘(2015), 파찰음의 조음 위치에 대한 음향음성학적 연구(1): 전북 방언 여성 화자의 /ㅈ/을 중심으로, ≪방언학≫ 22.
장우혁(2004)[Chang, Woohyeok], THe phonetic realization of high tone in North Kyungsang Korean, ≪음성과학≫ 11-3.
장우혁(2005)[Chang, Woohyeok], Phonetic evidence for phonological markedness of tone in North Kyungsang Korean, ≪음성음운형태론연구≫ 11-3.
장지영(2018)[Jang, Jiyoung], The phonetics-prosody interface on coarticulatory vowel nasalization in Korean in comparison to English, 한양대학교 석사학위논문.
장지영·김사향·조태홍(2024)[Jang, Jiyoung, Sahyang Kim and Taehong Cho], Voice quality distinctions of the three-way stop contrast under prosodic strengthening in Korean, ≪말소리와 음성과학≫ 16-1.
장혜진(2006), 대구 지역어의 세대 간 단모음 실현 양상 비교 연구, 고려대학교 석사학위논문.
장혜진(2012), 국어 어두 장애음의 음향적 특성과 지각 단서, 고려대학교 박사학위논문.
장혜진(2013ㄱ), 대구 방언 어두 폐쇄음의 음향적 특성과 지각 단서에서 나타나는 세대 간 차이, ≪언어과학연구≫ 65.
장혜진(2013ㄴ), 대구 방언 마찰음의 세대 간 차이, ≪한국어학≫ 58.
장혜진(2020ㄱ), 국어 분절음에 대한 음성학 연구의 성과와 전망: 1980년대 이후 실험음성학 연구를 중심으로, ≪한말연구≫ 58.
장혜진(2020ㄴ), 경상도 방언에 대한 실험음성학적 연구의 현황과 과제, ≪영주어문≫ 50.
장혜진·신지영(2006ㄱ), 대구 방언과 서울 방언의 /ㅅ/와 /ㅆ/의 실현 양상 비교, ≪대한음성학회 2006년도 추계학술대회발표논문집≫.
장혜진·신지영(2006ㄴ), 대구 방언 단모음의 세대 간 차이에 대한 음향 음성학적 연구, ≪말소리≫ 57.

장혜진·신지영(2007), 대구 방언 20대 화자의 단모음 실현 양상에 나타난 표준어 지향성의 성별적 차이, ≪한국어학≫ 36.

장혜진·신지영(2010), 어두 폐쇄음의 발성 유형 지각에서 나타나는 방언 간 차이: 서울 방언과 대구 방언의 비교를 바탕으로, ≪한국어학≫ 49.

장혜진·신지영·남호성(2015), 서울 방언 단모음의 연령별 실현 양상, ≪음성음운형태론연구≫ 21-2.

장혜진·차재은·신지영(2008), 대구 방언 화자의 /ㅡ/와 /ㅓ/ 지각에 관한 연구, ≪한국어학≫ 41.

전경미(1996), 현대 한국어 보상적 장음화의 음향음성학적 연구, 한림대학교 석사학위논문.

전선아(1989)[Jun, Sun-Ah], The accentual pattern and prosody of Chonnam dialect of Korean, *Harvard Studies in Korean Linguistics* 3.

전선아(1993)[Jun, Sun-Ah], The phonetics and phonology of Korean prosody, Ph. D. dissertation, The Ohio State University.

전선아(1995)[Jun, Sun-Ah], Asymmetrical prosodic effects on laryngeal gesture in Korean, *Papers in Laboratory Phonology* 4.

전선아(1996)[Jun, Sun-Ah], Influence of microprosody on macroprosody: a case of phrase initial strengthening, *UCLA Working Papers in Phonetics* 92.

전선아(1998)[Jun, Sun-Ah], The accentual phrase in the Korean prosodic hierarchy, *Phonology* 15.

전선아(2000)[Jun, Sun-Ah], K-Tobi (Korean ToBI) labelling conventions, ≪음성과학≫ 7-1.

전선아(2005)[Jun, Sun-Ah], Intonational phonology of Seoul Korean revisited, *UCLA Working Papers in Phonetics* 104.

전선아(2007)[Jun, Sun-Ah], The intermediate phrase in Korean: evidence from sentence processing, In R. Tomas and C. Gussenhoven ed., *Tones and Tunes volume 2: Experimental Studies in Word and Sentence Prosody*, De Gruyter Mouton.

전선아·김사향(2004)[Jun, Sun-Ah and Sahyang Kim], Default phrasing and attachment preference in Korean, *Interspeech* 2004.

전선아·오미라(1996)[Jun, Sun-Ah and Mira Oh], A prosodic analysis of three types of Wh-phrases in Korean, *Language and Speech* 39-1.
전선아·Beckman(1994)[Jun, Sun-Ah and Mary E. Beckman], Distribution of devoiced high vowels in Korean, *Proceedings of the 3rd International Conference on Spoken Language Processing*.
전선아·Beckman·Niimi·Tiede(1997)[Jun, Sun-A, M. Beckman, Seij Niimi and M. Tiede], Electromyographic evidence for a gestural-overlap analysis of vowel devoicing in Korean, ≪음성과학≫ 1.
전선아·Beckman·이혁준(1998)[Jun, Sun-Ah, Mary E. Beckman and Hyuck-Joon Lee], Fiberscopic evidence for the influence on vowel devoicing of the glottal configurations for Korean obstruents, *UCLA Working Papers in Phonetics* 96.
전종호(1995)[Jun, Jongho], Perceptual and articulatory factors in place assimilation: an optimality theoretic approach, Ph. D. dissertation, University of California, Los Angeles.
전종호(1997)[Jun, Jongho], An acoustic analysis of reduced articulation, ≪언어학≫ 20.
전종호·김정선·이하영·전선아(2006)[Jun, Jongho, Jungsun Kim, Hayoung Lee and Sun-Ah Jun], The prosodic structure and pitch accent of Northern Kyungsang Korean, *Journal of East Asian Linguistics* 15.
전진호(2021), 한국어 모음-자음 연쇄에서의 F2 전이 연구, 서울대학교 석사학위논문.
전진호(2022), 모음 간 구개 자음의 불완전 폐쇄, ≪국어학≫ 104.
전진호·웅연(2024), 'ㄹ' 뒤 평폐쇄음의 폐쇄 양상, ≪국어국문학≫ 207.
전학석(1993), ≪함경도방언의 음조에 대한 연구: 회령, 경성, 함주 지방말의 음조를 중심으로≫, 태학사.
정명숙·황국정(2000), 국어 한자어의 장단음에 대한 실험음성학적 연구(1), ≪어문논집≫ 42.
정석재·정현열·이무영(1991), 한국어 마찰음 및 파찰음의 분석과 인식, ≪한국음향학회지≫ 10-5.
정선우(2013)[Jeong, Sunwoo], Directional asymmetry in nasalization: a

perceptual account, 서울대학교 석사학위논문.
정원수(2003), 충남 예산·당진 지역 의문문의 억양 분석과 문장 의미 해석, ≪어문연구≫ 42.
정윤자(2010), 후행모음의 피치를 고려한 한국어 평음, 경음, 격음의 인지 실험, ≪우리말연구≫ 27.
정인섭(1959), kymograph에 의한 음절과 여음의 비교연구, ≪중앙대학교 논문집≫ 4, 정인섭(1973)에 재수록.
정인섭(1973), ≪국어 음성학 연구≫, 휘문출판사.
정인호(1995), 화순지역어의 음운론적 연구, 서울대학교 석사학위논문.
정인호(2015), 현대국어 모음 '어'의 음가 고찰, ≪방언학≫ 22.
정일진(1997), 표준어 단순 모음의 세대간 차이에 대한 실험음성학적 분석 연구, ≪말소리≫ 33·34.
조남민(2010), 한국어 화자의 음장 인식에 관한 연구: 일본어 장음절핵의 시간성과 관련하여, ≪배달말≫ 46.
조민하(2004), 서울과 대구 방언 파열음의 음향음성학적 연구, 고려대학교 석사학위논문.
조민하·신지영(2003), 경상 방언과 서울 방언의 VOT 지속 시간에 대한 비교 연구, ≪말소리≫ 46.
조성문(2001), 국어의 운율적 자질에 대한 실험음성학적 분석, ≪한국언어문화≫ 20.
조아남(2017), 현대 한국어 /i+V/구조의 /j/실현 양상에 대한 음성학 연구, 인하대학교 석사학위논문.
조용형(1996)[Cho, Yong-Hyung], Quantative and prosodic representation of tone and intonation in the Kyungnam dialect of Korean, Ph. D. dissertation, University of Arizona.
조용형(2005)[Cho, Yong-Hyung], VOT and its effect on the syllable duration in Busan Korean, ≪음성과학≫ 12-3.
조철우(1997), MRI를 이용한 조음모델시뮬레이터 구현에 관하여, ≪음성과학≫ 2.
조태홍(1996)[Cho, Taehong], Vowel correlates to consonant phonation: an acoustic-perceptual study of Korean obstruents, M. A. dissertation,

University of Texas at Arlington.
조태홍(2001)[Cho, Taehong], Effects of morpheme boundaries on intergestual timing: evidence from Korean, *Phonetica* 58.
조태홍(2010)[Cho, Taehong], A preliminary report on perceptual resolutions of Korean consonant cluster simplification and their possible change over time, ≪말소리와 음성과학≫ 2-4.
조태홍·김사향(2009)[Cho, Taehong and Sahyang Kim], Statistical patterns in consonant cluster simplification in Seoul Korean: within-dialect interspeaker and intraspeaker variation, ≪말소리와 음성과학≫ 1-1.
조태홍·손민정·김사향(2016)[Cho, Taehong, Minjung Son and Sahyang Kim], Articulatory reflexes of the three-way contrast in labial stops and kinematic evidence for domain-initial strengthening in Korean, *Journal of the International Phonetic Association* 46-2.
조태홍·윤여민·김사향(2010)[Cho, Taehong, Yeomin Yoon and Sahyang Kim], Prosodic boundary effects on the V-to-V lingual movement in Korean, ≪말소리와 음성과학≫ 2-3.
조태홍·윤여민·김사향(2014)[Cho, Taehong, Yeomin Yoon and Sahyang Kim], Effects of prosodic boundary and syllable structure on the temporal realization of CV gestures, *Journal of Phonetics* 44.
조태홍·전선아(1999)[Cho, Taehong and Sun-Ah Jun], Domain-initial strengthening as enhancement of laryngeal feature: aerodynamic evidence from Korean, *UCLA Working Papers in Phonetics* 99.
조태홍·전선아·Ladefoged(2000)[Cho, Taehong, Sun-Ah Jun and Peter Ladefoged], An acoustic and aerodynamic study of consonants in Cheju, ≪음성과학≫ 7-1.
조태홍·전선아·Ladefoged(2002)[Cho, Taehong, Sun-Ah Jun and Peter Ladefoged], Acoustic and aerodynamic correlates of Korean stops and fricatives, *Journal of Phonetics* 30.
조태홍·전선아·정승철·Ladefoged(2000)[Cho, Taehong, Sun-Ah Jun, Seung-Chul Jung and Peter Ladefoged], The vowels of Cheju, *UCLA Working Papers in Phonetics* 98.

조태홍·Keating(2001)[Cho, Taehong and Patricia A. Keating], Articulatory and acoustic studies on domain-initial strengthening in Korean, *Journal of Phonetics* 29.

조태홍·Ladefoged(1999)[Cho, Taehong and Peter Ladefoged], Variation and universals in VOT: evidence from 18 languages, *Journal of Phonetics* 27.

조태홍·McQueen(2008)[Cho, Taehong and James M. McQueen], Not all sounds in assimilation environments are perceived equally: evidence from Korean, *Journal of Phonetics* 36.

지민제(1993), 소리의 길이, ≪새국어생활≫ 3-1.

지민제·이용주·김응배·김창주(1990)[Zhi, Minje, Yong-Ju Lee, Eung-Bae Kim and Chang-Joo Kim], Acoustic analysis and perception experiment on Korean plosives in /VCV/, ≪한국통신학회 1990년도 하계종합학술발표회 논문집≫.

지민제·이정철·김응배·이용주(1990)[Zhi, Minje, Jung-Chul Lee, EungBae Kim and Yong-Ju Lee], Acoustic phonetic studies for speech synthesis by rule of Korean Ⅰ: acoustic and perception experiment on vowel quantity, ≪한국통신학회 1990년도 춘계종합학술발표회 논문집≫.

차재은(2005), 1930년대의 한국어 음장에 대한 연구: 〈보통학교 조선어독본〉의 음성 자료를 중심으로, ≪민족문화연구≫ 43.

차재은(2007), 20세기 초의 한국어 모음 체계: 1930년대의 음성 자료를 중심으로, ≪한국어학≫ 37.

최미영·김화수(2013), 탈북이주민의 문장읽기 억양 특성, ≪현대사회와 다문화≫ 3-1.

최석규(1961)[Tcheu, Soc-Kiou], Mémoire sur les occlusives coréennes, ≪동방학지≫ 5.

최성원·전종호(1998), 한국어 경음·기음은 중복자음인가?: 폐음절 모음의 단축화를 중심으로, ≪어학연구≫ 34-3.

최성희·최철희(2014), 한국어 파열음의 발성 유형에 따른 공기역학 측정치 비교, ≪말소리와 음성과학≫ 6-4.

최양규(2001), 한국어 모음의 지각적 차원: 지각과 산출간의 연동, ≪음성과학≫

8-2.
최양규(2003), 한국어 단모음의 지각적 모음공간과 심적 표상, ≪음성과학≫ 10-2.
최양규·신현정(1999), 한국어 모음지각에 대한 방언간 비교연구, ≪언어치료연구≫ 8-1.
최양규·신현정·권오식(1997), F1과 F2 모음공간에서 합성된 한국어 모음 지각, ≪음성과학≫ 1.
최영미(2009), 정선방언의 성조 체계와 그 역사적 변천에 대한 연구, 건국대학교 박사학위논문.
최영미(2010), 정선방언 성조의 실험음성학적 연구, ≪겨레어문학≫ 44.
최재남·남도현·최홍식(2005), 한국어 마찰음 파찰음 치조 파열음의 음향학적 및 공기역학적 특성에 관한 연구, ≪대한음성언어의학회지≫ 16-2.
최한숙(2002)[Choi, Hansook], Acoustic cues for the Korean stop contrast: dialectal variation, *ZAS papers in Linguistics* 28.
최한숙(2011)[Choi, Hansook], Vowel duration as a perceptual cue for preceding stop laryngeal contrast in Korean, *Proceedings of the 17th International Congress of Phonetic Sciences*.
표진이(1975), 한국어 폐색자음의 음향음성학적 양상, ≪한글≫ 155.
표화영·심현섭·박헌이·최재영·최성희·안성복·최홍식(1999), 한국어 파열자음의 인두내압, 폐쇄기 및 Voice Onst Time(VOT)에 관한 실험적 연구, ≪대한음성언어의학회지≫ 10-1.
표화영·이주환·최성희·심현섭·최홍식(1999), 한국어 마찰음과 파찰음의 음향학적 및 공기역학적 특성에 관한 연구, ≪음성과학≫ 6-1.
하영우(2018), 순천 지역어의 단모음 실현 양상과 특징, ≪언어와 정보사회≫ 35.
하영우(2019), 전남 방언의 단모음 체계와 음가 변화, ≪민족문화연구≫ 85.
하영우(2020), 전남 진도 지역의 음장과 운율 구조, ≪어문논집≫ 89.
하영우·신우봉(2018), 전남 진도 지역어의 단모음 실현 양상, ≪민족문화연구≫ 79.
한경임(2010)[Han, Kyung-Im], The interaction between phonetic environment and speaker sex on VOT differences, ≪언어과학연구≫ 54.
한경임(2011)[Han, Kyung-Im], Acoustic cues for the Korean stop consonants produced by Jeju speakers, ≪언어과학연구≫ 57.

한경임(2012)[Han, Kyung-Im], Acoustic study on Korean alveolar fricatives produced by Jeju Korean speakers, ≪언어과학연구≫ 62.
한경임(2014), 한국어 폐쇄음 VOT: 제주방언과 대구방언 비교, ≪코기토≫ 75.
한경임(2016)[Han, Kyung-Im], Temporal and spectral characteristics at the midpoint of friction noise in Korean fricatives, ≪언어과학≫ 23-3.
한경임(2018)[Han, Kyung-Im], A sociophonetic study on the place of articulation of Korean affricates, ≪언어과학≫ 25-2.
한경임(2020)[Han, Kyung-Im], The effects of age and gender on VOT, f0, and H_1-H_2 in Korean voiceless stops produced by Daegu speakers, ≪언어과학≫ 27-4.
한경임(2021ㄱ)[Han, Kyung-Im], Acoustic analysis of Korean fricatives and affricates produced by Jeju Korean speakers, ≪언어학연구≫ 26-1.
한경임(2021ㄴ)[Han, Kyung-Im], An acoustic analysis of word-initial stops produced by Jeju Korean speakers, ≪언어과학≫ 28-4.
한문희(1979), 실험 음성학적인 면에서 본 현대 한국어 모음체계, ≪한글≫ 166.
한영희(1976)[Han, Young-hie], The duration of the intervocalic obstruents in Korean, ≪언어≫ 1-1.
한영균(1988), 비음절화 규칙의 통시적 변화와 그 의미, ≪울산어문논집≫ 4.
한정임(1996)[Han, Jeong-Im], The phonetics and phonology of "tense" and "plain" consonants in Korean, Ph. D. dissertation, Cornell University.
한정임(2006)[Han, Jeong-Im], Language-specific patterns of V-to-V carryover coarticulation: acoustics and perceptual compensation, ≪언어≫ 31-3.
한정임(2009ㄱ)[Han, Jeong-Im], Allophony and contrast in speech perception, ≪언어≫ 34-1.
한정임(2009ㄴ)[Han, Jeong-Im], Task effect on the perception of phonological contrast by Korean monolingual adults, ≪언어≫ 34-3.
한정임(2015)[Han, Jeong-Im], Processing of allophonic variants from optional vs. obligatory phonological processes, ≪말소리와 음성과학≫ 7-3.
한정임·강현숙(2013)[Han, Jeong-Im and Hyunsook Kang], Cross-generational change of /o/ and /u/ in Seoul Korean I: proximity in vowel space,

≪말소리와 음성과학≫ 5-2.
한정임·강현숙·김주연(2013), 편지글 읽기에 나타난 한국어 모음 /오/-/우/의 세대 간 차이, ≪말소리와 음성과학≫ 5-4.
한정임·김주연(2014), 20세기 초 한국어 단모음의 음향음성학적 연구, ≪말소리와 음성과학≫ 6-1.
한정임·최태환·최영미(2012)[Han, Jeong-Im, Tae-Hwan Choi and Young-Mi Choi], Language specificity in perceptual compensation for native and non-native assimilation, ≪언어≫ 37-2.
한준일(2014), 서울 지역 화자를 대상으로 한 단모음 음장에 대한 실험음성학적 연구, 한양대학교 석사학위논문.
함현종(2007)[Hahm, Hyun-Jong], The effects of following vowel on Korean fricatives, ≪언어연구≫ 24-1.
허웅(1965), ≪국어음운학(개고신판)≫, 정음사.
허웅(1985), ≪국어 음운학: 우리말 소리의 오늘·어제≫, 샘문화사.
현우종(1985), 제주도 방언「·」음가의 음성학적 연구, 건국대학교 석사학위논문.
현우종(1992), 제주 방언 홀소리의 실험 음성학적 연구, 건국대학교 박사학위논문.
홍기환·김윤희·김현기(1994)[Hong, Ki-Hwan, Yun-Hee Kim and Hyun-Gi Kim], Aerodynamic characteristics of Korean stop consonants using Aerophone Ⅱ, ≪어학≫ 21.
홍기환·전동석·김미정·정길양·김영기(1991), 한국어 파열음 및 마찰음에 대한 후두근의 역할: 후두근전도에 의한 연구, ≪대한이비인후과학회지 두경부외과학≫ 34-5.
홍은영(2019), 국어 폐쇄음의 지속성 동화와 마찰음화, ≪국어학≫ 89.
홍은영(2021), 모음 간 폐쇄음의 음성 실현, ≪열린정신 인문학 연구≫ 22-3.
홍은영(2023), 한국어 모음의 음성 실현 연구, 서울대학교 박사학위논문.
황미경(2020), 부산 지역어의 단모음 실현에 관한 실험음성학적 연구, 이화여자대학교 박사학위논문.
황미경·조남민(2020), 한국어 후설모음에 대한 음향음성학적 연구: 선행 인접 자음과의 상관성을 중심으로, ≪언어과학≫ 27-4.

황연신(2002), 한국어 비음에 관한 실험음성학적 연구, 서울대학교 석사학위 논문.
황영(2024), 3D/4D 초음파 기술을 이용한 한국어 어간말 자음군 /lk/의 조음 연구, ≪언어연구≫ 39-4.
황영·Charles·Lulich(2019)[Hwang, Young, Sherman Charles and Steven M. Lulich], Articulatory characteristics and variation of Korean laterals, ≪말소리와 음성과학≫ 11-1.
황영순(1998), 모음 지속기간의 음성학적 대비, ≪평택대학교 논문집≫ 11.
황영진·김하경·정옥란·이재흥(2007), 중국인과 한국인의 모음의 평균 비성도 연구, ≪음성과학≫ 14-3.
황현경(2003)[Hwang, Hyun Kyung], Spectral characteristics at the midpoint of frication noise in Korean sibilants, ≪언어연구≫ 24.
황희영(1970)[Hoang, Hee Young], A study of Korean phonology with an acoustic analysis (part 3), ≪국어국문학≫ 49·50.

梅田博之(1980), 「구개음화」(Palatalization)에 대하여, ≪연암 현평효박사 회갑기념논총≫, 형설출판사.
梅田博之(1983), ≪한국어의 음성학적 연구: 일본어와의 대조를 중심으로≫, 형설출판사.
小倉進平(1923), ≪國語及朝鮮語發音概說≫, 이진호·飯田綾織 역(2009, ≪소창진평과 국어음운론≫, 제이앤씨)에 번역·수록.

Abberton, Evelyn(1972), Some laryngographic data for Korean stops, *Journal of the International Phonetic Association* 2-2.
Abramson, Arthur S. and Leigh Lisker(1972), Voice timing in Korean stops, *Proceedings of the 7th International Congress of Phonetic Sciences.*
Broersma, Mirjam(2010), Korean lenis, fortis, and aspirated stops: effect of place of articulation on acoustic realization, *Proceedings of the 11th Annual Conference of the International Speech Communication Association.*
Brunner, Jana, Susanne Fuchs and Pascal Perrier(2011), Supralaryngeal

control in Korean velar stops, *Journal of Phonetics* 39.

Brunner, Jana, Susanne Fuchs, Pascal Perrier and Hyeon-Zoo Kim(2003), Mechanisms of contrasting Korean velar stops: a catalogue of acoustic and articulatory parameters, *ZAS Papers in Linguistics* 32.

Chang, Charles B.(2007), The status of voicing and aspiration as cues to Korean laryngeal contrast, *UC Berkeley Phonology Lab Annual Report* 3-3.

Chang, Charles B.(2008), The acoustics of Korean fricatives revisited, *Harvard Studies in Korean Linguistics* 12.

Chomsky, Norm and Morris Halle(1968), *The Sound Pattern of English*, New York: Harper & Row.

Dart, Sarah N.(1987), An aerodynamic study of Korean stop consonants: measurements and modeling, *The Journal of Acoustical Society of America* 81-1.

Eychenne, Juiien and Tae-Yeoub Jang(2015), On the merger of Korean mid front vowels: phonetic and phonological evidence, ≪말소리와 음성과학≫ 7-2.

Fry, Dennis Butler(1979), *The Physics of Speech*, Cambridge University Press.

Han M. S. and R. S. Weitzman(1970), Acoustic features of Korean /P, T, K/, /p, t, k/ and /p^h, t^h, k^h/, *Phonetica* 22.

Hardcastle, W. J.(1973), Some observations on the tense-lax distinction in initial stops in Korean, *Journal of Phonetics* 1.

Hirose, Hajime, Charles Y. Lee and Tatsujiro Ushijima(1973), Laryngeal control in Korean stop production, *Haskins Laboratories: Status Report on Speech Research* SR-34. [1974, *Journal of Phonetics* 2]

Hirose, Hajime, Hea Suk Park and Masayuki Sawashima(1983), Activity of the thyroarytenoid muscle in the production of Korean stops and frivatives, *Annual Bulletin* 17, Research Institute of Logopedics and Phoniatrics.

Hirose, Hajime, Hea Suk Park, Hirohide Yoshioka, Masayuki Sawashima and Hiroyuki Umeda(1981), An electromyographic study of laryngeal adjustment for the Korean stops, *Annual Bulletin* 15, Research Institute of Logopedics and Phoniatrics.

Holliday, Jeffrey J.(2012), The acoustic realization of the Korean sibilant fricative contrast in Seoul and Daegu, ≪말소리와 음성과학≫ 4-1.

Hume, Elizabeth, Keith Johnson, Misun Seo and Georgios Tserdanelis(1999), A cross-linguistic study of stop place perception, *Proccedings of the 14th International Congress of Phonetic Sciences*.

Igeta, Takako, Sadao Hiroya and Takayuki Arai(2017), Overlapping of /o/ and /u/ in modern Seoul Korean: focusing on speech rate in read speech, ≪말소리와 음성과학≫ 9-1.

Igeta, Takako, Sonu Mee and Arai Takayuki(2014), Sound change of /o/ in modern Seoul Korean: focused on relations with acoustic characteristics and perception, ≪말소리와 음성과학≫ 6-3.

Ito, Chiyuki(2017), A sociophonetic study of the ternary laryngeal contrast in Yanbian Korean, *Journal of the Phonetic Society of Japan* 21-2.

Johnson, Keith(2003), *Acoustic and Auditory Phonetics(2nd edition)*, Blackwell.

Kagaya, Ryohei(1971), Laryngeal gestures in Korean stop consonants, *Annual Bulletin* 5, Research Institute of Logopedics and Phoniatrics, University of Tokyo.

Kagaya, Ryohei(1974), A fiberscopic and acoustic study of the Korean stops, affricates and fricatives, *Journal of Phonetics* 2.

Keating, Patricia(1993), Phonetic representation of palatalization versus fronting, *UCLA Working Papers in Phonetics* 85.

Kenstowicz, Michael and Chiyoun Park(2006), Laryngeal features and tone in Kyungsang Korean: a phonetic study, ≪음성음운형태론연구≫ 12-2.

Kenstowicz, Michael and Hyang-Sook Sohn(1997), Phrasing and focus in Northern Kyungsang Korean, In P.-M. Bertinetto ed., *Certamen Phonologicum III*, Torino: Rosenberg and Sellier.

Kent, Ray D. and Charles Read(2002), *The Acoustic Analysis of Speech (2nd edition)*, Singular Thomson Learning.

Kochetov, Alexei and Connie K. So(2007), Place assimilation and phonetic grounding: a cross-linguistic perceptual study, *Phonology* 24.

Kochetov, Alexei and Marianne Pouplier(2008), Phonetic variability and grammatical knowledge: an articulatory study of Korean place assimilation, *Phonology* 25.

Ladefoged, Peter(1982), *A Course in Phonetics(2nd edition)*, New York: Harcourt Brace Jovanovich Inc.

Ladefoged, Peter and Keith Johnson(2011), *A Course in Phonetics(6th edition)*, Wadsworth.

Laufer, Asher(1991), The 'glottal fricatives', *Journal of the International Phonetic Association* 21-2.

Laver, John(1994), *Principles of Phonetics*, Cambridge University Press.

Lee, Charles Y. and Timothy S. Smith(1972), Oral and direct subglottal pressure in Korean stops, *The Journal of Acoustical Society of America* 51.

Lisker, Leigh and Arthur S. Abramson(1964), A cross-language study of voicing in initial stops: acoustical measurements, *Word* 20.

Magen, Harriet S. and Sheila E. Blumstein(1993), Effects of speaking rate on the vowel length distinction in Korean, *Journal of Phonetics* 21.

Maléccot, André(1958), The role of release in the identification of released final stops: a serieas of tape-cutting experiments, *Language* 34-3.

Nearey, Terrance M.(1989), Static, dynamic, and relational properties in vowel perception, *The Journal of the Acoustical Society of America* 85.

Pike, Kenneth L.(1943), *Phonetis: A Critial Analysis of Phonetic Theory and a Technic for the Practical Description of Sounds(1971 2nd edition)*, The University of Michigan Press.

Recasens, Daniel(1983), Place cues for nasal consonants with special reference to Catalan, *The Journal of Acoustical Society of America* 73-4.

Sawashima, Masayuki, Hea Suk Park, Kiyoshi Honda and Hajime Hirose (1980), Fiberscopic study on laryngeal adjustments for syllable-final applosives in Korean, *Annual Bulletin* 14, Research Institute of Logopedics and Phoniatrics.

Sievers, Eduard(1881), *Grundzüge der Phonetik*, Leipzig: Druck und Verlag von Breitkopf and Härtel.

Silva, David J.(1992), The phonetics and phonology of stop lenition in Korean, Ph. D. dissertation, Cornell University.

Silva, David J.(2002), Consonant aspiration in Korean: a retrospective, ≪한국 언어 문화 탐색≫, 이상억, Gregory K. Iverson, 안상철, 유영미 편, 박이정.

Silva, David J.(2006ㄱ), Variation in voice onset time for Korean stops: a case for recent sound change, *Korean Linguistics* 13.

Silva, David J.(2006ㄴ), Acoustic evidence for the emergence of tonal contrast in contemporary Korean, *Phonology* 23.

Silva, David J., Younjeoung Choi and Ji Eun Kim(2004), Evidence for a diachronic shift in the VOT values of Korean stop consonants, *Harvard Studies in Korean Linguistics* 10.

Silverman, Daniel and Jongho Jun(1994), Aerodynamic evidence for articulatory overlap in Korean, *Phonetica* 51.

Skaličková, Alena(1955), The Korean vowels, *Archiv Orientálini* 23-1.

Stevens, Kennth N.(1993), Models for the production and acoustics of stop consonants, *Speech Communications* 13.

Trubetzkoy, N. S.(1939), *Principles of Phonology*, translated by Christiane A. M. Baltaxe(1969), Berkeley and Los Angeles: University of California Press.

Tsuzuki, Masaki(1992), A Phonetic study of the Korean and Japanese lateral, flap and nasal, 서울대학교 박사학위논문.

Umeda, Hiroyuki(1957), The phonemic system of Modern Korean, ≪言語研究≫ 32.

Vaissière, Jacqueline(1983), Language-independent prosodic features, In

A. Cutler and D. R. Ladd ed., *Prosody: Models and Measurements,* Berlin: Springer-Verlag.

Winters, Steve(2001), VCCV perception: putting place in its place, *The Ohio State University Working Papers in Linguistics* 55.

Wright, Jonathan D.(2007), Laryngeal contrast in Seoul Korean, Ph. D. dissertaion, University of Pennsylvania.

Yoshida, Kenji(2008), Phonetic implementation of Korean "denasalization" and its variation related to prosody, *IULC Working Papers Online 8,* Bloomington: Department of Linguistics, Indiana University.